전시마케팅

서민교 이지석 안현영 공저

이프레스

머/리/말

최근 국제촉진수단으로서 전시회가 주목을 받고 있다. 그것은 세계적으로 30,000회 이상 개최되고 있는 전시회가 제조업체와 바이어와의 만남을 극대화한다는 점에서 비용대비 가장 효율적인 마케팅 수단이기 때문이다. 또한 WTO 출범 이후 자국 수출업체에 대한 정부의 직접적인 지원이 사실상 금지되어 있는 상황에서 무역전시회에 대한 정부의 재정적인 지원은 무역촉진활동으로 분류되어 합법성이 인정되고 있기 때문에 각국 정부는 국제적 수준의 전시장 건립 및 확장을 포함하여 진시산입을 국가적인 전략산업화하면서 성책적으로 지원 또는 육성하기 위해 상당한 노력을 기울이고 있는 추세이다.

실지로 800여 년의 역사를 배경으로 발전을 거듭하여 세계 전시산업의 메카라 불리는 독일은 무역거래의 60~70%가 전시회를 통해 이루어지고 있으며, 연간 4,000여 회의 전시회가 개최되고 있는 미국에서 전시산업이 인쇄업보다 앞선 22번째 산업으로 자리 잡고 있다. 우리나라에서도 수출 의존형 경제발전 모델을 가지고 있기 때문에 무역전시회가 무역거래를 위한 중요한 기반으로 인식되면서 정부는 기업의 국내외 전시회 참가에 따른 지원을 강화하고 있으며, 기업들도 해외시장진출을 위한 국제마케팅의 특수한 판촉수단으로서 각종 전시회에의 참가에 보다 적극성을 보이고 있다.

또한 최근에는 서울 삼성동의 COEX를 시작으로 대구 EXCO, 부산 BEXCO, ICC제주 등 전시컨벤션센터의 건립에 이어 2005년에는 김대중컨벤션센터와 국내 최대의 KINTEX가 개장되었으며, 최근에 기존 전시컨벤션센터의 확장과 더불어 새로운 전시컨벤션센터의 신축이 이루어지고 있다. 이는 중앙정부뿐만 아니라 지방자치단체들도 앞으로 전시컨벤션산업이 미래를 이끌 유망산업이라는 인식하에서 경쟁적으로 집중·육성하려고 노력한 결과이다.

그러나 이와 같은 국내 전시산업의 급성장과 기업의 국제마케팅차원에서의 무역전시회에 대한 높은 관심과 중요성에도 불구하고 국내에서의 기존 저술이 매우 부족한 실정이며, 크게 전시회 주최자의 입장에서의 전시회 기획실무를 다루는 내용과 전시회 참가기업 입장에서의 전시회 참가실무에 관한 내용으로 두 부문으로 나누어진다. 본 서는 후자, 즉 전시회 참가기업의 입장에서의 전시회 참가실무에 관한 내용을 다루고자 한다. 그동안 이 부문에서 정부의 관련 기구나 민간협회에서 실무적인 내용의 저술들이 상당히 있었지만 지나치게 실무적인 것을 강조한 나머지 기업의 전체적 마케팅 전략과 연계하여 전시회 마케팅 프로젝트 관련 전략수립과 실행에 대한 체계적 이론적 지침서는 부족하였다.

따라서 본 서는 전시회 및 전시산업의 의의, 전시회와 마케팅, 참가 전시회의 선택 · 참가 · 사후관리에 이르기까지 마케팅 중심으로 저술되었으며, 가능한 한 마케팅의 원리를 전시회에 적용 · 확장함으로써 참가업체들이 마케팅의 프레임워크 하에서 전시회를 전략적으로 활용할 수 있도록 하였다. 또한 각 장마다 이론적 설명과 함께 도입사례와 관련사례 및 풍부한 읽을거리를 제공함으로써 자칫 무미건조하기 쉬운 본문의 내용들을 보다 현실감 있고 재미있게 서술하고자 노력하였다.

본 서는 총 5부 13개의 장으로 구성되어 있으며, 2004년에 출간되었던 「전시마케팅」(한올출판사)의 내용을 근간으로 제5부의 내용(13장)과 2장과 6장 등 몇 개의 장이 추가되고 그 외 많은 내용이나 사례가 수정 · 보완된 것임을 밝혀둔다.

제1부 '전시회와 전시산업 및 전시마케팅의 이해'(1~3장)에서는 전시회 및 전시산업에 대한 기본개념과 국제마케팅측면에서의 의의와 장 · 단점, 그리고 전시마케팅의 개념과 체계 등을 분석한다.

제2부 '전시전략 및 실행계획의 수립(pre-show 마케팅전략)'(4~9장)에서는 먼저 전시회와 관련된 전반적인 의사결정과정을 파악한 후, 전시회 참가목적과 예산의 설정을 하여 적합한 전시회를 선택하여 참가를 결정하기까지의 과정을 살펴본다. 다음으로 전시회 참가결정 후 구체적인 실행계획의 수립과 참가과정을 살펴본다. 참가실행계획의 수립에서 가장 중요한 네 가지 요소들 즉, 전시품 선정과 운송 및 통관계획, 부스디자인과 설치계획, 부스인력의 선발과 교육, 전시회 참가전 촉진전략에 대해서 살펴본다.

제3부 '전시전략의 실행(on-site 마케팅전략)'(10~11장)에서는 전시회가 개최되는 현장에서의 부스의 직접 설치와 관리, 그리고 전시장에서의 여러 촉진활동과 고객관리에 대해서 살펴본다.

제4부 '전시전략의 평가(post-show 마케팅전략)'(12장)에서는 전시회가 끝난 후의 부스의 철거와 리드에 대한 사후관리, 성과의 평가 및 보고서의 작성에 관해 살펴본다.

마지막으로 제5부 '참관객의 전시회 활용전략'(13장)에서는 참관객의 전시회 활용전략에 대해 살펴본 후, 본 서의 최종 결론으로서 참가기업 또는 참관객 입장에서 가장 효과적인 전시회 활용전략의 핵심을 정리하였다.

본 서의 저자들은 나름대로 좋은 책을 저술하기 위해 최선을 다했으나 저자들의 능력부족으로 많은 부족함이 있으리라 생각한다. 아무쪼록 본서가 전시회를 공부하는 학생이나 기업의 전시업무 관계자들에게 훌륭한 지침서가 되기를 기대하면서, 아울러 많은 조언과 질나를 기대한나.

마지막으로 저자들을 학문의 길로 이끌어주신 고려대 어윤대 전총장님을 비롯한 은사님들에게 다시 한 번 감사드리며 본 서의 출간을 격려해 주신 EXCO 김상욱 사장님께도 감사드린다. 또한 그 동안 국내외 전시산업발전을 위해 수고하신 산업자원부와 코트라, 무역협회 관계자 및 본 서의 출간을 도와주신 이프레스의 최용구 사장님 이하 관련된 여러분들께 사의를 표한다.

2019. 11.

저자 일동

차/례

제2장 전시산업의 이해

제3장 전시회와 마케팅

제2부 전시전략 및 실행계획의 수립(pre-show marketing 전략)

제5부 참관객의 전시회 활용전략

제13장 참관객의 전시회 활용전략

01 PART

전시회, 전시산업, 전시마케팅에 관한 이해

들어가기 전에

제1부에서는 최근 국제촉진수단의 일환으로 주목받고 있는 전시회에 대한 기본 개념을 살펴본 후 전시산업의 중요성과 동향을 분석한다. 마지막으로 국제마케팅의 측면에서 전시회의 중요성과 전시마케팅의 주요 내용 및 본 교재의 구성에 관해 살펴본다.

Chapter

01 전시회의 이해

이 장에서는 먼저 전시회의 정의와 전시회와 관련된 용어의 연원을 살펴본다. 다음으로 전시회의 유형 및 전시회의 기원과 역사 등에 관해 살펴본 후, 마지막으로 전시회의 기능 및 구성요소에 관해 살펴본다.

도입 사례

세계 최대 IT전시회로 우뚝… 美 라스베이거스에서 열려
매년 초 간판제품 전시 각축장… 10억 달러 계약 성사돼 현지 찾는 관람객만 20만 명

9일부터 12일(현지 시간)까지 미국 라스베이거스에서 열리는 'CES(Consumer Electronics Show, 국제가전박람회)'는 지상 최대 가전 · 정보기술(IT) 전시회로 불린다. 전 세계에서 '전자제품을 잘 만든다'는 기업들이 모두 몰려온다. 축구장 30개 규모에 해당하는 22만㎡(약 6만 6,000평) 전시장에 새로운 제품을 진열한다. 소비자와 기업에는 한 해의 전자제품 트렌드를 볼 수 있는 아주 좋은 기회이다. 독일 베를린에서 열리는 국제가전박람회(IFA: Internationale Funkausstellung), 스페인 바르셀로나 '모바일 월드 콩그레스(MWC: Mobile World Congress)'와 함께 '세계 3대 IT 전시회'라고 부르기도 한다.

CES는 미국 소비자가전협회(CEA: Consumer Electronics Association)가 1967년 뉴욕에서 처음 개최했다. 당시만 해도 TV · 오디오 · 비디오 등 가전제품 위주 전시회로 진행됐다. CES는 2000년대 초반까지 PC 전문 전시회인 컴덱스 등 다른 전시회에 밀려 큰 주목을 받지 못했다. 하지만 PC 산업이 위축되면서 CES가 '첨단 제품 등용문'으로 떠올랐고, 지금은 세계 가전업계 흐름을 한눈에 볼 수 있는 최고 권위의 행사로 자리매김했다.

특히 1월에 열려 각 기업 최고경영자(CEO)의 한 해 구상과 글로벌 IT 기업들이 해당년도에 선보일 간판 상품을 엿볼 수 있다는 점은 CES만의 매력이다. 1월에 열리는 대형 전자제품 전시회는 CES가 유일하다. 스페인 MWC는 2월, 독일 IFA는 9월에 열린다. 기업들로서는 연초

CES에 참가해 간판 상품을 전시하고 소비자 반응을 확인하는 동시에 경쟁사 기술을 확인하는 기회이기도 하다.

무엇보다 세계 최대 시장인 미국, 그것도 매력적인 도시 '라스베이거스'에서 열린다는 점은 CES의 성공 요인 중 하나이다. 짧은 전시회 기간에 성사되는 제조사·바이어 간 판매 계약 규모만 5억~10억 달러(약 6000억~1조2000억 원)로 추산되고, 미국 · 유럽은 물론 아시아, 남미 등 전 세계 바이어들이 몰려들기 때문이다.

행사 기간에 라스베이거스를 찾은 관람객들은 고급 호텔, 카지노, 음악 공연, 서커스 등 도시의 화려한 매력을 즐기고 간다. CES는 뉴욕에서 시작했지만 1995년 라스베이거스로 옮겨 온 이후 관람객이 폭발적으로 늘었다. 20만 명 이상이 몰려도 수용할 수 있는 엄청난 호텔 수도 이를 가능하게 했다.

CES로 인한 경제 효과는 상상을 초월한다. 라스베이거스 컨벤션 관광청 등에 따르면 CES 전시회 동안 관람객 입장료 수입, 호텔 숙박과 엔터테인먼트 관광 등 라스베이거스시가 얻는 경제적 효과는 2억1000만 달러(약 2231억 원)에 달할 것으로 예상하고 있다. 여기에 실제 기업들이 전시회 공간을 꾸미는 비용을 더하면 전시회 경제 파급 효과는 1조 원 이상으로 추정된다. 관련 업계에 따르면 삼성전자, LG전자 등 대기업이 CES에 한 번 참여할 때마다 들이는 비용은 300억~400억 원으로 알려져 있다. '관광객 한 명이 쏘나타 한 대 수출하는 것과 맞먹는다'는 말까지 나오는 이유이다.

2019 국제가전박람회(CES: Consumer Electronic Show)개요	
CES란	미국 소비자가전협회가 주최하는 최대 가전-IT전시회
개최 시기 및 장소	2019년 1월 8일-11일까지 4일 간 미국 라스베이거스
참가업체 및 관람객	세계 150여 개국의 3,900여개 기업, 관람객 20만 명 참가
CES 특징	스마트 홈, 소비재, 자동차 산업 등의 분야에 최신 기술동향을 가장 먼저 엿볼 수 있는 국제 박람회
참가 규모	182,000명 / 44,000개사 ('18년)
경제적 효과	호텔 숙박 관광 등 1조 원 넘는 경제적 파급효과

LG 체험관	삼성 체험관

CES 2019에 전시된 무인차량 컨셉카

좌측 상단으로부터 보쉬, 구글 웨이모, 로보마트, 징동닷컴

출처: 매일경제신문, 2018. 1. 10.; Kotra, CES 2019 리뷰: 산업 전 분야로 확산되는 인공지능의 적용분야.

제1절 전시회의 의의

1. 전시회의 정의

최근 무역의 촉진수단으로서 전시회가 주목을 받고 있다. 전 세계적으로 15,000회 이상 개최되고 있는 전시회가 제조업체와 바이어와의 만남을 극대화한다는 점에서 비용대비 가장 효율적인 마케팅 수단이기 때문이다. 또한 WTO 출범 이후 자국 수출업체에 대한 정부의 직접적인 지원이 사실상 금지되어 있는 상황에서 무역 전시회에 대한 정부의 재정적인 지원은 무역촉진활동으로 분류되어 합법성이 인정되고 있기 때문에 각국 정부는 국제적 수준의 전시장 건립 및 확장을 포함하여 전시산업을 국가적인 전략산업으로서 정책적으로 지원 또는 육성하기 위해 상당한 노력을 기울이고 있다.

800여 년의 역사를 배경으로 발전을 거듭하여 세계 전시산업의 메카라 불리는 독일은 무역거래의 60~70%가 전시회를 통해 이루어지고 있으며, 연간 4,000여 전시회가 개최되고 있는 미국에서는 전시산업이 인쇄업보다 앞선 22번째 산업으로 자리 잡고 있다. 우리나라에서도 수출 의존형의 경제발전 모델을 가지고 있기 때문에 무역전시회가 무역거래를 위한 중요한 수단으로 인식되면서 정부는 기업의 국내외 전시회 참가에 따른 지원을 강화하고 있으며, 기업들도 해외시장진출을 위한 국제마케팅의 촉진수단으로서 적극적으로 각종 전시회에 참가하고 있다.

전시회(trade show, trade fair, exhibition, exposition)는 일반적으로 '유형 또는 무형의 상품(제품, 서비스, 기술)을 매개로 하여 제한된 장소(전시장)에서 일정한 기간(전시기간) 동안 방문객(구매자)과 참가업체(판매자) 간에 거래와 상호이해를 주목적으로 진행되는 일체의 경제적 활동'으로 정의된다.

또한 전시회는 하나의 커뮤니케이션상의 매체이다. 즉, 방문자(visitor)를 위한 환경을 조성하는데 근간을 두는 커뮤니케이션의 수단으로 이러한 환경에는 도안(graphic), 사진(photography), 영상(visual), 문안(copy), 색상(color), 음향(sound), 동작(motion), 시연(demonstration), 인적 커뮤니케이션 및 감각과 미각을 이용한 기술이 포함되고 있다. 따라서 전시회가 적절히 수행된다면, 기업의 전반적인 마케팅프로그램의 통합체가 될 수 있다. 즉, 부스 장치물, 부스 디자인, 부스 요원과 참관객 간의 직접 접촉, 제품의 전시를 통해 현재 고객과 잠재 고객에게 적절한 메시지를 전달하는 독특한 기회를 제공하고 있다.

특히, 전시회는 통상적으로 참가 자격이 특정 산업의 참관객으로 제한되고 양질의 구매자로 구성되기 때문에 다른 방법으로는 몇 년 걸려 달성될 수 있는 많은 고객과의 접촉이 가능하며, 이를 통해 많은 수출계약과 해외시장의 유통업체와의 유통계약이 이루어진다.

제품의 시험 판매와 유통업체의 반응을 조사할 수 있는 좋은 기회도 제공한다. 만일 특정 제품의 시장성 또는 판매 잠재성이 긍정적으로 증명된다면, 기업은 여러 희망자 중에서 가장 유능한 유통업체, 대규모 수요업자 등을 선정할 수 있는 기회가 된다. 그리고 경쟁자들에 대한 각종 정보도 얻을 수 있는 기회를 얻게 된다. 반면 참관객이나 구매자들도 전시참가업체의 여러 제품 중에서 시장성과 판매 잠재성이 가장 뛰어난 제품을 선택할 수가 있고, 해당 제조업체와 직접 접촉할 수 있는 기회를 가질 수도 있다.

2. 전시회 관련 용어의 연원과 구분

전시회는 영어로 fair, exhibition, exposition, show, expo, messe 등으로 다양하게

표현되며, 때로는 같은 의미로 사용되기도 하지만 엄격한 의미에서 구분되어 사용되기도 한다.

fair는 가장 원시적인 물물교환시대부터 존재하던 시장이며, 직접 판매의 가장 초기 형태로 간주되며, 라틴어인 feria, feriae에서 유래되었다. fair는 옥외에서 열리며 보통 종교적 휴일과 관련해서 연중 같은 시간, 같은 장소에서 상인들이 직접 물건을 가져와서 판매하는 장소를 의미하였다.

exhibition은 역시 라틴어인 exhibitionem에서 유래했으며 'to see'라는 뜻이다. 18세기 유럽이 산업혁명으로 발생한 사회 · 문화 · 경제 · 정치적 변화에 휘말리면서 등장한 새로운 현상이라고 할 수가 있다.

exhibition은 fair와 다음의 네 가지 점에서 차이가 있다. 첫째, exhibition은 일회성 행사였으나 fair는 반복된 행사였다. 그리고 fair가 단기간 행사였다면 exhibition은 수개월 또는 1년 이상 지속되었다.

둘째, exhibition은 exhibition을 위한 상설 시설에서 열렸으나 fair는 상설 시설이 없었다. 18세기부터 시작된 전시회를 위한 상설 시설의 건립은 오늘날 전시컨벤션센터의 기원이 되었다.

셋째, fair는 정기적으로 열렸지만 잘 조직된 행사는 아니었다. 반면에 exhibition은 고도로 조직화된 행사였다.

넷째, exhibition는 비즈니스가 이루어지는 방식에 있어서 fair와 차이가 있다. fair는 현장에서 물품들이 구매되고 판매되었다. 그러나 exhibition에서는 전시된 물품의 직접 판매보다는 미래의 판매를 위한 전시 및 상담이 주가 되었다.

그리고 exposition은 라틴어 expositio에서 파생된 프랑스어로 '전시회에 진열하다'라는 뜻을 지니고 있으며, 1649년에 최초로 사용되었다. 오늘날 exhibition과 매우 유사하게 북미에서 사용되며, exhibition보다는 '좀 더 큰 규모가 전시 행사'라는 뜻이 강하다. show는 용어상으로 행사적 성격이 강조되며, 실질적으로는 exhibition과 같이 전시회를 의미하는 용어이다. exhibition이나 fair가 유럽에서 많이 사용하는 용어라면 show는 북미에서 사용된다.

또한 expo는 세계박람회(world' s fair, international exposition)를 의미한다. 즉, 전시회에 비해 흔히 일정한 주제하에서 세계의 문화와 문명을 융합하는 것을 목적으로 하여, 인류 상호 간의 이해와 복지향상에 궁극적인 초점을 두고 세계의 주요도시에서 2~3년마다 개최되는 비상업적 전시회(박람회)이다.

messe의 원래 뜻은 '미사'로 주로 가톨릭에서 주일에 드리는 가장 중요한 예배행사를 지칭한다. 또한 '물물교환'의 뜻도 있으며, fair와 마찬가지로 종교적 행사에서 유래하였다. 세계에서 전문 전시회가 가장 발달한 나라인 독일에서 전통적으로 계속해서 사용함으로써 세계화시켰으며, 지금은 '전시장'이란 뜻이 더 강하다.

그러나 관련 용어들은 이와 같이 역사적 배경이나 개념상에서 차이가 나지만 실제로는 별로 구분 없이 전시회를 의미하는 것으로 혼용되기도 한다. 그리고 우리말로도 전시회, 박람회, 견본시[1], 전람회 등 다양하게 사용되기도 한다. 본 저서에서는 우리말로는 전시회, 영어로는 trade show, exhibition을 주로 사용하였다.

〈표 1-1〉 용어의 연원과 구분

구 분	어 원	특 징
fair	• 라틴어 feriae의 파생어로 휴일을 의미하며 중세에는 시장이라는 의미로 변형	• 상인들이 실제의 상품을 가져와 매매가 이루어짐 • 가장 오래된 역사를 지님
exhibition	• 라틴어 exhibitionem의 변형으로 물품전시를 의미	• 산업혁명 이후에 등장 • 전시회에서 상업적 행위 또는 전시품을 파는 것은 포함되지 않음
exposition	• 라틴어 expositio에서 파생된 고대 프랑스어로 전시 또는 쇼에 출품한다는 의미	• exhibition과 매우 유사함 • 북미에서 주로 대규모 전시회를 나타내는 의미로 사용
show	–	• 북미에서 주로 사용
Expo	• exposition과 동일	• 세계박람회를 의미
mess	• 가톨릭의 '미사'에서 유래	• 독일에서 주로 사용하여 세계화 • 전시회뿐만 아니라 전시장이라는 의미로도 사용

출처: S. L. Morrow, The Art of the Show, IAEM Foundation(1998) & 송성수, 21세기 떠오르는 전시산업-전시산업론(2003).

1) 일본에서 주로 사용하는 용어로서 상품의 견본이나 샘플을 가지고 특정한 장소에서 사람을 모아 거래를 한다는 뜻이다. 그리고 이 용어는 '현물시'와 반대되는 말로 상설전시회의 성격이 강조된다.

제2절 전시회의 기원과 역사

전시회(fair)가 문헌상 나타난 최초의 기록은 구약 성서의 에스더(Esther) 제1장이다. 즉 B.C. 464~424년경에 기록된 에스더서에서는 페르시아 왕 아하수에러스(Ahasuerus)가 즉위 3년째에 수도인 슈산(Shushan) 성에서 모든 방백과 심복을 위하여 잔치를 베풀 때에 왕이 여러 날(180일) 동안 "그 영화로운 나라의 부와 위업이 혁혁함을 나타내어라" 하였는데 모든 산업제품과 업적을 전시하였음을 의미하는 것으로 가장 오래된 전시회의 효시라고 전해지고 있다.

전시회는 마을 장터에서 물물 교환하였던 형태에서 확장·발전된 것으로 처음에는 추수감사절과 같이 일정한 시기와 장소에서 시작하여 아이디어 교환, 물물교환 등을 통한 각 마을 간의 유통문제 해결에 주안점을 두었고, 로마인들이 북부유럽에서 그들 식민지간의 교역 증대 및 정치적 영향력 강화에 이용할 목적으로 이러한 시장을 지원하였다.

5세기말 로마제국의 몰락 이후로는 지방시장, 교역로의 교차점, 종교축제가 열리는 곳에서 fair가 형성되었으며, 9세기경에 도매상이 출현하고 무게와 양, 질의 표준척도가 설정됨에 따라 fair에서의 교역이 표준화된 교환수단을 사용하게 되어 서양상법의 기초를 마련하였다.

12세기에 접어들면서 유럽의 고대 무역도시를 중심으로 조직화된 상업 전시회(commercial fair)가 개최되기 시작하였는데 이때 전시회의 목적은 물건을 출품, 진열하여 판매하는데 있었다. 특히 문예부흥 이후에는 미술 전람회, 학술 전시회로 명맥이 이어졌으며, 과학기술의 발달과 더불어 신기술 소개를 위한 전람회로 개최되기 시작하였다. 당시 산업 전람회는 일종의 기술 전시적 성격을 지닌 것이었으며, 1569년 뉴른베르그 시청에서 개최된 산업전시회가 효시로 간주되고 있다. 프랑스에서도 1683년과 1763년에 공예(산업기술)전시회를 개최하였으며, 영국에서는 1761년에 공업협회 주최로 디자인상을 받은 각종 제품의 모델과 기계의 전시가 있었다.

근대적 의미의 국제 전시회의 발전은 유럽에서의 산업혁명에서 비롯되었다. 즉, 18~19세기동안 산업의 급성장으로 인하여 정부와 산업가들이 시장 확대의 필요성을 점차 인식함에 따라 자국제품을 위한 해외시장으로의 진출을 모색하였고, 각국 정부는 자국 제조업자의 성과를 집중화시키기 위하여 산업 전시회를 개최하기 시작하였다. 이와 같은 전시회는 초기에는 엄격히 국내에만 제한되었으나 산업의 규모가 크게 확대되고 교통의 발달 등에 힘입어 1851년 영국 런던의 하이드 파크(hyde park)에서 런던만국박람회(the great exhibition of the works of industry of all nations)가 개최됨으로써 세계 최초의 국제박람회가 시작되었다. 당시 런던 국제박람회의 참가업체는 13,297개사(영국 6,861개사 포함)이었고, 입장료 수입도 423,797파운드에 달하였으며, 개최 기간도 5개월 15일 동안 계속되었다.

이러한 성공에 힘입어 유사한 유형의 국제적인 행사가 다른 선진국에서 계속되었는데 런던 국제박람회를 위해 특별히 세워졌던 수정궁(crystal palace)은 건축학적으로도 만국박람회의 전형적인 모델이 되었다. 그리고 1928년에는 35개국이 만국박람회의 개최시기와 개최방법을 명문화한 외교문서에 서명함으로써 세계박람회기구(bureau international des expositions: BIE)가 창설되었다.

19세기 중반에 이르러 나타난 주요 특징 중의 하나는 향후 인도를 받는 조건으로 주문을 받는 오늘날과 같은 견본시(전시회)가 시작된 것이다. 원래 견본시(die mustermesse)라는 표현은 1896년 라이프찌히의 "메세(messe)"에서 처음 공식적으로 사용되었는데 그 이전의 전시회에서는 직접 상품을 진열하여 놓고 현장에서 판매하는 현물시(goods fair)였으나 이 이후로 견본만을 내놓고 주문을 받는 견본시가 정착되었다. 이러한 견본시 형태는 특히 19세기 중엽에 비약적인 발전을 보였고, 수십 년 동안 지속되었다.

Tip 1-1 주요 국제 전시 기구

1. 세계박람회기구(bureau international des expositions: BIE)	
BIE 성격	▷ 국제박람회를 대상으로 한 국제협약에 의해 세계에서 개최되는 국제박람회의 승인, 후원 등을 수행하는 국제기구로서 1928년 파리협약에 의해 설립되었으며 파리에 본부가 있음. ▷ 문화·산업올림픽으로서의 국제박람회에 대한 각국의 인식제고와 회원국의 증가 및 유치 신청 경쟁이 가열됨에 따라 BIE의 위상이 높아지고 있음
회원자격 및 회원현황	▷ 회원자격은 UN회원국이거나 UN산하기구의 회원국이면 되며, 2018년 2월 현재 회원국은 한국을 포함한 170개국임. 한국은 1987년에 가입

주요업무	국제박람회의 공인업무가 가장 중요하며, BIE의 공인을 취득하는 경우 위상이 제고될 뿐만 아니라 BIE에 축적된 지식과 정보, 자료 활용이 가능하고 BIE내 전문가로부터 공식적인 자문을 받을 수 있어 수준 높은 박람회 운영이 가능해짐

2. 국제전시회협회(union des foires internationales: UFI)

UFI의 성격	▷ UFI는 국제전시회의 최고 공인기관으로서 1925년 유럽의 주요 전시주최자들에 의해 설립된 민간기구로서 이탈리아 밀라노에 본부가 있었으나 현재는 프랑스 파리에 소재하고 있음. ▷ UFI의 회원으로서 국제전시회를 공인받을 경우 국제적으로 전시회의 수준을 인정받게 되는 것으로 전시회 마케팅에 유리한 지위를 확보(UFI 로고 등의 사용이 가능)
UFI의 회원자격	▷ 정회원은 UFI공인 전시회 organizer, 다국적 organizer 및 전시 센터 ▷ 준회원은 전시협회, 전시통계·연구기관, 전시사업과 관련된 업종협회
회원현황 (2018년 2월 현재)	▷ 정회원은 753 ▷ 준회원은 62 ▷ UFI 인증전시회: 84개국의 948개 전시회 ▷ 한국의 경우 정회원은 한국전시산업진흥회(AKEI) 등 22개 기관이며 인증전시회는 36개임(2018년 2월 기준)
인증조건	▷ 다음의 조건을 충족하면 가능 • 총 전시참기업체 중 10% 이상이 외국전시업체 • 최소 2회 이상의 개최실적 • 총 관람객 중 5% 이상이 외국인 ▷ 여기에 덧붙여 다음의 조건들이 추가적으로 고려됨. • 외국 전시참가업체 및 외국인 관람자들을 위한 편의시설, 안내 등이 갖추어져야 할 것 • 국제공인회계법인의 전시회 관련 감사보고서 제출 • 기타 행정적 사항

3. 기타 전시관련 국제기구

기 구 명	개 요	성 격	website
AEO(Association of Exhibition Organizers)	설립: 1981 본부: 베르크햄스테드, 영국 회원수: 256	영국 전시산업 진흥을 위한 전시주최자를 회원으로 하는 단체	www.aeo.org.uk
APECC(Asia Pacific Exhibition & Convention Council)	설립: 1989 사무국: Queensland, 호주 회원수: 14개국 30개기관	아태지역의 컨벤션센터들을 회원으로 하는 단체	www.apecc.org
AUMA(The Association of the German Trade Fair Industry)	설립: 1907 본부: 베를린, 독일 회원수: 78	독일 전시산업의 이익을 대변하는 독일 전시장운영기구의 연합체	www.auma.de
CEIR(Center for Exhibition Industry Research)	설립: 1978 본부: 시카고, 미국 회원수: 1,100	전시/컨벤션 산업의 대표주사 세계1위의 연구조사기관	www.ceir.org

EDPA(Exhibit Designers & Producers Association)	설립: 1955 본부: 애틀란타, 미국 회원수: 18개국 370개사	전시관련 용역업체 모임	www.edpa.com
ESCA(Exposition Services & Contractors Association)	설립: 1970 본부: 헨드슨(네바다), 미국 회원수: 약 150개사	전시관련 종합장치업체 협회	www.esca.org
IAMM(International Association of Assembly Managers)	설립: 1924 본부: 코펠(텍사스), 미국 회원수: 2,800	전시장 등 시설의 효율적 운영을 도모하고, 회원사 간 시설운영 관리기법 공유	www.iaam.org
IAEM(International Association of Exhibition Management)	설립: 1928 본부: 달라스, 미국 회원수: 40여 개국 3,600	미국전시협회 전시회 교육프로그램의 운용과 관련 정보 제공	www.iaem.org
IFEA(International Festivals & Events Association)	설립: 1957 본부: 보이세(인디애나, 미국 회원수: 약 2,700	교육과 연구를 통한 이벤트와 축제산업의 발전	www.ifea.com
TSEA(Trade Show Exhibitors Association)	설립: 1966 본부: 시카고, 미국 회원수: 약 2,100	전시 및 이벤트 관련 종사자들을 회원으로 하는 단체	www.tsea.org
VMA(Venue Management Association)	설립: 1992 본부: 퀸스랜드, 호주 회원수: 300개 기관 620명	전시컨벤션 개최지 관리를 위한 협회	www.vma.org.au

근대적 전시회는 세계 1차 대전 이후 번성하였는데, 서독의 라이프찌히 전시회(Leipzig trade fair)와 이탈리아의 밀라노 전시회(Milano sample fair) 등이 가장 유명하였으며, 이들은 오늘날과 같은 국제 전시회가 정착되는 데에 큰 기여를 하였다. 한편, 제2차 세계대전을 거치면서 미국이 주도하는 자본주의 체제하의 자유무역주의의 추세와 함께 전시회는 전문적인 성격으로 분화되어 축제적인 의미는 퇴색되고 일반인의 관람이 제한되는 순수한 상업적 성격의 전시회로 변모하게 된다. 또한 1970년대 이후 3차 산업 및 첨단산업 등 서비스 부문과 신기술개발 부문의 비약적 발전으로 새로운 제품 및 서비스를 다루는 전시회가 계속 출현하고 있어서 1980년대 후반에는 다양한 종류의 4,000여 개의 전시회가 매년 열리는 것으로 추산된다. 질적인 측면에서도 예전에는 종합 품목 전시회가 많았으나 근래에는 전시품목별로 세분화되고 또한 동일 품목에서도 기능별로 전문화되어 가는 추세에 있다.

또한 최근에는 여러 개의 개별 전문 전시회가 하나의 전시회로 통합되는 복합

전시회의 성격으로 변모하였으며, 또한 전시회와 컨퍼런스, 전시회와 세미나, 전시회와 심포지움 그리고, 특별 이벤트가 동시에 열리는 경향이 있다.

사례 1-1 **한국의 전시회 역사**

우리나라는 고종 26년 1889년 파리 만국박람회에 갓, 모시, 돗자리 등을 출품하여 처음으로 전시회에 참가했으며, 1893년 5월부터 10월까지 미국 시카고에서 열린 시카고 세계박람회에 국내 상품을 출품했다는 기록이 있다.

1907년에 한·일 양국의 공동주최로 서울에서 "경성 박람회"라는 전시회를 개최하였다. 그 이후에 1915년 경복궁에서 "물산공진회", 1929년 "조선박람회"가 개최되기도 하였다. 당시의 전시회는 일본의 정치적 업적과 권위를 과시하기 위해 거의 일본인에 의해 이루어졌기 때문에 순수 상업 전시회로 성장하지는 못하였다.

우리나라에서 본격적으로 전시회가 시작된 것은 1960년대 경제개발계획이 수립·시행되면서부터라고 할 수 있다. 정부의 수출드라이브정책이 실시되면서 전시회가 개최되기 시작하였다. 1962년 4월부터 6월까지 한국산업진흥회 주최로 경복궁에서 "산업박람회"가 개최되었고, 1968년에는 우리나라 최초의 국제무역박람회인 "한국무역박람회"가 개최되었다. 그리고 이듬해인 1969년에는 서울 덕수궁에서 "한국전자제품전시회"가 전문품목전시회로서는 우리나라에서 최초로 개최되었다.

1970년대에 들어 수출목표 달성과 신 시장 개척 등의 필요성에 의해 전시회가 본격적으로 활용되기 시작했으나 전시회를 개최할 수 있는 전문전시장이 없었다. 이에 정부는 1979년 서울 강남구 삼성동에 우리나라 최초의 전문전시시설인 한국종합전시장(구 KOEX)을 그 당시로서는 건설비로만 74억의 거금을 들여 건립함으로써 전시산업 성장의 결정적 계기가 되었다. 그 후 국내 전시산업은 1988년 COEX본관 개관을 계기로 전시회 규모가 확대되기 시작하였으며, 1999년 학여울에 서울무역전시장(SETEC)가 개장되고, 2001년에는 대구 EXCO, 부산 BEXCO, 2003년에서는 제주 ICC가 개관함으로써 본격적인 지방 전시회 개최 시대가 열리게 되었다. 특히 2005년에는 KINTEX와 김대중컨벤션센터(KDJ Center)가 개장되었으며, 2011년 EXCO(10,543㎡), 2012년 KINTEX(54,591㎡), BEXCO(19,872㎡), 2014년 KDJ Center(2,955㎡)의 전시면적 확장이 이루어져 우리나라 전시산업의 발전에 크게 기여하고 있다.

제3절 전시회의 유형

전시회는 보는 관점에 따라 다음과 같이 다양하게 분류될 수 있다. 산업별 특징, 시장 범위와 전문화의 정도, 그리고 참가기업과 참관객의 유형에 따라 분류하고 특징에 대하여 살펴 볼 수 있다.

1. Morrow교수 및 CEIR의 분류

1) 전문 산업 전시회 또는 무역 전시회(trade show)

순수한 상거래와 무역을 목적으로 하는 전문 전시회로서 전문적인 분야의 제품이나 관련제품만을 출품하도록 제한하고, 참관객도 순수한 구매자로 국한하여 일반 소비자의 참관을 제한한다. 즉, 전문 산업 전시회 또는 무역 전시회는 철저한 상거래 중심의 business-to-business 전시회로서 참가업체들은 해당품목 생산업체나 유통업체에 한하며, 방문객은 초대된 바이어로 제한된다. 이러한 형태의 전시회가 미국에서 개최되는 전시회의 약 49%를 차지한다.

2) 소비자 전시회(consumer or public show)

대부분의 경우 이러한 종류의 전시회는 business-to-consumer 전시회, 즉 일반 대중을 상대로 하는 전시회이다. 일반인에게 공개되며 입장료가 있는 경우가 일반적이다. 참가업체들은 일반인들에게 전시품의 특성과 성능을 소개하고 선전하여 판매나 소비자들의 반응을 살피는 기회로 활용한다. 예를 들면 가정용품 전시회, 자동차 전시회 등이 대표적인 예이며, 미국 전시회의 약 13% 정도가 이러한 성격의 전시회이다.

3) 혼합 전시회(combined or mixed show)

전문 산업 전시회와 소비자 전시회가 혼합된 성격의 전시회이다. 바이어와 일반 대중 모두에게 공개되나 공개되는 시간을 달리하기도 한다. 이러한 성격의 전시회는 미국 전시회의 약 38% 정도이며, 차후 비중이 계속 증가할 것으로 예상된다.

Tip 1-2 **산업 전시회 vs. 국제 박람회**

우리가 관심을 가지고 있는 기업이 전시회에 참가하여 개별 부스에서 상업적 거래가 이루어지는 산업 전시회에 비해 국제 박람회는 국가 단위로 참가하고 비상업적 성격이 강하다는 점에서 차이가 있다. 산업 전시회가 전문 전시회이든 소비자 전시회이든 간에 상업적 전시회인데 비해 국제 박람회는 대중 계몽을 목적을 주된 목적으로 하는 비상업적 성격이 강하다. 즉, 인류의 발달과 함께 인류가 성취한 업적을 한 시점에 한 장소에서 집중적으로 전시함으로써 미래에 대한 전망까지도 제시하는 기능이 있다.

상거래가 직접적인 목적이 아니기 때문에 전시장에서의 전시품목에 대한 일체의 광고, PR은 못하게 되어 있으며, 국가 단위의 PR만이 인정된다. 또한, 그 규모가 크기 때문에 일반 대중의 입장자수와 개최기간에 있어서 상업적 전시회의 경우와는 비교가 되지 않는다.

미국의 CEIR도 Morrow교수와 같이 북미에서 개최되는 전시회가 취급하는 시장의 특성에 따라 전시회를 다음의 〈표 1-2〉와 같이 크게 세 가지로 분류하였다.

〈표 1-2〉 CEIR의 산업별 특성에 따른 전시회 분류

구 분	Trade Show	Pubic/Consumer Show	Combined/Mixed Show
산업범주	주로 산업재 산업	소비재 산업	trade show와 public show의 혼합형태
참가업체	제조업체, 유통업체	소매업자, 직접 최종사용자(end-user)를 접촉하려는 제조업자	제조업체, 유통업체
방문객	바이어	일반대중	바이어 및 일반대중
입장제한	바이어나 초청장 소지자만 입장가능	입장제한 없음	방문객이 바이어와 일반 대중인가에 따라 입장시간에 차등
미국 내 개최점유율	49%	13%	38%

2. AUMA의 분류

독일의 AUMA는 시장 범위와 전문 분야에 따라 다음의 〈표 1-3〉과 같이 분류하고 있다. 종합 전시회는 소비재와 자본재 모두를 포함한 모든 상품들이 출품하는 전시회를 말하며, 다분야 전시회는 몇 분야의 제품이나 서비스를 집중해서 전시하는 전시회이다. 전시회의 선진국인 독일에서 열리는 전시회는 대부분 전문 산

업 전시회로서 특정분야 제품들을 위한 것으로 제품 지향적인 전시회이며, 특정분야의 고객 · 기술 · 공정 · 주제를 대상으로 하는 전시회를 말한다. 소비자 전시회는 일반 대중을 대상으로 하는 전시회이며, 회의 전시회는 회의를 보조하는 부수적인 행사로서 진행되는 전시회를 말한다.

또한 시장 범위에 따라 지역급 전시회, 국가급 전시회, 국제급 전시회로 분류할 수가 있다.

〈표 1-3〉 AUMA의 전시회 유형 분류

분류기준	유 형
전문 분야에 따른 분류	• 종합 전시회(universal trade fairs) • 다분야 전시회(multi-branch trade fairs) • 전문 산업 전시회(specialist trade fairs) • 소비자 전시회(consumer trade fairs) • 회의 전시회(congress trade fairs)
시장범위에 따른 분류	• 지역급 전시회(regional trade fairs) • 국가급 전시회(national trade fairs) • 국제급 전시회(international trade fairs)

출처: 서명희(2002).

3. 기타

다른 전시회 분류 기준으로 참가 기업과 참관객의 유형에 따라 각각 주체의 성격이 하나의 산업, 하나의 분야에 집중된 수직적(vertical)인 성격을 띠는지, 다양한 산업과 다양한 분야가 관련되는 수평적(horizontal)인 성격을 보이는가에 따라 다음의 〈표 1-4〉와 같이 분류할 수 있다.

〈표 1-4〉 수직적 또는 수평적 전시회

		참관객	
		수직적	수평적
참가기업	수직적	한 분야의 제품과 고객에 초점을 맞춘 전시회 예) AUTOMECHANIKA (프랑크푸르트의 자동차부품전)	한 분야의 제품과 다양한 분야의 소비자들이 참가 예) INTERPACK (프랑크푸르트의 포장공정기자재전)
	수평적	다양한 분야의 제품에 한 분야의 소비자들이 참가 예) HOSPEX(동경의 의료기기/의약박람회)	다각화된 산업 분야의 제품과 다양한 계층의 고객 예) HANNOVER FAIR(하노버의 산업박람회)

출처: 김은주(2002).

제4절 전시회의 기능

1. 교역과 판매가 이루어진다

전시회의 가장 중요한 기능은 전시회에서 seller와 buyer가 만나서 교역과 판매가 이루어진다는 점이다. 특히 기업들은 국제전시회에 참가함으로써 외국의 Buyer와 활발한 거래를 할 수가 있다. 예컨대, 전시회가 가장 발달한 독일의 경우 무역거래의 60~70%가 전시회에서 이루어진다.

2. 기술의 비교평가가 가능하다

전시회에는 많은 제품과 기술, 그리고 정보와 서비스가 선보인다. 동종의 경쟁사의 제품이 모두 같은 장소에 전시됨으로써 제품 간의 성능, 가격, 기술 등의 비교평가가 이루어진다. 따라서 자사의 기술력이나 제품의 우수성을 인정받고 싶은 업체의 입장에서는 좋은 기회가 된다.

3. 정보 교류가 가능하고 네트워크가 형성된다

전시회 참가업체의 국적과 규모도 다양하며, 참관객도 다양하다. 다양한 전시참가업체와 참관객이 같은 장소에 모여 다양한 정보를 교류하고 네트워크를 형성하게 된다. 특히 세계 유명전시회에는 각종 세미나 등을 개최함으로써 최신 정보 및 교육의 장으로서의 역할도 수행한다.

미국 CEIR의 설문조사에 의하면 참가자들의 66%가 전시회에 참가하는 주요 이유 중 하나로 네트워킹을 꼽았다. 사람들은 관련업계의 사람들을 만나 이야기하고, 인맥을 확대하고, 자신을 개발하고 재충전하는 한편 이해가 맞는 거래 상대방과 협력이나 합작의 가능성을 타진하기 위해 전시회에 참가하는 것이다.

4. 신제품과 신기술을 소개하고 테스트의 기회를 제공한다

미 CEIR의 연구에 따르면 전시회 참가자들의 81%가 해당 산업분야의 신제품과 신기술을 보기 위해 전시회를 찾는다고 한다. 따라서 많은 참가업체들은 전시회를 신제품과 신기술을 선보이는 도약대로 활용한다. 전시회 기간은 관련 업계가 신제품을 출시하는 시기와 일치하는 경우가 많다. 또한 신제품의 시장성을 즉각적으로 파악할 수 있는 테스트 마켓이 된다. 구매자들의 반응과 가격의 경쟁력, 그리고 보완 사항 등을 파악할 수 있는 기회가 된다.

미국 라스베가스 CES(소비재 전자전)의 경우, 세계유수의 전자제품 메이커들이 참가하는 중요한 이유는 바이어와 일반인에게 신제품을 선보이고 반응을 파악하기 위한 것이며, 이러한 신제품을 보기 위해 세계 각국으로부터 수많은 참관객들이 전시회에 몰리게 된다. 역사적으로도 엘리베이터, 전화기, 세탁기, 축음기 등이 일반 대중에게 처음 선보인 곳은 전시회에서였다.

5. 기업 이미지 제고와 홍보가 이루어진다

최근 기업의 브랜드이미지를 형성하고 또 부각시켜 줄 수 있는 수단으로서 전시회가 많이 활용되고 있다. 세계 유명 전시회에 유수 기업들이 수백, 수천만 달러의 예산을 투입하여 경쟁적으로 참가하는 가장 큰 이유 중의 하나는 기업의 브랜드 이미지를 홍보하기 위해서다. 유명 전시회일수록 해당 산업체 인사는 물론 일반인들까지도 대거 참관하게 됨으로써 전시회 이상으로 효과적으로 기업 브랜드 이미지를 전달할 수 있는 장소가 된다. 하노버 CeBIT나 프랑크푸르트 모터쇼(IAA) 같은 경우 전 세계 해당 산업계 인사뿐만 아니라 일반관람객도 100만 명에 이르고 있다.

특히 중소기업의 경우도 세계 유명 전시회에 세계적인 기업들 틈에서 유망 신제품을 전시하여 주목을 받을 수 있으며, 짧은 시간 내에 자연스레 회사 브랜드가 관련업계에 바로 알려진다.

세계 유명 전시회에 참가하게 되면 참관객들에게 '이렇게 유명한 전시회에 이만한 규모로 참가할 정도이면 능력 있는 업체일거야'라는 인상을 심어주게 된다.

6. 일반 대중에게 엔터테인먼트 기회를 제공한다

전시회는 이제 기업들을 위한 마케팅 수단으로서 뿐만 아니라 일반 대중에게도 인기 있는 장소가 된다. 특히 하우징쇼, 모터쇼, 정보통신전, 식품전 등 일반 소비재 전시회를 중심으로 전시회가 일반인들이 가보고 싶어 하는 엔터테인먼트 장소로 널리 이용되고 있다. 이것은 일반 대중들이 전시회에 가면 새로운 경험과 새롭고 재미있는 것을 보고, 느끼고, 경험해 보고, 구입할 수 있기 때문이다. 이제 전시회는 영화나 스포츠, 유명 쇼핑몰과 같이 일반 대중이 가보고 싶어 하는 엔터테인먼트 장소로 자리매김하고 있다.

제5절 전시회의 구성요소

일반적으로 전시회를 구성하는 요소는 [그림 1-1]과 같이 주최자(organizer)를 중심으로 참가업체(exhibitor), 참관객(attendance, visitor, audience, buyer), 전시서비스업체(exhibition service contractor), 전시장 운영자(venue operator) 등으로 분류할 수 있다.

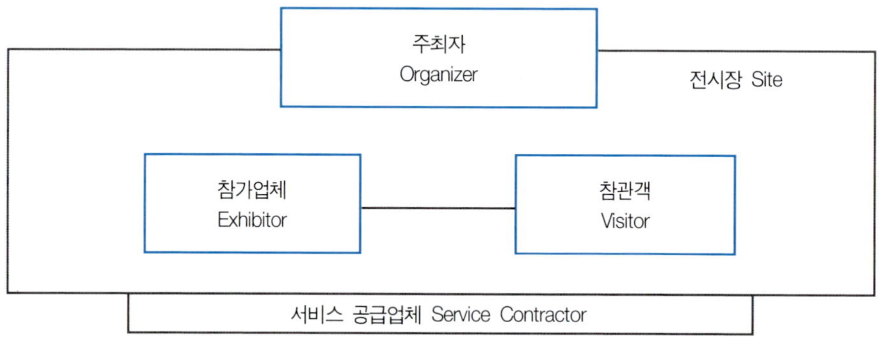

[그림 1-1] **전시회의 구성 요소**

1. 주최자(organizer, trade show manager)

주최자는 PEO(professional exhibition organizer)라고도 하며, 개별 전시회를 기획하고 운영하는 조직과 구성원이다. 전시회의 개발자이며, 전시회의 성패에 따르는 위험 요소를 부담하는 주체로서 주최자는 전시회의 기획, 준비, 홍보, 업체 유치, 전시서비스업체의 선정 및 관리, 전시회 운영, 사후관리 등 전시회의 모든 운영을 기획하고 책임지며 재정 관리의 업무까지 담당한다. 주최자는 전시회의 주제와 목적에 따라 각국 정부기관, 협회, 전시장 운영자, 민간기업체, 언론사 등이 될 수가 있다.

2. 참가업체(exhibitor)

전시회에 부스를 임대받아 전시회에 참가하는 기업을 말한다. 참가업체는 주최자의 입장에서 볼 때 가장 중요한 고객이며, 참가업체의 규모와 수준은 전시회의 성공여부를 가늠하는 지표로써 중요한 역할을 한다. 전시회에 참가하는 업체들의 참가 목적은 참가 기업의 판매 촉진, 이미지 제고, 신상품 소개, 고객과의 대면 접촉(face to face), 시장정보의 수집 등 다양하다. 참가업체는 전시회 참가의 대가로 부스 비용을 비롯한 제반 비용을 지불하며, 이는 바로 주최자와 서비스업체의 수입으로 연결된다.

기업들은 당해 기업의 참가 목적에 부합되는 적절한 전시회를 선정하여 참가를 결정하게 되고, 전시주최자들은 관련 산업에서 경쟁력 있는 기업들을 중심으로 참가업체를 유치한다. 또한 양질의 우수업체의 참가여부는 참관객의 유치에도 많은 영향을 미치게 된다.

3. 참관객(visitor, audience, attendance, buyer)

참관객은 attendance, visitor, audience, buyer 등으로 표현되며, 이들은 전시회를 구매 상담이나 문의, 시장 조사, 정보 교류, 시장변화 추세 파악 등의 공간으로 본다. 전시회에서 참관객은 주최자나 참가업체 모두에게 고객이므로 참관객의 방문수에 따라 전시회의 성공여부와 차기 전시회의 개최여부를 판가름하게 된다. 따라서 주최자와 참가업체는 양질의 참관객을 많이 유치하기 위해 사전홍보활동에 많은 노력을 기울이고 있다.

4. 서비스업체(exhibition service contractor)

서비스업체는 주최자와 참가업체에게 전시품 진열 · 부스 설치 등 서비스를 제공하는 개인이나 기업이다. 광의로는 마케팅 컨설턴트, 부스 디자이너, 홍보 전문가, 시청각 기자재 임대업체, 운송업체뿐만 아니라 부스장치 공사업체 등이 서비스업체에 포함된다.

서비스업체의 경우 크게 전시회 전반적인 업무의 서비스를 제공하는 종합 서비스업체(general service contractor)와 특정한 전문 서비스를 제공하는 전문 서비스업체(specialized service contractor)로 나눌 수가 있다. 주로 주최자에게 용역을 의뢰받아 업무를 진행하며, 독립부스제작의 경우 참가업체로부터 직접 용역을 받아 업무를 진행하기도 한다. 주요 서비스업체들을 보다 자세히 살펴보면 다음과 같다.

1) 장치업체

이들 업체들은 참가업체나 주최자의 위임을 받아 전시장의 설계에서부터 부스의 설치와 철거 등을 전문으로 하는 기업이다.

2) 비품 및 의상 임대업체

이들 업체들은 참가업체들에게 부스 운영에 필요한 의자, 탁자, 진열장 등 가구나 혹은 각종 의상 등을 판매 또는 임대해 주는 기업이다.

3) 행사요원 · 통역서비스 대행업체

전시회 기간 중 참가업체가 필요로 하는 일반적인 단순 행사요원과 또는 외국인과의 상담 시 통역을 지원하는 업무를 서비스해주는 기업이다.

4) 시장 및 마케팅 조사기관

시장 및 마케팅 조사기관은 주최자와 참가업체 모두에게 서비스를 제공한다. 주최자에게는 전시회의 전체적 성과를 보여주고, 참여업체에게는 개별적 성과를 질적 · 양적 측면에서 파악할 수 있도록 도와준다.

5) 전시회 컨설팅업체

이들 업체들은 전시회에 대한 전문적인 노하우를 축적하고 있으며, 이를 바탕으로 참가업체들에게 자문을 해준다. 예컨대 전시회 참가에 대한 전략의 작성 및 실행에 대해 자문을 하거나 때로는 참가업체 부스 인력의 훈련과 교육을 맡기도 한다.

6) 장치 및 음식서비스업체

부스장치업체는 참가업체의 부스 설계, 시공, 철거 등을 전문으로 하는 기업이다. 그리고 음식 서비스업체는 관람객을 접대하고자 하는 참가업체의 부스에 음식을 제공하는 등의 서비스를 제공한다.

7) 운송

참가업체의 전시품을 전시장과 부스로 통관·운송하여 전시할 수 있도록 지원할 뿐만 아니라 폐막 후 전시품을 반출하는 업무도 맡는다.

5. 전시장 운영자(venue or site operator)

전시장이나 전시회가 개최되는 공간을 운영하는 주체를 의미한다. 전시장은 참가업체와 참관객을 불러 모아 전시 공간과 서비스를 제공하면서 대가로 영리를 추구하는 장소이다. 전시장 운영자의 유형은 크게 독일형과 미국형으로 분류할 수 있는데, 독일형은 전시장 운영주체가 대부분의 전시회를 직접 개최하는 한편, 미국형의 경우 전시장 운영자는 전시장의 임대 업무만 담당하고 있다. 한국을 비롯한 중국, 싱가포르 등 아시아 지역의 전시장 운영자들은 독일형과 미국형의 혼합형으로 전시장 운영자가 전시장 임대와 전시회 주최 업무를 모두 수행하고 있다.

연습문제

1. 전시회의 개념을 설명하고, 관련 용어의 연원을 알아보고 차이점을 설명하시오.
2. 전시회의 역사를 설명하고, 우리나라에서의 전시회의 역사를 설명하시오.
3. 전시회와 관련된 국제기구에 대해서 설명하시오.
4. 전시회의 주요 기능과 구성 요소에 대해 설명하시오.

주요 용어

- 전시회(trade show, trade fair, exhibition, exposition)
- 세계박람회기구(bureau international des expositions: BIE)
- 국제전시회협회(union des foires internationales: UFI)
- 견본시(die mustermesse)
- 메세(messe)
- 전문 산업 전시회 또는 무역 전시회(trade show)
- 소비자 전시회(consumer or public show)
- 혼합 전시회(combined or mixed show)
- 국제 박람회(international exposition)
- 지역급 전시회(regional trade fairs)
- 국가급 전시회(national trade fairs)
- 국제급 전시회(international trade fairs)
- 전시 주최자(organizer)
- 참가업체(exhibitor)
- 참관객(attendance, visitor, audience, buyer)
- 전시 서비스업체(exhibition service contractor)
- 전시장 운영자(venue operator)

■ ■ ■ 참/고/문/헌

국제전시컨벤션연구원,「한국의 무역성장과 무역전시산업 발전추이 상관관계 분석 보고서」, 2002.

김은주, "기업의 효율적인 전시참가방안에 관한 연구: 전시회 참가 준비단계를 중심으로", 이화여자대학교 대학원 석사학위논문, 2002.

서명희, "독일과 한국의 국제박람회 비교", 전남대학교 대학원 석사학위논문, 2002.

서민교·김돈규, 「전시마케팅」, 한올출판사, 2004.

송성수, 「21세기 떠오르는 전시산업-전시산업론」, 도서출판 가을문화, 2003.

신재기,「전시산업론」, 한올출판사, 2004.

윤원석, "국제촉진수단으로서의 Trade Show에 관한 연구-참가의사결정과 성과평가를 중심으로-", 서울대학교 대학원 경영학 석사 학위논문, 1989.

이지석, 「전시컨벤션기획론」, 도서출판 두남, 2003.

주원영, "Trade Show의 전략적 의의와 효율적 활용방안에 관한 연구", 서울대학교 대학원 경영학 석사 학위논문, 1991.

한국무역협회, 「전시마케팅성공가이드-해외 전시마케팅 성공기업의 숨은 노하우」, 2013. 2.

B. Siskind, *The Power of Exhibit Marketing*, 4th Edition, International Training and Management Company, 1997.

KOTRA, 「해외박람회 참가요령」, 무공자료 00-07, 2000. 8.

S. L. Morrow, *The Art of the Show*, IAEM Foundation, 1998.

Chapter

02 전시사업의 이해

본 장에서는 전시산업의 정의와 의의에 대해 살펴본 후, 전 세계적인 전시산업의 동향과 주요국의 현황을 분석한다. 마지막으로 우리나라의 전시산업의 현황과 문제점 및 향후 과제를 살펴본다.

도입사례

독일의 박람회 산업

■ 세계 전시회의 메카

독일에서는 모든 종류의 전시회, 박람회를 MESSE(메쎄)라고 부른다. 1년에 무려 150 개의 국제 전시회가 열리고 세계 최대 전시회의 반 이상이 열리는 독일은 세계 전시회의 메카라고 볼 수 있다. 세계적으로 유명한 독일 전시회로는 프랑크푸르트의 자동차 전시회, 소비재 전시회부터 뒤셀도르프의 의료 전시회, GDS(신발 전시회) 그리고 광고 전시회, 뮌헨의 ISPO(스포츠 용품 전시회) 및 국제 건축 전시회, 뉘른베르그에서 열리는 완구쇼, 베를린의 국제가구쇼, 퀼른의 ANUGA(식품전시회)까지 종류도 매우 다양하다.

전 세계 전시 면적(1200만㎡)의 20%인 270만㎡의 전시장이 독일에 소재하고 있는 등 세계 최대의 전시 면적을 보유하고 있으며, 독일 전시장의 규모와 크기, 운영 시스템은 세계 최강이다. 세계 규모 5위 전시장 중 4개를 독일이 차지하고 있고, 연간 매출은 프랑크푸르트 전시장이 3억 8000만 유로로 제일 높으며, 나머지 6개 전시장도 모두 1억 유로 이상을 기록한다. 이렇듯 세계적으로 경쟁력을 갖춘 독일 전시 산업은 세계 경기 침체의 영향을 받기 시작한 2002년도부터 본격적으로 해외시장으로 눈을 돌리기 시작하였다. 날로 성장하는 시장에 발맞춰 끊임없는 확장 공사를 실시하고 있고 독일 정부도 전시 산업에 책정한 연간 예산을 매년 올리고 있다.

독일에서는 연간 약 150회의 국제적 지명도가 있는 전시회가 개최되는데, 연간 1,000만 명이 넘는 바이어가 전시회장을 찾고 있다. 하계와 동계 휴가를 제외하면 이틀에 한 번 꼴로 국제 전시회가 개최되고 전시회가 통상 3~5일 간 개최되는 것을 감안할 때 독일 내에서는 연중무휴로 전시회가 어디서건 개최되고 있는 셈이다.

■ Messe의 강점

전시회 개최는 국내외 참가업체의 호응 없이는 불가능하다. 독일 전시회에 외국 참가업체는 약 8만개 업체로 총 참가업체의 47%를 점하고 있다. 외국 참가 업체 중 유럽연합(EU) 국가의 참여가 57%를 차지하고 기타 유럽 업체가 12.4%다. 여기에 아시아권 기업의 참가 17.3%를 포함 시, 유럽과 아시아에서 참가하는 외국기업의 참가 비율이 87%를 상회하고 있다. 독일 전시회는 독일을 포함한 유럽과 아시아 국가들의 비즈니스 매치메이킹 장소로 활용되고 있는 셈이다. 물론 전시산업의 고용창출 효과도 크다. 약 23만 명에 일자리를 가져다 주는 전시산업은 독일 총 실업자의 5.8%를 해소할 수 있는 규모다. 또한 국제 지명도가 있는 전시회를 많이 보유함으로써 전시산업 외에도 호텔 산업, 관광산업, 식당, 교통 등 그 파급효과가 매우 큰 편이다. 연간 전시회 참가업체의 지출 비용은 부스임차료를 포함해 65억 유로 정도이며 전체 방문객의 대략적인 지출 비용은 35억 유로에 달하고 있다.

전시 산업의 성공적인 요인으로는 전시 주최자의 탁월한 조직력을 들 수 있다. 수백 년 전통으로 쌓은 노하우를 배경으로 현대적인 전시산업 운영체계를 접목하여, 지역별로 개최되는 전시회를 안배하는 동시에 참가업체 유치, 전시면적 배치, 홍보 등 기획부문은 물론 박람회장 청소 용역, 운반까지 조직적인 업무처리 체계를 확립하였다.

적극적인 홍보 전략도 빼놓을 수 없다. 세계 383개소에 독일 전시회 안내소를 설치하고 있으며, AMP(Auslaendisches Messe Progam, 전시회 지원 국가프로그램) 등의 정책을 실시하여 독일 기업의 독일 전시회 및 해외 전시회 참가를 지원하고 있다. 아울러 AUMA(독일 전시산업 연방진흥회)를 구성하여 경쟁력 없는 전시회는 통합 조정 및 권고를 하고 있다.

인접국과의 협조 체계도 탄탄하다. 파리 모터쇼, 자동차 부품쇼는 독일 프랑크푸르트의 모터쇼, 자동차 부품쇼와 겹치지 않는다. 독일 전시당국은 품목에 따라 인근 국가의 동일 품목 전시회와 순번제로 전시회를 개최하여 불필요한 경쟁을 피하고, 집중의 효과를 높여 방문 바이어를 확대시킬 수 있도록 하고 있다.

또한 독일은 지리적으로 서유럽과 중·동유럽의 중심에 위치하여 성장 잠재력이 높으며, 물류 중심국가로 탈바꿈하고 있다. 특히 최근 동구권 국가들의 EU가입으로 독일은 서쪽으로는 영국 프랑스 스페인, 남쪽으로는 이탈리아, 동쪽으로는 폴란드 러시아 시장이 인접하여 각국의 생산자 및 수요자의 전시회 참석이 용이하다. 그리고 전시전문가 양성 프로그램도 잘 갖춰져 있다.

직업전문대학에서는 이론과 실기를 겸비할 수 있는 교육을 하고 있으며, 관련 실무자 단기 연수 프로그램도 매년 실시하고 있다.

■ 독일 경제의 원동력 – Messe에 대한 전망

지난해 독일 국제 전시회를 방문한 방문객 수는 약 972만 명으로 2002년 이후 계속 증가세를 유지하고 있는데 이 중 외국인 방문객 수는 210만 명으로 전체의 22%를 차지한다. 800년 가까운 역사를 지니고 있는 독일의 전시회 산업은 최근에도 성장을 거듭하고 있다. 특히 독일의 주요 도시마다 전시장을 보유하고 있을 정도로 전시회산업이 활성화되어 있고 주요 도시들도 박람회 특수를 톡톡히 맛보고 있는 실정이다. 박람회 경기라는 말이 실감날 정도로 지역 경제가 박람회의 흐름과 밀접히 연계돼 있을 정도다.

전시산업의 국민생산 기여도는 230억 유로로 독일 총 GDP의 1%를 차지하며 전시산업 고용 창출은 약 25만 명에 달한다. 부스장치 및 설치, 물류 등 기타 관광산업의 수입이 포함된 이 금액은 전시산업이 다각적인 차원에서 독일 경제에 영향을 미치고 있음을 보여주고 있다. 세계 최대 최고의 인프라를 갖추고 있고 최고 명성의 우수 박람회를 매년 수차례 개최하고 있는 독일은 시장 변화를 미리 감지하고 민감하게 반응한 덕에 성공적인 해외 시장 개척을 통한 새로운 성장 동력까지 보유한 상태이다.

뒤셀도르프 의료기기 박람회

프랑크푸르트 메쎄

최근 전시 산업에서 투자가 시작되고 있는 우리나라가 독일의 오래된 역사에서 많은 것들을 배울 수 있다. 전시장 또는 컨벤션 센터 건립 자체에만 주력하기보다는 주변 환경과 기본 인프라 등을 전반적으로 함께 구축하여 산업 경쟁력을 키워야 할 것이다. 주최자들에게 배워야 할 사항은 상품 홍보, 해외 수출, 바이어 발굴, 고객 관리 등 모든 활동이 한 곳에서 발생하는 전시회를 종합 마케팅 도구로 인식해야 한다는 것이다. 비용적인 측면에서도 다른 어떤 광고나 마케팅 방법보다도 효과적이라는 점을 이용해야 한다.

출처: KITA.net, 2016. 12. 26.

제1절 전시산업의 의의

1. 전시산업의 정의

최근에 전시산업은 21C 고부가가치 산업으로 각광받으면서 소위 '굴뚝 없는 황금산업'이라고 불리면서 각국 정부와 지자체들은 경쟁적으로 전시산업을 육성하기 위해 노력하고 있어서 주목을 받고 있다.

'전시산업'에 대한 일반적으로 통용되는 정의는 없으나, 전시장을 운영하거나 전시회를 개최하고 이와 관련된 서비스를 제공하는 산업을 포함하는 개념으로 이해된다. 전시발전법 제2조(정의)에서는 '전시산업'이란 전시시설을 건립·운영하거나 전시회 및 전시회부대행사를 기획·개최·운영하고 이와 관련된 물품 및 장치를 제작·설치하거나 전시공간의 설계·디자인과 이와 관련된 공사를 수행하거나 전시회와 관련된 용역 등을 제공하는 산업을 말한다.

전시산업 핵심 주체는 전시장을 운영하는 '전시장 운영업체'와 전시회를 주최하는 '전시 주최사' 및 '전시공사업체(전시장치, 종합 디자인, 내·외부공사 등)'가 해당된다. 그리고 전시산업과 직·간접적으로 연계된 업종은 운송업, 광고업, 이벤트업, 음식숙박업, 관광산업, 국제회의업, 통신업 등이 있다.

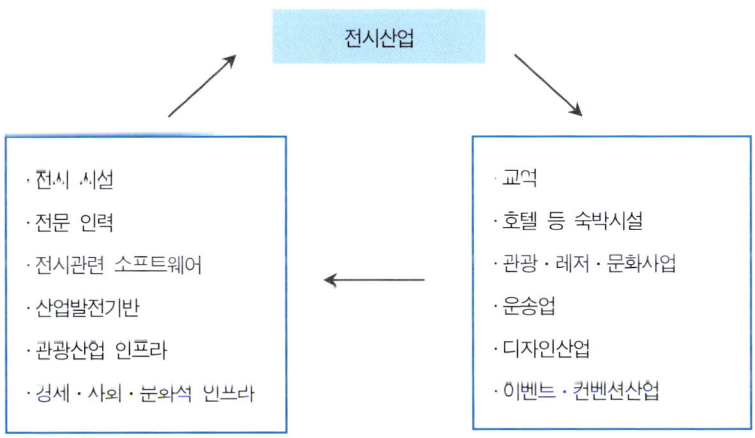

[그림 2-1] 전시산업과의 관련 분야

Tip 2-1 전시산업 vs. 컨벤션산업 vs. 전시컨벤션산업 vs. MICE산업

최근 전시산업, 컨벤션산업, 전시컨벤션산업, MICE산업 등 다양한 용어가 사용되고 있고, 때로는 동의어로 사용되기도 하지만 엄격하게는 구분되어져야 한다. 전시산업은 협의로 전시회와 관련된 산업으로 정의되어지고, 컨벤션산업은 국제회의와 관련된 산업으로 정의될 수가 있다. 그러나 실제로 오늘날 전시회 동안에 국제회의가 열리기도 하고 국제회의 개최 중에도 전시회가 동반해서 열리는 경우가 많다. 따라서 전시회와 국제회의를 포괄하는 개념으로 전시컨벤션산업이라는 용어가 등장하였다. 최근에는 전시회와 국제회의 및 소규모 회의에다 포상 관광을 포함하는 MICE산업이라는 보다 포괄적인 용어를 많이 사용하고 있다. MICE산업은 회의(Meeting), 포상관광(Incentive travel), 컨벤션(Convention), 전시회(Exhibition)의 머리글자를 딴 것으로 BT(Business Travel)산업으로 불리기도 한다. 쉽게 말해서 단순관광이 아니라 상품, 지식, 정보 등을 교류하기 위해서 다양한 국가에서 수많은 사람들이 모여서 회의와 전시회도 열고 이벤트도 개최하고 관광도 하는 것을 의미한다.

전시산업 + 컨벤션산업 = 전시컨벤션산업 + 포상관광 = MICE산업

2. 전시산업의 중요성

1) 경제성장 및 고용창출 효과가 큰 지식 서비스산업

전시산업은 고용창출 및 소득증대 효과가 높은 고부가가치 지식서비스산업으로 선진국의 경우 전시산업이 경제에서 차지하는 비중이 크다. 미국의 전시산업은 규모 면에서 22번째 산업으로, 전시회로 인한 직접수입 646억 달러, 고용창출효과 99만 명에 이르고 있다. 그리고 독일 전시산업은 GDP의 1%(건설업 규모와 대등)를 차지하고, 410억 마르크(약 24조 원) 생산유발 및 23만 명의 일자리를 창출하였다.

2) 수출의 지속적 확대를 위한 통합 마케팅 수단

전시산업은 제품·기술·정보가 결합된 통합 마케팅 수단으로서 수출의 지속적 확대를 위해 중요한 역할을 하는 무역 인프라의 기능을 가진다. 전시회를 통해 정보수집, 바이어 발굴 등을 국내에서 가능케 하여 국내 중소기업의 거래 비용을 낮추고, 이를 통해 해외시장 개척, 수출 증진, 교역증대의 결과를 가져와 궁극적으로

국내 산업발전을 도모한다. 독일의 경우 무역거래 중 60~70%가 전시회를 통해 성사되고 있으며, 미국의 경우 기업 마케팅 예산 중 전시회가 2번째로 큰 비중을 차지하고 있다. 최근 들어 전시회에서의 비교전시로 인해 해당 분야 기술개발을 촉진하고 네트워크 형성을 유도하는 산업·기술 정책적 효과도 확대되고 있다.

3) 국가와 지역의 발전전략으로서의 전시산업

국제경쟁력을 갖춘 전시회는 전시산업 자체뿐만 아니라 지역경제발전 등 지대한 파급효과를 지니며, 국가 이미지 제고 및 관광, 숙박 등 유관산업 발전의 계기가 되고 있다. 대전의 경우 EXPO 유치를 통해 과학기술도시로 발돋움 할 수 있었다. 전시산업은 동북아 중심국가 도약을 위해 전략산업으로 새롭게 부각되고 있다. 중국을 위시한 홍콩, 싱가포르 등 역내 국가들은 전시산업에 중요성을 인식하고 전략적 산업부문으로 육성하고 있으며, 싱가포르는 전시산업을 국가전략산업으로 육성시켜 동남아 물류유통 중심지로 부상하고 있다.

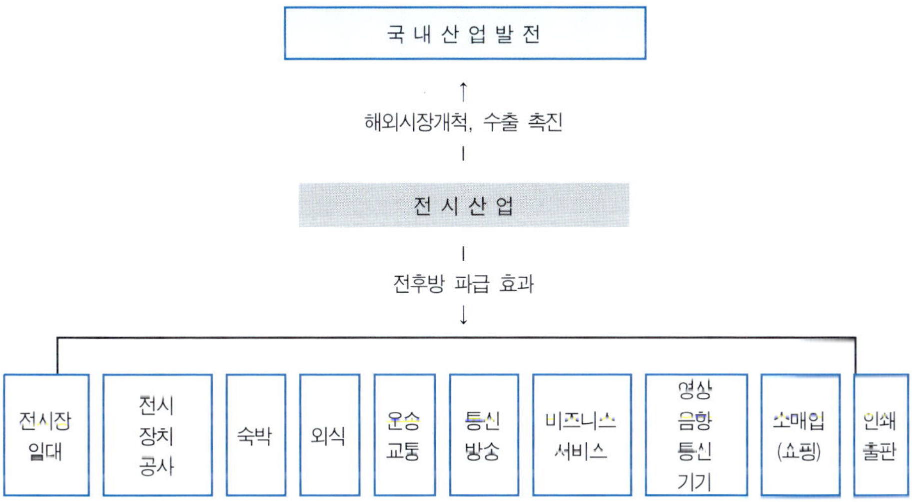

[그림 2-2] 전시산업의 파급 효과

제2절 세계 전시산업의 현황과 동향

1. 세계 전시산업의 현황

2008년 유럽발 금융위기로 인한 국제적인 경기침체로 인해 유럽 및 북미 지역의 전시컨벤션산업은 정체기를 맞이하였으며 이와 반대로 아시아 · 태평양 지역과 남미지역은 꾸준히 성장하는 추세이다. 세계 전시장의 수는 지속적으로 증가하고 있으며 아시아의 전시장 증가율이 유럽, 북미, 중동 및 아프리카에 비해 뚜렷이 나타나고 있으며, 인프라 경쟁력을 강화하기 위한 센터시설 복합적 개발 및 복합화를 추진하였다.

세계 10대 전시컨벤션센터 중 4개가 독일에 있으며, 세계적으로 전시컨벤션센터의 전시장 면적이 100,000㎡를 초과하는 곳은 총 56개이다. 그중 34개의 전시장이 서유럽에 위치해 있으며, 이를 제외한 18개의 전시장 중 9개의 전시장이 중국에 있다.

전세계 공급현황

시설수: 1,197개

총면적: 3,270만㎡

대륙별 시설현황

구분	시설수 (개)	공급 면적 (nm ㎡)
세계	1,197	32.8
유럽	496	15.6
북미	389	7.9
남미	70	1.3
아시아 · 태평양	184	6.6
중동	33	0.8
아프리카	25	0.5

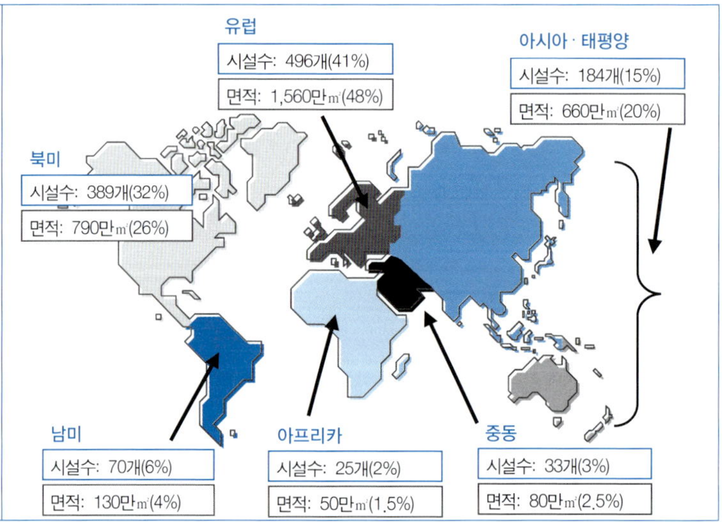

[그림 2-3] 세계 전시시설의 공급 현황

출처: UFI Global Exhibition Industry Statics, 2014.

10만 ㎡가 넘는 전시장은 전 세계적으로 56개(2017년 기준)가 있으며, 대륙별로 살펴보면 유럽이 35개, 아시아가 14개, 북미(미국) 6개로 분포되어 있으며, 국가별로 살펴보면, 독일이 10개, 중국 10개, 미국 6개, 스페인과 이탈리아가 각각 5개를 보유하였다.

〈표 2-1〉 세계 전시장 및 실내전시면적 현황

구분	전시장 수	실내 전시면적	전시면적 비율
북미	389개	790만㎡	24%
아시아 태평양	184개	660만㎡	20%
유럽	496개	1,560만㎡	48%
남미	70개	130만㎡	4%
중동	33개	80만㎡	2%
아프리카	25개	50만㎡	2%
세계 전체	1,197개	3,270만㎡	100%

출처: UFI, Global Exhibition Industry Statistics(2014).

〈표 2-2〉 2017년 세계 전시컨벤션센터 전시장 면적 순위

순위	전시장	전시장 면적(㎡)	순위	전시장	전시장 면적(㎡)
1	Hanover Exhibition Center	463,165	29	Messe Basel	141,000
2	National Exhibition and Convention Center (NECC) Shanghai	400,000	30	IMPACT Muang Thong Thani Bangkok	140,000
3	Frankfurt/Main Exhibition Center	366,637	31	Georgia World Congress Center Atlanta	139,540
4	Fiera Milano	345,000	32	Fiere di Parma	135,000
5	China Import & Export Fair Complex Guangzhou	340,000	33	VVC Moskau	132,720
6	Kunming Dianchi International Conv. & Exh. Center	310,000	34	EUREXPO Lyon	130,000
7	Cologne Exhibition Center	284,000	35	NRG Park (formerly Reliant Park Houston)	120,402
8	D sseldorf Exhibition Center	261,817	36	Yiwu international Expo Center	120,000
9	Paris-Nord Villepinte	242,082	37	Kentucky Expo Center	120,000
10	McCormick Place Chicago	241,549	38	T yap Istanbul Fair	120,000
11	Fira Barcelona - Gran Via	240,000	39	Fiera Roma	118,910
12	Feria Valencia	230,837	40	Brussels Expo	114,445
13	Crocus Expo IEC Moskau	226,399	41	Leipzig Exhibition Center	111,300
14	Paris Porte de Versailles	219,759	42	BVV Veletrhy Brno	110,921
15	Chongqing International Expo	200,000	43	Essen Exhibition Center	110,000

	Centre				
16	BolognaFiere	200,000	44	Poznan International Fair	107,654
17	IFEMA Feria de Madrid	200,000	45	New Int. Conv. & Exp. Center, Chengdu Century City	110,000
18	SNIEC Shanghai	200,000	46	Rimini Fiera	109,000
19	Orange County Convention Center Orlando	190,875	47	KINTEX Goyang/Seoul	108,566
20	Las Vegas Convention Center	184,456	48	New China Int. Exhibition Center(NCIEC) Beijing	106,800
21	The NEC Birmingham	182,000	49	Palexpo Genf	106,000
22	Munich Exhibition Center	180,000	50	Messe Stuttgart	105,200
23	Nurimberg Exhibition Center	170,000	51	Shenzhen Convention & Exhibition Center(SZCEC)	105,000
24	Berlin ExpoCenter City	170,000	52	Ernest N. Morial Convention Center New Orleans	102,230
25	Veronafiere	151,536	53	Singapore Expo	101,624
26	BEC Bilbao Exhibition Centre	150,000	54	ExCel London	100,000
27	Wuhan International Expo Center	150,000	55	Royal Dutch Jaarbeurs Exh. & Conv. Centre Utrecht	100,000
28	Ptak Warsaw Expo	143,000			

출처: AUMA, 2017년 1월 1일 기준.

오늘날 세계적인 전시회들이 기존 미국, 유럽의 전시산업시장에서 동북아 전시산업시장으로 진출하여 동북아시아의 전시산업에 대한 관심이 증가하는 추세이다. 특히, 아시아 전시산업의 중심이라 할 수 있는 중국의 전시장 공급은 매우 급속도로 확장하였다. 중국 중심으로 전시컨벤션센터의 면적 확장이 활발하게 일어나고 있으며, 2017년 이후에는 면적이 20만㎡ 이상이 되는 전시컨벤션센터가 7개 이상이 될 것이다. 중국 심천에 2018년 개장 예정인 Shenzhen International Convention & Exhibition Center는 50만㎡로 세계최대 규모가 될 것이다. 아울러 전시사업자의 매출액도 지속적으로 성장하고 있다.

〈표 2-3〉 2015년 총 매출액 규모 세계 상위 10대 전시회사

(단위 : 백만 Euro)

구 분	2014-2015 증가율	2015년	2014년	2013년	2012년
Reed Exhibition (영국)	7.2%	1,183.0	1,104.0	1,017.0	1,051.0
United Business Media (영국)	52.5%	855.5	561.1	546.0	538.9
Messe Frankfurt (독일)	16.9%	647.8	554.2	544.8	536.9
GL Events (프랑스)	11.3%	456.0	409.8	397.7	824.2
MCH Group (스위스)	2.9%	384.5	373.6	385.5	323.1
Informa (영국)	43.2%	356.1	248.7	196.0	179.0
Fiera Milano (이탈리아)	37.4%	337.3	245.5	245.1	263.4
Deutsche Messe (독일)	17.4%	329.3	280.6	312.0	251.3
Koelnmesse (독일)	38.9%	321.2	231.2	280.6	227.4
Messe D sseldorf (독일)	-26.6%	302.0	411.5	322.9	380.5

출처: '15년 AUMA annual report.

사례 2-1 전시산업의 새로운 추세

전시산업은 산업 인프라로 공공재(Public goods)의 성격이 매우 강하다. 전시회 개최에 따른 국가, 지역경제에의 부수적 효과, 외화가득률의 제고에 크게 기여하는 산업으로 각국은 정부 및 지자체 차원에서 전시산업의 지원방안을 강구하고 있다. 이러한 특징을 지닌 전시산업에 새로운 경향이 대두되고 있다.

첫째, 최근 전시산업은 더욱 국제화(Globalization)되고 있다. 북미 및 유럽 전시전문업체들은 아시아 및 중동시장으로 진출을 확대하고 있다. 특히, 하노버메세는 상해전시장에 직접 투자를 하고 있으며, 아시아지역의 컨벤션센터 실무회의 개최와 같은 지역별 협력도 활성화되고 있다.

둘째, 통합마케팅 수단으로서 전시회가 중요시 되고 있다. 미국기업들의 마케팅예산 지출 중 전시회 비용이 인적판매비용에 이어 2위를 차지하였다. 각국은 수출촉진전략으로서 전시회를 활용하며, 고객과의 face-to-face 마케팅의 효과도 제고하고 있다. 또한 CRM기법을 활용하여 표적고객(Target Customer)을 대상으로 사전, 현장, 사후마케팅을 실시하고 있다.

셋째, 전시전문업체 간 M&A를 통한 경쟁이 심화되고 있다. REED사 등 세계 유명전시 주최사를 중심으로, 시장점유율을 높이고 경쟁력을 높이기 위해 M&A가 활성화되고 있다. REED사는 프리먼 주최의 유럽전시회 110개를 6억불에 매입하고, 프랑스 전시업체(2,3위)를 인수하여 제1위의 전시주최사로 부상하였다.

넷째, 전시산업은 단순 전시회에서 복합화되고 있다. 현대 전시회는 국제회의와 전시회가 통합하는 MICE의 특성을 가지고 있다. MICE산업은 미팅(Meeting), 인센티브(Incentive), 컨퍼런스(Conference), 전시(Exhibition)를 의미하며, 단순한 상품판매 및 홍보 외에 정보

및 기술교류, 인적 네트워크의 형성 등 복합 이벤트를 중요시하고 있다.

다섯째, 사이버시대에 IT산업과의 접목을 시도하고 있다. 인터넷을 활용한 전시홍보, 신청, 등록, 숙박, 전시장 배정 등 전시회 업무를 온라인화하고 있다. 당분간 오프라인 전시회와 상호보완적인 관계를 유지하겠지만, 향후 사이버 컨퍼런스 및 사이버 전시회를 시도할 것이다. 또한 B2B, CRM 등 지식·정보경제와의 다양한 결합도 구상하고 있다.

전시산업은 과거 수차례의 세계적 불황에도 불구하고 전시회 개최규모, 개최회수는 지속적으로 증가하고 있다. 한국뿐만 아니라 각국은 전시산업을 국가적 공공재로 인식하고 대규모 전시장을 확충하고 있다.

2. 유럽 전시산업의 현황

유럽 발 금융위기와 불확실한 글로벌 경기침체 속에서 유럽의 국가들은 국가별 성장 또는 하향 곡선을 보였다. 유럽 전시선진국 중 독일 전시산업은 견고한 독일 경제를 발판으로 경기침체에도 불구하고 안정적인 전시회를 운영하며 또한 아시아, 남미 등 신흥국으로 진출하였다. 프랑스는 2008년 수준으로 회복하는 추세이며 이탈리아와 스페인의 전시산업은 하락세를 보였다.

무역전시 선진 국가로서 독일은 지속적인 전시장의 확장과 더불어 모든 분야의 전시회를 개최하고 있으며 세계 100대 전시회 중 70%가 독일에서 개최되고 있으며 전체 전시회의 23%가 독일에서 개최되었다. 독일 전시컨벤션산업 부문의 연간 수익은 35억 유로이며 세계 10대 전시 주최사 중 5개가 독일 소재기업으로 세계시장에서의 활약이 압도적이었다.

독일 총 전시장수는 26개(국제무역전시회 및 지역무역전시회 개최장소)이며, 옥내 면적 기준 상위 4개는 하노버메세(463,165㎡), 프랑크프루트(366,637㎡), 퀼른(284,000㎡), 뒤셀도르프(261,817㎡)순으로 전체 독일 공급면적의 약 50%를 차지하였다.

〈표 2-4〉 2016년 독일 전시컨벤션센터 면적

(단위 : m²)

순위	전시장	전시장 면적(m²)	외부 면적(m²)	순위	전시장	전시장 면적(m²)	외부 면적(m²)
1	Hanover	463,165	58,000	14	Dortmund	59,735	–
2	Frankfurt/M	366,637	96,078	15	Karlsruhe	52,000	62,000
3	Cologne	284,000	100,000	16	Augsburg	46,100	10,000
4	D sseldorf	261,817	43,000	17	Bremen	39,000	100,000
5	Munich Exh. Center	180,000	425,000	18	Erfurt	25,070	21,600
6	Berlin Expo Center City	170,000	157,000	19	Offenburg	22,570	37,877
7	Nuremberg	170,000	50,000	20	Freidburg	21,500	81,000
8	Leipzig	111,300	70,000	21	M nster	20,800	10,000
9	Essen	110,000	20,000	22	Offenbach	20,100	–
10	Stuttgart	105,200	40,000	23	Berlin ExpoCenter Airport	20,000	57,000
11	Hamburg	86,465	10,000	24	Chemnitz Messe	11,000	8,000
12	Friedrichshafen	86,200	15,160	25	Idar-Oberstein	6,000	1,000
13	Bad Salzuflen	78,000	–	26	Husum	5,500	50,500

출처: AUMA, 2016년 1월 1일 기준.

독일 내 위치한 전시컨벤션산업 관련기관인 독일전시협회(AUMA), 독일무역박람회 및 전시회도시 국제협회(IDFA), 독일박람회 및 전시회협회(FAMA), 유럽이벤트시설협회(EVVC) 등을 통해 국내외 전시컨벤션산업의 발전을 목표로 운영되었다.

사례 2-2 독일 '메쎄'의 힘

독일에서는 세계 주요 전시회의 $\frac{2}{3}$가 열리고 있다. 왜 독일이 전시회를 석권하는가? 첫째, 독일에는 전시면적을 기준으로 세계 5대 전시장 가운데 4개가 있다. 하노버, 프랑크푸르트, 쾰른, 뒤셀도르프의 전시장이다. 하노버는 코엑스의 14배, 뒤셀도르프는 7배에 이른다. 둘째, 역사가 길다. 전시회를 뜻하는 독일어 메쎄(Messe)는 중세시대 성당 앞에서 열린 장터에서 비롯되었다. 신도들이 미사를 드린 후 생필품을 사가는 곳이 메세다. 메세는 길게는 수백 년, 짧게는 수십 년의 전통을 이어오고 있다. 셋째, 제조업이 강하기 때문이다. 주요 전시회에는 독일 기업들이 대거 출품한다. '히든 챔피언'(글로벌 강소기업)의 $\frac{2}{3}$가 독일어권에 있는 것과 업종별 간판 전시회가 이곳에서 열리는 것이 우연의 일치가 아니다.

하지만 이들보다 더 중요한 것은 치밀한 준비다. 메세 뒤셀도르프 본부는 해외 80여 개 국에 대표부를 운영하고 있다. 예컨대 이들은 메세 뒤셀도르프에서 개최하는 세계인쇄박람회(Drupa)를 위해 무려 4년을 준비한다. 참가대상기업을 방문해 안내하는 것은 물론, 개막 전 모든 대표부가 집결해 참가업체를 지원하는 것은 기본이다.

각국에 나가 있는 대표부는 산업계 동향을 손금 들여 다 보듯이 파악한다. 해당 산업에 어떤 변화가 있고, 대표기업은 어떤 신제품을 내놓고 있는지 조사한다. 본부를 이를 바탕으로 산업 트랜드를 분석하고 전시전략을 짠다.

출처: 한국경제신문, 2012. 5. 14.

프랑스는 2008년 이후 전시회 개최수가 꾸준히 줄어들었다가 2011년부터 회복, 2012년 565회의 전시회를 개최하여 2008년의 수준을 회복하였으며, 2015년 현재 590회의 전시회를 개최하여 UIA기준 세계 6위를 기록하였다. 참가기업 수(15만 개사)는 1% 증가하였고, 참관객수(15억1000만 명)는 6% 감소하였으며, 프랑스 전시주최자 또한 참관객 유치에 비중을 두고 에이전트들에게 인센티브를 제공하고 있다.

이탈리아는 UIA기준에서 2015년 385건의 전시회를 개최하여 세계 9위를 차지하였으며, 이러한 수치는 2014년(330건)보다 16.7% 증가한 수치이다. 옥내 전시면적 5만㎡ 이상의 전시장 7개를 보유하여 전시장 공급면적에 있어서 2015년 기준 세계 4위를 차지하며, 총 공급면적은 1,166,410㎡, 평균면적 99,690㎡을 공급하였다.

스페인의 바르셀로나는 도시경제 활성화 및 브랜드 마케팅 수단으로 전시회를 효과적으로 활용하고 있으며, 마드리드는 1980년 IFEMA(22만㎡)를 설립하면서부터 본격적으로 전시컨벤션산업을 육성하였다. 스페인의 전시컨벤션산업은 2008년 글로벌 금융위기 이후 유럽경제둔화의 중심에 있으며, 이로 인한 기업 활동의 위축으로 전시회 참가기업이 감소하는 현상을 보이고 있다. UIA기준, 2015년 스페인에서는 총 480건의 전시회를 개최하였으며, 2014년(513건) 대비 6.4%가 감소하였다.

3. 미주 지역 전시산업의 현황

미국전시산업연구센터(CEIR: Center for Exhibition Industry Research)에 따르면, 2016년 전 세계적인 정치적 변화, 미국 경제성장의 회복세, 1.6%의 GDP 성장률 등의 다양한 변화들로 인해, 미국의 전시산업이 다시 성장세를 보일 것으로 전망하였다. 특히, 남미지역은 브라질 중심으로 전시산업이 크게 성장하는 추세로 2016년 기준, 미국 전시컨벤션산업의 전반적인 CEIR 지수는 1.2% 증가했으며, 이는 2015년보다 1.1% 낮은 수치이다. 2016년에는 전시면적(NSF), 실제수익, 참가업체 수보다 증가한 수치를 보였으나, 전시참가자의 경우 줄어든 수치를 기록하였다. 한편, 전체 전시산업의 CEIR 지수가 2017년에는 2.5%, 2018년과 2019년에는 2.8% 가량 성장할 것이라는 긍정적인 평가를 내리고 있다. 인프라 시설에 대규모 투자하고 있는 아시아에 비해 미국은 전시장 신규건립 및 확충이 미비하게 이루어지고 있으며, 2006년 대비 2011년도에 아시아의 38%의 전시장 증가율에 비해 미국은 5% 증가하였다.

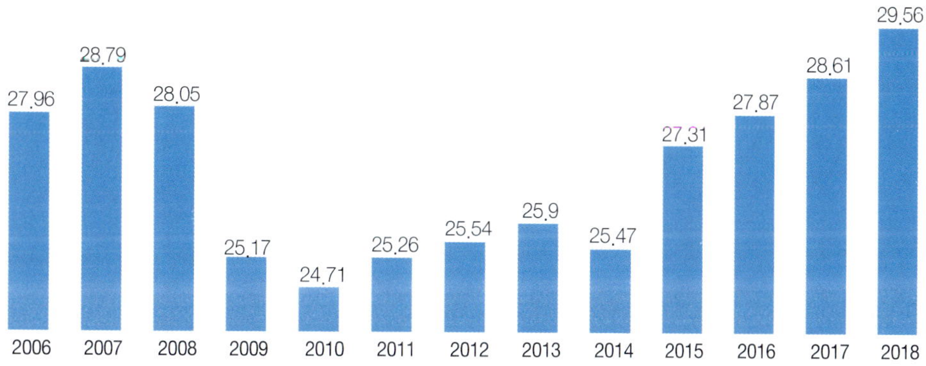

[그림 2-4] 2006년~2018년 전시면적 현황

출처: CEIR, CEIR Index for the Overall Exhibition Industry, 2016(2016년~2018년은 예측수치임).

잠재적인 여러 가지 문제점들에도 불구하고, 미국 전시컨벤션산업은 장기적인 회복세를 보이며, 2014년 및 2015년부터 성장이 가속화되고 있다. 2008년 금융위기로 인한 전시수요 감소는 2010년 이후 점차 상승하였으며 참가업체 및 참관객 수 또한 증가하였다. 여러 가지 잠재적인 문제들에도 불구하고, 미국의 전시참관객의 수는 지난 15년간 꾸준하게 증가하였으며, 2014년 및 2015년을 기준으로 CEIR의 나머지 평가항목인 전시면적, 참가업체, 실제수익도 점차 증가하는 추세를 보였다.

〈표 2-5〉 미국의 전반적인 전시산업 연도별 현황

구분	'11	'12	'13	'14	'15	'16	'17	'18
전시면적(백만㎡)	25.26	25.54	25.9	25.47	27.31	27.87	28.61	29.56
참가업체(천개)	1,271	1,277	1,288	1,307	1,337	1,361	1,388	1,418
참관객(천명)	30,891	31,540	31,902	32,391	33,383	34,090	34,918	35,862
실제수익(백만달러)	8,736	8,920	9,072	9,283	9,860	10,195	10,578	11,020

출처: CEIR, CEIR Index for the Overall Exhibition Industry, 2016(2014년 환율 적용).

캐나다는 약 20개의 국제규모 전시장을 보유하며 온타리오 주 7개, 알버타 주 4개, 브리티시콜롬비아 주 3개, 퀘백 주 2개의 전시장이 있으며, 캐나다 최대전시장인 Direct Energy Centre는 최근 재건축을 통해 10만㎡의 규모를 갖추었으며 나머지 실내전시장 면적은 4만㎡이다. 2012년 기준 캐나다 내 약 230회의 전시회가 개최되었으며 대표 전시회 50건을 기준으로 평균 참가기업 수는 388개, 참관객수는 8,278명으로 나타났다. 대표적인 국제 전시회로 토론토 광산업박람회, 캐나다 국제자동차박람회 등이 있다.

브라질은 라틴아메리카 중에서도 전시컨벤션산업의 발전 정도가 가장 높은 시장으로 평가되고 있으며, 세계경제위기 여파에도 불구하고 브라질의 전시컨벤션산업의 꾸준하게 성장하기 때문이다. 2014년~2016년 전시회 일정표에 따르면, 1,670개의 전시회가 라틴아메리카에서 개최되며, 전체 전시회의 31.2%(520개)가 브라질에서 열렸으며, 총 전시장 면적은 1,218㎡이다. 2015년 UIA 기준, 브라질에서 292건의 전시회가 개최되었고 이는 세계 11위에 해당되며, 남미 최대 전시컨벤션산업 규모인 브라질의 상파울루 시는 대형 전시장을 다수 보유하여 브라질에서 열리는 전시회 전체의 약 75%를 유치하였다.

〈표 2-6〉 라틴아메리카 국가별 전시회 개최건수

나라	개최 수	시장 점유율(%)	나라	개최 수	시장 점유율(%)
브라질	520	32.2	과테말라	26	1.6
멕시코	389	23.3	코스타리카	21	1.3
콜롬비아	166	9.9	파나마	21	1.3
아르헨티나	144	8.6	엘사바도르	18	1.1
칠레	88	5.3	파라과이	15	0.9
에콰도르	71	4.3	쿠바	11	0.7

페루	71	4.3	온두라스	8	0.5
볼리비아	35	2.1	니카라과	5	0.3
우루과이	29	1.7	도미니카공화국	3	0.2
베네수엘라	29	1.7	총 합	1,670	100

출처: 한국전시산업진흥회, 2015

4. 아시아 전시산업의 현황

1) 아시아 전시산업 현황

세계적인 경기침체에도 불구하고 아시아의 전시산업은 꾸준히 성장하는 추세이다. 세계 주요 국제무역전시회가 북미 및 유럽에서 아시아로 빠르게 이동하고 있다. 2015년 기준 아시아에서 총 2,202건의 전시회가 개최되었으며 중국, 일본, 인도, 홍콩, 한국 순으로 상위를 차지하였다. 아시아에서 개최된 전시회의 순 전시면적은 1,900만 7,000㎡로, 전년대비 5.6% 증가한 수치이며, 각국의 전시산업 지원육성정책을 통해 아시아의 전시산업은 꾸준히 발달하고 있으며 전시장 공급 및 수요에서 증가율 보였다. 중국이 약 56%이상, 일본이 10%를 차지하고 있으며, BSG 데이터베이스에 포함된 2,200여 건 이상의 무역전시회 중에서 45%(989건)으로 두 국가에서 개최되었다. 2015년 가장 큰 성장을 이룬 국가는 인도로 7.8%의 성장률을 보였으며, 대형 시장 중에서는 인도와 중국만이 평균 이상의 성과를 올렸다. 한국의 순 전시면적은 3.7%, 호주와 싱가포르는 3.4%, 홍콩은 3.2% 증가하였다.

싱가포르 전시산업은 싱가포르 국가경제의 중심으로서 관광객 유치를 통한 내수소비 활성화 선도 및 전체 국가경제의 20%를 차지하였다. 연간 관광객 규모는 13백만 명에 달하며 이는 전시회/컨벤션 행사와 연계하였으며, 싱가포르 내 전시회 개최건수, 참가업체 수, 바이어 수, 부스 수는 매년 증가하고 있으며 참가업체 수는 국내보다 해외업체가 더 많다. 다양한 전시시설 이외의 주변 인프라 시설 복합화(마리나 베이샌즈, 리조트월드센토사)를 추진하였다.

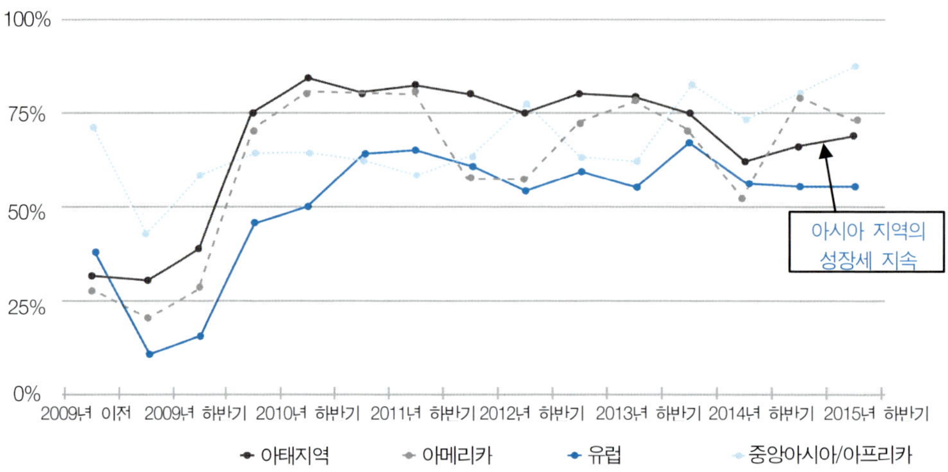

[그림 2-5] 세계 전시산업 발전 추세

출처: UFI Global Barometer Survey, 2015.

〈표 2-7〉 2015년 아시아 국가별 순 전시면적

순위	구분	개최건수	순 전시면적	평균 전시면적
1위	중국	650건	11,186,000㎡	17,209㎡
2위	일본	339건	2,051,000㎡	6,050㎡
3위	인도	172건	991,750㎡	5,766㎡
4위	홍콩	95건	964,250㎡	10,150㎡
5위	대한민국	160건	959,000㎡	5,994㎡

출처: 한국전시산업진흥회.

〈표 2-8〉 2017년 기준 싱가포르 전시장수, 순 전시면적

NO	전시장 명칭	순 전시면적
1	마리나베이샌즈 컨벤션·전시장	120,000㎡
2	선텍 컨벤션·전시장	23,970㎡
3	싱가포르 엑스포	90,000㎡
4	창이 전시장	33,340㎡
5	래플스시티 컨벤션센터	2,257㎡
	합계	269,567㎡

출처: 해외전시산업 육성정책 비교연구, 각 홈페이지 참고 연구자 재정리

홍콩전시컨벤션학회(HKECIA)에 따르면, 홍콩의 MICE산업의 규모는 매년 지속적인 발전을 이루고 있다. 2014년 기준 전시 참가기업과 전시참관객 규모는 각각 전년대비 6.5%, 5.5% 증가한 것으로 집계되었다. 홍콩무역발전국은 1년에 30건 이상

의 전시회를 주관하며, 그중 11개의 전시회는 세계적인 규모의 전시회이다.

〈표 2-9〉 2006-2015년 홍콩 전시컨벤션산업 동향

년도	전시회 개최건수	참가업체 수	방문자 수	전시면적(㎡)
2006	111	62,000	5,200,000	718,190
2007	108	-	6,136,000	900,000
2008	110	55,952	551,000	880,961
2009	118	55,700	572,000	794,000
2010	118	56,800	648,000	870,000
2011	145	60,817	1,845,140	880,000
2012	-	-	-	876,500
2013	-	-	-	906,000
2014	95	-	1,816,021	934,750
2015	95	-	1,721,438	964,250

출처: 홍콩관광청, 해외전시산업 육성정책 비교연구(2013).

HKECIA에 따르면, 홍콩의 MICE산업 규모는 2012년 기준, 홍콩 전체 GDP의 2%에 해당하는 408억 홍콩달러(52억 달러 상당)를 기록하였다. 전시회 관련 홍콩을 방문한 방문객 수는 2014년 11.1% 상승, 2015년 5.2% 하락으로 나타나지만, 2015년의 방문객 수 하락은 2015년 홍콩을 찾은 전체 관광객 수 감소의 여파로 판단된다. 특히, 세계 제 8위의 교역규모를 가지고 있는 무역중심지인 홍콩은 자유무역항, 항공교통의 요충지 등 이점을 기반으로 아시아 지역의 전시컨벤션 허브로서의 기능도 하고 있다. 홍콩 내에는 홍콩전시컨벤션센터(83,400㎡), 아시아 월드엑스포(66,420㎡) 등의 전시장이 있으며, 현황은 다음과 같다.

〈표 2-10〉 홍콩 전시장 현황

전시장	2015년 실내임차가능면적	2016년 실내임차가능면적	설립 년도	전시홀 수
홍콩전시컨벤션센터	83,400㎡	83,400㎡	1988/1997/2009	6
아시아월드엑스포	66,420㎡	66,420㎡	2005	10
총합	149,820㎡	149,820㎡	-	-

출처: BSG research & analysis.

2) 중국 전시산업의 현황

2016년 중국 전시산업은 전반적으로 개최건수는 감소하는 반면, 개최면적은 증가하는 안정적인 추세를 보였다. 2016년 중국 내 전시회 개최건수는 3,054건(그중 무역전시회 2,590건)으로 전년대비 22건 감소하였지만, 개최 면적은 전년대만m²가 증가한 8,200m²이다. 중국 전시산업은 안정적인 상승세 유지뿐만 아니라, 공급 측 구조개혁과 '일대일로' 구상에 힘입어 전시산업도 새로운 특징을 나타낼 것으로 전망하였다. 2016년 총 3,054건의 전시가 중국에서 개최되었으며, 수집 가능한 전시회는 총 2,835건으로, 2013년 대비 20%, 2014년 대비 17% 증가하였다. 전시회의 총 개최 면적은 8,445만m², 이를 바탕으로 산정한 중국 내 총 전시면적은 9,100m²으로 예상된다.

전체적인 권역별 전시회 개최건수 분포를 살펴보면 화북 · 동북 · 서남지역의 전시회수의 비율이 다소 증가하였으며, 화동 · 화남 · 서북지역의 전시회 수는 비율은 전년과 동일했으며, 화중지역의 전시회 비율은 감소하였다. 각 지역 전시회 개최 건수 및 개최면적 기준으로 화동 지역이 절대적인 우위를 차지하였지만 전시회당 평균 면적은 화남지역이 가장 우위를 차지하였다.

무역전시회 개최면적을 기준으로, 중국 내 총 개최 면적의 41%(3,261만m²)을 차지한 화동지역이 1위, 화남 지역이 20%(1,575만m²)로 2위, 화북지역이 13%(1,170만m²)으로 3위를 기록하였다. 2016년 권역별 전시회 개최건수를 보면, 화동지역이 총 1,007건(39%), 화북지역이 464건(18%), 화남지역이 382건(15%)의 전시회를 개최하였다.

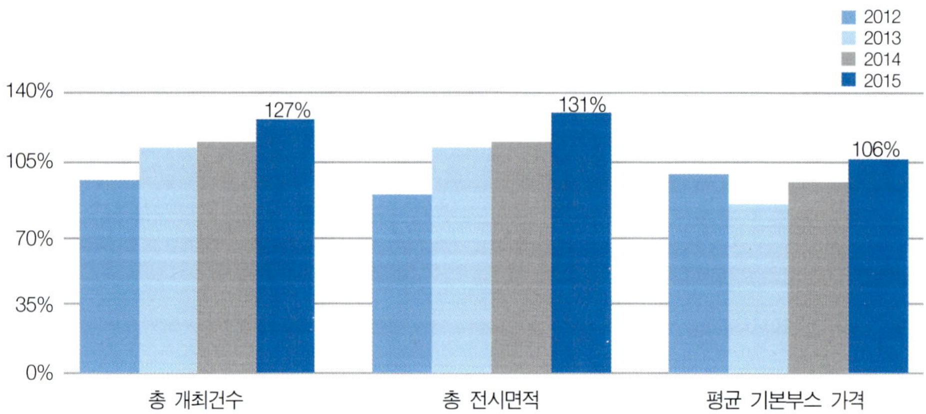

[그림 2-6] 2012-2015년 중국 전시산업 변화추이

출처: 한국전시산업진흥회(2016).

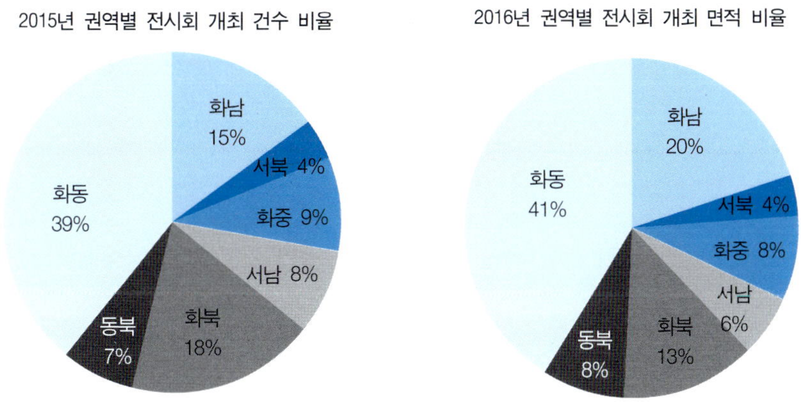

[그림 2-7] 중국 2015년, 2016년 권역별 전시회 개최건수 및 개최면적 비율

출처: 한국전시산업진흥회(2016).

도시별 전시회 개최건수를 살펴보면, 상하이는 2016년 중국 내 총 개최건수의 15%에 달하는 390건을 개최하여 1위를 차지하였다. 베이징이 264건(10%), 광저우가 201건(8%)으로 각각 2위와 3위에 올랐고, 정저우와 선전이 각각 97건으로 공동 4위를 차지하였다.

통계에 따르면 중위권 14개 도시에서는 각각 50건 이상의 전시회를 개최하여 합계 1,653건(전체 대비 63%)의 개최건수를 기록하였으며, 전반적인 분포는 큰 변화가 없었으나, 베이징, 우한, 지난, 톈진, 난징은 작년대비 각각 10건 이상의 개최 건수가 감소하였다. 중국 전시주최자 현황을 살펴보면, 2016년 중국에서는 총 2,590건의 무역 전시회가 개최되었다. 연간 전시회 20건 이상 개최도시의 2016년 합계 개최건수는 감소하였으나, 평균 개최면적은 증가하였다. 전년대비 전시회 평균 개최면적은 3만 1,471㎡로, 1,686㎡(5.7%) 증가하였으며, 2016년 20건 이상 전시회 개최도시 32곳 중, 2,262건의 무역 전시회가 전년 대비 20건 감소하였으며, 이들 전시회의 합계면적은 전년대비 322만㎡ 증가한 7,119만㎡으로 나타났다. 2012년 이후의 연간 전시회 20건 이상 개최 도시의 평균 개최도시의 평균 개최 면적은 5년 연속 증가세를 보여주었으며 중국 전시회 규모의 성장을 확실히 보여주었다.

〈표 2-11〉 중국의 2015~2016년 연간 전시회 개최건수 50건 이상 도시 목록

2015년			2016년		
순위	지역	개최건수	순위	지역	개최건수
1	상하이	382	1	상하이	390
2	베이징	280	2	베이징	264
3	광저우	197	3	광저우	201
4	선전	100	4	정저우	97
5	정저우	98	5	선전	97
6	우한	92	6	청두	85
7	지난	86	7	우한	84
8	청두	86	8	지난	76
9	텐진	68	9	난징	67
10	난징	57	10	충칭	65
11	선양	56	11	시안	62
12	추칭	56	12	선양	58
13	창사	53	13	칭다오	55
14	칭다오	53	14	텐진	50

출처: 한국전시산업진흥회(2015, 2016).

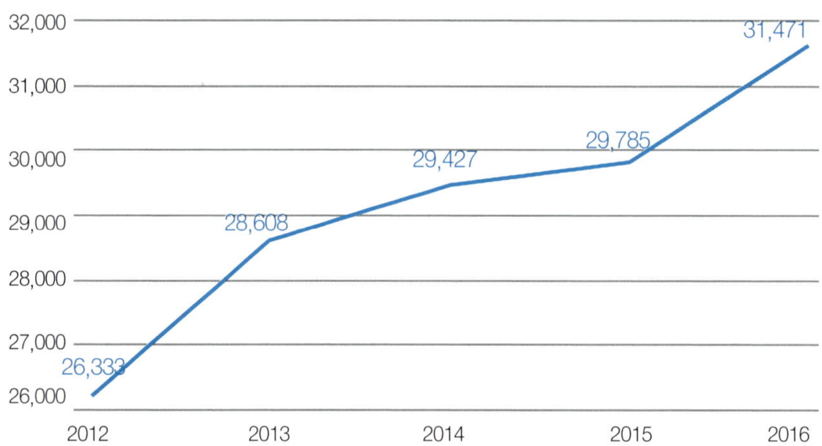

[그림 2-8] 중국의 2012~2016년 연간 전시회 20건 이상 개최도시의 평균개최면적

출처: 한국전시산업진흥회(2016).

2016년 중국에서는 총 2,590개의 무역전시회가 개최되었는데, 전시주최자의 정보를 수집 가능한 전시회는 2,583건 이었다. 2016년 10건 이상의 전시회를 개최한 중국의 전시전문기업은 10개사이며, 15건 이상 개최한 기업은 1개로 분석되었다. 주요 전시전문기업 중 18건을 개최한 Huajuchen(선전)이 1위, 13건을 개최한 Qishun(상하이)

이 2위, 12건을 개최한 UBM Sinoexpo(상하이)가 3위를 차지하였다. 개최면적을 살펴보면, 중국대외무역센터(CFTC)가 181만㎥ 면적을 개최하여 1위, 중국대외 무역관저우전람이 151만㎥로 2위, UBM Singoexpo(상하이)가 113만㎥로 3위를 차지하였다.

〈표 2-12〉 2016년 중국 내 해외 주요 전시전문기업

No	회사명	개최건수(건)	개최면적(㎡)
1	Shenzhen Huajuchen Industry Co., Ltd.	18	43만 2,000
2	Shanghai Qishun Exhibition Service Co., Ltd.	13	13만 2,100
3	Shanghai UBM Sinoexpo IntL Exhibition Co., Ltd.	12	112만 7,000
4	Head office of China Foreign Trade Guangzhou Exhibition Corporation	11	151만 1,980
5	Guangzhou Huaya Exhibition Service Co., Ltd.	11	30만 8,000
6	Zhenwei Exhibition Group(베이징)	11	28만 9,370
7	Shanhai Golden Commercial Exhibition Co., Ltd.	11	16만 2,779
8	Haiming int'l Exhibition Group(칭다오)	10	24만 1,350
9	Changsha Renchuang Exihibition Service Co., Ltd.	10	18만 7,520
10	Changchun Weida Exihibition Service Co., Ltd.	10	16만 5,522

출처: 한국전시산업진흥회(2016).

〈표 2-13〉 2016년 중국 내 해외 주요 전시전문기업

No	회사명	개최건수(건)	개최면적(㎡)
1	Reed Exhibitions	15	100만 8,000
2	VNU Asia Exhbhition Group Shanhai Wanyo Qilong Exhibition Co., Ltd	10	36만 7,500
3	Messe D sseldorf China Ltd.(상하이)	9	39만 7,700
4	Hannover Fairs Ltd.(상하이)	8	50만 8,000
5	Mess Frankfurrt Exhibition Gmbh(홍콩)	6	75만 3,500
6	MMI-ZM Trade Fairs Co., Ltd(상하이)	5	57만 0,000
7	Messe Frankfurt Gmbh(상하이)	5	16만 5,100
8	UBM Asia Limited	4	23만 9,238
9	MMI-ZM Trade Fairs Co., Ltd(상하이)	3	11만 8,500

출처: 한국전시산업진흥회(2016).

해외 전시전문기업 중, 2016년 15건을 개최한 Reed Exhibition이 1위, 10건을 개최한 VNU Asia Exhibition Group Shanghai Wanyao Qilong Exhibition이 2위, 9건을 개최한 Messe Düsseldorf China가 3위를 차지하였다. 개최면적이 총 108만㎡로 Reed Exhibitions이 1위

를 차지하였고, 개최면적이 75만㎡인 Messe Frankfurt가 2위, MMI-ZM Trade Fairs가 개최면적 58만㎡로 3위를 차지하였다.

2016년 연간 개최면적별 주최자 수 분포를 살펴보면, 각 전시주최자의 평균 개최건수가 증가하면서 주최 능력도 향상되었음을 알 수 있다. 2016년 연간 1건의 전시회를 개최한 전시주최자는 총 877개사(전체의 60%), 이는 작년 대비 11% 줄어든 수치이다. 연 2건을 개최한 주최자는 282개사(전체의 20%)로 전년도 대비 5% 증가한 추세이며, 연 3~4건을 개최한 주최자는 작년보다 4%증가한 176개사(전체의 12%)이며, 연 5건 이상을 개최한 주최자는 104개사(8%)이다.

그러나 전시회 개최면적을 보면, 대부분 전시주최자의 개최수준은 기대 이하로 분석되었다. 2016년 총 개최면적이 3만㎥ 이하인 주최자가 864개사로 전체의 60%에 달했으며, 3~5만㎥인 주최자는 13%인 186개사, 5~10만㎥인 주최사는 12%로 169개사, 10만㎥ 이상인 주최자는 15%로 216개사로 파악되었다.

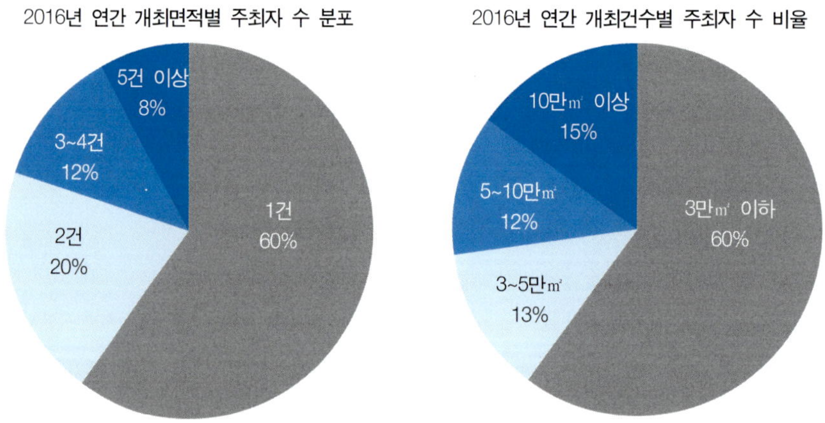

[그림 2-9] 중국 내 2016년 연간 개최면적별 주최자 수 분포/개최건수별 주최자 수 비율

출처: 한국전시산업진흥회(2016).

사례 2-3 상하이국립전시컨벤션센터: A380기 12대 들어가는 세계 최대 단일 전시장

세계 1위 독일 턱밑 추격
10층 높이 건물 기둥 없애 글로벌 전시회 잇단 유치
독일과 합작… 노하우 습득

▲ 단일 전시 건물로 세계에서 가장 큰 상하이국립전시컨벤션센터(NECC). NECC 제공

초대형 전시장을 앞세운 중국이 세계 주요 전시회를 '블랙홀'처럼 빨아들이고 있다. 지난 6월 상하이신국제전시장(SNIEC)에선 아시아 최대 이동통신 전시회인 모바일월드콩그레스(MWC) 상하이가 열렸다. MWC 상하이의 주인공은 중국 기업이 아니라 AT&T, NTT도코모, KT 등 글로벌 정보통신 업체였다.

장야오 SNIEC 마케팅 부사장은 "중국의 13억 인구를 공략하기 위해 MWC 상하이, 상하이 건축박람회 등 글로벌 전시회가 상하이에서 열리고 있다"며 "발전하는 국내 산업이 새로운 전시 수요를 창출하고, 글로벌 기업이 참가하는 세계 수준의 전시회가 산업 성장을 자극하는 선순환 구조가 형성됐다"고 설명했다.

◆ 아파트 10층 높이 전시장 세워

상하이국립전시컨벤션센터 개요

설립연도	2015년
총투자비	150억 위안(약 2조 5000억 원)
전시장 규모	40만m²
회의 시설	37개
운영 기관	상하이엑스포컴퍼니
주요특싱	세계 최대 IMAX 영화관, 객실 600개 규모의 인터컨티네탈 호텔 입점
	15만m² 규모의 상업시설과 18만 4000m² 크기의 사무 공간

상하이 홍차오국제공항에서 차로 5분가량 달리니 거대한 네잎클로버 모양의 건물이 보였다. 단일 전시장으로는 세계에서 가장 큰 상하이국립전시컨벤션센터(NECC). 일산 킨텍스(10만 8000m²) 크기만 한 건물 네 개가 2층 통로와 하나로 연결돼 있었다.

중국 내 소수민족을 뜻하는 56개의 계단을 올라서 정문으로 들어가니 아파트 10층(32m) 높이의 거대한 전시홀이 나타났다. 좌우 280m 길이의 전시홀 안에선 기둥을 한 개도 찾아볼 수 없었다. 왕위팡 NECC 부사장은 "전시장에 기둥을 없애는 것은 효율적인 전시 공간 활용을 위한 핵심 사항"이라며 "교량을 짓는 방식을 활용해 기둥을 없앤 기술은 미국 보잉사와 NECC에만 사용됐다"고 말했다.

왕 부사장은 "NECC에는 높이 24m, 날개 길이 80m 크기의 초대형 항공기 A380 4대가 동시에 들어갈 수 있는 홀만 3개가 있다"며 "항공기, 선박 등 어떤 종류의 산업 박람회도 실내에서 개최할 수 있는 세계에서 유일한 전시장"이라고 말했다.

◆대규모 투자로 '전시 굴기'

중국의 '전시 굴기(起·우뚝 섬)'는 2000년대 들어 본격화됐다. 중국 내 제조업이 궤도에 오르면서 전시 수요가 많아진 데다 글로벌 기업들의 중국 시장 진출이 활발해졌기 때문이다. 중국 정부는 전시산업 세계 1위인 독일을 잡는다는 목표를 세우고 마이스(MICE: 기업회의·포상관광·컨벤션·전시회)산업을 키우기 위해 대규모 투자를 단행했다. 2001년 20만㎡ 규모의 SNIEC를 세운 데 이어 2015년에는 독일의 하노버 메세(46만6100㎡) 다음으로 세계에서 두 번째로 큰 전시장인 NECC(40만㎡)를 개장했다. NECC 설립에 필요한 150억 위안(약 2조5000억 원)은 중앙정부와 상하이시가 부담했다. 광저우, 우한 등 주요 도시에도 20만㎡ 수준의 대형 전시장이 속속 들어섰다. 중국에서 운영 중인 전시컨벤션센터는 108개로 전체 면적은 여의도(290만㎡)의 1.8배인 524만㎡에 달한다.

◆합작투자로 운영 노하우 습득

전시 시설 운영 노하우를 전수받기 위한 노력도 한창이다. SNIEC는 독일의 메세뮌헨, 메세뒤셀도르프, 도이치메세 등의 합작 투자로 운영되고 있다. 중국 측이 부지와 시설을 제공하면 독일 전시기업이 운영을 담당하는 구조다. 장 부사장은 "독일 전시기업들의 선진 운영기법을 도입해 높은 수익구조와 운영 효율성을 달성할 수 있었다"며 "연간 8억 위안(약 1335억 원) 수준의 매출과 2000만 위안 규모의 영업이익을 올리고 있다"고 설명했다.

고재수 한국무역협회 전시컨벤션 확충 추진실장은 "중국은 전시뿐 아니라 공연장 및 스포츠시설 운영 노하우를 쌓기 위해 노력하고 있다"며 "상하이 엑스포 때 완공한 메르세데스벤츠 아레나의 운영을 직접 하지 않고 미국의 앤슈츠엔터테인먼트그룹(AEG)에 위탁한 사례가 대표적"이라고 설명했다.

출처: 한국경제신문, 2016. 6. 30.

제3절 국내 전시산업의 현황과 문제점 및 향후 과제

1. 국내 전시산업의 개요

중국의 대규모 전시시설 공급에 따라 우리나라의 전시시설은 상대적으로 소형화 중심으로 공급되어 있다. 향후 아시아 전시시장에서 우리나라 전시산업의 경쟁력 약화가 우려되는 것이 현실이다. 중국을 비롯한 급속한 아시아의 전시산업 발전에 따라 국내 전시산업 또한 빠르게 성장하고 있으며, 이에 대응하여 국내 전시장 인프라 시설이 신·증축되고 있다. 국내 전시장 확대에 따라 전시회 개최건수 및 국·내외 참관객이 증가하고 있으며, 국내전시회는 아시아의 중국, 홍콩, 싱가포르에 비해 전시회 규모가 영세하고 해외 참가기업 및 참관객이 적어 대형화 및 국제화를 위한 방안이 필요하다. 유사 전시회를 통합화·대형화하여 국제화를 위한 발판을 마련하며 또한 이를 위한 온라인·오프라인 해외 마케팅 방안 수립이 필요하며, 전시산업과 관련된 해외단체에 가입하여 국제적인 네트워킹을 적극 추진하며, 또한 해외 전시회와의 협력을 도모하고자 한다.

2. 전시장 현황

국내전시장들의 추가 건립 및 증축과 기타 지역의 건립추진 계획이 활발해지면서 국내 전시컨벤션센터의 전시면적이 확장 및 신축되는 추세이다. 2000년 COEX(15,271㎡), 2011년 EXCO(10,543㎡), 2012년 KINTEX(54,591㎡), BEXCO(19,872㎡), 2014년 KDJ Center(2,955㎡)의 전시면적 확장하였으며, 2014년 GSCO, HICO의 개관하였다.

또한 수원전시장, CECO, 송도컨벤시아, 울산전시장, 성남전시장 등 신·증축 예정이며, 서울시는 COEX를 포함한 동남권역에 166만㎥의 지역에 국제 업무, 스포츠, 엔터테인먼트가 결합된 MICE복합시설을 조성하는 국제교류복합지구(COEX 잠실종합운동장 일대) 조성사업 진행 중이다. 따라서 국내 전시장 면적은 2020년까지 약 16만 453㎡가 추가로 건립 예정이다. 국내 유일 10만㎡ 전시면적을 갖춘

KINTEX는 섬유기계전과 같은 대규모 국제전시회를 유치할 수 있게 되었으며, 전시산업의 전반적인 수준 상승에 기여하였다.

〈표 2-14〉 국내 지역별 전시장 신·증축 계획

지역	전시장명(가칭)	건립예정연도	전시면적	비교
서울시	서울역전시장	–	8000m^2	
	잠실종합운동부지	2021년	100000m^2	
수도권	송도컨벤시아	2019년	8416m^2	
	수원전시장	2018년	8400m^2	
	성남전시장	2022년	9100m^2	
중부권	대전국제전시컨벤션센터	2021년	10020m^2	실제 증가면적 5,820m^2
호남권	전주전시장	–	5000m^2	
동남권	CECO	2018년	3517m^2	
	울산전시장	2020년	8000m^2	
총계			160,453m^2	

출처: 전시산업발전심의위원회의 심의를 통과한 신·증축 계획만 정리한 것임.

2015년 총 567건이 국내에서 개최되었으며, 2014년 570건에 비해 약간 감소한 수치이지만 총 전시회 개최면적은 약 542만m^{2}으로 전년도(498만m^2) 대비 8.8% 증가하였다. 전시회 1건당 평균 개최면적 또한 9,551m^{2}로 나타났으며, 이는 전년도(8,226m^2) 대비 16.1% 증가한 수치이다. 그러나 한국전시산업진흥회(2015)에 의하면, 국내 개최 전시회의 42.1%가 5천m^2 이하이며, 2만m^2 이상의 전시회는 6.2% 밖에 되지 않는 것으로 나타났다. 즉, 국내 전시회 규모가 작다는 점을 알 수 있다.

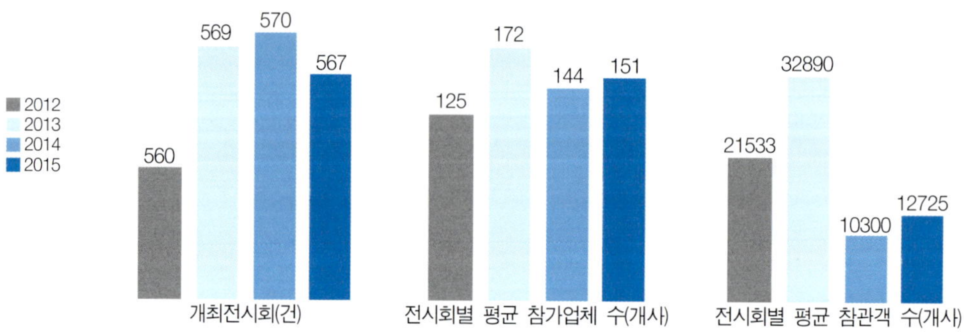

[그림 2-10] 국내 전시산업통계 2012–2015년

출처: 한국전시산업진흥회(AKEI).

2015년 국내 전시장 가동률을 보면 70%이상 3개(COEX, CECO, KDJ Center), 60%이상 2개(SETEC, aT Center), 50% 이상 3개(송도컨벤시아, KINTEX, BEXCO)로 나타났다. 국내 전시장의 거의 반 이상이 가동률 50%를 넘어선 것으로 분석되었다. 특히, COEX의 경우 최근 15년간 가동률이 70%를 넘어서고 있어 전시장으로서의 기능이 한계상태에 이르렀다고 볼 수 있다. 전시면적의 공급을 통한 한국의 전시산업 발전 모색이 필요하다. 즉, 수요 흡수를 위한 증축 혹은 수도권 이외의 지방 전시장의 확장에 따른 전시장 사용률의 증가를 알 수 있으며, 지역별 평균 가동률은 서울시가 64.6%로 가장 높고, 동남권 59.4%, 호남권 51.3%, 수도권 51.0%, 중부권 50.4%, 제주 37.0%, 대경권 36.8% 순으로 파악되었다.

〈표 2-15〉 2016년 국내 컨벤션센터 현황

지역	컨벤션센터	회의장 면적	전시장 면적	개관일	2012년 가동률(%)	2015년 가동률(%)
서울	COEX	11,123	36,007	1988년	75.6%	70.4%
	SETEC	1,093	7,948	1999년	58.3%	60.9%
	aT Center	657	7,422	2002년	72.7%	62.6%
부산	BEXCO	8,351	46,380	2001년	47%	45.7%
창원	CECO	2,784	7,827	2005년	73.2%	73.0%
경주	HICO	3,421	6,273	2014년	–	37.0%
광주	KDJ Center	4,313	12,027	2005년	70.3%	71.0%
군산	GSCO	1,825	3,697	2014년	–	31.7%
인천	송도컨벤시아	4,020	8,416	2008년	53.3%	53.2%
고양	KINTEX	13,303	108,483	2005년	44.1%	48.8%
대전	DCC	4,064	2,520	2008년	50.5%	41.0%
	KOTREX	–	4,200	1995년	59.7%	59.5%
제주	ICC Jeju	9,133	2,395	2003년	3.6%	37.3%
대구	EXCO	7,436	22,159	2002년	50%	54.5%
구미	GUMICO	953	3,402	2010년	11.2%	27.5%

출처: 한국전시산업진흥회(2016), 전시회통계조사(2012) 및 해당홈페이지(2016).

3. 전시회 개최 현황

전시장 확장사업에 따른 전시장 가용면적 증가로 인해 더불어 전시회의 규모 및 개최면적 또한 증가하는 추세이다. 전시회 개최건수의 증가로 인한 참관객 및 참가업체의 증가하였으며, 유사 전시회 전문화·대형화를 통해 양적인 부분을 넘어 질적인 부분의 구체적인 발전방안이 필요한 실정이다. 2015년 국내에서 개최된 전시회는 총 567건, 전시회 1개당 평균 개최면적은 9,500㎡이고, 30,000㎡ 이상의 규모를 가지는 전시회는 25개(전체의 4.4%)로 분석되었다.

〈표 2-16〉 2007~2015년 전시회 분류별 개최현황

구분	2008	2009	2010	2011	2012	2013	2014	2015
무역 전시회	98 (37.1)	58 (13.7)	75 (15.7)	95 (17.2)	73 (13.0)	99 (17.4)	119 (20.9)	130 (23)
무역·일반 전시회	70 (26.5)	168 (39.9)	156 (32.6)	150 (27.2)	182 (32.5)	180 (31.6)	174 (30.5)	177 (31)
일반 전시회	96 (36.4)	196 (46.4)	248 (51.7)	307 (55.6)	305 (54.5)	290 (51.0)	277 (48.6)	260 (46)
합계	264 (100%)	422 (100%)	479 (100%)	552 (100%)	560 (100%)	569 (100%)	570 (100%)	567 (100%)

출처: 전시회 통계조사, 전시산업진흥회(2012, 2013, 2014), 한국컨벤션전시산업연구원(2015).

평균 참가업체 수는 전년 대비 3.8%, 국내 참가업체 수는 4.9%, 해외 참가업체 수는 35.1% 증가하였다. 국내 전시장 증축에 따른 전시회 증가에 따라 국내외 참가업체 수 또한 증가하였으며, 2014년 국내에서 개최된 전시회(570건) 중 무역 전시회는 119건(20.9%)으로 개최건수가 가장 적었으나, 평균 개최면적(12,239㎡)은 가장 큰 규모를 가졌다. 2015년 전시회 당 해외 참가업체의 평균은 23개로, 총 참가업체(평균 155개사)의 15% 수준에 그쳤다. 독일의 경우, 해외참가업체의 참가비중은 50%에 이르는 것으로 분석되었다.

〈표 2-17〉 전시회별 평균 참가업체 수

(단위: 개)

구분	2008	2009	2010	2011	2012	2013	2014	2015	전년대비 증감률
총 참가업체	161	161	159	167	171	172	144	155	+3.8%
국내 참가업체	124	130	139	135	138	140	127	128	+4.9%
해외 참가업체	42	25	24	32	33	32	17	23	+35.1%

출처: 전시회 통계조사, 한국전시산업진흥회

평균 참관객 수는 2008년 이후 매년 30,000 이상의 수준을 유지하고 있다. 그리스, 스페인 등 유럽 발 경제위기로 해외 바이어 수가 감소하다가 2013년에 소폭 증가하였다. 2012년까지 같은 종의 유사전시회가 많이 생기면서 참관객이 분산되는 현상에 의해 평균참관객이 소폭 감소한 것으로 보였으며, 2015년 기준, 전시회 1건당 평균 해외 참관객의 수는 381명으로 총 참관객의 3% 미만의 수준이었다. 독일의 경우, 해외 참관객(해외 바이어)의 비중이 30%에 이르는 것으로 분석되었다.

〈표 2-18〉 연도별 평균 참관객 수

(단위: 명)

구분	2008	2009	2010	2011	2012	2013	2014	2015	전년대비 증감률
총 참관객	32,297	31,120	31,603	32,651	32,328	32,890	10,300	12,725	+23.5%
국내 참관객	32,329	27,807	31,765	31,045	31,723	32,270	9,996	12,344	+23.4%
해외 참관객	767	598	660	606	605	620	304	381	+25%

출처: 전시회 통계조사, 한국전시산업진흥회.

4. 국내 전시회 지원 예산 추이 및 실적

국내 전시회에 대한 개최지원은 전시산업발전법 제 21조(전시산업의 지원)에 의거하여, 국제경쟁력을 갖춘 글로벌 전시회 육성 및 해외바이어 유치를 통한 국내 중소기업과의 수출연계를 위해 전시 주최자에게 해외마케팅비를 지원하였다. 2008년 이후 국내 전시회 개최지원 및 전시산업 기반구축을 위한 지원이 꾸준히 증가하여 2012년 6,085만 원의 예산을 지원하였으며, 신규무역 전시회와 같은 초기단계의 전시회를 지원하는 등 전시산업 기반구축을 위한 지원이 비중이 커지고 있는 추세이다.

〈표 2-19〉 2008년~2017년 국내 전시회 개최 예산

구분	2008	2009	2010	2011	2012	2013	2014	2015	2016	2017
국내 전시회 개최지원	3,200	3,935	4,060	4,000	4,730	5,137	5,769	5,069	3,660	3,000
전시산업 기반구축	1,300	1,350	1,225	1,285	1,355	1,753	1,612	1,725	1,738	2,025
합계	4,500	5,285	5,285	5,285	6,085	6,890	7,894	6,794	5,398	5,025

출처: 한국전시산업진흥회/상기 금액은 예산 기준임.
2013년에는 KINTEX 건립지원비(1,517백만 원)가 추가, 해당 금액 포함 시 총예산은 8,407백만 원임.

2008년 이후 지원 전시회수 및 지원예산이 꾸준히 증가하였으나 전시회수 대비 지원예산 증가율이 적어 각 전시회당 지원받는 평균예산은 감소하였다. 2012년 총 국내 전시회 지원사업 예산으로 47억 7천7백7만 원을 편성하였으며, Global Top 전시회 4개 약 14억 원, 유망전시회 55개 32억 원, 합동·통합 전시회 2개 6,000만 원을 지원하였다. 2017년 2월, 문화체육관광부는 고부가가치 관광산업인 MICE 분야의 지속가능한 성장, 선순환 구조 구축을 위해 '마이스(MICE) 산업 발전 방안'을 발표하였으며, 국내전시회 개최 지원 실적, 성과 및 국내 전시회 개최 세부실적은 다음의 표와 같다.

〈표 2-20〉 2010년~2016년 국내 전시회 개최 총괄 지원 실적 및 성과

구분		2010	2011	2012	2013	2014	2015	2016
지원 전시회수(회)		49	50	59	58	55	58	54
지원 예산(백만원)		4,060	4,000	4777	5,137	5,769	5,069	3,660
참가업체(개사)		12,372	15,600	16,795	17,715	16,811	20,720	16,705
해외참가업체 (개사)		2,105	3,661	3,641	4,239	3,763	4,322	3,908
참관객(명)		1,133,049	2,213,105	1,644,722	2,576,326	1,725,253	2,860,469	1,891,462
해외참관객 (명)		32,486	41,892	48,741	61,316	55,290	131,145	114,336
성과 (억불)	수출상담액	756	487	458	548	976	770	478
	수출계약액	31	49	33	44.8	33.2	48.4	38.3

출처: 한국전시산업진흥회/지원전시회수는 합동통합전시회 제외.
정책전시회('13). GTL('14). GTI, Health('15). GTI 포함.

〈표 2-21〉 2012년~2017년 국내 전시회 개최 세부실적

(단위 : 백만원, 건)

구분	2012		2013		2014		2015		2016		2017	
	지원액	지원 전시 회수	지원액	지원 전시 회수	지원액	지원 전시 회수	지원액	지원 전시 회수	지원액	지원 전시 회수	지원액	지원 전시 회수
글로벌 탑	1,430	4	1,360	4	1,300	4	1,300	4	1,00	4	300	3
브랜드 전시회	3,347	55	2,877	53	2,869	49	2,869	53	–	–	–	–
유망 전시회	(60)*	(2)	(30)	(1)	(60)	(2)	–	–	2,688	47	2,230	29
차세대 유망 전시회	–	–	–	–	–	–	–	–	–	–	–	–
정책 전시회	–	–		–	–	–	–	–	–	–	–	–

합동·통합 전시회	–	–	–	–	–	–	–	–	–	–	–	–
지역 특화 전시회	–	–	–	–	–	–	–	–	75	3	90	3
신규 무역 전시회	–	–	–	–	–	–	–	–	–	–	270	9
기타 전시회	–	–	900	1	1,600	2	900	1	–	–	–	–
합계	4,777	59	5,137	58	5,769	57	5,069	58	3,763	54	3,000	41

* ( ).는 Global Top 또는 유망전시회로 선정되어 합동통합전시회로 추가지원 받은 전시회
** '16년은 연말 유망전시회 4건 추가지원
출처: 한국전시산업진흥회.

현재 실시하는 지원 제도의 선정 건수의 일부 조정 및 실적 평가에 따라 지원수준 차별화 제도가 필요하였다. 해마다 다수 전시회에 소액을 지원하는 방식이 유지됨에 따라 전시회 간의 지원경쟁이 미흡하였으며. 동일 전시회에 매년 지원금을 지급하였고, KOTRA나 에너지관리공단 등 공공기관 주최 전시회를 지원하였다.

2017년 국고지원 국내전시회 개최지원사업에서는 동일 전시회에 대한 지원 횟수의 제한하는 '졸업제' 도입, 국고보조금 용처 제한 및 자부담 매칭 비율을 강화, '신규무역전시회' 카테고리 신설 등 국고가 시의 적절하게 지원될 수 있도록 변경되었다.

5. 국내 전시산업의 문제점

1) 국내 전시산업의 국제화 미흡

전시면적 10만m^3 이상의 글로벌 전시회는 공작기계전시회, 기계산업대전 등 2개이다. 독일 56개, 중국 14개, 이태리 11개, 미국 7개 프랑스 7개 등 국내 개최 국제규모 전시회(전시면적 2만m^3 이상)는 전체 전시회의 5%(15개) 수준으로 매우 낮다 독일 65,5%(154개/235개), 홍콩HKTDC 65,5%(14개/31개) 등 전시 선진국의 경우 국제규모 전시회가 다수이다.

2) 국내 전시회는 참가업체, 바이어 등 수요자의 기대에 못 미침

전시 참가업체의 해외 바이어 비즈니스 기회 제공과 국내 전시회에 참가하는 해외업체 및 바이어수는 미흡하다. 유럽 주요국(독일, 스페인, 이탈리아, 프랑스) 주요 전시회(총 전시장 면적 10만㎡ 이상)의 평균 해외업체 수는 586개, 해외 바이어수 20,257명에 이른다. 하지만 우리나라의 Top 10 전시회에 참가하는 평균 해외업체 수는 210개, 해외 바이어수는 1,207명에 불과하다.

또한 국내 전시회에 참가하는 해외바이어 수준이 매우 낮아 중소기업은 높은 참가 비용에도 불구하고 해외 전시회 참가를 선호한다. 국내 참가업체의 해외 바이어 수에 대한 만족도는 48%, 해외 바이어의 수준 만족도는 50%로 매우 낮으며(2010년 조사 결과, 한국전시산업진흥회), 국내 전시회 참가비용(5백만 원)은 해외 전시회 참가비용(20백만 원)의 1/4 수준이다.

3) 전시산업이 독자적 산업으로 자리매김 미흡

우리나라는 2016년 기준 국가 경제 규모(세계 11위), 무역 규모(세계 6위) 및 우수한 제조업 역량 등을 감안할 때 전시컨벤션산업의 국제화 잠재력은 보유하고 있다. 그러나 현실은 경제 규모 및 제조업 역량 등에서 우리나라보다 뒤처지는 홍콩에 비해서도 전시컨벤션산업의 규모는 열악하다.

〈표 2-22〉 주요 전시선진국 전시산업 경제적 파급효과 비교

(단위 : 백만달러)

국 가	GDP (2012년)	전시산업 경제적 파급효과	GDP 비중
독일	3,852,556	15,946 ('14년)	0.41% (2014년)
영국	2,246,079	7,578 ('10년)	0.34% (2010년)
미국	1,624,460	37,039 ('12년)	0.23% (2012년)
홍콩	279,600	4,600 ('10년)	2.1% (2010년)
한국	1,410,383	1,532 ('14년)	0.11% (2014년)

출처: 한국전시산업진흥회.

4) 전시 주최자의 전문성 미흡

협회 및 단체가 직접 주관하는 전시회의 수를 줄이고, 지양하도록 해야 한다.

대부분의 협회 및 단체가 개최하는 전시회는 전시 전문성이 부족하며, 주최 기관별로 기업(41.7%)에서 주최한 행사가 가장 많았고, 다음으로 공공기관(16.3%), 협회(10.9%) 등의 순으로 분석되었다. 대부분이 회원사 위주로 참가하기 때문에 해외바이어 유치의 한계를 지녔다. 2016년 기준, 국내 전시장은 협회 및 단체(54.7%)가 가장 많이 주최하였으며, 민간 주최자와 전시장이 각각 2, 3위로 나타났다.

전문 전시 주최자가 주최하거나 주관하는 전시회가 부족하며, 소수의 건실한 기업 이외에 전시 전문 업체의 영세성으로, 대부분 중복 전시회 개최, 과당경쟁, 소규모 전시회 난립 등으로 전반적인 전시기획업계의 전문성 제고에 한계가 있다. 대부분 연간 1~2회 정도의 전시회만 개최하는 실정이다. 또한 자금력, 기획력, 마케팅 능력, 국제적 네트워킹이 취약하며, 상당수 경기에 민감한 이벤트성 소비자 전시회로서 장기적으로 국내 전시산업 발전에 부정적인 영향이 우려된다.

국내의 전시기획업계는 전반적으로 전문성이 떨어지는 실정이며, 다양한 분야를 아우르는 산업인 만큼, 전시기획사의 업종 및 분야별 전문성이 강조되고 있으며, 이와 같은 전문성은 오랜 기간의 전시 노하우와 네트워크 형성을 통해 이루어져야 한다. 또한 국내 대부분의 전시회는 기존 참가업체의 재 참가율이 40%를 상회하지 않다는 점은 문제이다.

〈표 2-23〉 MICE 산업의 주최 기관별 현황

(단위 : 건, %, 명)

구분	개최건수		전체 참가자 수	내국인 참가자 수	외국인 참가자 수
	빈도(건)	비율(%)			
정부	10,230	4.1	3,967,372	3,858,023	109,349
공공	41,027	16.3	4,459,388	4,326,115	133,273
학회	11,638	4.6	1,635,071	1,498,304	136,767
협회	27,374	10.9	4,854,229	4,687,350	166,879
기업	104,664	41.7	20,917,347	19,989,981	927,366
기타	56,166	22.4	4,229,117	4,134,898	94,219
전체	251,099	100.0	40,062,524	38,494,671	1,567,853

출처: 한국관광공사 2015 MICE 산업통계 조사·연구.

〈표 2-24〉 2016년 국내 전시회의 주최별 현황

(단위 : 건, %)

	개최 건수(건)	비율(%)
전시장 주최	29	5.1
민간주최자 주최	229	40.2
협회 및 단체 주최	312	54.7
총 합계	570	100

출처: 한국전시산업진흥회, 한국전시주최자협회를 참고하여 작성자가 편집한 것임.

6. 국내 전시산업의 향후 과제

1) 국가의 미래 핵심 산업으로 육성

21세기 지식집약, 환경 친화적 고부가가치, 높은 외화가득률 산업인 전시산업은 문화·관광 및 교통·통신 등 연관 산업에 대한 파급효과가 매우 크다. 독일 전시산업은 GDP의 1%를 상회(건설업 규모와 대등)하며, 전시산업 생산유발효과는 약 24조 원(410억 마르크)에 이르러 전시회가 효율적인 마케팅 촉진 수단으로 등장하고 있다. 그리고 독일의 경우 총 무역거래 중 50~60%가 전시산업을 통해 성사시킬 정도로 무역촉진 효과가 크며, 또한 국가 및 개최 도시 이미지 제고에도 크게 기여하고 있다.

2) 통합적 마케팅 촉진 수단으로 이용

전시산업은 국내외 행사가 지속적으로 유치되어야만 활성화될 수 있으므로 능동적으로 국제 행사와 이벤트를 유치하기 위해 컨벤션 기구에 가입하여 국제전문기구와의 협력을 강화해야 한다. 지방자치단체는 전시컨벤션센터와 KOTRA 지역무역관 등과 협조하여 각종 국내외 행사를 유치하여야 하며, 특히 지역의 잠재적인 특화산업을 발굴하여 이러한 산업을 중심으로 국제 전시회와 컨벤션으로 특화해야 한다. 그리고 해외 바이어를 유치함으로써 국내기업이 해외 전시회 참가보다 참가비가 1/3 수준으로 절감, 무역 전시회 지원은 무역촉진활동으로 분류되어 WTO 체제하에서도 지원이 가능하므로 통합적 마케팅 촉진수단으로 활용할 수 있다.

3) 전시산업의 인프라 확충

전시산업의 국제화 및 전문화를 위해서는 세계적인 전시장과 전시기획사를 갖추어야 한다. 또한 전시회 참가자들이 접근하기 편리하도록 교통 인프라, 숙박시설, 관광 및 쇼핑센터, 안내 체계 등의 국제화가 이루어져야 한다. 컨벤션센터의 회의시설, 숙박시설도 중요하지만 질 높은 음식도 수용 태세가 필수요건이다. 특히, 홍콩의 전시컨벤션센터의 경우에는 식음료담당 부서를 따로 운영하고 있으며, 센터의 중요한 수익원으로 활용하고 있다. 컨벤션센터 내에 있는 연회장 및 레스토랑의 식사의 질을 개선하는 것도 전체적인 컨벤션의 질을 제고하는 요인이 되고 있다.

4) 전시전문인력의 양성

전시산업에서 가장 중요한 요소 중의 하나는 전문 인력의 확보라고 할 수 있으며, 전문 인력의 양성을 위해 국가자격의 "컨벤션기획사" 제도를 통하여 전시주최 전문가인 전시기획업체(PEO: Professional Exhibiton Organizer)를 육성해야 한다. 그리고 전시산업 종사자들의 전시회 운영능력 제고를 위한 체계적인 교육훈련 프로그램이 마련되어야 하며, 민간 전시산업 관련기관의 종사자교육에 대한 지원제도를 마련해야 한다. 전시장은 하드웨어의 한 부분이므로 실질적으로 중요한 것은 소프트웨어의 개발이 우선되어야 할 과제이다. 따라서 전문 인력의 확보와 국제마케팅(홍보)활동 등 기존 시설을 최대한 활용할 수 있는 방안을 마련할 필요성이 있다.

연습문제

1. 전시산업의 정의를 내리고, 왜 전시산업이 중요한가에 대해 설명하시오.
2. 전 세계적인 전시산업의 동향과 주요국의 전시산업 현황을 설명하시오.
3. 독일이 세계 최고의 전시산업 강국이 된 이유를 설명하시오.
4. 국내 전시산업의 현황과 문제점 그리고 향후 과제에 대해 설명하시오.

주요 용어

- 전시산업(exhibition industry)
- 컨벤션산업
- MICE산업
- 독일의 전시산업
- 미국의 전시산업
- 중국의 전시산업
- 싱가포르의 전시산업
- 홍콩의 전시산업
- 한국의 전시산업

참/고/문/헌

김봉석,「EXCO 중장기 발전 마스트플랜」, 2017. 8.

산업통상자원부,「전시산업 발전방안 연구」, 2013. 12.

서민교 · 김돈규,「전시마케팅」, 한올출판사, 2004.

송성수,「21세기 떠오르는 전시산업-전시산업론」, 도서출판 가을문화, 2003.

신재기,「전시산업론」, 한올출판사, 2004.

지식경제부,「전시산업 경쟁력 강화 방안」, 2008. 12.

한국무역전시학회,「전시산업발전 및 전시장 운영 효율화를 위한 연구」, 2017. 6.

Chapter

03 전시회와 마케팅

이 장에서는 먼저 일반적 마케팅의 개념과 내용을 고찰하고 마케팅 수단으로서 전시회의 기능을 살펴 본 후, 다른 마케팅 수단에 비해 전시회가 가지는 장점과 단점을 살펴본다. 다음으로 전시마케팅의 주요 내용을 살펴보고, 마지막으로 본 교재의 구성과 체계에 대해 살펴본다.

도입 사례

뷰티콘에 비친 미국 뷰티시장 트렌드: 동물 실험 지양하는 '크루얼티 프리' 움직임

미국의 대규모 뷰티 및 메이크업 전문 B2C 전시회 'Beautycon LA 2019'가 지난 8월 10일부터 11일까지 로스앤젤레스에서 개최됐다. 로스앤젤레스 컨벤션센터 West홀에서 열린 뷰티콘은 뉴욕과 로스앤젤레스 두 도시에서 매년 개최되는 대표적인 뷰티 이벤트다.

전시회에서는 새로운 뷰티 트렌드와 제품을 발견하고 체험할 수 있으며, 다음 신제품에 대한 영감을 얻을 수 있는 기회도 제공된다. 주최 측에 따르면 뷰티콘은 매년 참관객 수가 증가하고 있으며, 올해는 3만여 명이 참가한 것으로 추산된다. 행사에는 178개의 뷰티 브랜드와 1000여 명의 뷰티 콘텐츠 크리에이터가 참가했다.

올해는 메이저 브랜드뿐만 아니라 새롭게 떠오르고 있는 브랜드들의 부스 구성과 부스에 몰린 인파가 눈길을 끌었다. 수많은 참가 브랜드들은 화려하고 독창적으로 부스를 꾸몄다.

또한 유명 뷰티 제품 판매 체인점인 Ulta Beauty, 대중적인 색조 메이크업 브랜드 NYX, 천연 뷰티 제품에 초점을 맞춘 AVEDA, 최근 떠오르는 메이크업 아티스트 브랜드 HUDA BEAUTY 및 Anastasia Beverly Hills 등 많은 브랜드의 부스에서 실속 있는 증정선물을 준비해 참관객의 발길을 사로잡았다. 각 브랜드에서 제공하는 증정선물은 단순한 샘플 수준을 넘어 정품 수준 혹은 여러 가지 미니 제품을 넣은 파우치 등이었다.

한편, 캘리포니아주의 '크루얼티 프리(Cruelty-Free) 화장품법(SB1249)'이 내년 1월 1일 발효될 예정임에 따라 전시회에서는 뷰티업계 전반에서 일어나고 있는 동물 친화적인 움직임을 확인할 수 있었다. 행사에는 익숙한 크루얼티 프리 인증기관 중 하나인 'PETA(Peope for the Ethical Treatment of Animals)'가 직접 부스를 꾸려 참가했으며, 크루얼티 프리를 실천하고 있는 브랜드를 표시한 지도가 배포되기도 했다. 또한 크루얼티 프리 쇼핑을 위한 가이드 및 동물 실험 반대를 홍보하는 스티커 등도 제공됐다. 뷰티콘에 방문한 참관객들 또한 이러한 이벤트에 많은 관심을 보였다.

다만 안타깝게도 클린·그린 뷰티와 크루얼티 프리 움직임 등에 더욱 무게가 실리는 미국 뷰티 시장에서 이제는 지금까지 강조했던 'K-뷰티' 타이틀만으로는 성장을 지속하기 어렵게 됐다. 한국 기업들은 K-뷰티 타이틀만으로 브랜드를 홍보하기보다 브랜드 자체에 더욱 무게를 싣는 모습을 보였다.

2018년 뷰티콘 뉴욕의 K-Town 전경

작년 뷰티콘 LA에서는 한국 뷰티 브랜드들을 위한 별도의 전시 공간 'K-Town'이 전시장 앞쪽에 마련됐다. 그러나 올해 뷰티콘에서는 K-뷰티 타이틀을 건 별도의 전시 섹션이 구성되지 않았으며, 지난해 가장 큰 규모로 참가했던 아모레퍼시픽이 참가하지 않아 K-뷰티 기업의 참가 규모는 전년 대비 축소됐다.

또한 J-뷰티(일본 뷰티 제품) 및 A-뷰티(호주 뷰티 제품) 등 새로운 뷰티 트렌드와의 경쟁이 심화되는 추세도 확인할 수 있었다.

그럼에도 FaceTory, Lapcos, Haruharu, Soo'AE, The Creme Shop 등과 같이 이미 미국 뷰티 시장에서 입지를 갖춘 한인 교포 기업이나 한국에서 제품을 공급받는 한인 기반 브랜드들은 여전히 존재감을 드러내며 많은 참관객들의 관심을 받았다.

이번 뷰티콘에 참가한 한인 바이어 기업의 관계자는 KOTRA 로스앤젤레스 무역관과의 인터뷰에서 "현재 K-뷰티 시장은 너무 많은 유사 제품들로 포화상태"라며 "K-뷰티 브랜드들의 성장이 최근 주춤하고 있음을 느낀다"고 전했다. 특히 "K-뷰티 제품의 특징으로 여겼던 품질 대비 가격 경쟁력 또한 점차 약해지고 있는 실정"이라고 덧붙였다.

이러한 상황에서 KOTRA는 자체 생산 시설을 갖춘 기업이라면 K-뷰티 기업들이 현재의 포화된 미국 시장에 '새로운 브랜드'로 진출하는 것이 아닌, 미국 뷰티시장 내 기존의 리테일러를 공략하는 것도 방법이 될 수 있다고 조언했다. 해당 리테일러의 자사 브랜드(Private label) 제품을 생산·공급하는 방식으로 진출하라는 것이다.

또한 크루얼티 프리 및 클린·그린 뷰티 트렌드가 미국 뷰티 시장에서 지배적이기 때문에, 이러한 트렌드를 제품 개발단계에서부터 반영하는 것이 필수라며, 화장품의 전 성분 또한 철저히 표기하고 확인해야 한다고 강조했다.

출처: https://www.kita.net/cmmrcInfo/cmercInfo/areaAcctoCmercInfo/cmercNews/cmercNewsDetail.do?pageIndex=1&no=54796&classification=2

제1절 마케팅의 의의

현대 사회에 있어 마케팅은 기업과 사회의 모든 곳에 영향을 미치고 있다. 재화나 서비스의 공급자로서 기업은 어떤 제품 및 서비스를 누구에게 어떤 가격으로 어떤 유통경로를 통해서 판매할 것이며, 제품이나 서비스를 소비자들에게 어떤 방법으로 알릴 것인가를 결정한다. 한편 소비자들은 그들의 필요와 욕구를 충족시키기 위해 어떤 제품 및 서비스를 얼마나, 그리고 어디에서, 어떤 가격에 구매할 것인가를 결정한다.

제품이나 서비스의 공급자와 소비자를 연결시켜주는 마케팅활동은 주로 영리를 추구하는 기업에 의해 수행되지만 마케팅의 적용 범위는 학교, 병원, 교회 등 비영리 기관에 이르기까지 매우 넓은 영역을 포괄한다.

이 절에서는 먼저 마케팅의 정의를 살펴본 후, 마케팅믹스 변수와 일반적인 마케팅 계획 수립과정을 살펴보기로 한다.

1. 마케팅의 정의

'마케팅이란 무엇인가'를 한 마디로 정의하기는 쉽지 않으며, 사람에 따라 마케팅을 여러 가지로 정의하기도 하지만 다음의 미국마케팅학회(American Marketing Association)가 1985년에 내린 정의가 대표적이다.

"마케팅은 개인과 조직의 목적을 충족시켜 주는 교환을 창출하기 위해 아이디어, 제품 및 서비스에 대한 발상, 가격결정, 촉진 및 유통을 계획하고 실행하는 과정이다."

여기서 개인과 조직이란 곧 고객을 의미하며, 그들의 목적을 충족시키는 교환이란 곧 고객의 만족을 이끌어 내는 상거래를 의미한다고 해석할 수 있다. 그리고 마케팅이란 고객이 원하는 가치(value) 혹은 효용(utility)이 무엇인지를 찾아내어 제품화하고, 그 가치를 고객에게 의사소통(communication)하여 대가를 받고 고객과의 교환을 창조하는 것이라고 미국마케팅학회는 부연설명하고 있다.

마케팅의 정의는 개념적으로 정교하기는 하지만 너무 추상적이어서 실제로 활용할 수 있는 마케팅의 정의로는 적합하지 못한 경우가 많다. 따라서 현실적으로 "마케팅은 고객만족을 통한 이윤을 추구하는 활동"으로 정의내리기도 한다. 즉, 마케팅은 한편으로는 고객의 장기적 욕구를 충족시키면서 다른 한편으로는 기업의 목표, 즉 이윤추구를 하는 활동이다. 따라서 마케팅 관리자의 임무는 이윤추구와 고객만족이라는 두 가지 목표가 상충되지 않고 조화롭게 달성될 수 있는 방법을 찾아내어 이를 실행하고 감독하는 일이라고 할 수가 있다.

마케팅의 개념을 이해하기 위해서는 판매 개념과 마케팅 개념의 차이를 이해하는 것이 중요하다. 과거의 마케팅의 개념은 기업중심의 생산이나 판매 지향적 개념이었으나 현대적 마케팅은 고객 중심적 개념으로 변화하고 있다. 과거의 판매 지향적 개념은 기존제품의 판매와 촉진활동의 강화를 통해 매출을 증가시켜 이윤을 남기려는 활동이지만 고객 중심적 마케팅개념은 시장의 고객들이 가진 욕구를 통합된 마케팅활동을 통해 만족시킴으로써 이윤을 창조하려는 생각이 다르다. 즉, 고객 지향적 마케팅 철학을 채택하고 있는 기업들은 고객을 단순히 상품의 판매대상으로 보지 않고 그들이 상품과 관련하여 갖고 있는 문제들을 완전히 해결하여 만족을 얻을 수 있도록 하는 것을 목표로 한다. 따라서 상품기획, 가격결정, 광고, 판매촉진, 유통경로 관리 등의 모든 마케팅활동이 시장의 고객들에 초점을 맞추어 일관성 있게 통합되고 조정된다.

[그림 3-1] 판매개념과 마케팅개념의 차이

출처: P. Kotler & G. Armstrong, Principles of Marketing, 8th ed., NJ: Prentice-Hall, 1998, p.14.

2. 마케팅믹스 변수

마케팅은 하나의 시스템으로서 통제 불가능한 외부환경 속에서 기업내부의 제품·가격·유통경로·촉진 등이 요소를 통제함으로써 기업의 목표를 달성하게 된다. 마케팅믹스(marketing mix)는 표적시장에서 마케팅목표를 달성하기 위해 기업이 활용하는 마케팅도구들의 집합을 말하며, 일반적으로 마케팅믹스는 4P를 의미하는 단어이며, 그 내용을 자세히 살펴보면 다음의 [그림 3-2]와 같다.

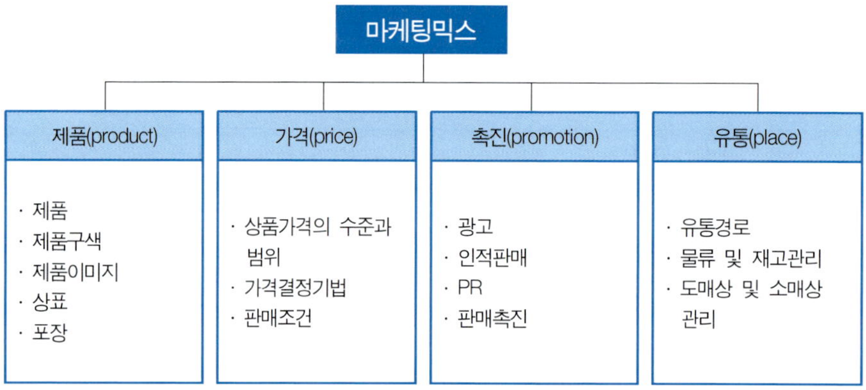

[그림 3-2] 마케팅믹스의 구성 요소

- 가격계획(price planning): 가격계획은 상품가격의 수준과 범위, 가격결정기법, 판매조건 등을 결정하는 것을 말한다.
- 제품계획(product planning): 제품, 제품 구색, 제품 이미지, 상표, 포장 등의 개발과 관련된 의사결정을 말한다.
- 촉진계획(promotion planning): 광고, 인적판매, PR(public relations), 판매촉진 등을 통해 고객이나 일반대중들에게 의사를 전달하는 일에 관한 의사결정을 말한다.
- 유통계획(distribution planning): 유통경로를 설계하고, 물류 및 재고관리, 도매상 및 소매상의 관리를 위한 계획을 세우는 것을 말한다.

3. 마케팅 계획의 수립과정

기업은 마케팅목표를 달성하기 위해 다음의 [그림 3-3]에서 제시된 마케팅 계획의 수립과정을 따라야 한다. 마케팅계획의 수립과정은 크게 상황분석(마케팅 환경의 시장기회 및 위협분석), 마케팅목표의 설정, 마케팅전략의 개발(STP의 결정), 마케팅프로그램의 개발, 마케팅프로그램의 실행과 평가의 5단계로 구성된다.

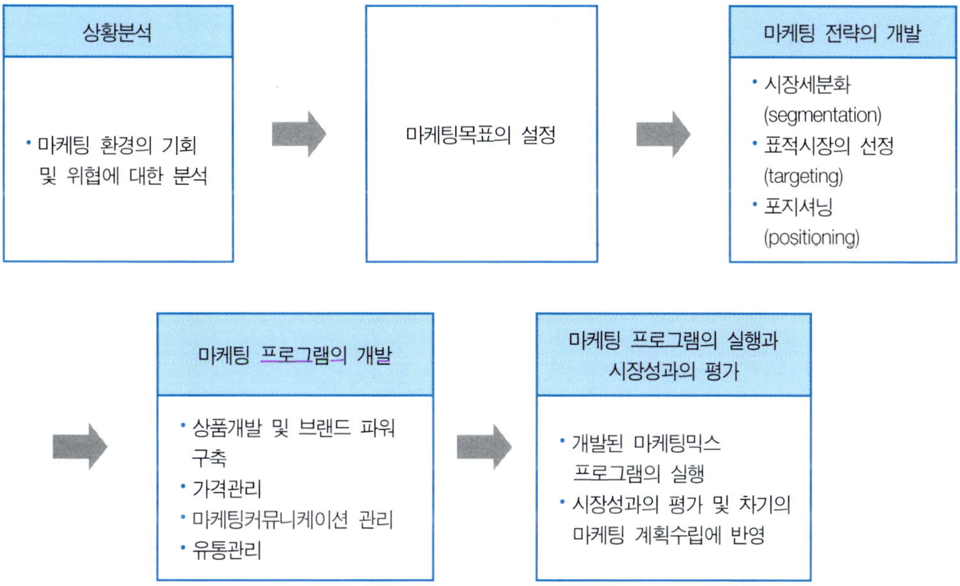

[그림 3-3] 마케팅 계획수립과정

마케팅 계획수립과정의 첫 번째 단계는 상황분석이다. 기업은 환경에 대한 분석을 통해 환경이 주는 기회(opportunity)와 위협(threat)요인을 파악하고, 경쟁사와 자사에 대한 내부역량의 분석을 통해 강·약점(strength and weakness)을 파악하게 되는데 이를 SWOT(strength, weakness, opportunity, threat) 분석이라고 한다.

SWOT분석을 통해 외부환경의 기회와 위협, 자사의 강·약점이 파악되었으면, 기업은 다음으로 마케팅목표를 설정해야 한다. 흔히 고려되는 마케팅목표는 이익의 증대, 매출 혹은 시장점유율의 증대, 고객만족도의 향상 등을 들 수가 있다.

기업의 마케팅목표가 설정이 되면 기업은 그 목표를 달성하기 위한 마케팅전략을 개발하는 단계로 들어간다. 기업의 마케팅전략은 시장세분화(segmentation), 표적세분시장의 선정(targeting), 그리고 포지셔닝(positioning)의 3단계로 구성되는데, 흔히 표적마케팅 혹은 STP마케팅으로 불린다. 마케팅전략의 첫 번째 단계인 시장세분화는 매력적인 표적세분시장의 발견을 위해 전체 시장을 다양한 기준을 사용하여 동질적인 고객으로 구성된 각 세분시장으로 나누는 과정이다. 마케팅전략의 두 번째 단계는 각 세분시장의 매력도를 평가하여 높은 수익을 실현할 수 있는 가장 매력적인 하나 또는 그 이상의 세분시장을 선정하는 것이다. 마케팅전략의 마지막 단계는 선정된 표적시장에서 경쟁사와 차별화된 포지션을 정립하는 과정인데, 이를 시장 포지셔닝(marketing positioning)이라고 부른다.

표적세분시장의 선정과 경쟁사와의 차별화된 위상을 정립하는 포지셔닝 결정이 완료되면, 기업은 이를 실행하기 위한 구체적인 마케팅프로그램을 개발하는 단계로 들어간다. 마케팅프로그램의 개발은 앞에서 설명한 4P의 마케팅믹스를 중심으로 이루어진다.

마케팅 계획수립과정의 마지막 단계는 개발된 마케팅믹스 프로그램을 실제로 실행하고 그 결과를 평가하여 차기의 마케팅 계획수립에 반영하는 과정이다.

제2절 전시회의 마케팅 측면에서의 의의

전시회의 마케팅 측면에서의 기능과 의의를 크게 전통적 기능- 판매촉진수단으로서의 기능으로부터 현대적 기능-통합적 마케팅수단으로서의 기능으로 발전해 왔다고 할 수가 있다.

1. 전시회의 전통적 기능—판매촉진수단으로서의 기능

전통적으로 전시회는 판매와 구매과정을 유발하고 지속하기 위해 구매자와 판매자를 하나로 묶기 위해 만들어진 특수한 형태의 일시적 시장(market place)으로 간주되어 왔으며, 4P의 마케팅믹스 중에서 촉진(promotion), 그 중에서도 판매촉진(sales promotion)의 수단으로 간주되어 왔다. 마케팅믹스 중에서 촉진은 흔히 "제품 내지 서비스의 판매, 또는 아이디어를 받아들이는 것을 용이하게 하기 위해 판매자가 행하는 정보와 설득의 경로를 확립하기 위한 노력의 결합(coordination)"을 의미한다. 다시 촉진의 서브믹스에는 인적판매(direct/field sales), 광고(advertising), 홍보(publicity), 판매촉진(sales promotion) 등이 있는데 전시회는 판매촉진활동의 일환으로 간주되어 왔다고 할 수가 있다.[2]

[그림 3-4] 촉진의 일반적 범주

전시회의 마케팅 측면에서 판매촉진수단으로서의 기능의 중요성은 여러 객관적 자료에서 입증되어질 수가 있다. 먼저 참관객을 대상으로 조사한 결과, 구매결정을 할 때 정보를 얻는 유용한 수단으로서 조사대상의 91%가 전시회를 꼽고 있어서 전시회가 구매결정에 결정적 영향을 미친다.

〈표 3-1〉 구매정보를 얻는 가장 유용한 수단

마케팅 수단	비 율(%)	마케팅 수단	비 율(%)
전시회	91	회의나 세미나	59
관련 잡지기사	86	사용자 그룹(user groups)	41
친구나 업계관련자	83	기업 내 구매부서	40
디렉토리나 카탈로그	72	외부 컨설턴트	39
제조업체의 대리인	69	소매/판매 스탭	23
잡지에서의 광고	66	신문	22
현장방문(on-site visits)	64	기타	2

출처: CEIR, Power of Exhibitions I, 1993.

또한 미국의 CEIR(Center for Exhibition Industry Research) 자료에 따르면 다음의 〈표 3-2〉에서와 같이 미국기업의 전체 마케팅 예산의 14%를 전시회가 차지하고 있는

2) 촉진(promotion)은 판매촉진(sales promotion)과 같은 뜻으로 정의되는 경우도 있으나, 촉진의 한 서브믹스로 판매촉진을 정의하거나 또는 광의의 판매촉진은 마케팅믹스의 하나로, 협의의 판매촉진은 홍보활동, 광고, 인적판매를 제외한 판매노력활동으로 정의하는 것이 일반적이다.

데, 이는 인적판매에 이어 두 번째로 높은 수치이며, 광고에 지출되는 예산(11.5%)보다도 많은 것이었다.

〈표 3-2〉 마케팅 수단별 지출예산 비율

마케팅 수단	지출예산 비율(%)
직접 판매(direct/field sales)	47.0
전시회(exhibitions)	14.0
광고(advertising)	11.5
우편 발송(direct mail)	9.0
PR(public relations)	6.5
텔레마케팅(telemarketing)	5.0
합 계	100 %

출처: CEIR, Power of Exhibitions II, 1996.

이와 같은 결과는 다음의 〈표 3-3〉에서와 같이 각 산업부문에 따른 마케팅 수단별 지출예산 비율에서도 확인될 수 있었다.

〈표 3-3〉 산업부문에 따른 마케팅 수단별 지출예산 비율

마케팅 수단	지출 예산 비율			
	하이테크	식음료	제조 및 기계	건강
직접 판매	41.0%	42.0%	47.0%	40.5%
전시회	18.0%	17.0%	18.6%	21.3%
광고	13.6%	16.0%	14.0%	11.6%
우편 발송	11.0%	5.6%	7.1%	8.6%
PR	4.4%	7.4%	8.2%	8.3%
텔레마케팅	6.4%	4.4%	3.7%	4.5%
합 계	100%	100%	100%	100%

출처: CEIR, Power of Exhibitions II, 1996.

전시회는 또한 촉진매체의 유용성에 대한 평가에서도 두 번째로 높게 평가되었는데, 마케팅 목적에 따른 각 촉진매체의 효과성을 조사한 결과, '브랜드 이미지 제고' 부분만 광고가 전시회보다 효과적이고 다른 모든 마케팅 목적달성에 전시회가 가장 효과적인 것으로 나타났다.

〈표 3-4〉 기업의 마케팅 목적에 따른 각 촉진매체의 효과성 평가

마케팅 목적 \ 마케팅 수단	전시회	광고	우편발송	PR
세일즈 리드 창출	39%	27%	20%	13%
계약 수주(taking orders)	12%	5%	8%	8%
신제품/서비스 소개	42%	24%	28%	14%
브랜드 이미지 제고	42%	43%	19%	19%
기업이미지 제고	33%	32%	22%	24%
신시장 개척	28%	25%	24%	15%

출처: CEIR, Power of Exhibitions II, 1993.

한편 Vaughn(1980)은 전시회가 광고, 인적 판매 등 다른 촉진수단과 구별되는 특성으로 다음의 다섯 가지를 들고 있다.

첫째, 선택된 매체(the chosen medium)이다. 전시회는 유망고객이 공개적으로 방문하여 실질적인 정보를 탐색할 수 있는 유일한 마케팅 매체이다. 전시장에 입장함으로써 지식을 습득하고, 새로운 아이디어를 모색하고 판매원과 상담을 할 수 있으며, 간혹 구체적인 문제점에 대한 해결책도 얻을 수가 있다. 이와 달리 다른 매체들은 이런 이점을 갖고 있지 않다. 광고는 목적인 참관객의 관심을 집중시키기 위해서 고객의 시간을 강요하며, 우편매체 및 판매원의 방문도 고객의 일상생활을 침해한다. 이들 매체가 유용성으로 인하여 마케팅프로그램 개발에 고려되어야만 하더라도 고객의 시간을 빼앗고 일상생활을 방해하게 되나 전시회는 강요가 아닌 선택에 의한 것이다.

둘째, 3차원적인 특성(the third dimension)을 갖고 있다. 대부분의 매체에는 제품특성의 설명과 사진만이 게재되나 전시회에서는 실물이 전시됨으로써 보다 많은 정보를 제공할 수가 있다.

셋째, 효과의 신속성(immediacy)이 있다. 고객의 관심이 잡지광고 또는 우편매체(direct mail)에 의해 유발되었다면 보다 많은 정보 수집을 위해 전화, 편지 등의 수단을 추가 이용해야 하나, 전시회의 경우 관심 및 욕구를 즉각 충족시킬 수 있다. 더욱이 여러 경쟁기업이 동시에 참가하고 있어 이들을 상호 비교함으로써 구매과정을 더욱 촉진시킨다.

넷째, 다양한 기회(broadened opportunity)를 제공한다. 판매원은 새로운 고객을 발굴하기 보다는 친숙하고 관계가 있는 방문하는 성향이 있다. 또한 판매원은 자신

의 담당지역만을 잘 알고 있으나 기업은 모든 이용자 및 잠재고객과 친숙하기를 바란다. 전시회 참가는 이러한 문제를 해결하여 준다. 즉 규칙적인 거래에 의해 도달하지 못하는 구매 영향자의 접촉기회를 줄 뿐만 아니라 잠재고객도 현재화할 수가 있다.

다섯째, 경제성(economy)이다. 이는 위의 네 가지 특성의 결과로서 전시회는 유망고객과의 접촉비용을 감소시켜 주며, 이에 대해서는 다음의 전시회의 장점에서 보다 자세히 설명할 것이다.

사례 3-1 로만손(주)의 전시회 참가 성공사례

1988년 설립된 이래 로만손(주)는 OEM이 아닌 자기브랜드로 수출에 주력해온 손목시계 전문업체이며, 1999년도 기준으로 689억 원이라는 브랜드 가치 평가를 받은 중견업체이다.

당사는 이미 러시아와 중동지역을 중심으로 시계 전문업체로 알려져 있으며 신규 시장 개척과 더불어 기존 바이어들에게 로만손 브랜드의 고급 이미지와 자부심을 심어줌으로써 장기적인 판매 촉진을 꾀할 전략으로 다음의 전시회에 참가하게 되었다.

○ 전시회 개요
* 명 칭
  - 국 문 : 2003 스위스 바젤 시계보석 박람회
  - 영 문 : The BASEL 2003 World Watch and Jewellery Show
* 기 간 : 2003. 4. 3 - 10(8일간)
* 장 소 : Messe Basel and Zurich
* 주 최 자 : Messe schweiz
* 전시면적 : 110,000㎡
* 참가업체 : 2,000여 개사

한편, 당사는 팔찌시계, 스테인레스 스틸 소재의 크로노그라프(다기능) 시계 등 총 100여 개의 다양한 모델을 선보였다.

전세계 2,000여 개사가 참가한 2003년 전시회에 로만손은 국내 업계 최초로 로렉스, 오메가 등 세계 유명 브랜드들과 함께 바젤 명품관에 초청을 받는 영광을 누렸으며, 이는 국내 중소기업으로는 드물게 자체 브랜드를 고수하며 펼쳐온 적극적인 해외 마케팅전략과 매출액의 15% 이상을 R&D 부분에 투자한 디자인 경영의 성과라고 할 수가 있다. 특히, 이라크 전쟁과 급성호흡기증후군(SARS) 등의 여파로 예년에 비해 참관 바이어수가 줄어든 상황임에도 로만손 브랜드의 국제적 지명도 상승과 이에 따른 수출단가 인상으로 작년보다 수출계약액이 15% 증가하는 등의 성과를 올린 전시회였으며, 수출 상담액 1021만 달러 중 690만 달러의 수출 계약을 체결하였다.

2. 전시회의 현대적 기능—통합적 마케팅 수단으로서의 기능

최근에는 전시회를 마케팅의 판매촉진수단으로만 보는 좁은 시각에서 벗어나 전시회를 전체적인 기업목표를 달성하기 위한 통합적 마케팅 수단으로서 강조하는 경향이 있다. 즉, 전시회를 단순한 판매촉진수단으로만 인식하는 것이 아니라 가격 · 유통경로 · 제품 · 커뮤니케이션 등 모든 마케팅믹스가 상호보완적으로 결합되는 통합적 마케팅 수단으로서의 기능이 강조되고 있다. 따라서 전시회는 거의 모든 마케팅 믹스 측면에서 효과적인 마케팅 수행을 위한 잠재력을 가지고 있기 때문에 마케팅관리자는 단순한 판매촉진수단이라는 좁은 시각에서 벗어나 이용 가능한 자원의 범위 내에서 기업의 마케팅목표를 달성하기 위해서 가격 · 유통경로 · 제품 · 커뮤니케이션 등 모든 마케팅믹스를 상호보완적이며 유기적으로 결합하여 시너지효과를 발생시킬 수 있도록 결정해야 한다는 것을 의미한다.

[그림 3-5] 전시회의 통합적 마케팅 수단으로서의 기능

출처: 박래준(1996). p.43.

결론적으로 [그림 3-5]에서와 같이 전시회는 주최자(organizer), 참가업체(exhibitor), 참관객(audience)의 3요소와 4P의 전통적 마케팅믹스요소와의 최적 배합을 통해 최대한의 시너지효과를 창출하는 통합적 마케팅수단으로 파악되어져야 한다. 독일전시협회(AUMA)는 전시회를 국제마케팅 믹스전략의 일부로서 파악해야 하며, 전시회 참가를 마케팅 프로그램의 필수 구성요소화해야 한다고 보고 있다.

다음의 [그림 3-6]에서는 마케팅 믹스의 구성요소로서 전시회의 기능과 역할을 잘 보여 주고 있다.

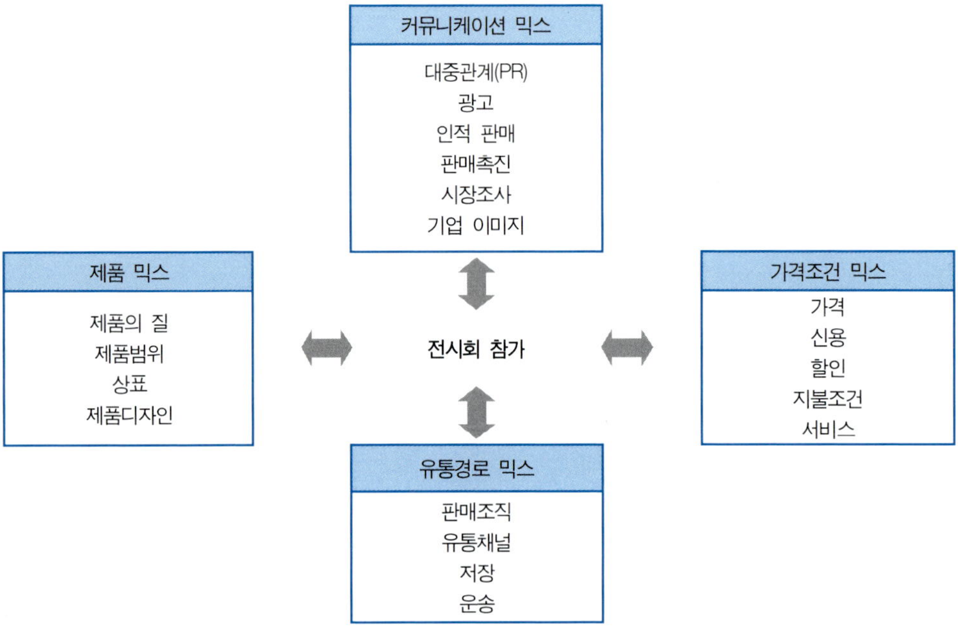

[그림 3-6] 마케팅 믹스의 구성요소로서의 전시회

출처: AUMA(2004). p.13.

1) 가격 기능

가격조건믹스(price and conditions mix)정책의 수단들은 가격(price), 신용(credit), 할인(discount), 지불조건(payment), 서비스 등으로 구성되어 있다. 각각의 가격조건믹스 정책의 개발에 영향을 주는 요소는 특히 고객 성향, 기업 규모, 고객 위치 및 제품의 인도거리 등에 관한 정확한 지식이다. 기업은 전시회 내에서 고객과의 상담과정에서 이와 관련된 중요정보를 알아낼 수 있다. 전시회 참가를 통해 기업의 현재 가격조건믹스 정책에 대한 새로운 개념을 개발할 수가 있을 것이며, 이를 위해서는 다음의 사항들을 고려해야 한다.

- 포장, 운임 및 보험 비용
- 애프터서비스 및 고객서비스 비용
- 현재의 가격계산법

- 지불의 조건
- 인도 조건
- 취소 조건

또한 현재 및 잠재 고객의 결제 능력과 신용도도 고려되어야 한다.

2) 제품 기능

제품믹스(product mix)정책의 수단들은 제품의 질, 제품군, 브랜드 및 제품디자인으로 구성되어 있다. 전시회 참가에 있어서 중요한 점은 기업이 생산하는 다양한 제품 중 어느 제품군 위주로 전시회에 전시해야 하느냐의 문제이다. 제품믹스를 검토하기 위해서는 전시될 제품이나 특정 시장의 시장 사이클에 대해 알고 있을 필요가 있다. 제품전시범위는 신제품이 처음으로 제시되는 전시회에서 가능하면 확대되는 것이 좋다. 제품디자인은 최신의 것이어야 하며, 쉽게 팔릴 수 있어야 한다. 포장도 마찬가지의 논리가 적용이 된다. 그리고 새로운 브랜드를 도입할 것인지 아니면 사용하고 있는 기존의 상표를 사용할 것인지도 결정해야 한다.

제품믹스 각각의 구성요소는 전시회 참가를 통해 검증될 수 있다. 전시회장을 찾아오는 고객과의 대화를 통해서 제품의 수용성을 검증받아야 하며, 기업은 이를 통해 제품믹스정책에 대한 귀중한 정보를 얻을 수가 있다.

3) 유통 기능

유통믹스(distribution mix)정책의 수단들은 판매 조직, 유통 채널, 저장 및 운송 등으로 구성되어 있다. 기업이 효과적인 유통믹스 정책의 수립을 위해서는 현재의 판매조직의 변화나 재조직화(판매조직의 리스트럭쳐링, 딜러나 판매대행업자의 모집, 제품의 저장과 운송을 위한 협력 파트너 발굴 등)가 필요한지의 여부에 대한 철저한 조사가 수행되어야 한다. 또 다른 고려요소는 현재의 유통채널이 질적·양적으로 변화될 필요성이 있는지에 대한 판단이다. 기업은 전시회를 통해 현지에서 강력한 유통망을 가진 딜러나 판매 대행업자를 발굴할 수 있는 기회를 가질 수가 있다. 또한 전시회 참가를 통해 유통경로 개발을 위한 아이디어를 얻을 수도 있으며, 협력파트너를 쉽게 발굴할 수 있는 기회도 갖게 된다.

그리고 현재의 유통채널을 질적으로나 양적으로 변화시킬 필요가 있는지를 고려해야 한다.

4) 커뮤니케이션 기능

커뮤니케이션 과정은 뉴스 및 정보의 교환을 의미한다. 전시참가업체들은 우선적으로 자기 기업의 부스, 제품, 부스근무요원을 이용해 정보 제공자로서 역할을 하게 되고, 방문객들은 정보 수신자로서의 역할을 하게 되고, 나중에는 방문객들 또한 정보교환에 있어서 능동적인 참여자가 된다는 점에서 상호 정보교환을 의미하는 커뮤니케이션 과정은 전시회에서도 발생하게 된다. 전시회는 일종의 매체로서의 역할을 하게 되며, 커뮤니케이션은 전시회의 중심기능 중의 하나가 된다.

기업의 촉진 또는 커뮤니케이션 정책의 수단으로는 광고, 판매촉진, 인적판매 그리고 PR로 구성되어 있으며, 전시회의 커뮤니케이션 수단으로서의 중요성은 다음의 [그림 3-7]에서 두 가지 차원에서 잘 보여 주고 있다.

첫 번째 차원은 전시회가 전시참가업체와 방문자들 사이에 긴밀한 접촉관계를 조성해 주고 있음을 보여 주고 있다. 전시참가업체와 방문자 사이의 대화는 거래관계를 지속하고 향상시킬 수 있는 유일한 방법이기 때문에 매우 중요한 가치가 있다. 또한 전시회는 다른 촉진수단들 보다도 제품 및 서비스에 대한 훨씬 더 생생하고 능동적인 정보를 전달해 줄 수가 있다. 즉, 제품에 성능에 대해 설명해 주면서 동시에 보여줄 수도 있다. 특히 이것은 자본재장비 전시회에서 중요하다.

두 번째 차원은 대단위 촉진행사로서의 관심집중도 및 활용빈도 면에서 전시회를 설명해 준다. 전시회 참가는 고도의 촉진행사로서 바이어의 관심을 크게 유발할 수가 있다. 전시참가업체들은 자기 부스를 방문하는 바이어들에게 인상적인 경험을 제공하는 다양한 기회를 갖게 된다. 그러나 전시회가 제공하는 기회 개발 가능성 즉, 전시참가업체들이 이용할 수 있는 활용빈도 면에서는 다른 수단보다 상대적으로 낮다. 왜냐하면 전시회는 다른 수단들보다 상대적으로 그 개최 빈도가 낮으며, 전시회 참가 시 등록마감 시한 등을 정확히 준수해야 하기 때문이다.

이 점은 기업들이 전시회를 이용하려면 장기간의 계획기간을 필요로 한다는 점을 의미한다.

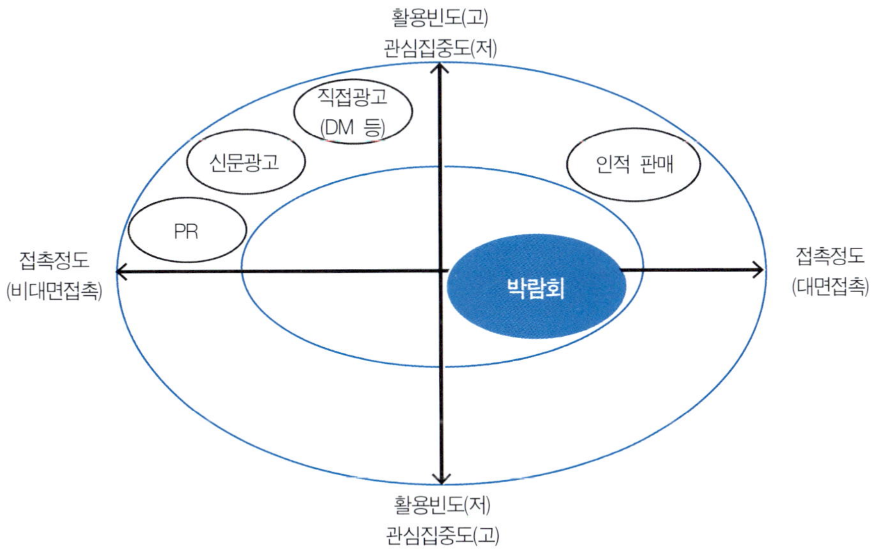

[그림 3-7] 전시회의 다른 커뮤니케이션 수단과의 성격 비교

출처: AUMA(2004), p.17.

제3절 전시회의 장점과 단점

앞에서 전시회의 다른 판매촉진수단들과 비교한 특성에서 살펴본 바와 같이 전시회의 장점은 다음과 같다.

(1) 전시회는 참관객이 시각, 청각, 미각, 촉각, 후각의 오감의 총체적 감각을 통하여 자사의 제품을 인식할 수 있게 해 준다.

(2) 제품의 실질적인 사용방법이나 효익과 서비스의 완전한 시범이 가능하며, 제시자 즉 판매원이 참관객의 흥미에 즉각적으로 반응할 수가 있다.

(3) 제품/서비스에 흥미를 가진 구매자나 의사결정자에게 정확한 정보를 집중하여 전달할 수가 있다.

(4) 참관객의 이름이나 직위에 관한 정보를 확보함으로써 판매요원들이 광고, 세일즈 콜, 또는 다른 촉진수단을 이용해서 이들을 집중하여 추구할 수가 있다.

(5) 새로운 제품이나 서비스의 테스트 마켓으로서 이용할 수가 있다. 즉, 제품을 전시하는 참가업체들은 신제품을 선보이는 도약대로 전시회를 활용하며, 또한 전시회가 신제품의 시장성을 즉각적으로 파악할 수 있는 테스트 마켓으로도 활용될 수가 있다. 예상고객에 대한 새로운 제품의 실연을 통해 시장조사에 필요한 경비지출이나 시간의 지연이 없이 고객의 반응을 즉각적으로 알 수가 있다.

(6) 전시회를 통해 관련업계 전문가 등을 만나 상호교류와 네트워킹 및 협력강화를 추구할 수가 있다.

(7) 무엇보다도 다른 수단들에 비해 상대적으로 저비용으로 판매를 달성할 수가 있어서 경제적이다. CEIR은 전통적인 판매방법에 의한 판매경비와 전시회 참가를 통한 판매경비를 비교하였는데, 고객 직접방문에 의한 전통적인 방식으로 상담 1건을 계약하도록 연결하는데 평균 1,140달러가 소요되었으나 전시회 참가의 경우는 건당 705달러만 소요되어 훨씬 경제적인 것으로 들어났다.

〈표 3-5〉 판매방식에 따른 소요경비 비교

구 분	전통적 방문판매	전시회를 통한 판매
경비내역	• 308달러(고객방문 1회 평균비용) x 3.7회 (평균방문회수) = 1,140달러	• 308달러(고객방문 1회평균비용) x 1.6회 (평균방문회수) = 493달러 • 212달러(전시회에서의 고객접촉 평균비용)
총 소요경비	1,140달러	705달러

출처: CEIR. 송성수(2003). 「21세기 떠오르는 전시산업-전시산업론」, p.97에서 재인용.

위의 표에 의하면 전통적 방문판매 시에는 고객의 평균 방문회수가 3.7회가 필요하나 전시회 참가 시에는 고객 평균 방문회수가 1.6회면 충분하며, 또한 고객접촉 평균비용도 전통적 방문판매 시에는 판매원 보수, 여행경비, 판매자료 준비 등 308달러가 필요하지만 전시회에서 부스 장치비, 운반보관료, 전시장 임차료, 부스운영요원 보수 및 여행경비 등이 포함된 고객접촉비용이 212달러로 줄어들게 된다. 따라서 전시회에서 고객접촉비용 212달러가 포함되더라도 고객방문회수를 줄여주어 결과적으로 총 소요경비가 훨씬 적게 된다.

(8) 비슷한 제품구조를 가지고 있는 다른 업체들과의 만남을 통해 경쟁자의 능력과 시장상황을 한눈에 파악할 수가 있다.

Trade Show Bureau가 전시회에 참가하는 업체들을 대상으로 설문조사한 결과에 따르면 마케팅 측면에서 전시회의 주요한 이점은 다음과 같다.

(1) 다양한 제품을 접할 수 있는 기회가 된다. 제품구매 결정자(바이어)들은 다양한 제품을 한 장소에서 동시에 비교·분석할 수가 있다.
(2) 새로운 정보를 입수할 수가 있다. 다양한 정보뿐 아니라 신제품 개발에 대한 정보 입수가 가능하다.
(3) 판매대행업자(sales reps), 생산업체, 소비자를 한자리에서 모두 만날 수 있다.
(4) 최신기술을 효과적으로 소개, 홍보할 수가 있다.
(5) 전반적인 시황을 파악할 수가 있다.

또한 전시회의 유용성 내용에 관한 설문조사에서도 조사 대상자들의 80% 이상이 아래의 다섯 가지를 꼽았다.

(1) 한 장소에서 많은 생산자·공급자를 만날 수 있어 시간과 비용이 크게 절약되었다(85%).
(2) 취급분야에 대한 최신동향 및 시장정보를 입수할 수가 있었다(83%).
(3) 상담을 집중적으로 할 수가 있었다(82%).
(4) 전시회 참가를 통해 여러 전문가들과 의견을 교환하고 문제점을 의논할 수가 있었다(80%).
(5) 어떤 제품을 구매해야 할지 방향을 제시해 주었다(80%).

결론적으로 전시회는 한 장소에서 일시에 생산자·공급자와 구매자 모두에게 다양한 거래기회 및 새로운 시장정보를 제공해 준다는 점에서 이점이 있다. 그러나 한편으로 이러한 마케팅의 장점에도 불구하고 전시회에 대한 문제점을 지적하는 회의적인 시각도 있다. Bonoma(1983)는 전시회가 이론적으로는 이상적인 마케팅 수단임에도 불구하고 기업의 관리자들이 전시회를 크게 달가워하지 않거나 심지어 무시하는 이유 중의 하나는 전시회의 참가성과가 광고나 직접 판매와 같은 다른 주요 마케팅 수단과 달리 측정하기 어렵다는 점을 지적하고 있다. 즉, 구체적으로는 첫째, 비용대비 마케팅 성과가 알려져 있지 않으며, 둘째, 판매나 광고 같은 다른 마케팅 커뮤니케이션 수단과의 비교 시 성과 등 효율성을 측정하기 어려우며, 셋째, 참가비용이 높고 또한 지속적으로 높아지고 있으며, 넷째, 전시회는 관리자나 기존고객에게 마케팅 커뮤니케이션 수단이기보다는 '특전'에 가깝다는, 즉 무익하다는 인식이 확산되고 있기 때문이라는 것이다. 또한 마지막으로 참가할 전시회를 선택하기가 쉽지 않다는 점도 문제점으로 지적되고 있다. 많은 기업들은 한정된 자원으로 인해 수많은 전시회 중에서 기업의 목표에 맞는 전시회를 선택하기가 쉽지 않다.

사례 3-2 **한국도자기 프라우나, 독일 암비엔테 소비재 박람회 15년 연속**

한국도자기가 오는 9일부터 진행되는 세계 최대 소비재 박람회인 '프랑크푸르트 소비재 전시회(ambiente 2018)'에 부스 참가한다고 2일 밝혔다. 세계 4800여 업체가 참석하는 이번 박람회에는 약 150개국 14만 명 이상의 바이어가 방문할 것으로 예상된다. 프라우나는 최고급 명품 컨셉 제품들만 전시되는 luxury dining 명품관에 부스가 마련된다.

이번 행사는 지난 2004년 첫 단독 부스 참가 이후 올해로 15년째 한국도자기가 꾸준히 박람회에 초청을 받아 참가한다는 점에서 더욱 의미가 있다. 한국도자기는 현장에서 암비엔테를 통해 새롭게 선보이는 프라우나의 '제레미 컬렉션'을 메인 제품으로 전시를 진행한다. 이 제품은 '귀족의 만찬'이라는 주제로 17세기 바로크 양식의 패턴을 골드위에 골드를 얹는 한국도자기만의 독보적인 레이어 전사기술을 사용해 표현했다. 부드러운 곡선이 있는 클래식한 쉐입과 24K 골드 핸드페인팅의 조화로 고전적인 웅장함을 더한 것이 특징이다.

이와 함께 프라우나 인기 라인들과 트위그 뉴욕 신제품들도 함께 소개할 예정이다.

뛰어난 제품력과 수려한 디자인을 바탕으로 세계적으로 명성이 높은 프라우나는 미국과 영국을 비롯해 해외시장에서 지속적인 성장세를 보이고 있다.

박람회 기간 동안 한국도자기는 기존 바이어 상담 및 해당 전시회에 방문한 신규 바이어 발굴을 목표로 부스를 운영할 계획이다. 한국도자기 관계자는 "암비엔테는 전 세계 바이어가 주목하는 소비재 박람회로, 브랜드를 알리고 제품을 선보임과 동시에 업계의 동향과 최신 트렌드를 파악할 수 있는 좋은 기회"라며 "세계 최고의 품질력과 기술을 가지고 있는 한국도자기만의 장인정신을 알리는 것을 가장 큰 목표로 성공적인 박람회를 위해 노력하겠다"고 말했다.

출처: 데일리안 2018년 2월 2일

Shipley 등(1993)은 전시회 불참업체를 대상으로 불참 요인을 7점 척도- 1점: 불참 요인이 아님, 7점: 강한 불참요인 -로 설문조사한 결과 다음의 〈표 3-6〉과 같은 결과를 얻었다.

이 표를 보면 대개의 기업들은 전시회 참가를 고려했지만 높은 비용에 비해 세일즈 창출이 불충분하였기 때문에 전시회에 불참하였다는 것을 알 수가 있다. 따라서 전시회가 가지는 장점과 단점을 충분히 파악하여 철저한 사전 준비과정을 거쳐 전시회에 참가함으로써 전시회의 장점을 극대화해야할 것이다.

〈표 3-6〉 전시회 불참 이유

불참이유	평균 (n=24)
높은 비용	6.08
세일즈 창출 불충분	4.92
기존 판촉방법에 만족	4.83
너무 적은 방문고객 수	4.83
참가할 마땅한 전시회의 부재	3.33
업계의 대표적 전시회가 아님	3.27
너무 많은 경쟁업체의 참가	2.25
전시회 참가에 대한 고려 전무	1.33

출처: D. Shipley, et. al., 1993.

제4절 전시마케팅의 내용과 본 교재의 구성 및 체계

1. 전시마케팅의 주요 내용

우리는 전시회를 일반적으로 '유형 또는 무형의 상품(제품, 서비스, 기술)을 매개로 하여 제한된 장소(전시장)에서 일정한 기간(전시기간) 동안 방문객(구매자)과 참가업체(판매자) 간에 거래와 상호이해를 주목적으로 진행되는 일체의 경제적 활동'으로 정의하였다. 그리고 제1절에서 "마케팅은 고객만족을 통한 이윤을 추구하는 활동"으로 정의를 내렸다. 따라서 전시마케팅(exhibit marketing)을 참가업체의 입장에서 정의하면 "전시회와 관련하여 고객(참관객, 바이어)의 만족을 통해 이윤을 추구하는 제 활동"으로 정의될 수 있으며, 전시마케팅의 주요 내용을 일반적 마케팅의 내용과 전시회 진행의 시간적 순서를 감안하여 정리해 보면 크게 다음의 [그림 3-8]과 같이 네 부문으로 구성된다.

1) 전시회와 전시산업 및 전시마케팅의 이해

먼저 전시회에 대한 이해가 선행되어야 하며, 이를 위해 전시회의 정의, 용어의 연원과 구분, 전시회의 역사적 기원 등을 살펴볼 필요가 있다. 다음으로 주최자(organizer)를 중심으로 참가업체(exhibitor), 참관객(attendance, visitor, audience, buyer), 서비스업체(exhibition service contractor), 전시장 운영자(venue operator) 등 전시회의 구성요소에 대한 이해가 필요하다.

전시회와 관련된 전시산업의 의의를 알아본 후, 세계적인 전시산업의 동향과 주요국의 전시산업 현황을 살펴본다. 그리고 우리나라 전시산업의 현황과 문제점 그리고 향후 발전방안에 대해 분석한다. 또한 마케팅의 기본개념과 이를 바탕으로 전시회의 마케팅 측면에서의 의의와 전시마케팅의 개념 및 체계에 대한 이해가 필요하다.

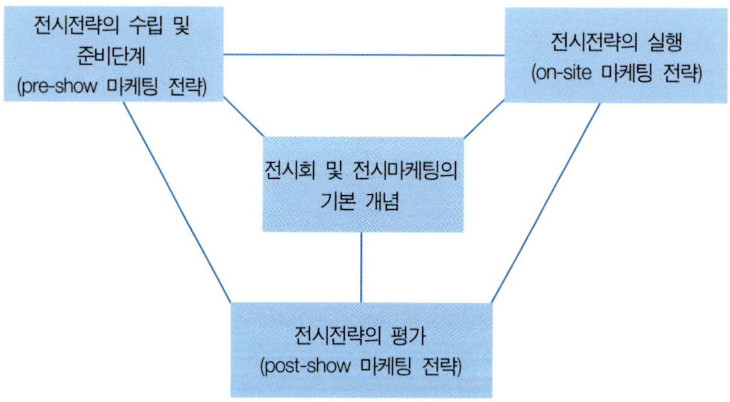

[그림 3-8] 전시마케팅의 핵심 분야

2) 전시 전략 및 실행계획의 수립(pre-show 마케팅 전략)

전시회와 전시마케팅의 기본 개념을 파악과 더불어 전시회에 참가하기 전에 전시회 참가와 관련된 전략의 수립이 필요하며, 두 단계로 나누어 접근한다.

첫 번째 단계에서는 기업의 상황분석과 더불어 기업전략과 목표를 설정한 후 예산을 결정하고 이에 적합한 전시회를 선택하여 참가여부를 결정하게 된다.

일단 특정 전시회의 참가여부가 결정된 후, 전시회 참가신청을 하고 전시품 선정 및 운송계획, 부스의 디자인, 전시인력의 선발과 교육, 전시장에 고객을 유치하기 위한 촉진활동 등이 진행되어야 한다.

3) 전시전략의 실행(on-site 마케팅 전략)

다음으로 전시회가 열리는 현장에서의 부스의 직접 설치와 최종준비, 그리고 전시회 현장에서의 여러 판촉활동과 고객상담관리에 대한 이해가 필요하다.

4) 전시전략의 평가(post-show 마케팅 전략)

전시회가 끝난 이후에 부스철거작업과 더불어 부스를 방문한 고객에 대한 데이터 분석 작업을 한 후 고객의 욕구를 충족하기 위한 사후관리와 실제 판매관리에 대한 이해가 필요하다. 마지막으로 다양한 시장 및 마케팅기법을 사용하여 전시회의 성과에 대한 평가를 한 후 보고서를 작성하여 추후 전시회전략 수립의 의사결정 자료로 활용하게 된다.

2. 본 교재의 구성과 체계

본 교재도 앞에서 설명한 일반적인 전시마케팅의 체계에 따라 구성되어 있으며 총 5부, 13개의 장으로 구성되어 있다.

제1부는 전시회와 전시산업, 그리고 전시마케팅의 이해로서 전시회와 마케팅에 대한 기본이해를 바탕으로 전시마케팅에 대한 조작적 정의를 내리고 주요 내용을 살펴본다. 또한 전시산업의 현황과 동향에 대하여 고찰하고자 한다.

제2부는 전시전략 및 실행계획의 수립(pre-show 마케팅전략)으로서 먼저 상황분석과 더불어 기업의 목표를 설정한 후 예산을 결정하고 기업에 목표에 적합한 전

시회를 선택하게 된다. 다음으로 특정 전시회에 참가하기로 결정한 이후 전시회 참가까지 전시품 선정 및 운송계획부터 부스디자인의 개발 및 설치계획의 수립, 전시관련 조직의 구성과 인력의 선발 및 교육, pre-show판매촉진활동을 분석한다.

제3부는 전시회 현장에서 전시전략의 실행단계(on-site 마케팅전략)로서 부스의 설치 및 관리, 전시장에서의 판매촉진활동과 고객상담관리에 대해 살펴본다.

제4부는 전시전략의 평가(post-show 마케팅전략)로서 전시회가 끝난 이후에 부스의 철거와 상담고객의 사후관리, 성과의 평가 및 보고서 작성 등에 대해 살펴본다.

제5부는 참관객의 전시회 활용전략으로서 전시회 활용전략의 의의, 전시회 참관 동기, 그리고 성공적인 전시회 활용전략의 핵심에 대하여 살펴본다.

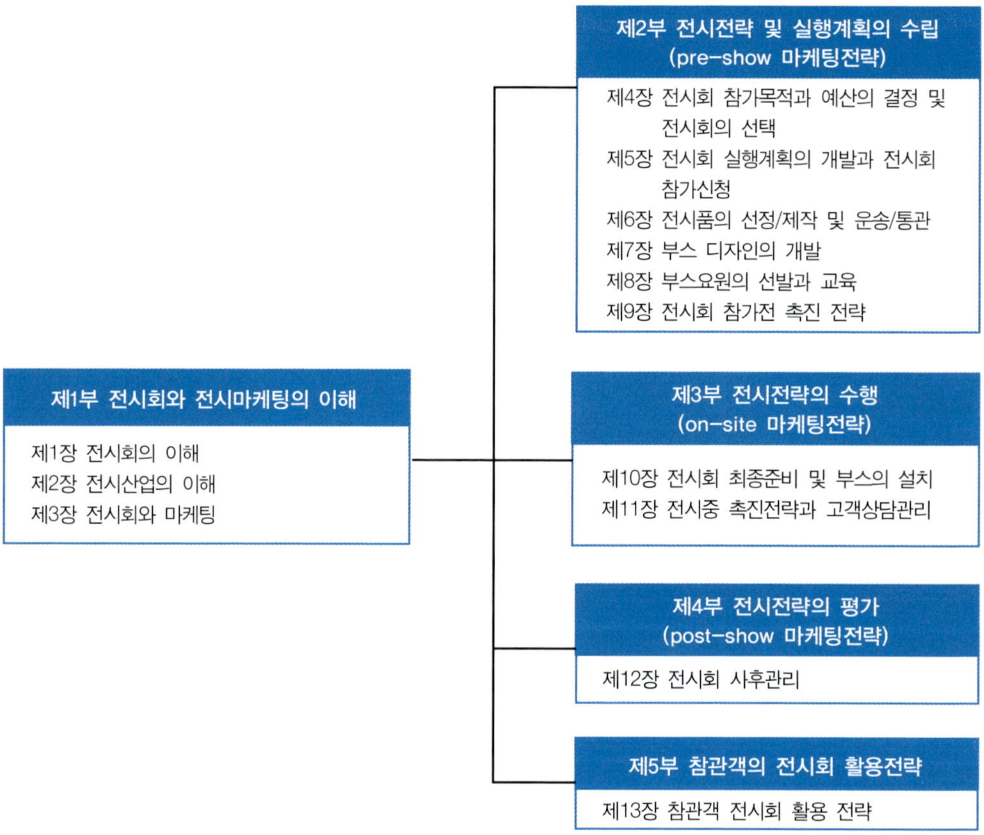

[그림 3-9] **본 교재의 구성과 체계**

연습문제

1. 전시회의 마케팅 측면에서의 의의를 전통적 기능과 현대적 기능 측면으로 나누어 설명하시오.
2. 전시회가 인적판매나 광고 등 다른 판매촉진과 차이점을 설명하시오.
3. 전시회가 다른 판매촉진수단에 비해서 가지는 장점과 문제점을 설명하시오.
4. 전시마케팅의 주요 내용과 구성에 대해서 설명하시오.

주요 용어

- 마케팅
- 마케팅믹스 변수(4P)
- 인적 판매(direct/field sales)
- 광고(advertising)
- 홍보(publicity)
- 판매 촉진(sales promotion)
- 전시 마케팅(exhibit marketing)
- SWOT분석
- STP전략
- 전시회의 판매 기능(selling function)
- 판매외적 또는 커뮤니케이션 기능(non-selling function)
- pre-show 마케팅전략
- on-site 마케팅전략
- post-show 마케팅전략

■ ■ ■ 참/고/문/헌

김상순, "한국기업의 국제박람회 활용실태 및 성과제고 방안에 관한 연구", 고려대학교 경영대학원 석사학위논문, 1995.

박래춘,"Trade Show 형태가 마케팅믹스에 미치는 영향에 관한 연구- 국내 컴퓨터/ 통신 관련 Trade Show를 중심으로-", 연세대학교 경영대학원 석사학위논문, 1996.

서민교·김돈유, 「전시마케팅」, 한올출판사, 2004.

서민교·이지석, "Trade Show Marketing에 관한 연구", 한국무역학회 제1차 정책 세미나 및 학술발표대회논문집, 2004.2.13.

송성수,「21세기 떠오르는 전시산업-전시산업론」, 도서출판 가을문화, 2003.

신재기,「전시산업론」, 한올출판사, 2004.

안광호·하영원·박흥수,「마케팅원론」, 학현사, 2001.

KOTRA,「해외박람회 참가요령」, 무공자료 00-07, 2000. 8.

한국무역협회,「전시마케팅성공가이드-해외 전시마케팅 성공기업의 숨은 노하우」, 2013. 2.

AUMA, *Successful Participation in Trade Fairs: Tips for Exhibitors, www.auma-fairs.com*, 2004.

T. V. Bonoma, "Get more out of your trade show", Harvard Business Review, Vol.61, 1983.

Business Marketing, Outfront Ⅱ Study, May 1999.

P. Kotler & G. Armstrong, Principles of Marketing, 8th ed., NJ: Prentice-Hall, 1998.

S. L. Morrow, The Art of the Show, IAEM Foundation, 1998.

D. Shipley, et. al., "Dimensions of Trade Show Exhibiting Management", Journal of Marketing Management, 1993.9.

B. Siskind, The Power of Exhibit Marketing, Fourth Edition, International Trainning and Management Company, 1997.

D. S. Vaughn, "Put trade shows to works for you", *Sales & Marketing Management, A special report*, 1980.

02 PART

전시전략 및 실행계획의 수립 (pre-show marketing 전략)

들어가기 전에

제2부에서는 전시전략 및 실행계획의 수립 즉, pre-show 마케팅전략에 대해서 살펴본다. 먼저 전시회와 관련된 전반적인 의사결정과정과 성과결정요인을 파악한 후, 전시회 참가목적과 예산을 설정하여 적합한 전시회를 선택하고 참가결정하기까지의 과정을 살펴본다. 다음으로 전시회 참가결정 후 구체적인 실행계획의 수립과 참가과정을 먼저 살펴보고, 다음으로 참가실행계획의 수립에서 가장 중요한 4가지 요소 즉, 전시품의 선정 및 운송계획, 부스디자인과 설치계획, 부스인력의 선발과 교육, 전시회 참가 전 촉진전략 등에 대해 차례대로 살펴본다.

Chapter
04 전시회 참가목적과 예산의 결정 및 전시회 선정

본 장에서는 먼저 전시회 참가 관련 전체적 프로세스를 이해한 후, 전시회 참가 성과결정요인에 대해 살펴본다. 다음으로 전시회 참가목적과 예산의 결정에 대해 알아본다. 마지막으로 목표고객의 결정과 올바른 참가전시회의 선정 방법에 대해 살펴본다.

도입 사례

산업용 원단 제조 및 수출업체, ㈜파비노

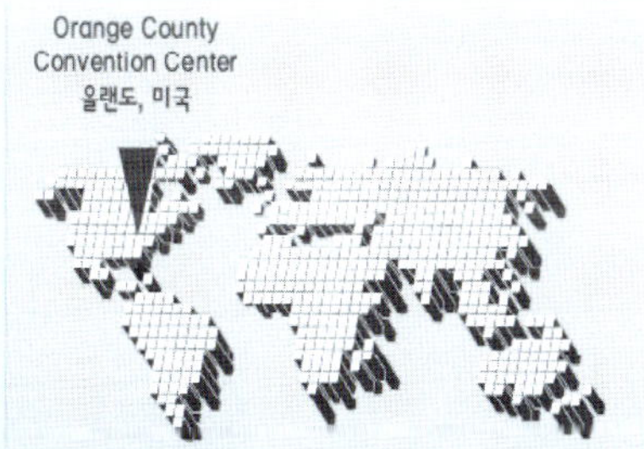

참가 전시회명	북미 산업용 직물 전시회(Industrial Fabrics Association International Expo)
참가 규모	1부스(10㎡)
참가비	부스임차 및 장치비 3,521,621원 / 항공, 숙박 등 출장비 2,000,000원
성과	상담업체수: 50개 업체/상담액 500,000달러/계약액 50,000달러

▪ 신규 아이템에 대한 트렌드 파악!

IFAI는 당사가 매년 참가하는 전시회로써 신규 바이어의 발굴이나 해외시장의 개척보다는, 기존 고객의 이탈을 방지하고 신규 아이템을 소개하며 개발을 위한 신규 아이템 트렌드를 파악하려는 목적으로 참가한다. 전시회 참가 전 사전 방문과 사전 조사를 걸쳐 시장성을 따져보고 바이어와의 접촉이 가능한지 등을 꼼꼼히 따져보았다. 참가 전 기존 바이어뿐만 아니라,

신규 바이어를 KOTRA(대한무역투자진흥공사)의 프로그램을 이용해 미리 발굴하고, 전시회 홍보를 거쳐 미팅도 가졌다.

그 밖에 기존 바이어의 경우, VIP Pass를 통해 전시회 무료입장 등의 방법을 통해 전시회 관람을 권유하며 신규 전시회를 홍보했다. 올해 전시회의 경우, 미국 올랜도라는 지역은 지역 특성상 날씨가 덥고 교통편이 좋지 않아 작년 전시회에 비해 해외 바이어들의 방문이 줄었다. 때문에 작년 전시성과에 비하면 올해는 전시회가 수입 창출에 큰 도움이 되지는 못했지만 대체적으로 만족스러운 결과를 얻었다.

■ 장기적인 안목을 가져라

당사는 이번 전시에서 바이어를 발굴하기보다는 기존 고객 관리와 신규 제품의 홍보 그리고 신규아이템 트렌드를 파악하고자 했다. 물론, 바이어 입장에서는 신규 제조업자를 발굴하고자 전시회에 오기 때문에, 가끔 좋은 상담이 있기도 하다. 하지만, 최소한 2~3년의 지속적인 Follow-Up과 서비스를 진행해야 계약이 성사되는 경우가 많다. 그렇기 때문에 단기적인 수입 창출보다는 장기적인 수입 창출을 염두에 두고 참가하는 것이 더 좋다.

■ 지리적 특성 먼저 파악하라

올해 개최지인 미국 올랜도는 날씨가 덥고 교통편이 좋지 않은 지역이다. 이런 지역에서 전시회를 개최할 경우, 해외 바이어들은 참가하는 데 많은 제약을 받는다. 때문에 기존 고객이 방문해주는 것만으로도 감사해야 하는 경우가 종종 있기도 하다. 미국의 입장에서는 전시회를 이곳저곳에서 진행하게 되면, 지역적 발전을 가져온다는 명분이 있지만, 해외에서 방문하는 고객의 입장에서는 접근성이 좋은 지역이어야 전시회가 성공할 확률이 높다. 그렇기 때문에 개최지에 대한 지리적, 지역적 측면도 많이 고려해야 한다. 미국에서 개최되는 전시회의 경우, 라스베가스나 뉴욕 등 대도시에서 전시회를 가질 경우 대부분 좋은 성과를 내는 경향을 보인다.

■ 내용전달이 명확한 타 업체 부스!

전시회는 부스 하나에 모든 시선이 집중된다. 그래서 부스를 봤을 때 내용이 얼마나 잘 전달되는가, 또는 내용을 한 번에 이해할 수 있는가가 상당히 중요하다. 당사의 부스는 화려한 편이긴 했으나 원단 전시에 그쳤을 뿐, 내용적인 전달에 많이 부족하였다. 앞으로는 다른 업체들을 벤치마킹하여 내용 전달 측면에서도 많이 충실하려고 노력하고 있다. 이번 전시회에서 타 부스 사진 자료와 부스 형태에 많은 정보를 수집하였으며, 수집된 부스 디자인 정보를 토대로 내용적인 측면과 미적인 감을 강조하기 위해 노력하고 있다.

■ 정부의 지원을 적극 활용하라!

당사는 전시회를 통한 마케팅 활동을 기본으로 하기 때문에 전시회에 가급적 많이 참가하려고 노력하고 있다. 하지만 전시회 참가 시에 경제적으로도 부담이 되기 때문에 정부의 지원을 최대한 받으려고 한다. 하지만 정부 지원책에도 정보가 부족하기 때문에 이에 대한 정보의 수집이 필요하다.

정부 지원책을 잘 활용한다면, 그 혜택으로 더 많은 마케팅 활동과 전시회 참가를 통하여 회사가 성장하는 계기를 만들 수 있을 것이다.

출처: 한국전시산업진흥회(2010). 2010해외전시회 성공사례집: 보여주는만큼 성공한다. p.70.

제1절 전시회 참가 관련 의사결정과정의 전체적 흐름 및 성과 결정요인

1. 전시회 참가 관련 의사결정과정의 전체적 흐름

전시회 참가와 관련된 구체적인 내용을 사세히 살펴보기 전에 전시회 관련 의사결정과정의 전체적 흐름을 파악하는 것이 중요하다. 전시회 관련 의사결정과정은 크게 pre-show(전시 전) · on-site(전시 중) · post-show(전시 후) 등 3단계로 나누어볼 수 있다. 또한 pre-show(전시 전) 단계를 참가목적 · 예산의 설정과 전시회 선택 및 참가를 결정하는 단계와 참가결정 후 실행전략을 수립하는 단계로 세분하여 전체를 4단계로 구분할 수도 있다.

전시회 관련 의사결정과정은 다음의 [그림 4-1]과 같이 상황분석 → 전시회 참가 목적의 설정 → 전시회 예산의 결정 → 목표 참관객의 선정과 전시회 선택 → 전시회 실행계획의 개발 → 전시회 실행계획의 실행 → 사후관리 등 7단계로 세분하여 개략적으로 전체적인 흐름을 파악하도록 한다.

1) 상황 분석

일반적인 마케팅 계획수립과정과 마찬가지로 전시마케팅 계획수립과정의 첫 번째 단계는 상황분석이다. 기업은 환경에 대한 분석을 통해 환경이 주는 기회(opportunity)와 위협(threat)요인을 파악하고, 경쟁사와 자사에 대한 내부역량의 분석을 통해 강 · 약점(strength and weakness)을 파악하게 되는데 이를 SWOT(strength, weakness, opportunity, threat)분석이라고 한다.

2) 전시회 참가목표의 설정

이러한 상황분석을 기초로 기업은 전체적인 마케팅목표를 정하게 되며, 또한 기업의 전체적인 마케팅목표 속에서 국제촉진수단으로서의 전시회의 역할과 참가목표를 설정하게 된다.

3) 전시회 예산의 결정

예산이 뒷받침되지 않는 전시회 참가계획은 한낱 공상에 불과하며, 전시회 예산은 모든 전시회 관련 의사결정의 절대적 제약조건이 되므로 전시회와 관련된 예산규모를 결정해야 한다.

4) 목표 고객의 결정과 전시회 선택

전시회 참가목적과 예산이 결정되면 전시회 참가를 통해 어떤 시장, 혹은 어떤 계층을 표적으로 해서 자사의 마케팅활동을 전개할 것인가를 결정해야 한다. 즉, STP전략을 이용하여 시장을 세분화하여 표적 고객을 결정해야 한다.

다음으로 선택할 수 있는 수많은 전시회 중에서 자사의 마케팅목적과 부합한 전시회를 선정하여 전시회 참가를 결정하게 된다.

5) 전시회 실행계획의 개발

전시회 참가를 결정한 후 참가의 방법, 정부 지원제도의 활용 가능성, 부스를 설치하지 않고도 전시회를 활용할 수 있는 가능성 등을 검토하고 최종 전시회 참가신청서를 제출한다. 그리고 충분한 시간을 가지고 사전에 철저하게 전시회 실행계획을 개발한다. 여기에는 전시품 선정 및 운송계획, 부스의 디자인과 설치계획, 부스인력의 선발과 교육, 전시 전 촉진전략 등이 포함된다.

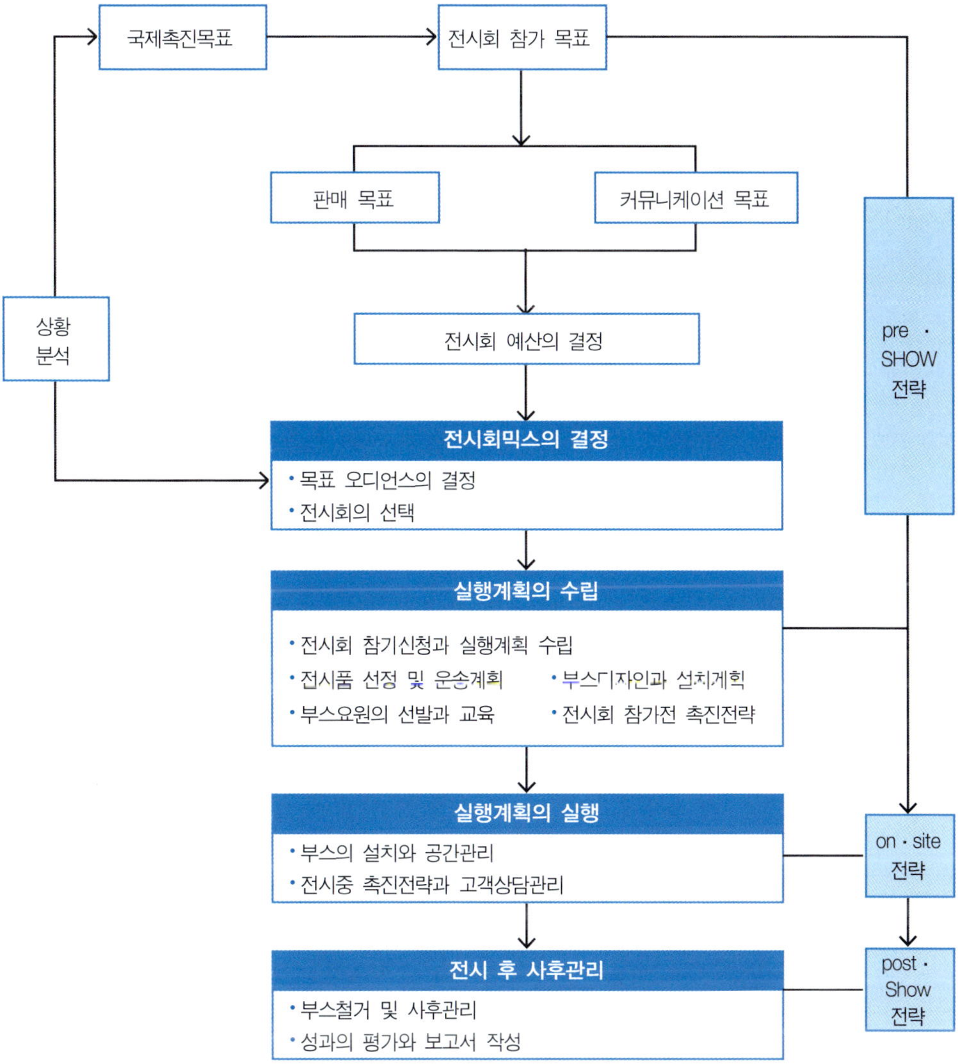

[그림 4-1] 전시회 관련 의사결정과정의 전체적 흐름

6) 전시회 계획의 실행

전시회가 시작되면 부스를 설치하고 전시회 기간에 촉진활동을 전개하게 되며, 부스를 방문하는 고객을 상담 · 관리하게 된다.

7) 사후관리

전시회가 끝난 후 부스를 철거한다. 그리고 상담고객의 DB를 분석하여 고객들에 대한 사후관리를 통해 판매목표를 달성하게 된다. 마지막으로 전시회 성과를 평가하고 보고서를 작성하여 향후 기업의 전시회 참가 의사결정의 지표로 활용한다.

2. 전시회 참가 성과 결정 요인

앞에서 살펴본 바와 같이 전시회가 많은 장점을 가지고 있는데도 불구하고 전시회에 참가하는 많은 기업들이 원하던 성과를 거두지 못하는 경우가 많다. 예컨대 미국의 경우 전시회 참가업체 85%가 비효율적이고 자기중심적이며, 평범하고 따분한 계획을 가지고 전시회에 참가하여 처음 전시회에 참가한 기업의 50%가 전시회에 다시 참가하지 않겠다고 할 정도로 매우 저조한 성과를 거두는 것으로 나타났다. 특히 우리 기업들의 경우도 전시회를 마케팅 수단으로 활용해 온 경험이 부족하기 때문에 전시회를 통해 가시적인 성과를 거두는 데 상당히 어려움을 겪고 있다. 따라서 전시회가 기업에게 줄 수 있는 혜택을 극대화하기 위해서는 전시회의 기능과 특성에 관한 정확한 이해와 마케팅적 측면에서의 철저한 논리적 접근이 필요하다.

앞에서 살펴본 전시회 참가 프로세스와 관련하여 일반적으로 참가기업들이 전시회에서 원하는 성과를 거두지 못하는 이유는 다음과 같다.

1) 불명확한 전시회 참가목표의 설정

기업이 전시회에 참가하여 좋은 성과를 내지 못한 가장 큰 이유 중의 하나는 참가목표를 명확하게 설정하지 않았기 때문이다. 실제로 전시회에 참가하여 좋지 못한 성과를 거두는 대부분의 기업들은 막연한 목표를 가지고 참가하거나, 단순히 경쟁사가 어떤 전시회에 참가하니까 우리도 참가한다는 식으로 전시회에 참가하는 기업들이다. 즉, 최근 전시회의 비용이 증가하고 있는 상황 하에서 전시회에 참가하는 목적에 대한 완전한 이해가 없이는 전시회에 투입된 비용만큼 효과를 거두기 힘들며, 결국 명확한 목적이 설정되지 못한 전시회 참가는 자원의 낭비에 불과하게 되어 실패로 끝나게 된다.

그리고 또한 전시회 참가목표는 전시회 성과평가의 기준이 된다. 따라서 전시회 참가의 구체적인 목표가 설정되지 않으면 성과에 대한 측정이 불가능해진다. 즉, 참가목표를 명확히 설정하는 것은 추후 전시회 및 마케팅 결정에 대한 정보를 획득하는 데에 도움을 주는 전시회 성과조사를 위한 필요충분조건이 된다.

2) 참가 전시회의 잘못된 선정

전 세계에서 개최되는 수많은 전시회 중에서 적합한 전시회를 올바르게 선정하는 것이 중요하다. 동일업종의 비슷한 전시회라도 전시회마다 참가업체와 관람객의 규모, 바이어들의 방문목적 등이 상이하므로 이와 같은 전시회의 다양한 특성을 무시하면서 전시회를 선정하여 낭패를 보는 경우가 많다. 가장 쉬운 예는 자사의 전시회 참가목표와 관계없이 유명 전시회만 선호해서 참가하여 성과를 거두지 못하고 실망하는 경우이다.

3) 적절하지 못한 전시품 선정

어떤 경우에도 전시품이 부스장치를 우선한다. 아무리 부스장치를 훌륭하게 준비해도 전시회에 출품된 제품이 적절하지 않으면 성과를 낼 수가 없다. 무엇보다도 전시회에 출품할 제품이 품질과 가격, 기술 개발 면에서 경쟁력을 갖추고 있어야 하며 부스장치는 다음 순위이다. 이것은 아무리 좋은 위치에 좋은 시설로 식당을 개업하더라도 음식이 맛없는 집보다 비록 작고 초라하더라도 맛있는 음식을 파는 식당이 장사가 더 잘되는 이유와 같다.

4) 좋은 위치의 전시부스 확보 및 독창적인 전시부스 설치 미흡

전시회에서 좋은 성과를 내기 위해서는 좋은 위치의 전시부스를 확보하는 것도 중요하다. 물론 부스위치가 전시회의 성공을 보장해 주는 것은 아니지만, 참관객의 통행이 뜸한 곳에 부스를 설치한다면 좋은 상담실적을 기대하기가 어려울 것이다. 대부분의 유명전시회는 참가신청의 선착순으로 부스를 배정하기 때문에 조기에 참가신청이 하는 것이 필요하다.

또한 많은 참관객을 자사부스로 유인하기 위해서는 특색이 있고 분위기가 좋은 전시부스를 설치할 필요가 있다. 전시부스는 기업의 얼굴이라는 생각을 갖고 회사와 제품의 이미지에 부합되도록 경쟁업체와 차별화된 부스를 디자인하는 것이 중요하다.

5) 전시회 참가 전 사전프로모션의 미흡

무엇보다도 전시회에 참가하여 성과를 내지 못하는 이유는 유명 전시회에 부스를 설치하고 있으면 바이어가 알아서 자사 부스로 찾아와 줄 것이라고 기대하기 때문이다. 비록 일차적으로 양질의 관람객 또는 바이어를 전시회장으로 불러들이는 것은 전시회 주최자에 있더라도 수많은 참가업체 부스 중에서도 자사 부스로 관람객 또는 바이어를 찾아오게 만드는 것은 참가업체의 몫이다. 따라서 전시회 참가성과를 높이기 위해서는 전시회에 참가하기 전에 목표고객을 자사 부스로 찾아오게 만드는 전시회 참가 전 마케팅 프로모션(pre-show marketing promotion)이 매우 중요하다. 즉 전시회 개막전에 바이어가 자사 부스를 찾아오도록 노력하는 사전 프로모션은 거의 않고 양질의 바이어가 자사 부스로 방문해줄 것이라고 막연히 기다리는 것은 복권당첨을 바라는 것과 다를 바가 없다.

6) 부스요원의 교육 · 훈련 부족과 현장의 고객에 대한 상담관리 부실

전시회 참가성과를 극대화하기 위해서는 부스의 디자인뿐만 아니라 부스 근무요원을 신중하게 선발하여 동기부여를 한 후 적절히 훈련시키는 것이 필요하다. 동기부여가 된 자질이 우수한 요원을 부스에 배치할수록 좋은 결과가 나타나고 새로운 유망 거래처에 대한 접촉의 빈도도 높아지기 마련이다. 즉, 수많은 참관객들에게 해당 기업 또는 제품에 대한 어떤 인상과 기억을 심어주느냐는 것은 현장 부스운영 요원의 능력과 태도에 달려 있다고 할 수가 있다.

교육과 훈련이 안된 직원을 부스요원으로 배치하면 나타나는 흔한 잘못은 부스를 찾은 바이어에 대한 효율적인 상담관리를 하지 못한다는 점이다. 우선 부스를 찾는 수많은 관람객 중에서 유망한 바이어를 식별하고 유인하는 방법을 모르는 경우가 많다. 또한 자사 부스를 방문한 바이어들의 얘기를 듣기보다는 말을 너무 많이 하는 경우가 많다. 즉, 자사 상품이나 서비스를 잘 알 수 있도록 장황한 자랑이나 설명에 치우친 나머지 바이어가 찾고 있는 정보나 상품이 무엇인지, 혹은 그들이 어떤 문제를 해결해야 할 상황에 봉착되어 있는지, 나아가 어떤 구매계획과 절차를 갖고 있는지를 묻거나 들어서 알아내는 것이 부스요원이 수행해야 될 핵심 임무라는 점을 기억해야 한다.

7) 세일즈 리드의 사후관리 부족

전시회 성과를 올리기 위해서는 세일즈 리드(sales leads)의 사후관리가 매우 중요하다. 많은 업체들이 전시회 참가계획을 세우면서 전시회가 끝난 후의 사후관리에 대한 중요성을 인식하지 못해 효과를 극대화하지 못하고 있다. 즉, 전시회 계약이 이루어지지 않으면 모든 것이 끝이라고 생각하기 쉬운데, 실제 계약은 전시회가 끝난 후 심지어 6개월 또는 심지어 1년 후에 이루어질 수 있다는 점을 모르고 있는 경우가 많다. 만약 전시회에서 수천의 리드를 수집했다 하더라도 사후관리가 이루어지지 않으면, 수개월 동안의 전시회를 계획하고 전시회에서 참가해서 리드를 평가·수집한 노력들은 헛된 수고가 될 수 있다. 특히, 사후관리에서는 시간이 중요하다. 예컨대, 만약 전시회가 끝난 후 즉각적인 구매가 이루어질 수 있는 양질의 리드도 즉각적인 사후관리가 되지 않으면 아마 해당 고객은 경쟁회사로 구매처를 변경할 것이다. 전시회에서 이루어진 새로운 고객들과의 만남은 단지 시작에 불과한 것이다. 발굴된 신규 거래처와의 거래가 성사될 때까지는 여러 차례의 접촉이 이루어지는 것이 보통인 만큼 접촉이 계속 이어질 수 있도록 세심한 배려와 관리가 필요하다. 철저한 전시회 사후관리만이 전시회 참가단계에서 목적했던 여러 가지 목표를 달성시켜줄 것이다.

제2절 상황 분석과 전시회 참가목표의 설정

지금부터 상황분석에서 시작하여 참가목적 · 예산의 결정과 전시회 선택 및 참가를 결정하기까지의 과정을 자세히 살펴보기로 하자.

1. 상황 분석

성공적인 마케팅계획을 수립하기 위해서 기업이 가장 먼저 해야 할 일은 현재 자사제품이 처한 환경과 상황에 관한 분석이다. 기업의 마케팅활동에 영향을 미칠 수 있는 환경요인들로는 거시환경적 요인, 제품과 관련된 시장, 경쟁자, 자사의 능력, 구매자의 특성이 포함된다. 그러므로 기업에서는 구체적인 마케팅활동 계획의 수립에 앞서 이들 요인들에 대한 분석이 선행되어야 한다. 이러한 활동은 기본적으로 기업의 마케팅활동의 성과를 향상시킬 수 있는 장기적인 기회를 파악하고 분석하는 것이라고 볼 수 있다.

거시적 환경요인에는 시장 내 전체 소비자들의 인구, 소득, 연령 등과 같은 인구통계학적 요인과 소비구조 등과 같은 사회경제적 요인, 그리고 기술 환경적 요인, 법률 환경 요인, 정치 환경 요인 등이 고려되어야 한다.

또한 시장분석에서는 자사제품 시장의 매력도가 어느 정도인지 혹은 새로 진출하고자 하는 시장은 얼마나 자사에게 유리한 것인지를 측정 · 분석하게 된다.

경쟁 및 자사분석에서는 자사제품의 현재경쟁자 및 잠재적 경쟁자를 확인하고, 이들 경쟁사의 수 · 규모 · 시장점유율 · 상대적 제품의 품질 등을 파악함으로써 현재의 경쟁상황을 분석하고, 자사의 강 · 약점을 경쟁자와 비교 · 검토해 보아야 한다.

구매자분석은 시장 내 현 구매자들과 잠재구매자들의 구매행동에 관련된 사항을 분석하는 것으로 이 부분에서 기업은 구매자의 행동에 미치는 문화적 · 사회적 · 개인적 · 심리적 요인들을 조사하고 구매자들의 의사결정상의 특징을 분석하게 된다.

2. 전시회 참가목표의 설정

1) 전시회 참가목표 설정의 의의와 중요성

기업은 상황분석에 의해 외부환경의 기회와 위협, 자사의 강 · 약점이 파악되었다면 다음으로 마케팅목표를 설정해야 한다. 흔히 고려되는 마케팅목표로는 이익의 증대, 매출 혹은 시장점유율의 증대, 고객만족도의 향상 등을 들 수가 있으며 다음과 같은 기준을 충족시켜야 한다.

첫째, 수행되어야 할 여러 가지 마케팅목표는 중요도에 따라 계층적으로 서술되어야 한다.

둘째, 마케팅목표는 가능한 한 계량적으로 서술되어야 한다. 가령, "시장점유율의 증가"라는 기업목표보다는 "2년 내로 시장점유율을 20% 증대시킨다"라는 기업목표가 보다 구체적인 양적목표로 서술된 점에서 더 바람직하다.

셋째, 마케팅목표는 실현가능한 것이어야 한다. 마케팅목표는 시장기회와 자사의 경쟁적 강 · 약점 등을 토대로 한 객관적 분석에 의해 설정되어야 하며 단순히 최고경영자의 요구를 반영한 것이 되어서는 안 된다.

넷째, 마케팅목표는 서로 상치되지 않고 일관성이 유지되어야 한다. 우리는 흔히 "매출액과 이익을 동시에 극대화 한다"라는 기업목표를 본다. 그러나 이러한 목표는 유심히 살펴보면 각 목표들이 서로 상치되어 일관성이 결여되어 있음을 알 수가 있다. 가령, 기업의 최대의 매출을 올리기 위해서는 보다 많은 마케팅비용을 지출해야 하므로 단기적으로는 이익의 감소를 감수할 수도 있다.

다음 단계는 기업의 전체적 마케팅목표하에서 이를 달성하기 위한 마케팅믹스 수단으로서의 전시회의 역할을 명확히 규명해야 한다. 마케팅 믹스상 전시회의 역할은 곧 전시회의 참가목적이 무엇인가를 의미하는 것으로 목표 오디언스의 선정, 참가할 전시회의 결정, 전시회 지출수준의 결정 등 모든 전시회 의사결정의 출발점이다.

그리고 기업의 전체적 마케팅 목표와 전시회 참가목적 간의 관계는 다음의 [그림 4-2]와 같다. 즉, 기업의 중기 계획 및 목표가 설정되면 그것에 의해 마케팅 믹스의 일부로서 전시회에 참가하게 된다. 전시회 참가에는 4P의 모든 측면에서 참가목적이 설정될 수 있으며, 특히 좁게는 판매촉진수단으로서 전시회 참가목적이 설정되어야 한다.

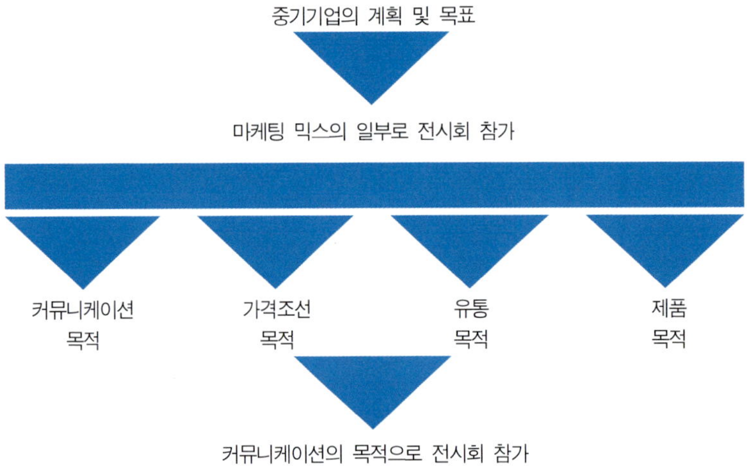

[그림 4-2] 기업의 마케팅목표와 전시회 참가목표 간의 관계

특히 전시회 참가목적의 명확한 설정이 중요한 것은 두 가지 이유에서이다.

첫째, 다음의 [그림 4-3]과 같이 전시회의 지출수준 결정의 기준이 된다. 전시회는 전시장치물, 그래픽디자인, 관리요원, 판매촉진물 등을 통해 참관객에게 커뮤니케이션하는 종합적인 매체로써 막대한 예산이 수반된다. 따라서 사전에 구체적인 목적이 설정되지 않으면 막대한 투자손실을 초래하게 된다.

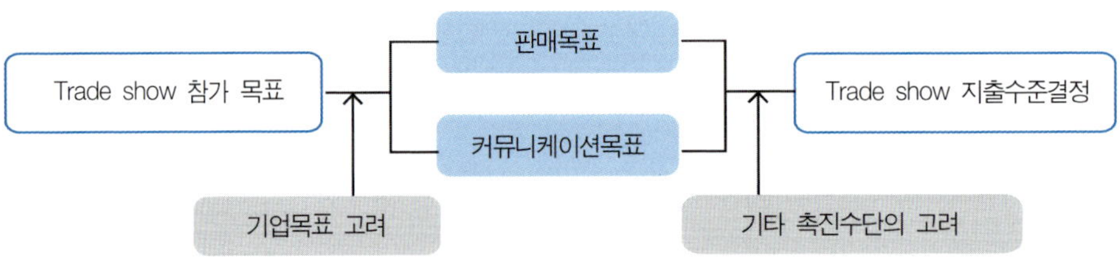

[그림 4-3] 전시회의 참가목표와 지출수준 결정과정

다음으로 무엇보다도 명확한 전시회 참가목표의 설정이 성공적인 전시회활용의 최우선 전제조건이 된다는 점이다. 기업이 전시회가 가지는 장점을 최대한 활용하기 위해서는 전시회 참가 자체를 마케팅프로그램의 종합체로 인식하여야 하며,

전시회에 참가함으로써 얻고자 하는 바가 무엇인지를 명확하게 정의한 후, 모든 실행계획들이 이 목적에 기초하여 이루어지도록 관리해야 한다. 실제로 전시회 참가해서 좋지 못한 성과를 거두는 대부분의 기업들은 막연한 목표를 가지고 참가하거나, 단순히 경쟁사가 어떤 전시회에 참가하니까 우리도 참가한다는 식으로 막연하게 전시회에 참가한다. 즉, 최근 전시회의 비용이 증가하고 있는 상황 하에서 전시회에 참가하는 목표에 대한 완전한 이해가 없이는 전시회에 투입된 비용만큼의 효과도 거두기 힘들며, 결국 명확한 목표의 설정이 없는 전시회 참가는 자원의 낭비에 불과하게 되어 실패로 끝나게 된다. 그리고 다음 [그림 4-4]와 같이 전시회 참가목표는 전시회 성과평가의 기준이 된다. 따라서 전시회 참가의 구체적인 목적이 설정되지 않으면 성과에 대한 측정이 불가능해진다. 즉, 참가목표를 명확히 설정하는 것은 추후 전시회 및 마케팅 결정에 대한 정보를 획득하는 데에 도움을 주는 전시회 성과조사를 위한 필요충분조건이 된다.

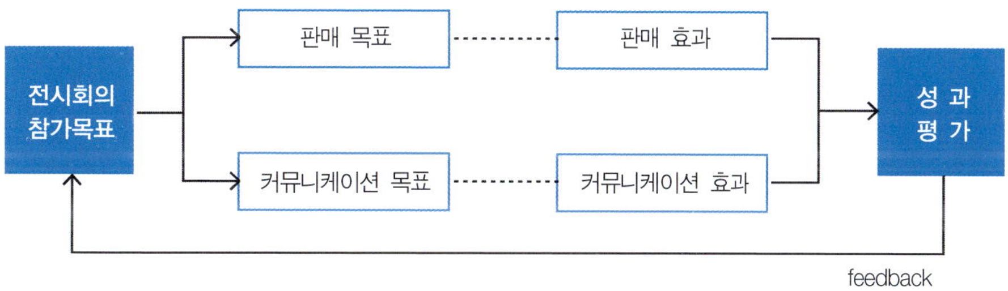

[그림 4-4] 전시회 참가목표와 성과 간의 관계

결론적으로 이상과 같은 이유로 해서 전시회에 관한 많은 문헌들이 효율적인 전시회활용의 최우선 전제조건으로 명확한 목표설정을 들고 있으며, 목표가 정의된 후 전시회의 성과도 측정할 수 있기 때문에 명확한 목표설정의 중요성은 강조해도 지나치지 않는다.

2) 전시회 주요 참가 목표

Bonoma(1983)는 전시회 참가동기 내지 목표를 다음과 같이 크게 판매 목표(selling objective)과 판매외적 또는 커뮤니케이션 목표(non-selling objective)로 이분화하고 있다.

첫째, 판매 목표이다.

① 유망예상고객의 확인 및 신 시장 개척

② 현재고객 및 잠재고객 또는 핵심적인 의사결정권자와 접촉기회의 확보

③ 제품, 서비스 및 판매원에 대한 정보의 제공

④ 실질적인 제품판매 또는 계약

⑤ 고객과의 직접 접촉을 통한 문제점 파악 및 이에 대한 서비스의 제공

둘째, 판매외적 또는 커뮤니케이션 목표이다.

① 경쟁기업, 고객, 산업, 언론에 대한 기업 이미지의 유지

② 경쟁기업의 제품, 가격 및 기타 마케팅 변수에 관한 정보의 수집

③ 관리요원(boothman), 또는 엔지니어, 판매대리인에 대한 사기 진작

④ 제품 및 서비스를 도입하고 고객의 반응을 사전 평가하는 기회의 포착

AUMA(2004)는 전시회 참가목적을 기본적 참가목표 · 커뮤니케이션 목표 · 가격조건 목표 · 유통목표 · 제품목표 등으로 나누고 있다.

첫째는 기본적 참가 목표이다.

① 새로운 시장을 발견하기 위해(시장에서 틈새를 찾기 위해)

② 자사의 경쟁력을 시험하기 위해

③ 수출기회를 평가하기 위해

④ 산업 상황을 파악하기 위해

⑤ 경험을 교환하기 위해

⑥ 협력협정을 맺기 위해

⑦ 전문가 이벤트에 참가하기 위해

⑧ 발전 동향을 파악하기 위해

⑨ 전시회 참가와 보완적 조치(특별 이벤트, 세미나, 공장투어)를 결합하기 위해

⑩ 경쟁자를 만나기 위해

⑪ 이익을 증가시키기 위해

두 번째는 커뮤니케이션 목표이다.

① 개인적 접촉을 발전시키기 위해
② 새로운 고객그룹을 만나기 위해
③ 기업의 우수함을 홍보하기 위해
④ 고객과 대중들 속에서 회사광고의 효과성을 증대시키기 위해
⑤ 고객과 요구사항 등을 토론하기 위해
⑥ 언론과의 관계를 돈독히 하기 위해
⑦ 기존거래관계를 증대시키기 위해
⑧ 새로운 시장정보를 수집하기 위해
⑨ 회사디자인계획을 실현하기 위해
⑩ 경험의 축적으로 연구와 판매훈련을 위해

세 번째는 가격조건 목표이다.

① 시장에 설득력 있는 서비스의 범위를 제시하기 위해
② 가격전략의 여지를 타진하기 위해

네 번째는 유통 목표이다.

① 유통네트워크를 확장하기 위해
② 새로운 에이전트를 찾기 위해

마지막으로 제품 목표이다.

① 시장에서 제품범위의 수용성을 시험하기 위해
② 표본을 제시하기 위해
③ 시장에서 제품출시의 성공을 평가하기 위해
④ 제품혁신을 보이기 위해
⑤ 제품범위를 확대하기 위해
⑥ 이익을 증가시키기 위해

그러면, 실제로 기업들은 어떤 동기나 목표에서 전시회에 참가할까? Kijewski 등(1993)은 문헌연구를 통해 가장 많이 언급되고 있는 주요 전시회 참가목표를 10가지로 정리한 후, 251개사에 대해 설문조사를 실시하여 다음의 〈표 4-1〉과 같은 결과를 얻었다.

〈표 4-1〉 전시회 참가의 주요목표

목적	비중 (%)
기존시장에서의 신규고객 창출	35.9
신제품/신 시장 개발	14.7
판매활동 지원	13.9
기존고객과의 관계 강화	13.1
기업 이미지 제고	6.4
새로운 유통업자 개발	4.4
고객 기호 변화 파악	3.6
신제품/신 디자인 테스트	3.6
유통업자와의 관계 강화	2.4
경쟁업자의 전시회 참가에 대응	2.0

출처: Kijewski, et al., "How Exhibitors Select Trade Shows", 1993. p.291.

신규고객의 창출이 가장 중요한 참가동기였으며, 신제품/신시장 개발, 판매활동 지원, 기존고객과의 관계 강화 등의 순으로 중요한 참가동기이며, 신규고객의 창출이라는 판매동기 이외에도 여러 판매외적 동기도 전시회 참가의 주요동기임을 알 수가 있다.

3) 참가목표의 설정할 때 고려 사항과 설정 과정

일반적으로 전시회 참가목표를 설정할 때에 고려해야 되는 사항 및 설정 과정을 살펴보면 다음과 같다.

첫째, 측정가능하고 실현가능한 목표를 설정한다. 측정 불가능한 목표는 어떤 의미에서는 목표가 아니고 단지 공허한 희망에 불과할 수도 있다. 측정할 수 있는 목표는 예산계획과 미래 전시활동에 대한 구체적인 지침을 줄 수 있다. 전시회의 목적을 추상적으로 표현하면 제품의 판매, 판매리드(sales leads)[3)]의 확보, 잠재고객의 발견, 신제품의 소개 및 촉진, 기업이미지의 제고 등 수많은 목적이 있을 수가 있다. 가령, 판매리드의 확보가 주목적이라도 '최소한 100건의 판매리드의 확보'와 같이 계량화되어야 한다. 이와 같이 전시회에서 특히 계량화된 목적설정이 강조되는 이유는 전시회가 여러 가지의 기능을 동시에 복합적으로 수행함으로 인해 각 기능의 성과를 분리, 평가하는 것이 어렵기 때문에 부수적인 효과는 제외하더라도 기업이 역점을 두는 목적에 대하여 성과평가의 지표가 필요하기 때문이다.

Tip 4-1 전시회 참가목표 설정조건

Be SMART for Exhibit Goal-Setting

S: Specific(구체적인)
M: Measurable(측정가능한)
A: Attainable(달성가능한)
R: Realistic(현실적인)
T: Time bound(시한이 정해진)

이러한 필요성 이외에도 전시회의 참가목표를 계량화하면 다음과 같은 이익을 얻을 수가 있다.

① 전시회 계획과정에 추진력을 제공함으로써 좀 더 강력한, 좀 더 효과적인 계획이 될 수가 있다.

② 계량화된 목적을 사용한 전시 후 평가는 전시 후 미래의 전시회를 향상시킬 수 있는 자료를 제공한다.

③ 기업의 최고경영자로부터 실무자에게 이르기까지 모든 사람들이 전시회에 대한 공통적인 인식을 갖게 한다.

위에서 언급한 세 번째 효과는 전시회의 참가목표를 계량화한다고 자동적으로 얻어지는 것이 아니라 전시회 계획 및 실행에 영향을 미치는 기업내부의 모든 관련자들에게 전시회의 참가목표와 세부실행계획을 회람함으로써 가능한 것이며, 따

3) 세일즈 리드는 판매로 이어질 수 있는 일종의 판매잠재 수요, 판매단서라고 할 수가 있다. 전시회기간 중에 접촉한 고객에 대한 상세한 사항을 세일즈 리드폼(일종의 상담기록카드)에 기록하였다가 이것을 토대로 방문객의 DB를 분석하여 유망고객을 선별할 수가 있고, 전시회가 끝난 후에 세일즈 맨이 이 기록을 이용하여 고객과 접촉하여 효과적인 판매활동을 전개하게 된다.

라서 목표의 공개 및 공통적인 인식의 공유도 전시회의 목표설정과 관련하여 고려해야 할 사항이다.

그러면, Siskind(1997)가 제시한 실현가능한 전시회 참가목표를 계산하는 방법을 살펴보자. 먼저 1단계에서 총 예상참관객수를 지난 전시회 실적 등을 감안하여 파악한 후, 자사의 제품에 관심이 있는 참관객의 비율을 추정하고, 총 전시시간을 계산한다.

2단계에서는 지난 전시회에서의 경험을 바탕으로 확실한 주문으로 전환될 수 있는 리드의 비율과 평균 주문액을 계산한다.

마지막으로 자사의 제품에 관심이 있는 리드 중에서 확실한 주문으로 전환될 수 있는 리드의 수를 리드당 평균 주문액으로 곱하면 최종예상수익이 계산될 수가 있다. 여기서 한 가지 유의할 것은 예상 시간당 평균리드의 수를 계산할 경우 이는 부스인력의 숫자를 결정하는 지표로서 사용될 수 있다는 것이다.

둘째, 전시회 참가목표를 중요도 순으로 나열한 후 순위를 정한다.

셋째, 일단 측정할 수 있고 현실적인 참가목표를 우선순위에 따라 선정한 후, 회사의 목적을 각각의 전시관련 실무자들의 개별적인 목표로 전환시켜야 한다. 이렇게 함으로써 각 개인의 실적을 평가하는 시금석으로 사용할 수 있고 개인별 보상시스템과도 연결될 수가 있다. 왜 회사가 이 전시회에 참가하며, 회사의 목적은 무엇이며 그것을 어떻게 측정할 것인가를 모든 전시관련 실무자에게 주지시키는 것이 매우 중요하다.

〈표 4-2〉 실현가능한 전시회 참가목표 계산하는 방법

1단계:	
총 예상 참관객 수	30,000
참가 목표고객의 수	1,200
(총 예상참관객 중 목표고객의 참가비율이 4%이므로 참가목표고객의 수는 30,000x0.04 = 1,200)	
총 전시시간	32
2단계:	
확실한 주문으로 바뀔 수 있는 리드의	20% 비율
건당 평균주문액	500$
3단계:	
시간당 평균리드의 수	1,200/32 = 37.5
(이것을 고려하여 부스운영인력의 수를 결정한다)	
확실한 오더의 수= 1,200 x 0.2	= 240
(1,200리드 중 20%가 확실한 주문으로 전환되므로)	
전시회의 예상수익= 확실한 주문(240) x 건당 평균주문액(500$) = 120,000$	

출처: B. Siskind, The Power of Exhibit Marketing, 4th Edition, International Training and Management Company, 1997. p.37.

제3절 예산의 결정

예산이 뒷받침되지 않는 전시회 참가계획은 한낱 공상에 불과하며, 전시회 예산은 모든 전시회 관련 의사결정의 절대적 제약조건이 되므로, 일단 전시회 참가목표가 결정되면 다음으로 전시회와 관련된 예산규모를 결정해야 한다. 일단 마케팅목표와 전시회 참가목표가 정해지면 그 목적과 비중에 따라 촉진활동의 총 예산 내에서 할당 · 배분하여 전시회 예산의 크기를 결정한다.

다음의 〈표 4-3〉은 기업의 전반적인 촉진프로그램의 범주 내에서 전시회 예산이 어떻게 할당되어져야 하는지를 보여주고 있다.

〈표 4-3〉 전시회 예산의 결정

전시회 강점	마케팅 커뮤니케이션 강점		
	고객 유치	고객 유지	사기진작 · 신제품 시험 · 정보수집 · 이미지 유지
고객 유치	전시회에 낮은 투자	전시회에 높은 투자	현재 수준 유지
고객 유지	전시회에 높은 투자	전시회에 낮은 투자	현재 수준 유지
사기진작 · 신제품 시험 · 정보수집 · 이미지 유지	낮은 투자나 투자유지	현재 수준 유지	현재 수준 유지

출처: T. V. Bonoma(1983), p.82.

예컨대, 고객 유치에 비효율적인 마케팅 커뮤니케이션 믹스를 가진 기업이 고객 유치에 강점을 보이는 전시회에 참가할 경우는 많은 투자를 할 필요가 있으며, 반대로 고객유치에 효율적인 마케팅 커뮤니케이션 믹스를 가지고 있다면 고객 유치에 강점을 보이는 전시회에 많은 투자를 할 필요가 없다. 또한 단순한 사기진작 · 신제품 시험 · 정보수집 · 이미지 유지 등의 목적만으로 전시회에 참가할 경우 지나치게 전시회에 투자하지 말아야 한다는 것을 보여주고 있다.

〈표 4-4〉 전시회 세부 예산표

항 목	예 산		실 집 행 액	
	원 화	달 러	원 화	달 러
1. 면적임차 ○ 부스				

○ 접대장소 ○ 호텔룸				
2. 장치물 및 전시품 ○ 디자인 및 설계 ○ 그래픽 제작 ○ 장치물보완 및 임차 ○ 중고부스 구입 ○ 전시품 ○ 기타				
3. 운송 및 보관 ○ 운임 ○ 전시품 보관료 ○ 통관 수수료 ○ 기타				
4. 서비스 신청 ○ 부스설치 인부 비용 ○ 부스철거 인부 비용 ○ 전기 공사 ○ 가구 ○ 전화 ○ 카페트 ○ 오디오/비디오 ○ 청소 ○ 경비원 ○ 기타				
5. 인력고용 ○ 상담요원 ○ 상담보조요원 ○ 기타				
6. 광고 및 판촉 ○ 사전광고 및 판촉 ○ 전시중 광고 및 판촉 ○ 폐막후 광고 및 판촉 ○ 기타				
7. 출장경비 및 잡비 ○ 항공임 ○ 숙박비 ○ 일비 ○ 고객접대비 ○ 기타				
8. 기타				

예산은 크게 다음의 〈표 4-4〉와 같이 면적임차, 전시품 및 장치물, 운송 및 보관, 서비스 신청, 인력고용, 광고 및 판촉, 출장 경비 및 잡비, 기타 등 8가지 범주로 나누어볼 수가 있다. 특히 전시회 세부 예산표를 작성 시 예산과 실제 집행액을 기록하도록 한 것은 차이를 파악하여 다음 전시회 예산결정의 참고자료로 활용하기 위해서이다.

1. 면적 임차

면적임차에는 부스 임대비용뿐만 아니라 직원용 호텔 객실이나 접대 공간 등의 임대비도 포함된다. 전시부스 임대료는 부스의 크기나 배정되는 부스의 형태에 따라 달라지며, 호텔의 경우 전시주최사가 제공하는 공식호텔을 이용하는 것이 좋다. 늦게 예약하는 경우 객실을 잡지 못해서 추가적인 비용을 지불할 수도 있으므로 조기 예약하는 것이 중요하다.

2. 장치물 및 전시품

참가업체가 자체장치물을 갖고 있다면, 현재의 장치물을 그대로 사용할 것인지 아니면 수리할 것인가를 결정해야 한다. 또한 신규 장치물의 제작이 필요한가 아니면 현지에서 조립식 장치물을 임대하여 사용할 것인가를 결정해야 한다. 자체 장치물을 가지고 있는 경우는 자사의 향후 전시회 참가횟수를 감안하여 감가상각 비용을 매 전시회 참가마다 장치비에 포함시킨다. 일반적으로 장치소요예산은 다음의 영역으로 구분된다.

1) 디자인 및 설계

장치물은 주문 제작할 경우 설계가 필요하다. 주문제작은 두 가지 방법이 있다. 부스장치 전문업체에 의뢰하여 부스를 디자인하거나 자사의 전문디자이너를 이용하는 방법이 있다. 장치물은 운반이 용이하고 견고하며 쉽게 설치할 수 있어야 한다. 우수한 장치업체를 찾기 위해 전시장 내에서 장치가 잘된 부스를 찾아 장치업체를 알아보는 방법도 있다.

2) 그래픽 제작

참가업체가 참관객들에게 알리고자 하는 문구, 사인물 등의 그래픽은 부스장치에서 필수적인 부분이다. 한 번 사용했던 그래픽을 재사용할 경우에는 최신유행에 뒤떨어지지 않도록 주기적으로 수정해야 한다. 자사의 디자이너나 장치 또는 인텔리어 전문업체에 제작 예산을 문의한다.

3) 장치 보완 및 임차

장치물은 부스를 설치하거나 철거할 때 그리고 운송과정에서 손상되기 쉽다. 따라서 장치물은 전시회 참가 때마다 손질해야 한다. 장치물은 전시품을 포장하는 쇼케이스와 같다. 참관객이 부스를 방문하여 최초로 보는 것이 장치물이므로 장치물이 지저분하고 낡았다면 참관객은 참가업체에 대해서도 똑같은 느낌을 갖는다. 장치업체와 접촉하여 장치물을 보완 및 손질할 예산을 편성한다.

장기적인 전시회 참가를 계획하지 않거나, 자사 장치물이 다른 전시회에 이미 사용되고 있을 경우에는 장치물 임차도 좋은 방법이다. 이 방법은 장치물의 운반, 설치, 철거, 보관비용 등의 걱정이 없지만 부스연출의 특징이 없는 단점이 있다.

4) 중고 부스 구입

때로는 타사의 중고 장치물이 자사의 전시회 참가에 훌륭한 역할을 할 수가 있다. 중고장치물의 구입비용과 구입 후의 보관비용을 예산에 포함한다.

5) 전시품

자사의 제품이지만 전시품도 판매가격을 산정하여 예산에 포함한다. 일반적 모델의 제품 전시보다도 특별한 모델의 제품을 전시할 경우 제품의 제작경비 및 생산지로부터 전시장까지의 운송경비가 많이 들 수도 있다.

3. 운송 및 보관 비용

일반적으로 운송의 방법에는 육상, 해상, 항공의 방법과 세 가지의 운송방법이 혼합된 복합운송 방법이 있다. 일단 운송방법을 정하고 운송회사와 접촉하여 견적을 받는다.

4. 서비스 신청

장치 이외에 전기, 전화, 가구, 카페트, TV 및 비디오 등의 임차비용과 설치비용을 책정한다. 미국 전시회에는 상담요원이 직접 장치를 하지 못하는 경우에 대비해야 한다. 어느 전시장의 경우 상담 탁자의 설치와 같은 작은 것까지도 전시장 소속의 노동조합회사의 인부를 고용해야 하는 경우도 있다.

그리고 전시장 내의 자사 전시품의 도난을 방지하기 위해 전시품이 적은 경우에는 전시주최자의 안전함을 임대할 수도 있으며, 전시품이 많거나 큰 경우에는 비록 비용이 많이 들더라도 경비원을 고용하는 것이 낫다. 왜냐하면 비록 비용이 많이 들더라도 전시품을 도난당하여 전시품이 없이 고객을 상담하는 것보다는 더 낫기 때문이다.

5. 인력 고용

대부분의 회사는 상담요원의 임금이 전시회 참가의 직집비용이 아니기 때문에 진시회 참가예산에 포함시키시 않는다. 그러나 상담요원의 임금도 전시회 진행시간을 감안하여 예산에 포함한다. 상담요원의 경우는 회사에서 받는 통상임금을 시간당으로 계산하고 전시회 업무 수행시간을 곱하면 상담요원의 전시회 참가에 따른 기회비용을 계산할 수가 있다. 현지에서 상담지원과 시연을 위해 추가로 고용한 상담보조요원이 있을 경우 이에 대한 비용도 책정한다.

6. 광고 및 판촉

성공적인 전시회 운영을 위해서는 광고 및 판촉활동이 중요하므로 충분한 예산이 배정되어야 한다. 사전 마케팅을 위한 개별접촉, 광고, 우편발송비용을 책정하고 전시장에서 배포할 팸플릿, 판촉용품, 선물 등의 비용을 포함한다.

7. 출장경비 및 잡비

여행사에 문의하면 항공요금 및 숙박비를 포함한 체재비용 등을 쉽게 알 수가 있다.

8. 기타

부스근무요원의 교육 및 각 부서별 업무추진비와 같은 전시회 사전준비 및 사후 업무 비용, 전시회 참가성과를 극대화하기 위한 시장조사비용 등도 포함되어야 한다.

그러면, 실제로 전시회에 참가하는 업체들의 지출비용은 어떻게 구성되어 있을까? CEIR의 조사(1988)에 따르면 다음의 〈표 4-5〉와 같다.

독일 전시참가기업의 비용을 조사한 AUMA의 자료를 보면 다음의 〈표 4-6〉과 같으며, 부스장식 · 조립 · 설계 비용, 인건비 및 여행경비, 부스임대 및 전기료 등의 순으로 나타났다.

〈표 4-5〉 전시회 지출비용의 구성

비 용 항 목	비 율
부스임대료	24%
부스장치비	23%
전시회 관련서비스 비용	22%
수송비	13%
장치보완 및 개조비	10%
잡비	4%
특별인건비(special personnel)	2%
특별광고비(specialty advertising)	2%

출처: CEIR(1988).

〈표 4-6〉 독일 전시참가기업의 비용 구성

비 용 항 목	비 율
부스장치· 조립· 설계 비용	39%
인건비 및 여행경비	21%
부스임대 및 전기료	20%
부스서비스와 커뮤니케이션 비용	12%
기타 비용	5%
수송비 및 폐기물 처리비	3%

출처: AUMA(2004). p.43.

제4절 목표 고객의 결정과 전시회 선정

1. 목표 고객의 결정

마케팅에서는 상황분석이 끝나면 어떤 시장, 혹은 계층을 표적으로 해서 자사의 마케팅활동을 전개할 것인가를 결정해야 하는 데에 이것을 STP전략이라고 한다. 이것은 마케팅에서는 시장을 동질적으로 보지 않기 때문에 비교적 동질적인 시장으로 세분화한 다음(segmentation), 경쟁적 우위 획득이 가능한 표적시장의 선정(targeting), 선정된 표적시장에서의 경쟁사와 차별화된 포지셔의 정립(positioning)하는 과정으로 구성된다. 이와 같은 STP전략은 자사의 능력을 고려하여 적절한 수의 세분시장을 선택하고 자사의 모든 능력을 그 시장에 집중시키는 전략이다.

전시마케팅에서도 비슷한 과정이 필요하다. 기업의 전시회 참가목적이 결정되면 이를 지원하는 메시지가 작성되어야 하며 메시지가 전달되어야할 목표 참관객(target audience)이 결정되어야 한다. 여기서 말하는 목표고객은 전시회 참가기업이 공략해야 하는 수요층, 즉 잠재적 고객이라고 할 수가 있다. 모든 전시장 내방객이 자사의 잠재고객이 아니다. 미국의 Trade Show Bureau에 의하면 전시회 내방객의 16% 정도가 참가업체에게 실질적으로 필요한 고객이라고 한다. 따라서 STP전략과 마찬가지로 다양한 시장 중에서 자사의 공략대상 잠재고객을 정의 · 선별하여 이들을 집중적으로 공략하는 표적마케팅을 실시하는 것이 매우 효율적이다.

만약 목표시장이 개인들로 구성되어 있는 경우 성별 · 결혼여부 및 자녀 수 · 나이 · 재산 · 주거환경 · 취미 · 스포츠 · 교육수준 · 컴퓨터 보유 여부 등을 기준으로 목표고객을 선정하며, 목표시장이 기업인 경우는 매출액 · 고용자수 · 산업분야 · 고객접촉방법 · 판매방법 · 판촉조직 운영여부 등을 기준으로 목표고객을 선정한다.

목표고객의 결정은 무엇보다도 전시회의 참가목표에 영향을 받는다. 가령 전시목적이 어떤 제품의 주문을 안정적으로 확보하는 것이라면 목표고객은 그 제품에 대한 주문을 발주하거나 이를 승인하는 영향력을 갖는 사람들로 구성되어야 한다.

이와 같은 참관객에 관한 정보는 과거의 전시회에 대한 감사(audit)자료로부터 얻을 수 있는데, 이를 통해 참가기업은 전시회 방문자 전체통계 및 지역별 · 직업별 분포, 이들의 대표시장과 관심품목 등을 분석하여 목표고객의 참가경향을 파악해야 한다.

2. 전시회 선정

전시회 참가목표와 목표고객이 결정이 되면 참가기업은 그 기업이 참가할 수 있는 수많은 전시회 중에서 어떤 전시회가 설정된 참가목표를 가장 잘 실현시켜 줄 것인가를 평가 · 선택해야 한다. 일반적으로 전시회의 선정은 선정기준의 결정, 대상 전시회의 발굴, 대상 전시회의 분석, 참가 전시회의 선정 등 4단계를 거쳐서 이루어진다.

1) 선정 기준

전시회를 선택할 때 많은 참관객이 내방할 것이라는 막연한 기대나 경쟁업체가 그 전시회에 참가하므로 우리 회사도 해당 전시회에 참가한다는 식의 전시회 선정은 잘못될 가능성이 매우 높다. 따라서 참가기업은 선정기준을 정한 후, 이 기준에 입각하여 참가를 결정하기 전에 철저하게 대상전시회를 조사·분석해야 하며, Miller(1999)는 다음과 같은 선정기준을 제시하였다.

- 전시회의 구체적 참가목적이 무엇인가? 판매목적인가 아니면 비판매 목적인가?
- 공략대상 수요층(target market)은?
- 유력 고객의 참관 전시회는?
- 자사제품의 판매가 가장 많이 일어나는 지역은?
- 자사 예산수준에 적합한 전시회는?
- 취약시장 진출에 도움이 되는 전시회는?
- 자사부스에 유통업자들이 참가할 것인가?
- 제품 생산계획에 적합한 전시회는?

2) 대상 전시회의 발굴

위의 기준이 마련되면 대상 전시회를 발굴해야 한다. 대상 전시회를 찾기 위해서는 전시회 일정이 수록되어 있는 각국의 전시회 디렉토리, 무역잡지, 경쟁업체 참가 전시회 등을 알아본다. 또한 급속한 정보화가 이루어지면서 국내외의 전시회주최자들은 인터넷을 이용하여 전시회 일정을 소개하고 있다. 일례로 KOTRA는 KOTRA 전시 홈페이지(www.kotra.or.kr/junsi)를 통해 전시정보 및 국고가 지원되는 한국관 참가에 대해 안내하고 있으며, 독일전시협회(AUMA)도 홈페이지(www.auma.de)를 통해 세계 전시정보를 제공하고 있다. 그러나 전시회의 특성상 세부사항은 해당 전시회 주최자의 홈페이지를 참조하거나 팩스 등을 통해서 직접 접촉해야 한다.

Tip 4-2 해외 전시회 정보 사이트

KOTRA, 한국전시산업진흥회	www.gep.or.kr
중소기업중앙회	www.sme-expo.go.kr
AUMA,독일전시산업협회	www.auma.de
m+a EXpo Database 전시회 디렉터리 발간매체	www.expodatabase.com
Trade Show Week Network 전시회 디렉터리 발간매체	www.tsnn.com
Exhibitor 잡지 발간 매체	www.exhibitiononline.com
Reed Exhibitions:세계최대전시주최사	www.reedexpo.com
UBM유명전시주최사	www.events.ubm.com
Deutsche Messe:유명전시주최사	www.messe.de
comexposium :유명전시주최사	www.comexposium.com
중국국제무역촉진위원회(CCPIT) 중국무역투자진흥기관	www.expo_today.com
홍콩무역발전국(HKTDC) 홍콩무역투자진흥기관	www.hktdc.com

출처: 산업통상자원부, 해외전시회 참가 매뉴얼. p.27.

3) 대상 전시회의 분석

대상 전시회의 내용을 자세히 분석해야 한다. 대상 전시회의 분석에는 자사가 몇 년 동안 계속 참가하고 있는 전시회도 포함시켜야 한다. 왜냐하면 시간과 시장 여건의 변화에 따라 전시회가 취급하고 있는 시장도 변하기 때문이다.

전시회를 분석하기 위해서 전시회 주최자의 각종 판촉물, 전시회 주최자와의 직접 접촉, 해당 전시회에 참가했던 경쟁업체 등으로부터 필요한 자세한 자료를 입수해야 한다. 또한 필요한 경우 미리 해당 전시회를 내방객으로서 직접 참관해서 자세한 정보를 입수하는 것도 바람직하다. 특히 신설되는 전시회의 경우 전시회가 열리기 불과 몇 주 전에 재정적 문제나 참가 예약의 부족으로 취소되는 경우도 많으므로 전시주최자의 신용도나 현재까지 예약한 참가자의 명단, 동일한 전시주최자가 개최한 전시회의 참가 등을 통해 세밀히 분석해야 한다.

전시회의 분석에 있어서 크게 개최시기와 전시회의 인구통계학적 및 시설측면 등 두 가지 측면이 중요하다. 먼저 개최시기 측면에서는 전시회 개최기간이 자사의 마케팅 계획과 일치하는지 살펴야 한다. 전통적으로 전시회는 신제품이 소개되는 좋은 장소이기 때문에 자사의 신제품 소개 및 생산에 적합한 시기에 전시회가 열리는지를 확인해야 한다. 그리고 전시회의 개최기간은 휴일이나 공휴일이 겹쳐서는 안 된다. 또한 개최국에서 열리는 대규모 행사와 중복되어서는 안 된다. 그리고 자사 품목에 판매시즌이 있다면 이보다 훨씬 앞서 개최되는 전시회에 참가함으로써 자사의 생산계획에 미리 반영할 수 있어야 한다. 예컨대, 10년 전 미국의 완구산업의 경우 크리스마스 수요에 부응하기 위해 선적일보다 3~6개월 전에 주문이 이루어졌지만 오늘날에는 1년 전에 주문하는 경우도 적지 않다.

Miller(1999)에 의하면 다음과 같은 사항들이 전시회의 인구통계학적 요소와 시설측면에서의 확인되어야 한다.

- 전시회의 형태로서 무역 전시회(trade show)인가 아니면 소비자 전시회(public show)인가?
- 지역적 내지 국내적 아니면 국제적 전시회인가?
- 참가업체의 명단과 산업분류를 포함한 전시 참가업체의 프로필은 어떠한가?
- 참관객의 인구통계학적 특성은 어떠한가?
- 전시주최자에 의해 어떻게 촉진되고 있는가?
- 사용되는 등록시스템은 무엇인가?
- 전시회에서 다른 관련 이벤트가 있는가?
- 기술관련 컨퍼런스와 같은 기술관련 프로그램이 있는가?
- 전시장 시설은 어떠한가? 가령, 압축공기가 필요하다면 이용가능한가?
- 전시회와 관련된 규정은 어떠한가? 가령, 부스를 내화재로 만들어야 하는가?
- 전시회의 레이아웃과 트래픽 패턴은 잘 설계되었는가?
- 운송 및 유박시설은 이용가능한가?
- 대중교통과 주차장시설은 이용가능한가?
- 최고부스에 대한 시상은 있는가?
- 전시 주최자가 지역TV, 라디오, 신문 등의 매체를 활용할 계획이 있는가?

4) 참가 전시회의 선정

마지막으로 전시회 참가목적에 가장 부합하는 전시회를 선정해야 한다. 선택대안이 될 수 있는 여러 전시회 중에서 특정한 전시회를 선택하는 데에 가장 중요한 비교요인이 되는 것은 전시회의 선정 시 고려해야할 변수들 중에서 각 전시회의 참관객에 대한 분석이다. 41개의 각기 다른 전시회에 참가했던 607개 기업의 전시회 선택기준을 조사한 Faria와 Dickinson의 연구(1985)에서도 이와 동일한 결과가 나왔다.

34개의 선택기준에 대한 중요도를 9점 척도(9: 매우 중요함, 1: 매우 중요하지 않음)로 측정하여 상위 15개의 선택기준을 내용별로 크게 4분류한 결과, 가장 높은 점수를 나타낸 것은 목표 참관객의 질과 양이었다. 따라서 전시회의 선택과정은 각 전시회에 대한 객관적인 분석 자료를 통해 목표 참관객의 질과 양을 평가해서 자사의 전시회 참가목적에 가장 부합되는 최적의 전시회를 골라내는 작업이라고 할 수 있으며, 자사제품과 자사 부스설비의 특성에 따라 전시위치나 물류요소 등도 2차적인 선택기준으로 고려되어야 할 것이다.

〈표 4-7〉 **전시회 선택의 주요기준**

구 분	선 택 기 준	점수
고객의 질	• 전체참관객중 의사결정자의 비율	8.1
	• 전체참관객중 자사의 목표시장에 속해있는 참관객의 비율	8.1
	• 전시 참가기업의 종류에 대한 제한의 정도	6.7
	• 참관객과 전시 참가기업 간의 접촉중 전년도에 이루어진 새로운 접촉의 비율	6.7
	• 참관객에 대한 사전조사 및 평가	6.6
고객의 양	• 전년도의 부스 참관객의 총수	7.7
	• 주최측의 전시회 촉진의 정도	7.3
	• 전년도의 총입장객수	7.1
전시위치	• 부스의 위치	7.5
	• 부스의 크기와 위치에 대한 협상가능성	6.8
	• 통로의 통행량	6.6
물류요소	• 등록절차의 편이성	6.6
	• 보안	6.6
	• 전시설비 반출입시의 지원	6.6
	• 전시설비 반출입 설비	6.5

출처: A.J. Faria and J.R. Dickinson(1985). p.102.

한편, 고객의 질과 양에 대해 분석하기 위해서는 전시 주최자가 제공하는 자료와 같은 주관적인 자료 이외에 제3자에 의한 보다 객관적인 자료가 필요하다. 미국의 경우 Trade Show Bureau의 전시회평가위원회(Exhibition Validation Council: EVC)가 모든 중요한 전시회의 참관객에 대한 객관적인 정보를 제공하고 있다. 즉, 참관객이 속한 산업의 분류로부터 참관객의 기업에서의 지위, 구매결정 권한과 영향의 정도, 그리고 전시회에 참가하기 위해 여행한 거리 등 상세한 정보를 제공하고 있다. 사실 참가기업에게 가장 중요한 것은 전시회 참관객 중에서 자사의 유망고객의 수가 얼마나 되는가 하는 점이며, 참가기업은 자사제품의 주요 구매산입과 자사제품 구매의사결정권이 구매기업의 어느 정도의 직위에 있는 사람에게 부여되어 있는가를 판단하여 EVC의 보고서를 기초로 자사의 진정한 유망고객의 수를 추정할 수가 있는 것이다.

연습문제

1. 전시회 참가와 관련된 전체적인 의사결과정의 흐름을 설명한 후, 전시회 참가성과 결정요인에 대해 설명하시오.
2. 전시회 참가목표 설정의 중요성과 방법을 설명하시오.
3. 전시회 예산 설정의 의의와 주요항목을 설명하시오.
4. 올바른 전시회 선정의 중요성과 그 방법을 설명하시오.

주요 용어

- 독일전시협회(AUMA)
- 목표 고객(target audience)
- 판매리드(sales leads)
- 상황분석
- EVC
- SWOT분석
- STP전략
- 판매목적
- 판매외적 또는 커뮤니케이션목적
- pre-show 마케팅전략
- on-site 마케팅전략
- post-show 마케팅전략

■ ■ ■ 참/고/문/헌

김용관, 「기업과 전시회마케팅」, 백산출판사, 2007. 5.

박원주, "신제품 시장진입시 판매촉진수단으로서 Trade Show의 효용성에 관한 연구 -COMDEX/CeBIT 사례중심으로-", 한림대학교 국제학대학원 석사학위논문, 2001.

산업통상자원부 · KOTRA · 한국전시산업진흥회, 해외전시회 참가 매뉴얼.

서민교, 김돈유, 「전시마케팅」, 한올출판사, 2004. 5.

윤원석, "국제촉진수단으로서의 Trade Show에 관한 연구-참가의사결정과 성과평가를 중심으로-", 서울대학교 대학원 경영학 석사 학위논문, 1989.

주원영, "Trade Show의 전략적 의의와 효율적 활용방안에 관한 연구", 서울대학교 대학원 경영학 석사 학위논문, 1991.

한국무역협회 무역아카데미, 「전시컨벤션전문가 양성과정(I)」, 2003. 9.

한국무역협회,「전시마케팅성공가이드-해외 전시마케팅 성공기업의 숨은 노하우」, 2013. 2.

A. J. Faria and J. R. Dickinson, "Behind the Push to Exhibit at Trade Shows : Findings Rank Exhibitor's Priorities", Business Marketing, Aug. 1985.

AUMA, Successful Participation in Trade Fairs: Tips for Exhibitors, www.auma-fairs.com, 2004.

B. Siskind, The Power of Exhibit Marketing, 4th Edition, International Training and Management Company, 1997.

D. Shipley, et. al., "Dimensions of Trade Show Exhibiting Management", Journal of Marketing Management, 1993.9.

KOTRA, 「해외박람회 참가요령」, 무공자료 00-07, 2000. 8.

S. L. Morrow, The Art of the Show, IAEM Foundation, 1998.

S. Miller, How to Get the Most out of Trade Shows, 3rd edition, NTC Business Books, 1999.

T. V. Bonoma, "Get more out of your Trade Show", Harvard Business Review, Vol.61, 1983.

V. Kijewski, et al., "How Exhibitors Select Trade Shows", Industrial Marketing Management 22, 1993.

Chapter

05 전시회 참가 실행 계획의 개발과 전시회 참가신청

이 장에서는 특정 전시회에 참가하기로 결정한 후의 구체적인 전시회 실행계획 개발의 의의와 방법을 알아본다. 그리고 전시회 실행조직의 구성에 대해 알아보고, 마지막으로 전시회 참가신청서를 제출하기 전에 검토할 사항에 대해 살펴본 후, 전시회 참가신청서 제출에 대해서 살펴본다.

도입 사례

아마르떼사의 전시회 참가사례: 매뉴얼에 충실한 '착실한' 마케팅으로 승부

"전시회를 통해 성공적인 결과를 얻으려면 목표 시장별로 적절한 전시회를 고른 다음 반드시 철저한 사전 마케팅을 실시하고 확실한 바이어를 만날 때까지 꾸준히 참가해야 합니다." 오미옥 아마르떼 사장은 요즘 온라인 마케팅이 뜨고 있다지만 역시 전시회 참가를 통한 전통 방식의 마케팅이 가장 효과적이라고 믿고 있다.

KOTRA는 2012년 9월 '불황을 뚫은 세계시장 대박 상품'의 사례로 아마르떼의 한방 천연 성분 기능성 화장품을 꼽으면서 이 제품은 2011년 일본에 138만 달러를 수출한데 이어 2012년에는 1,500만 달러까지 수출이 가능할 것이라고 예상했다. 아마르떼의 이런 성공의 뒤에는 꾸준한 전시회 참가를 통한 마케팅이란 비결이 숨어 있다는 분석이 나오고 있다.

아마르떼는 일본, 미국, 홍콩, 중국 업체들과 독점계약을 맺을 만큼 세계적인 기업으로 성장하고 있는 화장품 전문 기업이다. 기초 화장품과 고기능성 화장품을 주력제품으로 내세우고 있는 아마르떼는 꾸준한 연구를 통해 차별화된 제품을 개발해 왔는데, 해외마케팅은 전시회에 지속적으로 참가해 세계 각국의 잠재 바이어에게 제품을 직접 선보이는 방식을 중점적으로 전개하였다.

첫 전시회 실패했지만 성공의 기회로 삼아

아마르떼도 처음부터 전시회에서 좋은 결과를 낸 것은 아니다. 충청북도와 한국무역협회의 지원을 통해 광저우 무역박람회에 참가하면서 해외 전시회에 첫발을 내디뎠던 아마르떼는 전시회 참가가 처음이었던 만큼 사전 마케팅의 필요성에 대해 생각하지 못하였고, 현장상황에 대한 정보도 부족하였다.

첫 전시회 참가의 실패라는 '독'은 다음 전시회부터 '약'이 되었다. 두 번째 전시회부터는 사전 마케팅에서 현장, 사후 마케팅까지 전 과정에 대한 마케팅 플랜을 철저하게 세워 진행하였고, 이러한 노력은 점차 좋은 결과로 나타났다.

사전 마케팅 없다면 비용과 시간 낭비 될 수도

아마르떼는 2012년 4월 춘계 광저우무역박람회에 다시 도전했다. 대신 두 번째 참가인만큼 사전 준비를 철저히 하였다. 잠재 바이어를 확인하는 것이 중요하다고 판단하여 KOTRA 해외무역관에 해외시장조사대행을 요청하여 바이어를 추천받았다. 여기에다 평소 적절한 파트너라고 여겼던 업체들을 추가하여 전체적인 바이어 리스트를 작성하였다. 리스트에 있는 바이어들에게 초청장을 발송하면서 전시회 현장 방문 및 상담을 권유하고 필요한 경우에는 미리 카탈로그나 샘플을 우편으로 발송하였다. 아마르떼는 박람회에서 만난 바이어들과 메일을 주고받으며, 바이어들의 질의 사항이나 샘플 요청에 조속하게 회신함으로써 신뢰감을 쌓아가고 있다.

아마르떼의 전시마케팅은 '매뉴얼'을 그대로 따른 셈이고 실제로 좋은 열매를 맺고 있다. 아마르떼 관계자는 매뉴얼대로 "전시마케팅에 성공하려면 전시회 참가를 결정하기 전에 적절한 전시회를 선정하는 것이 중요하다"고 말한다. 대부분의 기업들이 전시회를 고를 때 외부 정보에 의존하여 선택하는데 이는 100% 신뢰하기 어렵다. 아마르떼의 경우 반드시 직전 년도에 개최된 전시회를 직접 방문해 본 후 전시회 참가여부를 확정짓는다.

아울러 여러 가지 상품이 동시에 출품되는 종합박람회보다 전문전시회에 참가하는 것이 유리하다는 생각을 갖고 있다. 종합박람회는 방문객 수는 많지만 전문 바이어들이 적어서 실익이 없는 경우가 많기 때문이다.

지속적인 참가는 바이어에게 신뢰성 제공

아마르떼와 현재 거래중인 일본의 한 바이어는 공급처를 물색하는 과정에서 특정 전시회에 2회 이상 계속 참가하는 회사들을 중점적으로 확인한다고 한다. 전시회에 여러 번 지속적으로 참가하는 회사들은 대부분 경영 상황도 안정되어 있고, 제품의 품질이나 기술력도 뛰어나다고 여기기 때문이다.

바이어와의 첫 만남에서부터 회사에 대한 확신을 주는 것은 쉽지 않은 일이다. 특히 국가별 성향에 따라 바이어의 성격이 다른데 보수적인 바이어들의 경우에는 더욱 그러하다. 지속적인 전시회 참가는 새로운 바이어들에게 회사와 제품을 홍보하고 신뢰를 심어 줄 수 있는 절호의 기회가 될 수 있다.

2001년 창사 이래 '깨끗하고 아름다운 자연미를 창조하는 최고의 기업'이라는 경영이념을 갖고 차별화된 제품을 생산하기 위해 끊임없이 연구해 온 아마르떼는 최근 신제품으로 달팽이 제품과 봉독 제품을 출시해 업계의 이목을 끌고 있다.

홍콩	일본

출처: 한국무역협회(2013). 해외마케팅 성공가이드, p.12. https://amartecos.blog.me/220167491681

제1절 전시회 참가 실행계획의 개발

전시회 참가가 결정되면, 전시조직의 구성 및 총 전시책임자가 임명되어야 하며 동시에 구체적인 전시실행계획이 수립되어야 한다. 전시실행계획의 수립 중에서 가장 중요한 것은 ① 전시품의 선정 및 운송계획의 수립, ② 부스의 디자인, ③ 부스인력의 선발과 교육, ④ 전시 전 촉진활동 등 네 가지라고 할 수가 있다. 먼저 제5장에서는 그 중에서 전시회 참가 실행계획의 수립과 전시조직의 구성 및 전시회 참가신청에 관해 살펴본다. 그리고 제6장에서는 전시품의 선정과 제작 그리고 운송과 통관에 대하여 살펴보고, 제7장에서는 부스 디자인의 개발, 제8장에서는 부스 요원의 선발과 교육을 고찰하고자 한다. 제9장에서는 전시회 참가 전 촉진전략에 대하여 살펴보고자 한다.

1. 실행계획의 의의와 중요성

일단 참가할 전시회가 선정이 되어 참가가 확정되면 세밀한 실행계획이 개발되어야 한다. 일반적으로 실행계획이란 마케팅 목표달성을 위해 마련된 마케팅전략을 일련의 구체적인 활동으로 표시한 계획이다. 따라서 전시회 실행계획은 앞에서 살펴본 전시회전략을 일련의 구체적인 활동으로 표시한 계획이라고 할 수가 있으며, 선택된 전시회계획의 성공은 전시회 참가가 얼마나 세밀히 계획되느냐에 달려있다고 볼 수가 있다.

2. 실행계획의 개발 방법

전시계획을 성공적으로 개발하기 위해서는 각 활동과 각 활동단계별 마감일의 설정, 각 업무의 책임분담 및 통제가 필요하다. 이러한 전시계획을 개발하는 데 유용한 방법으로 다음의 두 가지를 많이 사용한다.

1) 일정표(timetable)을 이용하는 방법

많은 전시회 참가기업은 전시회 참가 4주전쯤 전시회 업무를 본격적으로 시작해야겠다는 생각이 불현듯 나고 참가준비를 서두르기 시작한다. 참가에 필요한 사항을 점검한 결과, 장치물은 낡았고 그래픽은 이번 전시회에 적합하지 않다. 비행기표는 구하기 어렵고 각종 서비스 신청은 안 되어 있어서 갑자기 바빠지며 급하게 일을 처리한다. 많은 기업들은 이러한 상황이 친숙하게 들릴지 모른다. 그러나 이러한 방법은 좋은 방법이 아니다. 그러므로 실행계획의 수립은 전시회 참가 1년 전부터 전시 후까지 참가일정을 정하여 그 일정대로 업무가 진행되도록 관리해야 하며, 일반적인 전시회 참가일정을 살펴보면 다음과 같다.

〈표 5-1〉 전시회 참가 일정표

	일 정	주 요 업 무
1	전시회 참가 1년~11개월 전	• 대상전시회의 개최목적, 참관객, 참가업체, 개최국의 자사품목에 대한 시장동향 등을 알아본다. • 참가 전시회 선정후 참가면적 확정, 예치금 및 참가신청서를 송부한다. • 전시회 참가팀을 구성한다. • 경험있는 상담요원을 정한다. • 참가계획 수립을 시작한다. • 예산을 산정한다.
2	전시회 참가 10개월 ~8개월 전	• 장치계획을 시작한다. 기존장치물 보완, 신규장치물 구입여부를 결정한다. • 장치연출 전문가와 협의하여 부스 디자인을 결정한다. • 연출계획이 전시회 주최자의 규정에 적합한지 승인이 필요한지 확인한다. • 장치업체에 예정대로 장치가 가능한지를 확인한다. • 예산이 현실적으로 편성되어 있는지를 확인한다.
3	전시회 참가 7개월 전	• 자사의 전시회 참가팀과 전시품에 대해서 협의한다. 전시품 준비를 위해 생산부서 및 디자인 부서와의 조정이 필요한지 확인한다. • 홍보부서와 협의를 시작한다. 홍보자료 등을 이번 전시회에 맞게 구성하고 기존 자료를 최신 자료로 보완한다.
4	전시회 참가 6개월 전	• 장치 연출자와 현재의 업무추진에 대해 협의한다. 미확정된 디자인물, 그래픽 등을 최종 확정한다. • 각종 판촉물이 이번 전시회에 적합한지 양은 충분한지 점검한다. • 전시회에 필요한 소모품을 준비한다. • 전시회 기간 중 상담요원이나 주요 바이어 접대를 위해 장소를 예약한다. • 상담요원을 위한 호텔과 항공권을 예약한다.
5	전시회 참가 5개월 전	• 전시회 주최자의 매뉴얼이 도착했으면 전시품 소개 및 상담요원 등록양식을 작성 송부한다. • 부스에 필요한 가구, 카페트, 청소, 전기, 인부, 전화 등의 서비스 신청서를 전시회 주최자에 제출한다. • 전시회 참가팀과 업무추진 점검 및 조정회의를 갖는다.
6	전시회 참가 4개월 전	• 보도자료 및 신제품 소개자료 작성과 판촉물 제작을 위해 홍보부서와 협의한다. • 전시품 운송회사를 정하고 장치 첫날에 현지 전시장에 도착하도록 송부일정을 계획한다. • 부스 상담요원 교육을 실시한다.
7	전시회 참가 3개월 전	• 내방객 유치를 위한 사전 마케팅 활동을 시작한다. • 현 고객 및 잠재고객에게 개별 초청장을 발송한다. • 전시회 참가팀과 업무추진 점검 및 조정회의를 갖는다. • 장치물을 최종 확인한다.
8	전시회 참가 2개월 전	• 호텔 및 항공권 예약을 확인한다. • 부스상담요원과 업무분장, 현지출장일정을 최종 확정한다. • 자사의 전시회 참가 매뉴얼을 참가 전시회에 맞게 편집, 정리한다. • 전시회 참가팀과 업무추진 점검 및 조정회의를 갖는다.
9	전시회 참가	• 서비스 신청서의 접수여부를 확인한다.

	1개월 전	• 방명록, 사무용품 등 상담준비물을 점검한다. • 현지에서 이용할 수 있는 신용카드, 여행자 수표, 현금을 준비한다.
10	전시회 개막전의 현장	• 장치 첫날에 장치를 시작하고 마지막까지 문제점 발생에 대비한다. • 신청한 각종 서비스가 요청대로 준비됐는지 확인한다. • 전시회 기간 중 상담진행과 시연을 위한 사전 연습을 한다.
11	전시회 기간 중	• 상담진행의 중간 평가와 수정사항 점검을 위한 일일회의를 갖는다. • 부스의 정리정돈을 철저히 한다. • 폐막후의 부스 철거를 준비한다. • 차기에도 참가할 경우 부스를 미리 예약해 둔다.
12	전시회 폐막 후	• 부스 철거 및 전시품 포장을 감독한다. • 상담건을 정리하고 빠른 시일 내에 사후처리한다. • 금번 전시회 참가를 통해 얻은 전체적인 성과를 분석한다. • 성과분석을 차기 전시회 참가계획에 참고한다.

2) Check List를 이용하는 방법

일반적으로 가장 많이 이용하는 방법이 Check List를 이용하는 방법이다. 이는 결정될 모든 사항을 나열하여 진행여부를 확인하도록 하는 방법이며, 일반적인 Check List는 다음의 〈표 5-2〉와 같다.

〈표 5-2〉 전시회 실행계획 Check List의 예

임무	완료일	비용	참고 사항
1. 참가신청서			
a. 신청서 작성 및 우편 발송			
b. 계약금 지불			
c. 임대료 잔금 지불			
d. 부스장소 요청			
2. 전시 장치물 신청			
a. 음향/영상도구 임대			
b. 카페트 임대			
c. 청소			
d. 컴퓨터 임대			
e. 전시품 운송			
f. 전자제품			
g. 꽃			
h. 가구			

i. 인력			
j. 리드검색 시스템			
k. 사진			
l. 배관			
m. 장비공			
n. 경비			
o. 싸인			
p. 전화기 임대			
q. 임시 고용인력			
3. 전시 촉진			
a. 전시 전 홍보용 우편물			
b. 경품/상품			
c. 광고			
d. 고객 접대			
e. 간이 공간(Kiosk space)			
f. 기자회견 자료집(보도자료)			
g. 스폰서십			
4. 부스			
a. 점검과 준비			
b. 수리완료			
c. 전시회용 그래픽			
d. 인쇄물 진열대			
5. 인쇄물 및 다른 소품준비			
a. 포장과 준비			
b. 전시회 평가서			
c. 리드관련 서류			
d. 반품용 운송 라벨 및 서류			
e. 전선 연장 코드			
f. 전구 여분			
g. 전시회 도구함(tool kits)			
h. 기타			
6. 부스 요원			
a. 호텔 예약			
b. 항공료			
c. 육로 수송			

d. 재교육			
7. 운송			
a. 운송 도구 선택			
b. 운송 서류 완성			
c. 선 지급 비용			
d. 도착날짜 지정			
e. 전시회장으로 운송			
f. 운송업체 창고로 운송			
g. 반품 운송 조치			
h. 반품용 우편라벨 완성			
8. 전시 후 사후관리			
a. 편지쓰기			
b. 소포 발송			
c. 리드 분석			
d. 리느 분배			
9. 다음 전시회를 위한 코멘트			

출처: L. A. Obringer, "How Trade Work", http://money.howstuffworks.com/trade-show.htm/printable

제2절 전시회 실행조직의 구성

전시실행계획을 수립 · 실행하여 기업의 마케팅목표를 달성하기 위해서는 업무를 담당할 효율적인 전시실행조직이 구성되어야 한다. 여기에서는 주로 전시회 실행계획을 수립하는 조직을 중심으로 살펴보고, 특히 부스상담요원의 선발과 교육에 대해서는 다음의 제6장에서 자세히 다루게 된다.

1. 전시실행조직의 구성

전시실행조직은 전시에 참가하기 위한 실질적인 준비와 운영 등의 업무와 대내외적인 업무도 모두 맡아서 하게 된다. 그러나 전시회의 참가가 수시로 있는 기업을 제외하고는 전시 실행 조직은 대개 일회성으로 그치는 경우가 많고 이런 경우에는 특히, 회사 내의 전문가의 부재로 인해 조직 구성에 어려움을 겪을 수도 있다. 사내에 전시 전문가의 부재로 인해 성공적인 전시 참가가 현실적으로 어려울 경우 외부의 전시 대행 전문 업체에 의뢰를 하는 방법도 있을 수 있다. 일반적으로 전시실행조직의 구성은 다음의 [그림 5-1]과 같다.

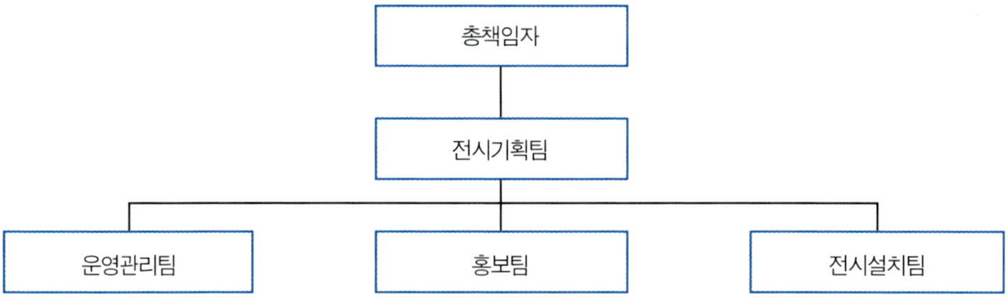

[그림 5-1] 전시실행조직의 구성

출처: 신재기,「전시산업론」, 한올출판사, 2004, p.261.

전시 실행 조직은 조직을 총괄하여 조직 부문들을 유기적으로 결합하고 조율하는 총 책임자가 필요하며, 하위 조직으로 전시회에 관련된 목표와 전략을 개발·기획하는 기획팀이 필요하다. 기획팀의 하위 조직은 전반적인 전시회 준비와 전시회 기간 동안의 운영을 담당하는 운영관리팀과 대외적인 홍보를 담당하는 홍보팀, 그리고 전시장에서 부스를 설치하고 관람객들이 관심을 가질 수 있도록 디스플레이하는 전시설치팀으로 구성할 수가 있다.

실행계획을 수립할 때에는 누군가로 하여금 각 부문에 대한 책임을 지도록 하는 것이 합리적이므로 전시회를 계획·조직하고 전시회를 운영해 나갈 총체적인 권한과 책임을 갖는 총 전시책임자를 임명해야 한다. 총 전시책임자는 가능하면 광고나 판촉 또는 판매 부서를 담당하는 마케팅 전문가이어야 한다.

2. 전시실행조직의 인력 조달

전시실행조직의 인력을 조달하는 방법은 [그림 5-2]와 같이 내부 인력을 활용하는 방법과 외부인력을 활용하는 방법, 그리고 내부와 외부의 인력을 동시에 이용하는 방법이 있다.

첫 번째, 내부인력 활용방법은 기업이 보유하고 있는 인적자원을 활용하여 조직을 구성하는 방법이 있다. 전시회 전담부서가 있는 경우에는 이를 활용하면 되겠지만 전담부서가 없는 경우에는 기존의 각 부서에서 전시업무 경험이 있거나 전시 업무에 적합하다고 판단되는 인력을 차출하여 조직을 구성하게 된다. 그러나 이 경우 전시경험이 많은 인력이 있거나 전문가가 존재하면 문제가 없으나 그렇지 못한 경우에는 자칫하면 많은 오류를 범하게 되고 그로 인하여 전시회의 목표 달성에 차질을 빚을 가능성이 있다.

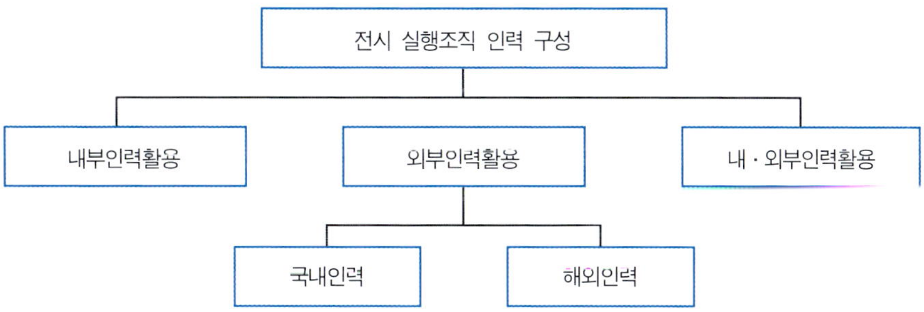

[그림 5-2] 전시 실행 조직의 인력조달

출처: 신재기, 「전시산업론」, 한올출판사, 2004, p.263.

두 번째는 외부 인력을 활용하는 방법이다. 외부 인력이라 함은 전시업무를 전문적으로 대행해 주는 대행사를 의미하는데, 이 방법은 전시 경험이 없거나 기업의 내부 인력을 전시업무에 활용할 수가 없을 때 이용된다. 특히, 해외 전시회에 참가할 경우 현지 사정이 밝고 언어문제가 해결된 현지에서 홍보활동을 수행하는 데에 있어 현지 사정을 잘 아는 전문가가 필요한 경우 외부 인력을 활용할 수가 있다. 그러나 이 방법 역시 전문 대행사의 능력을 검증할 수가 없고 기업의 전시 목표를 얼마나 잘 구현해 낼 수 있는가에 대한 문제점이 있으므로 대행사의 선정에 신중한 접근이 필요하다. 또한 국내외 전시대행사를 선택할 것인가 아니면 해외(특히 해외전시의 경우 현지대행사)의 전시전문 대행사를 선택할 것인가도 중요한 문제이므로 면밀한 검토가 필요하다. 국내 전시 대행사를 선택할 경우에는 커뮤니케이션과 업무 협조 면에서 유리할 수가 있으나 해외 현지의 사정을 잘 모른다는 단점이 있고, 해외 전시 대행사를 선택할 경우에는 현지사정은 잘 알고 있다는 점은 유리하게 작용하나 본사와의 커뮤니케이션과 업무 협조 면에서 어려움이 발생할 가능성이 있다.

세 번째는 내부 인력과 외부 인력의 동시 활용방법이다. 이는 내부의 인력 중에서 전시업무 전담자를 몇 명 선정하여 그들에게 총괄적인 전시업무를 관장하게 하면서 전시전문 대행사와 공동으로 업무를 진행하도록 하는 방법이다. 이 경우에는 팀워크가 매우 중요하며 업무의 책임과 한계에 대한 명확한 기준과 원칙이 필요하다. 지금까지 설명한 내용을 요약하면 다음의 〈표 5-3〉과 같다.

〈표 5-3〉 전시인력의 조달방법별 장·단점 비교

인력조달 방법	장 점	단 점
내부인력 활용	• 기업의 전시목표의 구현 가능성 제고 • 기업내부 능력과 경험의 축적	• 전시 경험이나 전문가가 없는 경우에 시행착오가 발생
외부인력 활용	• 전문대행사의 능력 활용 • 해외전시회의 경우 현지사정에 밝은 전문대행사의 활용	• 대행비용의 발생 • 전문 대행사의 능력 검증의 어려움 • 기업의 전시목표 구현의 어려움 • 커뮤니케이션과 업무협조의 어려움
내·외부인력 활용	• 외부 전문가의 능력 활용	• 팀워크의 부재 가능성

제3절 전시회 참가 신청서의 제출

1. 최종 전시회 참가 신청 전 검토사항

앞 장에서 살펴본 바와 같이 회사의 전시회 참가목표나 예산을 고려하여 참가 대상 전시회를 분석하여 가장 적절한 참가 희망전시회를 선정하게 된다. 참가 희망전시회의 선정은 선정기준의 결정 → 참가 대상 전시회의 발굴 → 참가 대상 전시회의 분석 → 참가 희망전시회의 선정 순으로 진행이 된다. 선정된 참가 희망전시회에 최종 참가신청서를 제출하기 전에 다음과 같이 반드시 검토해야 할 사항이 몇 가지가 있다.

1) 정부/지자체의 지원여부 확인

현재의 WTO체제 하에서는 정부가 직접 기업들에게 장려금이나 보조금 같은 자금을 지원을 할 수가 없다. 결국 정부가 WTO의 규제를 받지 않고 기업들, 특히 중소기업들을 지원할 수 있는 유일한 방법은 해외전시회 및 해외 홍보마케팅의 지원이다. 따라서 정부의 예산지원제도를 적극 활용해야 한다.

해외전시회에 참가하는 국내업체들에 대해 정부에서는 매년 많은 예산을 배정하여 지원해주고 있다. KOTRA의 전시 포털사이트(www.Exportal.or.kr)에 들어가 보면 지자체나 각 기관별 예산지원사항에 대해 종합적으로 파악할 수가 있고, 각 지자체나 기관 사이트에 직접 들어가도 자세한 사항을 알아볼 수가 있다.

사례 5-1 해외 전시회 지원 기관/단체

지원 기관	시행기관	지원사입명(지원규모)
산업통상자원부	KOTRA www.gep.or.kr	해외전시회 단체참가 지원(155개) 해외전시회 개별참가 지원(530개 내외)
미래창조과학부	한국인터넷진흥원 www.kisa.or.kr	정보보호 해외전문 전시회 참가지원(4개)
문화체육관광부	국민체육진흥공단 www.kspo.or.kr	스포츠 용품 기업 해외전시회 단체 참가 지원(4개) 및 개별참가 지원(20개사 내외)
	한국콘텐츠진흥원 www.kocca.or.kr	애니메이션 해외 전시마켓 참가 지원(한국공동관운영) 해외게임 전시회 한국공동관 운영(6개) 국제방송영상견본시 한국공동관 참가 지원(10개)
농림축산식품부	한국농수산식품유통공사 www.kati.net www.at.or.kr	국제 박람회 국가관 지원(56개) 국제 박람회 개별 지원(150개사 내외)
해양수산부	한국수산무역협회 www.kfta.net	국제수산박람회한국관 팜가(7개)
중소기업청	중소기업중앙회 www.sme-expo.go.kr	해외전시회 단체 참가 지원(170개)
서울특별시	서울산업진흥원 www.sba.seoul.kr	해외 전시회 단체 참가 지원(5개) 해외전시회 개별참가 지원(100개사 내외)
부산광역시	부산경제진흥원 trade.busan.kr	해외전시회 참가 지원 (단체 17개, 개별 33개사 내외)
대구광역시	중소기업진흥공단 한국무역협회 trade.daegu.go.kr	해외전시회 공동관 참가 지원(27개) 해외전시회 개별참가 지원(150개사 내외) 수출선도기업 육성 해외전시회 개별참가 지원

		(15개사 내외)
인천광역시	인천상공회의소 인천경제통산진흥원 등 bisok.inchenon.go.kr	해외전시회 단체 참가 지원(17개) 해외전시회 개별 참가 지원(80개사 내외)
광주광역시	광주경제고용진흥원 trade.gawgiu.go.kr	국내외 전시박람회 단체참가 지원(14개) 해외전시박람회 개별참가 지원(25개사 내외)
대전광역시	한국무역협회 대전경제통상진흥원 www.dibiz.or.kr	해외전시(박람회) 단체참가 지원(9개) 해외전문 전시(박람회) 개별 참가 지원(23개사 내외)
울산광역시	한국무역협회 중소기업진흥공단 www.ultrade.kr	국내외 유명 전시박람회 참가 지원 단체 개 개별 50개사 내외
세종특별자치시	한국무역협회 dc.kita.net 세종시 www.sejong.go.kr	해외 전시 박람회 개별참가 지원(20개사 내외) 해외 전시 박람회 단체 참가 지원
경기도	경기중소기업 종합지원센터 www.egbiz.or.kr	해외전시회 단체관 참가 지원(24개) 해외전시회 개별참가지원(190개사 내외) 섬유분야 해외전시회 참가지원(단체: 4개, 개별: 16개사) 가구분야 해외전시회 참가 지원(단체 3개 개별:8개사)
강원도	한국무역협회 강원테크노파크 등 trade.gwd.go.kr	해외전시박람회 단체 참가 지원(19개) 해외전시박람회 개별참가 지원(30개사 내외)
충청북도	중소기업진흥공단 한국무역협히 등 kr.cbgms.kr	국제무역전시회 충북기업관 참가(21개사) 해외전시회 개별참가 지원(40개사 내외)
충청남도	한국무역협회 중소기업진흥공단 www.cntrade.net	해외전시 박람회 단체 참가 지원(12개) 해외전시박람회 개별참가 지원(110개사 내외) 해외마케팅 지원사업(무역사절단, 해외전시회)참여업체 항공료 지원

출처: 산업통상자원부·KOTRA·한국전시산업진흥회(2016). 해외전시회 참가 매뉴얼. p.43-46.

그런데, 한 가지 주의할 점은 보통 6개월이나 1년 전에 지원대상을 선정하므로 충분한 시간을 가지고 지원신청을 해야 한다는 점이다. 공동관 참가 시에는 지원 기관별로 예산지원액에 차이가 있으나 대체로 임차료, 장치비 등 직접경비의 50%가 지원되고 있다. 업체 개별 참가 시에도 보통 1천만 원 한도 내에서 기본 부스 비용의 100%가 지원되는 것이 보통이다.

2) 개별 참가와 공동관의 참가방식 결정

당해 전시회의 참가가 자체예산 면이나 정부의 전시회참가지원제도의 활용으로 문제가 없다면 참가결정을 하게 되며, 개별 참가로 참가할 것인가 아니면 공동관으로 참가할 것인가의 참가방식을 결정해야 한다. 전시회 참가형태는 크게 개별 참가, 공동전시관 참가의 두 가지가 있다.

일반적인 전시회 참가형태는 개별적으로 전시회 주최자 측에 참가신청을 하고 이를 통해 조립식 전시부스를 임대받아 전시회에 참가하는 방법이다.

그러나 전시회에 참가한 경험이 별로 없는 업체들은 자신이 속한 업종별 전문단체나 지방자치단체 및 정부기관 등이 주관이 되어 여러 업체들과 공동전시관 형태로 전시회에 참가할 수도 있다. 공동전시관 형태로 참가하는 경우 최소의 비용과 시간으로 전시회 참가경험을 얻을 수 있다는 장점이 있다. 우리나라의 경우도 초창기부터 KOTRA가 시행해오고 있는 국가관 형태나 최근에 각 지방자치단체나 업종별 전문단체들이 일부 경비를 지원하면서 공동전시관 형태로 해외전시회에 많이 참가하고 있다.

〈표 5-4〉 개별 참가 vs. 공동관 참가의 장단점

참가방법	장점	단점
개별 참가	• 자사제품의 이미지나 브랜드 부각에 유리 • 필요한 만큼의 면적사용 가능	• 소규모 부스인 경우 공동관보다 바이어 유치에 불리 • 공동관 참가보다 비용이 많이 소요될 수 있고 부스설치에 더 많은 신경을 써야함
공동관 참가	• 참가준비 절차를 공동관 주관기관이 처리해 주므로 무임승차 가능 • 전시회 참가경험이 없는 업체에 편리하며 비용면에서도 유리	• 획일적인 부스형태 때문에 기업특성에 맞는 장치의 어려움 • 필요한 만큼의 면적사용의 어려움

어떤 방식이 더 유리한지는 일괄적으로 말할 수는 없고 업체의 사정이나 판단이 중요하다. 따라서 다음의 공동관 참가와 개별 참가 시의 장단점을 잘 비교하여 업체 사정에 맞는 방법을 선택하는 것이 바람직하다. 일반적으로 전시회 참가경험이 적은 경우 공동관 참가로 경험을 쌓아서 나중에 개별 참가를 하는 것이 좋다.

3) 부스를 직접 설치하지 않고 전시회의 활용가능성 검토

전시회 참가에는 많은 비용과 인력의 투입에 따른 부담과 참가성과에 대한 불안감 등으로 전시회에 직접 부스를 설치하지 못하는 경우도 있다. 이러한 경우에도 전시회의 장점을 이용할 수 있는 방법이 있다. 또한 참가 희망전시회에 사전 단순참관을 함으로써 전시회의 특성이나 성격을 파악할 필요도 있다.

만약 자사의 현재 고객이나 잠재고객이 특정 전시회에 참관하는 것을 알고 있다면 우편이나 전화를 통하여 자사가 이번 전시회에는 직접 참가하지 않지만 상담요원을 현지에 파견할 계획임을 알린 후, 전시회 기간 중 전시장 주위의 호텔이나 전시장내의 특정장소에서 만날 것을 제안한다. 충분한 시간을 가지고 사전에 연락을 할 경우 바이어를 만나는 데는 문제가 없다. 왜냐하면 바이어는 관련업체를 만나기 위해 전시장을 내방하기 때문이다.

직접 부스참가를 설치하지 않은 경우의 장점은 다음과 같다.

첫째, 행동의 융통성이다. 자사 부스가 없기 때문에 특정 장소와 시간에 구속되지 않는다. 바이어가 원하는 시간대에 만나는데 문제가 없다. 바이어와 접촉하기 위한 다른 장소가 필요하면 호텔을 예약해 두며, 필요한 경우 호텔방에 전시품을 준비할 수도 있다.

둘째, 간편한 업무추진이다. 부스설치 및 철거업무가 없으며, 하루 종일 많은 내방객 중에서 구매력 있는 바이어를 찾아내는 노력이 필요 없다.

셋째, 비용이 절감된다. 부스 임차비 및 장치비, 전시품 발송비, 판촉비 등의 지출이 없다. 전시회 개막 직전에 출발하여 폐막 전에 떠나기 때문에 출장자의 체재경비가 절감된다.

넷째, 제품시장 동향 파악이 용이하다. 경쟁업체의 부스방문과 신제품 동향 파악에 많은 시간을 가질 수 있다. 소규모 업체에서 신제품을 가지고 처음 전시회에 참가하는 경우 전시회 주최자의 계속 참가업체 우대원칙에 따라 구석의 통로나 지하층에 위치하는 불이익을 받는 경우가 많다. 이 경우에도 구석구석까지 돌아볼 여유가 있다는 장점이 있다.

다섯째, 세미나 등의 행사참가가 용이하다. 전시회 부대행사인 회의 및 세미나에 참석할 수 있는 시간적 여유가 있어서 전문가 및 바이어를 접촉하여 제품정보를 얻을 수가 있다.

그러나 한 가지 명심해야 할 것은 이렇게 하는 것이 전시회 부스를 직접 설치하여 참가하는 것보다 효과적이라는 것을 의미하지 않는다는 것이다. 다만 직접 전시회에 부스 참가를 하지 않더라도 전시회를 활용할 수도 있다는 의미이다.

2. 전시회 참가신청서의 제출

세계적으로 유명한 전시회중 대다수는 조기에 참가신청이 마감이 되므로 참가를 결정했다면 가능한 빨리 신청하는 것이 바람직하다. 일반적으로 대개 전시회가 개최되기 6~8개월 전에 마감이 된다.

1) 전시회 참가신청서의 의미와 주요 내용

(1) 법적 의미

모든 전시회에 참가하고자 한다면 우선 참가신청서, 즉 부스임차계약서 작업이 이루어져야만 참가가 가능하게 되고 모든 서비스 및 관련 진행이 이루어진다. 참가신청서의 제출, 즉 계약이 성사된 후부터는 법적인 근거에 의해 의무와 책임이 발생하고 권리를 행사할 수가 있다. 결국 전시회 참가신청서의 가장 중요한 의의는 말 그대로 전시회에 참가가 가능하다는 것, 즉 부스를 임차 받았다는 것을 의미한다.

(2) 전시회 참기신청서 주요 내용

일반적으로 전시회 참가신청서는 크게 부스 및 서비스 신청과 계약, 그리고 전시회 참가규정(Rules and Regulations) 등 두 부문으로 구성되어 있다.

〈표 5-5〉 전시회 참가계약서의 주요 내용

전시회 참가계약서의 핵심 요소		
• 계약 당사자의 확인 • 전시회 개최기간 및 장소 • 전시회의 목적 • 전시부스의 유형	• 참가비 및 납부시기 • 취소 및 환불 • 전시품목 및 브랜드 • 권리와 의무	• 불가항력 • 전시주최자의 참가신청 거부 • 관련 규정 준수 • 분쟁 해결

2) 전시회 참가신청서(계약서) 작성 체크리스트(Contract Check List)

전시회 업무의 계약 시 일반적으로 다음과 같은 사항들을 신중하게 점검하여 계약의 불이익을 초래하는 것을 막아야 한다.

(1) Identification of the parties

계약을 하는 양 회사의 법적 성격이 분명한지를 확인한다. 이것은 각 회사의 법적 수용능력과 권리를 결정하는 모든 계약에서의 가장 기본적인 핵심요소라고 할 수 있다.

(2) Clear definition of terms

물품 대여 비용, 제공되는 모든 서비스, 스케줄, 마감일 등의 용어와 조건이 명확하게 되어 있는지를 확인한다.

(3) Payment

계약서에 지불날짜와 방법이 명시되어 있는지를 확인해야 한다. 마감일을 지나 지불했을 때의 규정이나 벌금은 무엇인지, 그리고 청구되는 금액이 어떻게 산정되는지를 확인해야 한다. 이를 명시해야 불이익을 당하지 않는다. 금액지불방법과 마감일을 준수하지 않는 경우에 인상된 가격을 지불해야 되는 경우가 많기 때문이다. 또한 지불기일 내에 지불하지 않을 경우 계약이 파기되거나 신청한 부스 위치 및 조건이 변경될 수 있기 때문이다.

(4) Default and/or branch of contract

계약상 의무나 조건이 수행되지 않거나 태만이나 부주의에 의해 계약내용이 실행되지 못했을 경우, 한쪽에 의해 일방적으로 업무가 일방적으로 취소되는 경우에 책임소재 등을 확인해야 한다.

(5) Insurance

전시회가 취소되었을 경우 양쪽 계약자는 보험/보상을 적용받을 수 있는지를 확인한다. 전시회에서 누군가가 다쳤거나 사고를 당했을 때도 보험이 되는지를 확인해야 한다. 일반적으로 참가업체가 전시회에서 당한 사고에 주최 측 또는 전시장의 잘못된 시설로 인해 일어나는 사고 외에는 주최 측은 책임이 없다고 명시되어 있다.

(6) Indemnification

계약상에 의해 발생한 일에 대한 책임은 어느 쪽이며 그에 따른 보상은 무엇인지, 또 책임의 한계는 무엇이지를 확인해야 한다.

(7) Termination/Cancellation

일반적으로 계약이 한 번 성립하면 취소에 대해 특별히 수용할 수 있는 사건이나 뜻밖의 사고발생이 일어나지 않는 한 취소에 대해 인정받을 수가 없다. 마찬가지로 계약만료일 전에 신청인 쪽에서 일방적으로 참가 혹은 계약내용을 해지하는 것도 책임이 따른다. 이 경우에는 추가비용이 발생하거나 때로는 전액을 부담해야 하므로 주의해야 한다.

(8) Dispute Resolution

분쟁이 발생하였을 때 어떻게 해결할 것인가에 대해 확인해야 한다. 보통 분쟁 시 법적 소송이전에 분쟁에 대한 중재나 해결방안 등을 명시하므로 확인해야 한다.

사례 5-1 독일 덴탈쇼 사로잡은 '임플란트 모터'

성서 산단 치기공품 업체 ㈜세양 2년 연구 끝 개발

'치기공용 핸드피스에서 임플란트 모터까지 진출한다.' 대구 성서산업단지에서 치기공용 제품을 생산하는 ㈜세양이 최근 임플란트 모터를 개발, 종합 덴탈 기업으로의 전환을 선포했다. (주)세양은 자체 브랜드를 론칭해 해외 전시회에 나서면서 수출시장을 확대하고 있다.

치기공에서 임플란트까지

1976년 설립된 (주)세양은 해외 100여 개국에 연간 1천200만 달러 이상을 수출하는 치기공분야 수출전문업체다. 독자 브랜드인 'marathon(마라톤)'은 우수한 품질과 가격 경쟁력을 바탕으로 해외에서 선진국 제품과 경쟁 중이다. 특히 수입에만 의존해 오던 기공용 마이크로 모터의 국산화에 성공하면서 생산제품의 93%를 해외 100여 개국 400여 바이어에게 수출, 2005년 500만 달러 수출탑에 이어 2008년에 1천만 달러 수출탑을 쌓았다.

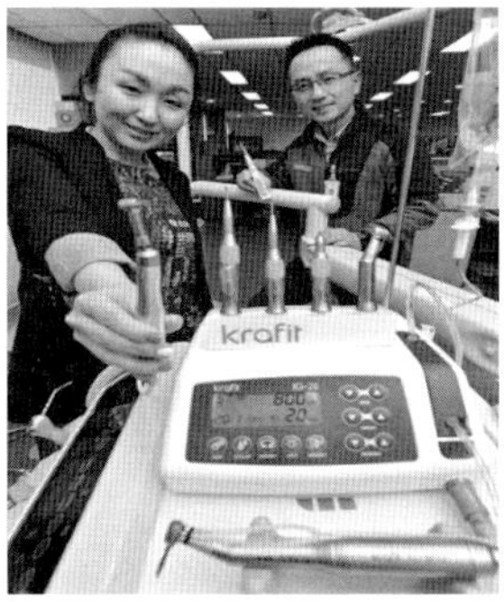

치기공 제품을 생산하는 (주)세양이 임플란트 모터를 개발, 종합 덴탈 전문 기업으로 도약하고 있다. 세양 직원들이 임플란트 모터 제품을 선보이고 있다.

(주)세양은 여기에 만족하지 않고 새로운 분야에 도전했다. 2009년 10월 대경광역권 IT융복합의료기기 지원대상 기업에 선정돼 기공용 핸드피스뿐 아니라 뷰티용 산업용, 특히 치의료분야로 광범위한 연구개발에 뛰어들었다.

대경광역권 사업과 함께 (주)세양은 2011년 말, 임플란트 모터 관련 제품 브랜드인 'krafit(크라핏)'을 상표 출원했다. 이후 2년간의 연구 끝에 올 1월 임플란트 모터 개발을 완료했다.

회사는 지난달 독일 쾰른에서 열린 '제35회 독일 덴탈쇼'(International Dental Show)에 참가해 크라핏을 선보였다. 치과 의료기기 관련 세계 최대 전시회에서 세양의 크라핏은 바이어의 관심을 이끌어냈다.

회사 관계자는 "2년에 한 번씩 열리는 독일 덴탈쇼는 세계 최대 덴탈 관련 전시회로 해외 바이어를 사로잡을 수 있는 기회다"며 "이때에 맞춰 제품 개발 시기를 조절해 바이어들을 끌어 모았다"고 말했다.

종합 덴탈 기업 선포

(주)세양이 크라핏을 독일 덴탈쇼에 선보일 계획을 세우고 실천하기까지 어려움이 많았다. 독일 전시회에 개별 부스로 참여하기 어려웠던 것이다. 신정필 대표는 "중소기업이 자체 브랜드로 해외 유명전시회에 대규모 부스를 차리는 것은 대기업처럼 쉽지 않다"며 "비용도 비용일뿐더러 전시 주최사에서 좋은 자리를 배정해주지 않기 때문이다"고 말했다. 이 같은 고민을 두고 (주)세양은 대구시와 한국무역협회가 공동으로 지원하는 '수출선도기업육성 해외전시회 개별참가 지원사업'에 참가해 해결했다. 협회는 3천만 원의 지원과 함께 주최사로부터 좋은 자리를 받을 수 있도록 도왔다.

전시회에서 큰 성과를 거둔 (주)세양은 종합 덴탈 제품 생산 기업으로 변화를 계획했다. 조만간 신제품의 유럽인증 절차를 마치는 대로 딜러를 결정하고 대규모 유럽수출을 개시할 예정이다. 회사 관계자는 "그동안 수출해 왔던 치기공 핸드피스 제품 기술을 어떻게 하면 임플란트모터 분야에 적용할 수 있을까 고민했다"며 "이번 크라핏의 출시로 덴탈 제품 다각화를 이뤄내 내년까지 수출규모가 두 배 이상 될 것으로 보인다"고 말했다.

(주)세양은 2008년 127억 원이던 매출액이 글로벌 금융위기 속에서도 2010년 134억 원으로 늘어났으며 지난해 147억 원에 이어 올해는 200억 원을 목표로 하고 있다. 신 대표는 "치기공과 덴탈 제품뿐 아니라 네일용 제품까지 다양화해 해외 시장을 계속 해서 선점해 나가겠다"며 "대구가 의료도시를 표방하는 만큼 덴탈 관련 의료기기 전문기업으로 성장할 것이다"고 말했다.

출처: 매일신문, 2013. 4. 8.

연습문제

1. 전시회 실행계획수립의 의의와 방법에 관해 설명하시오.
2. 전시조직의 구성과 인력조달에 관해 설명하시오.
3. 최종 전시회 참가신청서를 제출하기 전에 반드시 검토해야 할 사항에 관해 설명하시오.
4. 전시회에 직접 부스를 설치하지 않고도 전시회를 활용할 수 있는 가능성에 관해 설명하시오.
5. 전시회 참가신청서의 의의와 주요 내용에 관해 자세히 설명하시오.

주요 용어

- 전시회 실행계획
- 전시회 일정표
- 전시회 참가 실행 Check List
- 전시실행조직
- 전시회 참가신청서
- 정부의 전시회 참가 지원제도
- 전시회 참가신청서 작성시 Check List
- 독립 부스 vs. 공동관 참가
- 부스 없이 전시회 활용법

■ ■ ■ 참/고/문/헌

산업통상자원부·KOTRA·한국전시산업진흥회(2016). 해외전시회 참가 매뉴얼. p.43-46

서민교·김돈유,「전시마케팅」, 한올출판사, 2004.

신재기,「전시산업론」, 한올출판사, 2004.

윤원석, "국제촉진수단으로서의 Trade Show에 관한 연구-참가의사결정과 성과평가를 중심으로-", 서울대학교 대학원 경영학 석사 학위논문, 1989.

KOTRA,「해외박람회 참가요령」, 무공자료 00-07, 2000. 8.

한국무역협회 무역아카데미,「전시컨벤션전문가 양성과정(I)」, 2003.9.

한국무역협회,「전시마케팅성공가이드-해외 전시마케팅 성공기업의 숨은 노하우」, 2013. 2.

N. L. Abelson, *Trade Show Basics*, Commerce Communication, Inc. 1985. AUMA, *Successful Participation in Trade Fairs: Tips for Exhibitors, www.auma-fairs.com*, 2004.

S. Miller, *How to Get the Most out of Trade Shows*, 3rd edition, NTC Business Books, 1999.

S. L. Morrow, *The Art of the Show*, IAEM Foundation, 1998.

L. A. Obringer, "How Trade Work", http://money.howstuffworks.com/trade-show.htm/printable

B. Siskind, *The Power of Exhibit Marketing*, 4th Edition, International Training and Management Company, 1997.

Chapter

06 전시품의 선정·제작 및 운송·통관

본 장에서는 전시회 실행계획 중에서 전시품의 선정·제작에 대해 살펴본 후, 전시품의 운송·통관 계획에 대해 알아본다.

도입 사례

수출 및 수입 업무 한 번 더 체크해보자

나는 무(無)에서 유(有)를 창조한다는 자부심으로 일하고 있는 30대 중반의 워킹맘이다. 회사에 입사한지도 벌써 약 13년차, 해외 무역 업무를 맡게 된지는 8년이 지나고 있다. 2004년에 회사에 입사하여 주어진 첫 업무는 총무, 인사, 관리 파트였다.

내가 무역 업무를 시작하게 된 계기는 사내 영어교육 때문이었다. 우리 회사 ㈜엔앤피테크놀로지즈의 송상헌 대표님은 삼성전자 출신으로 직원들의 자기개발을 매우 중요시 하고 있다. 그래서 사내교육으로 영어강사를 초청하여 꾸준히 영어교육을 시켜 직원들이 해외 관련 업무시 언어적 장벽을 해소할 수 있도록 노력하고 있다. 나 역시 직접 영어를 사용해야 하는 업무는 아니었지만 혹시 모를 일에 대비해 꾸준히 사내 영어교육에 참여해 왔다.

영어에 조금씩 자신감이 생기고 영문 메일 등에 익숙해질 즈음하여 해외무역 마케팅에 도전하고 싶은 생각이 강하게 늘었다. 회사를 이끄는 마음과 나의 열정을 주체하지 못하고 과감하게 사장님께 보직 변경을 요청했다. 반신반의였지만 사장님께서는 흔쾌히 해외수출 업무를 할 수 있도록 허락해 주었다. 이렇게 해서 나의 해외 수출 도전기가 시작되었다.

샘플 요구와 현혹 단가에 주의하라

워킹맘이면서 활발한 성격의 소유자인 나로서는 사내 인사와 총무, 관리 분야에서 일하며 직장 생활을 마무리하고 싶지 않았다. 영어에 자신감이 생기자 더 넓은 세상에서 해외의 다양한 사람들과 업무를 할 수 있는 해외무역 마케팅이 나의 일이라는 생각이 들었다.

처음에는 해외 바이어들과 업무를 진행하는 것이 생소해서 떨리기도 하고 인콰이어리

(Inquiry) 메일만 받아도 바로 수출계약이 되는 줄 알고 마음 설레이며 기대감에 부풀어 있었다. 하지만 자료만 요구하거나 샘플만 요구하는 등 수출계약을 따내기는 좀처럼 쉽지 않았다.

그러던 어느 날 사우디아라비아 쪽 바이어로부터 샘플 문의가 들어왔다. 그 바이어는 우리 회사의 프린터 제품에 대한 견적문의와 함께 샘플을 요청했다. 본 거래전에 진행되는 일련의 행정절차라 메일과 스카이프로 통화하며 상호 신뢰를 쌓아 갔다. 8개월이라는 짧지 않은 시간을 소요하며 서로를 탐색하고 회사 제품에 대한 경쟁력이 있다고 생각이 될 때 오더를 받아낼 수 있었다.

바이어는 샘플 및 단가를 요청하며 초도 물량 후 바로 많은 수량의 제품 오더를 할 수 있으니 수출단가를 인하해 달라고 요청하였다. 또한 물건 선적 후 물건대금을 지불하겠다고 하며 물품대금에 대한 선금 50% 입금을 차일피일 미루었다.

본사는 8개월간 컨택하며 진행한 수출건이고 금액도 만만치 않은 건이라 아직 선금이 입금은 되지 않았지만 신뢰를 하고 있는 터였다. 바이어의 빠른 납기진행 요청이 있어 양산 준비를 시작하려고 하였다. 하지만 어느 날 갑자기 전화도 스카이프도, 메일도 모든 통신 수단이 불통이 되어 버렸다.

무(無)에서 유(有)를 창조하겠다고 자신 만만해하던 자존심이 구겨지는 순간이었다. 양산 준비를 시작했던 회사에도 시간적인 손해가 발생했고 8개월간의 열정과 시간이 무의미하게 수포로 돌아갔다.

상대방을 만나보지 않고 원거리에서 바이어와 신뢰를 쌓아가는 무역은 항상 위험이 도사리고 있다. 전화도 스카이프도, 메일로도 큰 건의 수출을 성사시키기도 하지만 통신이 두절 되면 바이어를 찾을 길이 없다. 이번 경험을 통해서 해외거래처와는 신뢰도 중요하지만 큰 수출건일 경우는 현지 회사방문과 수입회사와 바이어에 대한 정확한 정보 확인 체크가 중요하다는 것을 깨달았다.

특히 해외 바이어들이 무리한 샘플을 요구하거나 많은 수량의 오더를 전제로 제품단가로 요구하는 경우, 무리한 제품납기일로 선금 지급을 미루며 양산을 하여 선적을 요구하는 경우는 무역사기 위험성이 많다고 볼 수 있다. 수입회사와 바이어 등에 대하여 무역협회, KOTRA 등을 통한 정확한 정보 확인이 필요하다.

수입 거래처 정보 변경에 주의하라

수입이나 수출을 진행할 경우 본 계약 전에 샘플 거래를 통하여 제품에 대한 검증을 한 후 주문을 내는 경우가 일반적이다. 담당업무를 해외 무역업으로 변경한 후 POS제품 제조에 필요한 부품을 해외로부터 구매하는 일을 진행하게 되었다.

먼저 생산하고자 하는 제품에 적합한 샘플을 현지 무역상사이자 바이어임을 자처하는 업체를 통해 수입을 진행한 적이 있다. 바이어로부터 보내온 샘플이 생산하고자 하는 제품에 적합하였고 친절한 바이어의 대응에 신뢰를 갖고 주문 오더를 내렸다. 하지만 얼마되지 않아 지정한 계좌가 아닌 본 주문 시에는 다른 계좌를 사용해야 한다며 계좌변경 요청이 들어왔다.

좀 의심스러운 부분이 있어 현지 부속품을 생산하는 업체를 수소문하여 거래를 진행했던 현지 무역상사 바이어를 확인한 결과 사기꾼이었음을 확인 할 수 있었다. 다행히 수입대금을 입금하기 전에 상황을 파악하고 조치를 하였기 때문에 불상사를 막을 수 있었다.

본사가 필요한 부품에 대하여서는 실제 생산하는 공장과 직거래를 확보하여 제품 생산에 문제는 발생하지 않았지만 무역 거래시 샘플을 받고나면 아무런 의심을 하지 않게 되는 심리를 노리는 무역사기꾼에 큰 봉변을 당할뻔 하였다. 매번 거래하는 업체라고해도 입금계좌 변경을 할 경우 한번쯤 의심을 하고 중복 체크 또는 크로스 체크를 해보는 것이 중요하다는 것을 배웠다.

K-Sure 단체보험 가입 유용

종종 주요 상품에 대한 수입을 하거나 수출을 할 경우 운송 시 분실, 파손이 되는 경우가 많다. 얼마 전 중국으로부터 LCD패널을 주문하여 DHL로 제품을 받았는데 5개 정도가 파손되어 있었다. 처음에는 어떻게 보상을 받을까 난감 했는데 DHL의 운송 시 파손된 것으로 확인이 되어 100% 보상을 받지 못했지만 일부 배상을 받을 수 있었다.

단가가 높지 않은 제품이라 어느 정도의 손실로 마무리를 지을 수 있었지만 가격이 높은 제품인 경우에는 상호 피해 보상책임으로 인한 법적인 투쟁과 생산 차질 등이 발생할 수 있다. 이런 경우를 대비해 꼭 '한국무역보험공사'를 활용해 보는 것도 좋다.

한국무역보험공사에서는 수출유망기업이나 해외지원 사업 등을 통해 무상으로 보험을 지원하는 경우가 있으니 수시로 문의를 하거나 자격요건을 맞추어 지원을 받아보는 것도 좋다. 본사도 수출유망기업으로 무료 수출보험 가입서비스 적극 이용하고 있다.

무역협회 바이어 매칭 서비스를 활용하라

IT관련 업종이 활황을 이루며 본사에서 생산하는 POS단말기 및 시스템 등을 2006년에서 2010년까지 일본, 영국, 미국 등으로 수출이 크게 늘어나는 성장 가도를 달렸다. 하지만 중국의 급속한 경제성장으로 인한 저가제품과 국내시장에서의 치열한 가격경쟁으로 인하여 수출과 국내 매출이 급격하게 하락을 하게 되었고 작년부터 재도약의 발판을 마련하고 있다.

국내외 여건으로 인해 여러모로 어려운 시장환경 속에서 새로운 돌파구를 찾기 위해 미국의 NRF 전시회와 대만 컴텍스, 캐나다 로드쇼 등 해외전시회에 참가하여 바이어와 수출 상담을 진행하였고 한국무역협회의 바이어 정보 지원서비스를 받아 바이어 발굴을 적극적으로 추진하고 있다. 그 결과 미국 NEC로부터 15만 불의 거래를 성사시킬 수가 있었다.

위킹맘으로서 무역 업무를 하는 것이 쉬운 일이 아니지만, 많은 실패의 경험들이 쌓여 성공의 길이 열린다는 것을 매번 깊이 깨닫고 있다. 나의 여러 경험이 무역업을 하시는 많은 분들에게 소중한 정보가 되길 바란다.

출처: ㈜엔앤피테크놀로지 김미숙 차장
https://www.kita.net/cmmrcInfo/liveCmmrcCase/xportSuccesCase/xortSuccesDetail.do?pageIndex=1&nIndex=1784583

제1절 전시품의 의의

어떤 전시회에서도 제품이 부스장치를 우선한다. 아무리 부스장치가 훌륭하더라도 전시품이 신통치 않으면 성과가 없다. 무엇보다도 제품이 품질과 가격, 기술면에서 경쟁력을 갖추어야 하며, 부스장치는 그 다음이다. 그러면 어떤 제품을 전시회에 출품하는 것이 좋을까?

대부분의 소매상들이 상점에 어떤 상품을 진열하고 세일 기간 중 어떤 상품을 할인 품목으로 제공할 것인가를 고민하는 것처럼, 해외전시 참가업체들도 부스에 어떤 제품을 전시하고 전시회 기간 중 특별할인 혜택을 제공할 것인지 여부를 결정하고, 부스에 제품을 진열하고 홍보하는 방법에 따라 전시회 참관객의 수치는 영향을 받는다.

참가업체의 목표에 정확하게 일치하는 제품을 전시하여야 하며, 여러 가지 요건을 감안하여 선정하여야 한다. 다음의 〈표 6-1〉은 전시회 참가 목표와 전시할 제품과 프로그램에 대한 것이다. 한편 전시부스를 어떻게 꾸밀 것인지 여부는 회사의 전시회 참가목적, 전시할 제품 개수, 제품 또는 서비스 중 무엇을 홍보할 것인가 등에 달려 있다. 특히 부스에 어떤 제품을 출품할 것인지는 전시회 참가 목표와 직접적인 관련이 있다.

〈표 6-1〉 전시회 참가 목적과 전시할 제품

참 가 목 적	전시할 제품 및 프로그램의 선택
신규 거래처 발굴	목표시장에 가장 소구력이 강한 제품 전시
신제품 출시	해당 신제품
브랜드 인지도 및 회사 지명도 제고	베스트셀러 제품(부스그래픽은 회사의 로고 강조)
해당업종의 관련업체 니즈 충족	취급 제품 군 중에서 우선 순위에 있는 제품
기존 고객 관계 강화	베스트셀러 제품

출처: 최장우(2016). p.201.

전시품 준비 소홀로 인한 실패 사례로는 해당 지역에 맞지 않는 디자인으로 출품하거나 인증의 취득하지 않은 제품 출시, 종교적 이유로 해당 소비자들이 먹지 않는 제품을 출품하는 경우가 있으며, 구체적인 사례는 다음의 〈표 6-2〉와 같다.

출처: 최장우(2016). p.200.

〈표 6-2〉 전시품 관련 전시회 준비 소홀로 인한 실패 사례

구분	실패 요인
섬유전	해당 지역에 맞지 않는 디자인으로 출품(뉴욕 섬유 전시회에 중동 소비자들이 선호하는 디자인과 소재 원단 출품)
전자제품, 의료기기, 의약품	해당 국가가 요구하는 인증을 취득하지 않은 상태에서 출품
식품전, 화장용품전	종교적 이유로 해당 소비자들이 먹거나 마시지 않는 제품 출품
건축전	개최국의 건축기자재 공장 부재로 건축기자재 수요가 없음에도 출품
시계박람회	디자인 침해로 전시기간 중 벌금부과 및 전시기회 박탈

제2절 전시품 선정의 일반적 기준

참관객의 입장에서 전시회에 참가하는 장점은 관심 제품을 직접 만져보고 시연해보는 것이다. 따라서 기업이 유형의 제품을 취급하고 있다면 전시회에 참가할 때 샘플을 갖고 가는 것이 효과적이다.

기업은 전시회 참가에 앞서 어떤 제품을 전시회에 출품할 것인지를 고민하게 된다. 핵심 제품이 몇 개 되지 않는다면 모두 가져가면 되겠지만, 여러 제품을 취급하고 있다면 어느 제품을 출품할 것인지를 결정해야 한다. 전시 품목 수에 대한 제한은 없지만, 품목 수가 너무 적으면 전시부스가 마치 창고세일처럼 한산해 보일 수도 있기 때문에 유의해야 한다.

1. 출품 고려 사항

1) 독창성을 가진 아이디어 제품을 출품한다.

전시회에서 평범한 제품은 참관객의 이목을 끌지 못한다. 그리고 전시회에는 항상 경쟁업체들이 존재하기 때문에 새로운 아이디어나 기술로 제품을 업그레이드하지 않으면 경쟁업체에서 추월당하는 것은 순간이다.

2) 신제품과 최신 모델위주로 준비한다.

참관객이 전시회를 찾는 가장 큰 이유 중의 하나는 최신 모델이나 신 제품을 물색해 보기 위해서이다. 특히 IT와 같은 기술 분야는 더욱 그렇다. 따라서 백화점식으로 모든 제품을 다 출품하는 것보다 소수 핵심의 신제품이나 최신 모델을 준비한다.

3) 아이디어 상품을 출품한다.

전시회에서 평범한 제품은 주목을 받지 못하므로 아이디어가 톡톡 튀는 제품을 전시회에 출품해야 한다.

4) 현지 전기주파수나 전압에 맞는 제품을 출품한다.

해외 전시회에 참석하기 전에 현지의 전압이나 전기 주파수를 사전에 면밀히 조사하여 전시회장에서 제품의 성능이 100% 발휘되도록 준비하는 것이 중요하다. 각국마다 전압이나 전기 주파수가 다르고 또한 세계방송 규격도 NTSC나 PAL 등 방식이 상이하므로 주의해야 한다.

5) 국제적 품질 및 규격 인증 마크를 잘 활용한다.

국제적인 품질 및 규격 인증 마크는 전시회에서 제품의 성능을 효과적으로 홍보할 수 있는 수단이 되므로 이런 제품을 출품하는 것이 좋다. 특히 인지도가 낮고 전시회 참가경험이 적은 중소기업의 경우 이러한 국제적 품질 및 규격 인증 마크를 취득한 제품의 출품은 바이어와의 상담에 크게 도움이 된다.

6) 해당 국가의 규정상 수입이 가능한 제품을 출품한다.

미국이나 유럽 등 선진국들은 까다로운 인증규정제도를 실시하고 있으므로 인증규정에 통과하지 않은 완제품은 아예 통관이나 판매를 금지하고 있다. 따라서 해당 국가의 인증규정에 통과할 가능성이 없는 제품은 출품하지 않는 것이 좋다.

또한 사우디 등 회교권 국가의 경우 전시회 개최지의 관습이나 정서를 고려해야 한다. 예컨대, 비키니 차림의 여자 모델 사진을 담은 제품이나 술을 출품할 경우 통관 시 전시품 자체를 몰수당하게 된다.

7) 특허나 디자인 Copy분쟁 소지가 있는 제품 출품에 조심해야 한다.

전시회에 출품한 제품이 예상하지 못한 특허권 침해나 디자인 Copy분쟁에 휩싸이는 경우가 있는데, 이 경우 해당 업체는 상대방 업체로부터 제소당하는 것은 물론이고 전시회 참가에도 영향을 받게 되는 등 치명타를 입을 수가 있다.

8) 신제품의 경우 기밀 노출에 주의한다.

새로 개발된 제품의 경우 전시회에 참가하는 경쟁국 업체들, 특히 중국업체는 제품을 비로 가피하여 시장에 내놓는 일이 빈번하므로 철저히 대비해야 한다.

Tip 6-1 전시품 결정 고려사항

1. 전체 제품을 전시할 것인가? 주력 제품을 전시할 것인가?
2. 반드시 전시해야 하는 제품은 무엇인가?
3. 정말 새로운(신기술, 혁신성, 독창성, 디자인, 현지 시장 등 관점) 제품인가?
4. 경쟁사 제품보다 우수한 제품인가?
5. 참관객의 요구 사항(Needs)에 잘 부합하는 제품은 무엇인가?
6. 진출 시장이 요구하는 품질 규격, 인증 등을 획득한 제품인가?
7. 현재의 기술 동향이 잘 반영된 제품인가?
8. 제품의 특징 중 무엇을 강조해야 하는가?
9. 전시회 출품용 특별 제품 제작이 필요한가?
10. 전시회 현장에서 제품 시연이 가능한가?
11. 전시회 현장에서 전기, 가스, 압축 공기 등 시연에 필요한 조건이 준비되는가?
12. 전시회 현장에서 제품 시연이 가능한 면적은 어느 정도인가?

2. 무형 제품 고려 사항

일부 전시 참가업체들은 전시회에 출품할 유형 제품이 없는 경우도 있다. 회사의 주종 품목이 컴퓨터 하드 드라이브 수리업, 여행 및 금융상품, 소매 건설업 등 서비스 분야의 '무형 제품'인 경우에는 과거의 주요 실적을 부각시키는 것이 바람직하다. 전시품목이 서비스 제품인 경우에는 아래의 사항을 참고하여 전시하여야 할 것이다.

과거에 수행한 프로젝트를 설명하는 바인더, 보고서 또는 컴퓨터 프레젠테이션 자료 등을 준비하고, 완성된 프로젝트와 관련한 사진 자료나 해당 프로젝트에 대한 주요 고객의 호의적인 반응 자료 등이 포함되어야 한다.

부스 그래픽의 하나로 기존 고객명단을 사용하는 것도 좋다. 부스 그래픽 자료에 유명 회사가 포함되어 있다면 새로운 고객으로부터 좋은 반응을 이끌어 낼 수 있다.

부스 그래픽으로 출품 서비스와 관련된 제품 사진을 사용하는 것도 바람직하다. 만일 회사가 컴퓨터 하드 드라이브 수리업에 종사하고 있다면 컴퓨터에 있는 출품 서비스와 관련된 사진을 준비하면 된다. 그리고 회사가 여행상품을 판매하는 경우라면 이용하는 항공사의 비행기 사진을 보여줄 수도 있다.

3. 전시 방법

전시부스에 일부 공간이 비어 있게 되면 참관객들은 나머지 공간에 자동적으로 시선을 두게 되며, 자신들에게 중요한 무엇인가를 찾고자 한다. 가급적 전시 공간을 깨끗하게 유지하여 회사의 제품과 핵심 메시지에 관심을 갖도록 유도한다. 전시 부스 장치 시 주요 고려 사항은 다음과 같다.

1) 3-D기법을 활용하라

전시장 통로에서는 잘 볼 수 없으므로 전시품이나 각종 프로모션 자료 또는 과

거의 프로젝트 수행자료 등을 평면으로 보이도록 해서는 안 된다. 전시할 자료가 모두 종이일 경우에는 패널로 제작하여 벽에 보기 좋게 부착하는 것이 좋다.

2) 편안한 분위기를 연출해야 한다

제품을 테이블 위에 진열한다면 부스 공간 내 테이블 위치를 잘 선정해야 한다. 그 이유는 방문객들이 무엇을 진열하고 있는지 잘 볼 수 있도록 배려하기 위함이다. 테이블 위에 놓여 있는 제품 중 하나는 최소한 통로를 오가는 전시 참관객들이 잘 볼 수 있도록 전면을 향하도록 진열해야 한다.

3) 작업 공간을 확보하라

참관객들에게 주문양식 등 각종 서식을 작성하도록 요구할 경우에는 그들이 편인하게 사용할 수 있는 작업 공산을 확보해야 한다.

4) 전시 공간을 방문하도록 만들어라

전시부스 문 앞에 테이블을 놓아두어서는 안 된다. 이것은 통로를 오가는 참관객들에서 전시부스의 방문에 걸림돌이 될 가능성이 있기 때문이다. 따라서 참관객들이 쉽게 회사의 부스를 방문할 수 있도록 전시 공간을 항상 잘 정리해 두어야 한다.

제3절 전시품의 운송·통관 계획의 수립

1. 전시품의 선적

전시 부스를 예약하면 전시 주최자로부터 전시 매뉴얼이나 바인더 또는 패킷(packet)을 받게 된다. 이 매뉴얼에는 전시 주최자와 연계되어 있는 운송업체의 명단과 함께 항공운송비용 등 전시품의 선적과 관련한 여러 가지 정보가 포함되어 있다.

1) 선적대상 물품

중소기업의 전시부스 파견요원들은 경비절감을 위해 전시회에서 소요되는 물품을 가급적 핸드캐리하는 경향이 있다. 그러나 너무 무겁거나 부피가 큰 물품을 핸드캐리하게 되면 전시회가 열리기도 전에 지쳐버릴 수 있으며, 핸드캐리 물품의 중량이 초과할 경우에는 항공운임을 추가로 부담하는 경우도 있으므로 유의해야 한다.

전시회 참가할 때 준비해야 하는 선적물품은 다음과 같다.

- 전시 부스: 사이즈가 가장 적은 Pop-up 부스는 일반적으로 선박회사의 컨테이너를 활용하여 선적할 수 있는데, 전시부스를 구성하는 모든 부품이 다 포장되었는지를 확실하게 점검해야 한다.
- 전시품: 전시품의 부피가 크거나 무겁지 않다면 가방에 1~2개의 샘플만 챙기고 나머지는 선박회사를 통하여 전시회가 열리기 전에 충분한 시간을 갖고 발송하면 된다.
- 마케팅 출처: 비행기를 이용할 경우에는 핵심적인 마케팅 자료만 챙기고 각종 인쇄물은 충분한 시간을 두고 전시회장으로 발송해야 한다.
- 명함: 전시회 규모에 따라 상이하지만 충분히 준비해야 한다.
- 기타 부스 필요물품: 부스에서 필요한 포장 테이프, 가위, 전구, 전기 연결코드, 명함, 펜, 종이, 스테이플러, 전시 반송품 부착 라벨, 상담일지, 카메라, 비상약품 등을 챙기고, 가급적 1개의 박스에 넣고 표시를 해두는 것이 좋다.

2) 선적 시기

전시물품을 언제 선적할 것인가 하는 문제는 참가 전시회의 형태에 따라 상이하다.

(1) 대규모 전시회

대규모 컨퍼런스 센터에서 개최되는 것이 일반적이므로 전시회 개막 수주 전에 전시품 도착을 허용한다. 사전에 전시주최자를 통하여 전시품의 도착 허용기간을 반드시 체크할 필요가 있다. 전시물품을 신속하게 보내면 출국에 앞서 전시품이 안전하게 도착했는지 여부를 확인할 수 있는 충분한 시간을 갖게 된다.

(2) 소규모 전시회

주로 호텔에서 열리기 때문에 전시품을 보관할 충분한 공간이 없어 전시회 개막 하루 내지 이틀 전에 전시품 도착을 허용하고 있다. 전시품을 선박으로 보낼 때에는 이러한 상황을 감안하여 선적 시기를 결정해야 한다. 전시품 도착 일자를 사전에 엄격하게 규제하는 전시회도 있으므로 빨리 도착하면 벌금을 부과하기도 한다. 마케팅 자료는 출국 1~2일 전에 DHL과 같은 국제특급 우편으로 보낼 수도 있지만 비용이 많이 든다는 점을 간과해서는 안 된다.

3) 선적 장소

선적 물품을 보내야 하는 장소는 전시 참가업체로 등록할 때 전시 주최자가 지정하는 곳으로 하면 된다. 전시물품에 장소 및 주소, 전시회 이름, 전시 일자 등 상세하게 기재해야 한다.

컨벤션 센터에서 열리는 대규모 전시회는 일반적으로 전시물품 발송 장소의 주소가 정해져 있지만 호텔에서 열리는 소규모 전시회는 전시장 관리자에게 보내며, 잘 인식할 수 있도록 회사에 관한 상세한 정보를 기재하여야 한다.

출국하기 전에 전시물품이 도착했는지 미리 체크하는 것이 좋다. 특히 호텔에 전시 물품을 보낼 때에는 프론트 데스크가 아니라 전시회 코디네이터에게 전시물품의 수신 여부를 체크해야 한다.

선박 회사를 이용하는 경우에는 양질의 선적 서비스와 경쟁적인 가격을 제시하고 신뢰할 수 있는 회사를 선정하는 것이 매우 중요하다.

4) 운송 방법

전시회에 갖고 갈 제품과 전시회에 필요한 물품들은 회사의 규모와 전시회 일정계획에 맞추어 운송해야 한다. 주로 사용하는 운송 방법으로는 선박을 이용한 해상운송과 항공편을 이용한 항공운송, 그리고 개인의 휴대가 가능한 물품은 핸드캐리로 운송하게 된다.

〈표 6-3〉 전시품 운송 방법 비교

방법	장점	단점	비고
해상운송	운임이 저렴함	운송 기간이 김	보편적
항공운송	운송기간이 짧음	운임이 비쌈	-
핸드캐리	소량일 경우 추가 운송비 부담 없음	이동시 불편하고 통관 시 차질 발생 가능	신제품 등 소량 운송에 적합

5) 전시품 포장

마케팅 자료 등을 선적할 때에는 아래 사항에 유의하여 포장해서 보내야 한다.

첫째, 단단한 고품질 박스를 사용하라. 둘째, 선적물품의 개수를 가급적 줄여라. 선적 물품의 개수를 많게 하면 나중에 수령 여부를 추적하는 데 시간이 많이 소요된다. 다만 무거운 물품을 사이즈가 큰 박스에 포장하게 되면 운송 과정에서 손상될 우려가 있으며, 또 박스 하나에 너무 많은 물품을 포장하게 되면 운반과정에서 어려움이 발생될 수 있다. 셋째, 선적 물품의 개수를 파악하고 해당 숫자를 기재하라. 넷째, 선적 물품에 대해서는 보험에 가입하는 것이 좋다.

6) 선적 제외 물품

선적 회사가 아무리 신뢰도가 높은 업체이더라도 전시회에 사용될 중요한 물품은 핸드캐리하는 것이 바람직하다. 선적된 물품이 정확하게 도착한다 하더라도 선적 물품을 하역하기 전에 전시회 등록 서류나 각종 문서들이 필요할 수도 있다. 따라서 다음과 같은 물품은 출국할 때에 직접 소지해야 한다.

- 전시회 관련 각종 서류: 전시회 참가 자격 및 각종 서비스 신청과 관련하여

전시 주최자에게 지불한 대금지급 서류 등은 항상 소지하는 것이 바람직하다.

- 마케팅 자료의 전자 사본 및 하드 카피: 추가 인쇄할 필요가 있는 마케팅 자료의 전자 사본이나 하드 카피를 추가로 준비해야 한다.
- 여분의 명함: 선적 물품의 도착이 지연될 경우를 대비하여 명함을 추가로 약간 준비하는 것이 좋다.

〈표 6-4〉 전시회 발송용 물품 체크리스트

구분		
전시 부스물품	□ 부스	□ 전시품 디스플레이 지지대
	□ 배너 및 사인	□ 제품사진/제품설명도
	□ 조명	□ 컴퓨터 및 시청각 장비
전시품 및 전시품 샘플	□ 신 제품	□ 기존 제품
	□ 과거 프로젝트 수행 실적 바인더(서비스 제품의 경우)	
마케팅 자료	□ 카탈로그	□ 주문 양식
	□ 브로슈어	□ 판매계약서
	□ 명함	□ 경품
	□ 기타	
전시부스 사용용품	□ 상담 일지(노트북)	□ 펜(마킹펜)
	□ 스테이플러	□ 끈, 포장 테이프
	□ 선적 라벨	□ 선적 봉투/자료/서류
전시부스 사용용품	□ 고객 약속 사항 기재 장부 및 달력	
	□ 기타 양식	□ 가위
	□ 휴대용 진공청소기	□ 박스 절단기 등 공구
	□ 건전지	□ Extension 코드
	□ 손전등	□ 기 타

Tip 6-2 운송 및 통관 과정

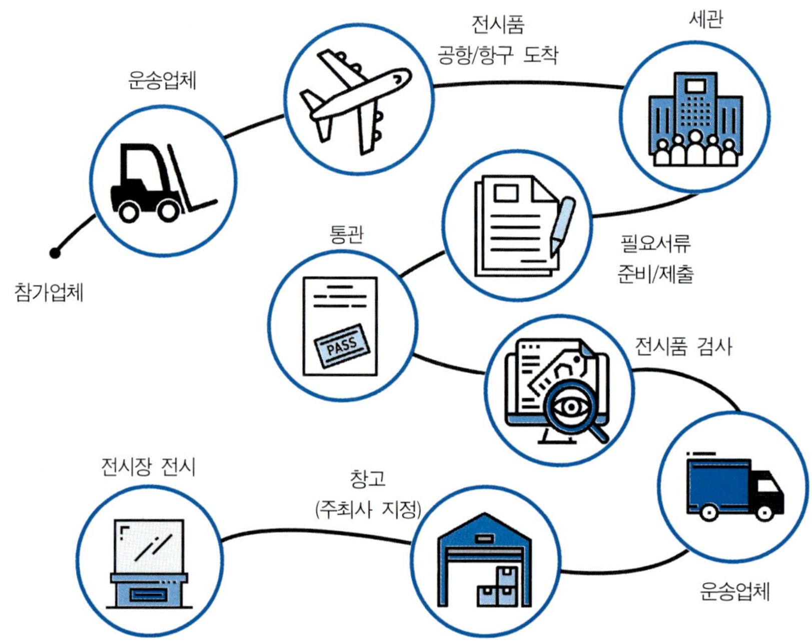

출처: 산업통상자원부·KOTRA·한국전시산업진흥회(2016). 해외전시회 참가 매뉴얼. p.80.

2. 전시물품 선적 서류 준비

전시품이 구비되면 선적에 필요한 상업송장, 포장명세서, 선하 증권 등의 선적 서류를 준비해야 한다. 그리고 전시용 제품을 수출 또는 재수입할 경우에는 ATA 까르네(물품무관세임시통관증서)로 수출입 통관을 진행해야 한다. 즉 전시 참가업체는 상공회의소에 등록한 후 까르네 서류를 발급받아 전시품 수출시 세관에 제출하면 된다. 그리고 전시품을 재수입하는 경우에는 일반 화물과 동일하게 진행하며, 수입 통관할 때 까르네 서류를 세관에 제출하면 수입관세를 부담하지 않고 수입통관을 할 수 있게 된다.

1) 상업 송장(Commercial Invoice)

제품의 명세서 내지 대금 청구서의 역할을 하는 필수적인 선적 서류로서 전시 참가업체가 직접 작성한다.

2) 포장 명세서(Packing List)

전시품의 포장 내역을 표시하는 서류로 통관할 때 실제로 포장 안에 어떤 물품이 들어 있는 지를 증빙하는 서류로 전시 참가업체가 직접 작성한다.

3) 수출 면장

전시물품의 수출을 허용하는 수출 면허서류로서 세관이 수출업자에게 발급한다. 수출업자는 수출면장을 제시해야만 본선에 선적하거나 항공기에 적재할 수 있게 된다.

4) 선하 증권(Bills of Lading: B/L) 혹은 Airway Bill

운송화물의 수령 또는 선적을 입증하는 중요한 서류로서 선박 회사나 복합 물류업체가 화주에게 발급한다. 이 서류가 있어야만 목적지에서 전시물품을 수령할 수 있다. 항공화물운송장(Airway Bill)은 항공운송화물에 대해 화주와 운송인 간의 화물운송계약이 체결되었다는 것을 입증하는 서류이다.

5) 수출 보험(Export Insurance)

수출입자가 수입업자의 신용위험이나 수입국의 정치 상황 등으로 인하여 수출 대금을 회수하지 못하는 손해를 보상하는 신용 보험으로 한국무역보험공사가 전시 참가업체에게 보험 가입의 사실을 입증하기 위해 발급하는 서류이다.

6) ATA Carnet(물품 무관세 임시통관증서)

ATA는 일시수입이라는 뜻의 프랑스어 Admission Temporaire와 동일한 의미의 영어인 Temporary Admission의 합성어이다. Carnet는 프랑스어로 증서라는 의미를 갖고 있으며, 물품의 무관세 임시통관증서를 말한다.

이 증서는 중남미와 아프리카를 제외한 ATA에 가입된 67개국에서 통용되고 있다. ATA 까르네를 이용하게 되면 ATA 협약 가입국에서 신속하고 원활한 통관을 할 수 있다. 다만 일정 기간 내에 해당물품을 재 반출해야 하며, 재 반출하지 않을 경우에는 협약 위반이 되어 관세를 납부해야 한다.

우리나라의 경우 ATA 까르네는 대한상공회의소, 부산상공회의소, 대구상공회의소, 안양상공회의소 등 4곳을 통해서만 발급받을 수 있다.

3. 전시품의 반송

대부분 전시품은 원칙적으로 면세로 반입되기 때문에 현상에서 판매할 수 없다. 특히 유럽과 북미 등 선진국에서 개최되는 전시회에서는 전시품을 반드시 반출하도록 하고 있다는 점에 유의해야 한다. 바이어에게 현지에서 판매하거나 무료로 줄 계획을 가지고 있다면 미리 관세를 납부하고 통관하는 것이 바람직하다. 그러나 일부 국가와 전시 주최자들은 관세 납부에 관계없이 전시품의 가치가 크지 않다면 현장 판매를 문제 삼지 않는 경우도 있다. 그러나 가능하면 전시회 기간 중에는 예약만 받고 마지막 날에 판매하는 것이 좋다. 만일 특정 바이어가 자사의 고가 전시품을 전시회가 종료된 이후 인수하겠다고 하는 경우에는 계약금을 사전에 받아놓는 것이 좋다.

전시회가 종료된 이후 남은 전시용 제품이나 샘플, 각종 자료 등을 본국으로 반송해야 하는데, 아래의 사항을 참고하면 유용할 것이다.

- 전시회 반송용 라벨을 준비한다. 전시 주최자나 호텔 비즈니스 센터로부터 선적 물품의 본국 송부용 라벨을 받아서 잘 작성해 두는 것이 좋다.
- 전시 부스에 남은 각종 물품을 동일한 박스에 포장한다. 이때 다른 전시 참가

업체로부터 수집한 마케팅 자료도 함께 포장한다.

- 전시 부스에도 다른 물품이 남아 있지는 않은지 체크한다.
- 포장된 박스에 라벨을 부착하고 묶으면 귀국 준비가 종료된다.
- 일부 전시회에서는 포장된 박스를 그대로 전시 부스에 놓으면 알아서 본국으로 보내주는 경우도 있다. 그러나 전시회 기간 중 수집한 아래와 같은 중요한 자료는 선적 물품과 함께 보내지 말고 직접 휴대하는 것이 좋다.
- 접촉 고객 자료 또는 노트북: 전시 부스를 방문한 고객 자료는 가장 소중한 자산이고 사무실에 돌아오는 대로 사후관리의 가장 기초적인 자료가 된다. 이러한 자료를 산적 물품에 포함시켜 분실되거나 지연되는 위험을 자초해서는 안 된다.
- 주문 출처: 전시 부스에서 수주한 주문 자료나 영수증 등은 매우 중요한 자료로 시간에 민감한 특성을 갖고 있다.
- 선적 관련 출처: 선적 물품의 재 신적에 따른 각종 서류를 식섭 휴대해야 한다.
- 전시 주최자 전화번호 등: 귀국 후 전시부스 픽업 내지 철거 등 관련한 문제가 있을 때 접촉할 수 있는 연락처를 미리 확보해 두어야 한다.

사례 6-1 개인물품 준비 요령

1. 전시회에서 사용한 모든 물품의 선적을 완료한 후에는 전시회 기간 필요한 개인물품을 포장해야 한다.
2. 편안한 신발과 양말: 교대로 신을 수 있도록 편안한 신발 2컬레와 양말을 준비한다.
3. 편안한 옷: 호텔에 머무를 때에는 정장을 입을 필요가 없으므로 편안한 옷을 준비한다.
4. 부스 복장: 특히 로고가 부착된 옷을 입을 경우에는 만일의 사태에 대비하여 여벌을 준비하는 것이 좋다.
5. 전기 충전기: 휴대폰과 컴퓨터 충전기를 준비하는 것을 잊어서는 안 된다.

4. 전시품의 운송 · 통관 시 유의 사항

전시품이 준비된다면 전시 개막일 1~2일 전에 전시장에 도착되도록 운송회사에 의뢰해야 한다. 부피가 큰 전시품은 해상운송을 이용하는데, 운임이 저렴하지만 시간이 오래 걸리므로 반드시 운송회사를 통해 운송 기간을 확인하고 결정해야 한다. 그러나 부피가 크지 않고 무게가 많이 나가지 않는 전시품은 항공운송을 이용할 수 있는데, 운임은 다소 비싸지만 운송 기간이 짧다는 장점이 있다. 전시품을 휴대할 경우에는 항공사마다 무료로 실어 주는 무게와 가방 또는 박스 수량에 제한을 두고 있어 허용범위를 사전에 확인하는 것이 중요하다. 특히, 귀금속이나 분실 가능성이 있는 제품은 직접 휴대하는 것이 유리하다. 다만 귀금속 등 고가품은 통관 시 문제가 될 수 있으므로 미리 대비하는 것이 중요하다. 그리고 해상운송이든 항공운송이든 전시물품에 대한 손 · 망실을 대비하여 보험에 가입해야 한다. 운송비가 지나치게 저렴한 운송회사는 포장이나 서비스, 현지 통관 수속 능력이 떨어지는 경우가 있으므로 운송비만 보고 운송회사를 선정하는 것은 바람직하지 못하다.

한편 해외 전시회의 경우에는 전시품 통관 절차와 관련된 규정들이 나라마다 상이하고 복잡하며 까다로워 전시품 운송에 있어 주의해야 한다. 이 경우 국제화물 운송전문업체들이 전시품 현지 반입 및 국내 운송까지 원스톱 서비스를 제공하고 있어 이들을 적극 활용할 수 있다. 출장 직원이 직접 전시품을 운송할 경우에는 대한상공회의소에서 발행하는 ATA 까르네를 이용하면 용이하게 운송할 수 있다. 그러나 안전하고 확실하게 전시품을 운송하기 위해서는 국제화물 운송 전문업체에 위탁하는 것이 바람직하다.

전시품을 운송 및 통관할 경우 다음과 같은 사항을 유의해야 한다.

첫째, 전시품은 충분한 시간을 두고 발송해야 한다. 대부분 중소기업들은 전시품을 선편으로 발송하고 일부 가벼운 전시품만 항공편으로 발송하거나 핸드캐리하는데, 가끔 선편으로 발송한 전시품이 제때에 도착하지 않아 전시에 어려움을 겪기도 한다.

둘째, 가급적 현지 사정에 정통한 전시회 주최가 지정한 통관대행업체를 이용하는 것이 안전하다. 전시품을 수령하는 수탁인은 신뢰할 수 있어야 한다.

셋째, 전시품의 도난 방지를 위해서는 포장에 신경을 써야 한다. 각 전시품마다 회사명, 부스번호, 전시회명을 필히 기재해야 한다. 대부분의 국가에서 개최되는 전시회는 Carton Packing보다는 Wooden Packing이 바람직하며, 만약의 사태에 대비하여 중요한 샘플은 여분으로 핸드캐리하는 것이 바람직하다.

넷째, 전시품 통관 서류 작성 시 가격을 정상가격보다 낮게 표시하는 것에 유의해야 한다. 많은 기업들이 전시품의 송장 작성할 때 보험료를 절감하기 위해 낮은 가격으로 기재하는데 이럴 경우 세관에 적발되거나 도난사고가 발생하게 되면 제대로 보상을 받지 못한다.

다섯째, 전시회가 열리는 국가의 통관 절차와 규정을 사전에 파악하는 것이 필요하다. 국가별 수입금지 품목, 통관절차의 특이사항 등을 사전에 파악하여 전시품 통관에 문제가 없도록 한다. 가능하면 전시회 개최국가 언어로 작성된 상품 설명서를 첨부한다. 특히 회교 국가의 경우 술이나 여성 나체 사진이 있는 잡지는 반입이 금지되므로 이런 아이템을 전시품과 함께 보내서 적발되면 해당 아이템은 몰수되고 전시회 참가 자체가 불가능할 수 있다.

여섯째, 샘플을 항공으로 핸드캐리하는 경우 관세부과에 대비해야 한다. 공항에서 관세면세를 받기 위해 전시품을 증명하는 물품무관세 임시통관 증서, 송장, 포장 명세서 등 전시품 통관관련 서류를 사전에 준비해야 한다.

일곱째, 전시회 종료 후 전시품의 재 반송 여부를 결정할 때 신중을 기해야 한다. 재 반송 비용이 많이 소요되는 전시품은 현지에서 구매자를 물색하여 전시회 종료 즉시 인계하는 것이 바람직하다. 재 반송 비용과 현지 처분 비용을 비교하여 결정하는 것이 유리하다. 현지 매각도 바람직하지만 전시회 기간 중에 매각할 경우 전시주최자로부터 경고를 받거나 블랙 리스트에 올라 차기 년도 부스 배정에 배제되거나 벌금을 부과 받게 되므로 유의해야 하며, 가급적 전시회 마지막 날 매각하는 것이 좋다.

끝으로 전시회 참가 직원은 운송과정에서 문제가 발생할 수 있으므로 주말에도 연락이 가능한 운송업체 담당자의 긴급 연락처를 필히 파악해야 하며, 전시품 운송관련 사본 서류도 별도 준비하여 만일의 사태에 대비하는 것이 중요하다.

〈표 6-5〉 전시품 운송 절차 및 주요 점검 사항

구분	점검 사항
통관상황의 Monitoring	• 해외 운송은 뜻하지 않은 변수가 많음. 전시회 일정 및 Lead Time에 관리 필요, 지속적인 모니터링을 통해 요구 및 협조 제공 요구
통관 시 주의사항	• 상대국이 통관 규정상 Temporary import가 관세 지불보다 비용이나 시간이 더 소요될 수 있고, 추가 서류 등으로 실익이 없는 경우가 있음
운송 시 주의사항	• 전시회 장소의 반입허용일정 • 일부 사전 반입이 될 경우 보관료 등이 부과될 수도 있음
관세 등의 처리 방법	• 상대국에서 관세는 물품 인수 시 낼 수도 있고, 일부 수수료로 지불하는 조건으로 운송업체가 선납하고 한국에서 요금과 같이 지불할 수 있음 • DTP(Deliver Duty & Tax Paid) • DDP(Deliver Duty Paid)
기타 비용과 추가 지불 가능성	• 주말 배달, 장소의 변경 및 미리 배달하는 경우 등은 Special Trucking 비용 및 보관료 등의 추가비용이 발생될 수 있음

출처: 최장우(2016). p.169.

사례 6-2 (주)대현튜브의 전시회 참가 성공 사례

(주)대현튜브는 '90년에 창업하여 내수 시장을 기반으로 지속적인 성장을 해온 자동차의 튜브 조립제품을 전문적으로 생산하는 업체로서 조향장치 부품, 제동장치 부품, 공조 기기용 부품 등을 생산하고 있으며 주로 대우자동차에 납품을 하고 있었다. 그러나 당사는 대우자동차의 부도 이전에는 별 어려움 없이 회사를 운영할 수 있었으나 대우차의 부도로 매출이 50% 이하로 줄어들어 국내시장에서 해외시장으로 방향을 전환 노력하였으나 별 효과가 없었다. 그러나 수출만이 살길이라는 판단으로 세계 제일의 자동차 부품 시장인 미국으로 진출을 2000년부터 준비하게 되었으며 미국 진출의 효과적인 수단으로 전시회에 참가하게 되었다.

◆ 회사의 연혁

1989년 5월	대현정기 설립, 자동차용 시동 모터부품 생산개시
1991년 2월	자동차용 에어컨 TUBE ASSEMBLY 제품 생산 개시
1995년 8월	대현튜브 주식회사 법인 설립
1996년 3월	국무총리 표창 수상(중소기업인대회-중소기업청)
1998년 6월	산업기계 및 차량용 PUMP 유량 조절 밸브시스템 제품 생산
1999년 6월	자동차용 조향장치, 브레이크용 가공품, TUBE 제품 수출(OEM)
2000년 3월	ISO 9002:1994&QS-9000:1998 인증(TUV Rheinland Korea)
2002년 7월	기업부설연구소 설립

◆ 전시회 개요

* 명　　칭

　- 국　문 : 2003 디트로이트 자동차부품 박람회

　- 영　문 : SAE World Congress & Exhibition(SAE)

* 기　　간 : 2003. 3. 3 - 3. 6

* 장　　소 : 미국 디트로이트 코보 전시장(Cobo Center)

* 주 최 자 : Society of Automotive Engineers Int'l (SAE)

* 전시면적 : 24,900㎡

* 참가업체 : 23개국 850개 업체

당사는 전시회 참가하기 위해 철저한 사전 준비를 하였다.

첫째, 미국시장에 진출하기 위한 첫 번째 인프라는 수출에 필요한 인증을 획득하는 것으로 판단하여 당사는 1년 2개월의 준비기간을 통하여 외국 인증기관으로부터 QS9000 및 ISO9002 인증을 2000년 3월에 획득하였다.

둘째, 또한 최근 전자상거래의 활성화로 웹사이트의 구축 역시 수출에 있어서 필수적인 요소임을 인식하여 차별화된 웹사이트를 구축하여 활발한 온라인 프로모션활동을 전개하였다. 대부분의 회사가 웹사이트를 구축하고 있지만 당사에서 구축한 웹사이트의 특징은 회사 제품을 효과적으로 소개할 수 있는 제품 소개, 회사의 품질 수준 및 품질 인프라 소개, 회사 제품의 타제품 대비 장점 소개(가격, 품질, 기술 등), 우수한 기술을 소개할 수 있는 특허, 기술력 등 당사의 최대한의 소개를 국내외 각종 검색 엔진에 등록하여 인터넷을 통해 고객이 찾아올 수 있도록 구축하였다.

셋째, 해외시장 진출을 위해서는 가장 중요한 것이 정보를 효과적으로 관리하는 것으로 당사는 우선적으로 KOTRA에 연락하여 회원으로 가입하여 정보를 효과적으로 받을 수 있도록 하였으며, 중요한 정보로서 해외에서 KOTRA를 통해 오는 각종 견적요청사항을 받아 볼 수 있었고 각종 전시회 및 해외시장 개척의 자료를 받아 가장 자사의 전시회 참가목표에 적합한 전시회를 선택할 수가 있었다.

그리고 전시회를 위해 효율적인 회사소개서 등 인쇄홍보물을 작성·준비하여 참관객들에게 배포하였다. 상담 시 카탈로그를 통해 제품을 소개하게 된다는 점을 인지하여 제품사진은 물론 제품용도, 특성 등이 설명된 카탈로그를 제작하였으며, 별도로 CD도 제작하여 바이어들에게 책자 대신에 제공하였다. 또한 영상물을 제작하여 효과적으로 활용하였으며, 상담 시 필요에 따라 노트북을 사용하여 프레젠테이션을 실시하여 효과적으로 상담을 진행하였다. 특히, 전시회용 홍보물을 제작하여 효과적으로 활용하였다. 초기 전시회에는 샘플만 전시하여 상담을 하였는데, 부스가 상대적으로 초라하면 바이어에게 효과적인 신용을 받지 못하였다. 따라서 이번 전시회의 경우 상담 장소의 벽면에 효과적인 제품을 홍보할 수 있도록 홍보물을 제작하여 주로 제품사진 및 품질 인증관련, 시험설비 등 제품의 특성을 효과적으로 나타내도록 배려하였으며, 또한 전시회 참가할 때마다 타 회사의 홍보물을 관심 있게 메모하여 제작 시 반영했던 것이 도움이 되었다. 그리고 샘플을 고객들이 관심을 가질 수 있도록 충분히 준비하고 시선을 집중시킬 수 있도록 배열하였다.

마지막으로 전시회가 폐막한 후 상담한 업체에 메일로 감사 편지를 보내는 등 효과적인 사후관리를 통해 고객과의 관계를 유지하도록 노력하였다. 이러한 철저한 사후관리로 우선 직접적인 거래관계는 되지 않더라도 향후에는 고객이 될 수 있다고 판단되는 잠재고객과의 관계를 지속적으로 발전시킬 수 있었다.

당사는 전시회 참가를 통한 미국시장 진출로 전시회 폐막 후 100만 불의 계약을 성사시켜 2004년 초부터 선적하기 위해 준비하고 있으며, 현재 OEM 업체들과 약 300만 불 규모의 수출업무도 진행되고 있다.

3년의 노력 끝에 얻은 성과는 미국시장의 유통구조를 이해하고 KOTRA의 시장조사를 바탕으로 유력 바이어를 발굴하여 집중적으로 접촉해서 얻은 결과이며, 꾸준한 시장 개척단 참가와 전시회 참가, 지사화 사업 등을 바탕으로 연결된 바이어에게 바이어들이 필수적으로 요구하는 내용을 사전에 파악하여 효과적으로 대응함으로 신뢰를 얻을 수 있었기 때문이라고 생각된다.

연습문제

1. 전시품 선정의 중요성과 일반적 전시품 선정기준에 관해 설명하시오.
2. 전시품의 선적에 관해 설명하시오.
3. 전시물품 관련 선적서류에 관해 설명하시오.
4. 전시품의 운송 및 통관 시 유의 사항에 관해 설명하시오.

주요 용어

- 전시품 선정과 제작
- 전시품 선정 기준
- 전시회 관련 특허 분쟁
- 전시품 선적과 운송 방법
- 전시품의 포장
- 전시물품 선적 서류
- 상업송장
- 포장 명세서
- 수출 면장
- 선하 증권
- 수출 보험
- ATA 까르네
- 전시물품의 반송
- 전시품 통관

■■■ 참/고/문/헌

산업통상자원부·KOTRA·한국전시산업진흥회(2016). 해외전시회 참가 매뉴얼. p.80.

서민교·김돈유,「전시마케팅」, 한올출판사, 2004.

신재기,「전시산업론」, 한올출판사, 2004.

윤원석, "국제촉진수단으로서의 Trade Show에 관한 연구-참가의사결정과 성과평가를 중심으로-", 서울대학교 대학원 경영학 석사 학위논문, 1989.

최장우,「해외전시마케팅, 이론과 실무」, 교우사, 2016.

한국무역협회 무역아카데미,「전시컨벤션전문가 양성과정(I)」, 2003.

AUMA, *Successful Participation in Trade Fairs: Tips for Exhibitors, www.auma-fairs.com*, 2004.

B. Siskind, *The Power of Exhibit Marketing*, 4th Edition, International Training and Management Company, 1997.

KOTRA,「해외박람회 참가요령」, 무공자료 00-07, 2000. 8.

L. A. Obringer, "How Trade Work", http://money.howstuffworks.com/trade show.htm/printable

N. L. Abelson, *Trade Show Basics*, Commerce Communication, Inc. 1985.

S. L. Morrow, *The Art of the Show*, IAEM Foundation, 1998.

S. Miller, *How to Get the Most out of Trade Shows*, 3rd edition, NTC Business Books, 1999.

Chapter

07 부스 디자인의 개발

본 장에서는 특정 전시회에 참가신청서를 제출한 후 본격적으로 전시회 실행계획을 개발해야 하는데, 그 중에서도 부스 디자인의 개발 의의와 부스디자인 시 고려되어야 할 주요 사항들을 자세히 살펴본다.

도입 사례

(주) 나온웍스: 보안도 트렌드이다.

■ CES 참가 배경 및 나온웍스(NAONWORKS) 소개

나온웍스는 2007년에 설립한 프로토콜 보안 솔루션 회사로, VoIP 보안 장비를 시작으로 현재는 Smartfactory/Grid/HEMS에까지 보안 영역을 넓혀가고 있다. 본 회사의 브랜드는 VIPER로서 독사처럼 강한 보안장비의 뜻과 함께 우리가 추구하는 보안 도메인 V(VoIP), I(IIoT), P(Plant), E(Energy), R(Residense)를 뜻하기도 한다. 국내뿐 아니라 해외 수출을 위해 해외 상담회 참석을 비롯한 다양한 활동을 하고 있다. 해외 전시회 또한 이러한 활동의 일환이라 할 수 있다.

■ 성공적인 해외 전시회를 위한 전략 수립

1) 전시 Trend와 부스에 따른 계획 수립

모든 전시회는 주제와 Trend를 가지기 마련이다. 즉, 매년 같은 패턴의 전시회 준비는 결국 성공적인 전시회를 이끌어 낼 수 없음을 말한다. 나온웍스 또한 많은 국내 전시회를 참여하면서 매번 같은 패턴과 홍보물로 전시회를 준비했다. 매번 비슷한 결과를 얻게 되면서, 어느 순간 전시회에 참여하는 것이 무의미하다고 느껴지는 순간이 왔다. 처음에는 보안 제품이라는 전문성 때문에 상대적으로 많은 사람이 오지 않는다고 생각했지만, 결국 잘못된 것은 고객이 아닌 우리의 준비 부족이었다. 이에 과감히 국내 전시회를 포기하고, 국제 전시회를 준비하기

로 마음먹었다. 기존 전시회에서 부족했던 점을 냉정하게 분석했으며, 참여하려는 전시회에 대해 분석하기 시작했다.

이번 CES 2018의 주제는 "스마트시티(Smart Cities)"로 2017년의 "스마트홈(Smart Home)"에서 한 단계 나아가 사람, 전자제품, 자동차,집 등 모든 요소가 연결되는 초연결사회를 의미한다. 이런 주제에 부합하고자 Smart-Home/Factory/Grid 안에서의 보안 위협과 이를 나온웍스의 보안 솔루션으로 어떻게 해결할 수 있는지를 중점적으로 준비했다. 또한, 다른 전시 부스와의 차별을 위해 미리 전시콘셉트를 정하고 그에 맞도록 부스 제작을 의뢰하였다. 그에 타 전시 부스와 차별화를 이룰 수 있었으며, 전시 부스 자체에 매력을 느껴서 온 참관객이 있었을 만큼 많은 홍보 효과를 이룰 수 있었다.

2) 방안 수립

해외 전시회인 만큼 모든 홍보물과 문서들은 영문을 기본으로 작성하여야 한다. 이 또한 당연한 것 같지만 실제 준비를 함에 있어서는 많은 어려움이 있었다. 처음에는 단순히 번역 의뢰나 번역기 등을 통해 한글로 작성된 문서들의 변환작업을 맞췄다. 대부분의 회사 또한 이 수준의 준비를 할 것이라 생각한다. 아무리 한국회사라 할지라도, 해외 전시회와 수출을 염두에 두고 있다면 이를 넘어선 준비가 필요하다는 것을 많은 경험을 통해 깨닫게 되었다.

실제 사용하는 표현과 기술 용어들을 사용하고자 많은 교시와 수정을 거치게 되었다. 아무리 영어를 모국어로 사용하는 사람이 번역을 하여도 기술적인 부분에 대한 이해가 부족하다면 이상한 문서가 될 뿐이다. 이를 위해 많은 영문 문서를 참고했으며, 같은 영역에서 일하는 해외 업체로부터 많은 검수를 거쳤다.

3) 캐치아이의 필요성

나온웍스의 경우 보안에 특화된 회사이다 보니 상대적으로 느껴지는 거리감은 더 크다. 제품 판매라는 입장에서 보면 결국 이미 보안에 대해 알고 있고, 관심 있는 고객들만을 타깃으로 하여 전시를 준비하는 것이 더욱 효과적일 수 있으며, 나온웍스도 실제 많은 전시회를 그 틀 안에서 준비했다. 하지만, 이번 CES 2018 의 주제인 스마트시티처럼 모든 세상이 네트워크로 연결되어 가고 있는 초연결사회에서 이제 보안은 모든 영역에 필요한 시기가 되었다. 기존 홍보 동영상을 과감히 버리고 새로운 방향과 콘셉트로 홍보 동영상을 제작하였으며, 고객의 직접적인 참여를 위한 AR(Augmented Reality)을 준비했다.

4) 새로운 Z세대를 겨냥하라

인터넷과 소셜 미디어의 발전은 소비자가 단순 구매를 넘어서 소비품에 대한 정보와 경험들을 축적하여 공유하는 Z세대를 탄생시켰다. 다양한 경험을 통해 구매를 발생시켜야 함을 뜻한다. 기존 홍보물이 특정 타깃을 위한 것이라면, 이번 홍보물은 웹툰(Webtoon) 형식을 이용하여, 가상 인물의 실생활을 통해 발생할 수 있는 보안 위협과 그를 해결하기 위한 방법을 제시하는 형태로 제작하였으며, 최초 세상 시부터 미국을 배경으로 제작하였다.

또한 AR을 통해 마치 게임을 하듯이 문제 사항을 제시하고, 나온웍스의 보안 제품이 그 문제를 어떻게 보안할 수 있는지를 보여줄 수 있도록 제작하였다.

미니어처 및 부스 이미지

동영상 일부 그림 및 AR 관련 이미지

■ 전시회 설치

1) 미국 출입국 관리소(Immigration) 통과를 위한사전 점검 및 준비

CES 전시회에 참가한다고 했을 때, 제일 우려했던 부분 중 하나가 언어적인 문제와 함께 바로 미국 출입국 관리소 통과였다. 필자의 경우는 미국을 방문한 적이 있으나 그저 관광을 위한 방문이었을 뿐 전시회처럼 특수한 목적을 위해 방문한 적이 없는 상황이라 이에 대한 부담은 상당했다. 아마 미국 전시회에 참가를 고려하는 기업들도 이 문제에 대해 많은 신경을 쓰고 준비할 것이라 생각한다. 앞서 말한 것처럼 결국 언어로서 문제를 해결할 수 없다면 철저한 준비만이 방법일 것이다. 이를 위해 문제 소지가 있을 수 있는 물품들에 대한 상세 리스트와 용도 및 목적을 따로 문서화하여 준비하였다. 실제로 데모키트 때문에 문제가 발생할 수 있었으나, 이 상세 문서와 설명으로 인해 무사히 입국장을 통과할 수 있었다.

2) 돌발 사항에 대한 대비

전시회만큼 돌발 상황이 많이 발생하는 곳도 없을 것이다. 구동이 되는 제품을 그대로 설치해도 안되는 경우가 허다하며, 환경에 따라 예측할 수 없는 일들이 빈번히 발생한다. 리스트로 꼼꼼히 정리했다고 생각했는데도 가면 꼭 하나씩 빠지는 물품들이 있다는 사실이 늘 놀랍기까지 하다. 국내 전시회에야 회사의 누군가를 시켜 가져오면 그만이다. 하지만 해외의 경우는 누군가를 부른다는 것은 어불성설이다. 결국 더욱더 철저한 준비와 임기응변이 필요하다. 이를 위해 나온 웍스는 3명이 각각 물품 테스트 리스트를 준비하여 교차 체크했으며, 많은 시뮬레이션을 실행했다. 또한 최악의 상황에 대한 Plan B, C를 준비했다. 한 예로, 이번 전시회를 위한 시연용 데모키트를 미리 보내지 못해 결국 가져가야 하는 상황이 발생했다. 미국의 세관을 통과하기 위해 상세 설명 및 리스트를 작성했으며, 최악의 경우 이를 쓸 수 없는 상황까지 준비하여 전시회를 준비했다. 또한 단순히 전시회장만을 검색한 것이 아니라, 우리가 현지에서 필요 물품을 조달할 수 있는 모든 곳의 리스트를 준비하였으며, 실제 전시회장에서의 동선까지 미리 시뮬레이션하였다.

3) 전략적 상담 수립

앞선 설명처럼 우리의 이번 전시회의 목표는 고객의 참여 유도를 통해 보안이 실생활까지 왔음을 알려주며, 그에 해당하는 보안 솔루션을 가지고 있음을 보여주는 것이다. 하지만 이는 단 기간에 이룰 수 없는 지속적인 투자와 홍보를 해야 하는 부분이다. 커다란 목표가 그렇다고 해도 결국 제품에 특화된 타깃을 위해서는 별도의 준비를 병행해야 한다.

4) 핵심만 보여준다

기존 홍보물이 일반 고객을 위해 쉽고 재미있는 요소가 많이 들어가 있다면, 실제 타깃 고객을 위한 홍보물은 별도로 준비해야 한다. 그들은 일반인이 아닌 보안에 대한 전문가 또는 그에 준하는 지식을 보유하거나 그 분야에 관심이 많은 사람이기 때문이다.

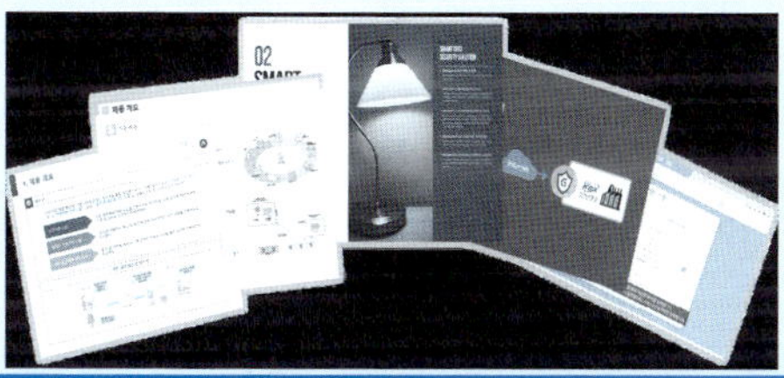

회사소개서/제품 포스터/제품 동영상

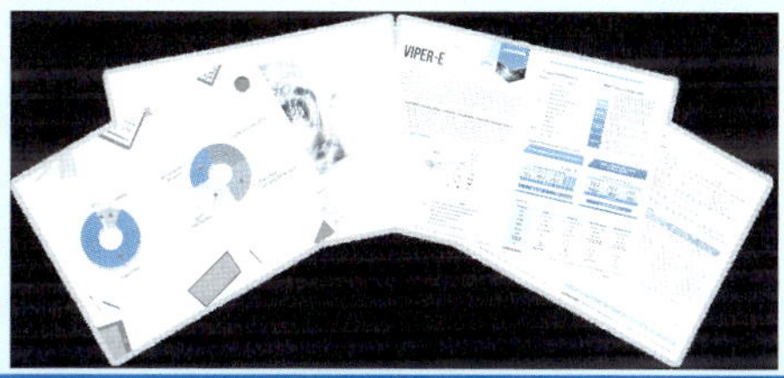

회사소개서/제품 카탈로그/제품 브로슈어

5) 타깃을 확실히 선정한다

우리는 목표 타깃을 확실히 선정하였으며 그를 위한 별도의 홍보물과 자료들을 준비했다. 다양한 요구를 만족하는 다수의 홍보물이야말로 준비된 회사라는 믿음을 줄 수 있으며, 이는 결국 매출로 이어지기 때문이다. 나온웍스는 이를 위해 관련 전문가 또는 실제관심 고객을 위한 별도 동영상과 홍보물을 준비했다.

6) 페이퍼 시대의 종료 도래

이번 전시회를 통해 다시 한번 느낀 것은 이제 페이퍼 홍보물은 점점 사라지는 추세라는 것이다. 이제 사람들은 들고 다녀야 하는 종이 홍보물보다는 스마트기기를 통한 정보 습득을 원하는 것이다. 이는 이제 종이 홍보물을 대체할 무언가를 준비해야 한다는 것이다. 나온웍스는 이를 위해 제품과 보안 솔루션이 들어 있는 다양한 홍보 동영상을 페이스북과 홈페이지를 이용하여 업데이트하고 있으며, 고객이 꼭 필요로 하는 내용을 모아 한 장의 간략한 홍보물로 만들어 보다 쉽게 우리의 제품을 소개할 수 있도록 하였다.

■ 지속적인 사후 관리

1) 지속적인 연락의 중요성

많은 전시회를 마치고 성과가 없는 이유를 생각해 보면, 전시회와 함께 그 기간 내에 있던 일 또한 함께 마무리되기 때문이라고 생각한다. 관심이 있었던 업체든 단순히 연락처만 있었던 업체든 결국은 잠재적인 고객이 될 수 있는 것이다. 따라서 전시회를 통해 얻은 인연을 이어가는 지속적인 관리가 매우 중요하다. 결국 지속적인 관심만이 관계를 유지시키며, 그를 통해 고객 유치 및 또 다른 기회를 얻을 수 있다.

2) 체계화된 배포 자료 준비

지속적인 연락과 함께 단계적으로 체계화된 자료를 준비해야 한다고 생각한다. 단계적으로 체계화된 문서의 준비는 상대방으로부터 제품에 대한 신뢰와 회사에 대한 믿음을 줄 수 있다.

출처: Special Issue Ⅱ- 06. 2018년 April.

제1절 부스 디자인의 의의와 기본원리

부스의 목적은 자사의 제품을 가장 효과적으로 참관객들에게 홍보하여 판매 상담으로 직접 연결시키는 것이다. 부스는 규모, 디자인, 장식 면에서 회사의 위상과 전시품의 특징과 조화를 이루어야 한다. 전시장에서 각 부스들은 타 부스에 비해 참관객의 시선을 끌기 위해 다양한 아이디어를 선보인다.

가장 인상적인 부스는 방문객에게 강한 인상을 주어야 하고 방문해 보고 싶을 정도로 우아하면서도 친밀감을 느낄 수 있어야 한다. 또한 가식이 없으면서도 눈에 띌 수 있어야 하며 냉정하지 않으면서도 사실을 있는 그대로 볼 수 있어야 한다.

다음은 부스에 제품이 진열되고 배치되기 전에 확인해야 할 사항들이다.

- 제품의 디자인, 색상, 포장 등에서 내방객들의 시선을 끌 수 있는가?
- 전시품 사용 시 누릴 수 있는 혜택을 어떻게 전달할 것인가?
- 전시품의 시각적인 효과가 색상이나 조명에 의해 향상될 수 있는가?
- 내방객들이 전시품을 만질 수 있게 할 것인가, 일정 수준에서 통제할 것인가?
- 전시장에서 어느 정도까지 시연을 할 것인가, 필요한 공간은 어느 정도인가?

• 어떤 정보를 내방객들에게 전달할 것인가, 정보전달 도구는 준비되는가?
• 부스 내에서 각종 서비스는 어떻게 전달할 것인가?

한편, 부스를 디자인할 때 기본원리는 광고의 AIDA모델과 똑같다고 할 수가 있다. 즉, 광고에서는 먼저 고객의 관심을 끌면서(attention), 고객의 흥미를 유발한 후(interest), 지속적인 구매 욕구를 불러 일으켜서(desire) 최종구매에 이르도록 행동을 촉구(action)하게 된다. 부스를 디자인할 때도 똑같은 기본원리가 적용된다. 즉, 참관객이 다른 부스로 걸어가기 전에 관심을 끌어 자사의 부스로 유도한 후에 고객의 흥미와 욕구를 불러 일으켜 최종 구매로 연결될 수 있도록 디자인되어야 한다.

그러면, 부스 디자인의 원칙은 무엇일까?

첫 번째로, 무엇보다도 부스 디자인의 대원칙은 전시회를 통하여 참관객들에게 제품에 대한 것뿐만 아니라 기업의 이미지까지도 효과적으로 전달하기 위해서는 부스와 관련된 모든 사항들이 전체적인 아이덴티티를 위해 종합적인 디자인정책 하에서 일관성 있게 처리되고 관리되어져야 한다는 점이다.

그 다음으로 효과적인 부스의 디자인을 위해 제시되는 일반적인 원칙들은 다음과 같다.

① 혼란스럽지 않게 단순화하라.
② 핵심초점(focal point)을 발견하라.
③ 확실한 아이덴티티를 설정하라.
④ 참관객의 주의를 끌어라.
⑤ 참관객의 입장에서 디자인하라.
⑥ 예상되는 참관객이 수를 감안하라.
⑦ 참관객의 이동을 고려하라.
⑧ 부스의 설치와 해체가 용이하도록 하라

이상의 논의를 요약해 보면 부스와 관련된 모든 사항들이 전체적인 아이덴티티를 위해 종합적인 디자인정책 하에서 일관성 있게 처리하고 관리하되 부스의 디자인은 다음의 네 가지 요소를 고려해야 되는 것으로 요약될 수 있다.

첫 번째 요소는 기업의 목표 부합성이다. 즉, 기업의 전시목표를 달성시킬 수 있는 부스디자인과 설계를 해야 한다.

두 번째 요소는 편리성이다. 부스를 방문한 고객들이 편안하게 관람할 수 있도록 관람객의 동선을 고려해야 하며, 방문객과의 상담이 필요한 경우에는 안락한 상담시설을 갖추도록 노력해야 한다.

세 번째 요소는 이미지이다. 이미지는 부스에 설치되어 있는 조형물과 제품의 전시 방식, 부스의 색상과 조명 등으로 대변될 수 있으며, 이는 관람객들이 자기도 모르는 사이에 느끼는 요소로서 참가업체가 원하는 이미지를 구현시킬 수가 있어야 한다.

네 번째 요소는 독창성이다. 부스를 방문하는 고객들에게 신선하고 창의적인 느낌을 줄 수 있어야 한다. 다른 경쟁기업들의 부스와 똑같은 천편일률적인 느낌을 받게 된다면 고객들에게 평범한 하나의 기업으로 인식될 수가 있다. 그러나 지나치게 파격적인 것은 도리어 고객들에게 거부감을 줄 수 있으므로 세심한 주의를 기울여야 한다.

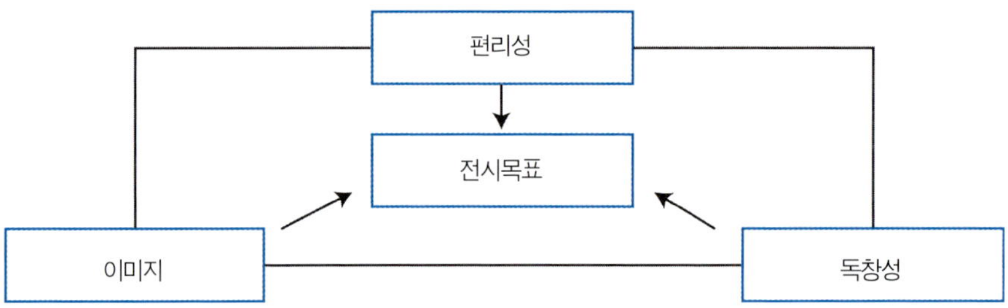

[그림 7-1] 전시부스 디자인의 4대 요소

출처: 신재기(2004). p.268.

사례 7-1 **모터쇼의 부스 디자인**

친환경 대체연료 솔루션의 미래를 제시하다-현실적인 친환경 대체 연료 솔루션 GDI+LPG Bi-Fuel 시스템

2015 서울모터쇼가 열리고 있는 일산 킨텍스 제1전시장에는 오렌지색으로 꾸민 주유소 컨셉의 부스가 눈에 들어온다.

친환경적인 자동차 대체 연료 솔루션으로 전기, 하이브리드, 수소 등이 있지만, 가장 현실

적인 대안으로 GDI+LPG Bi-Fuel 시스템을 공개한 주식회사-로가 2일 '기술을 만나다, 예술을 느끼다'라는 주제로 오는 12일까지 개최되는 '2015 서울모터쇼'에 참가, GDI 엔진에 LPG 직분사 시스템을 결합한 'LPG Direct System'을 선보이고 있다.

친환경 주유소 컨셉으로 지어진 부스 내에 LPGDI 시스템이 장착된 현대 제네시스와 포드 토러스를 비롯해 관련 시스템들을 전시 중이다.

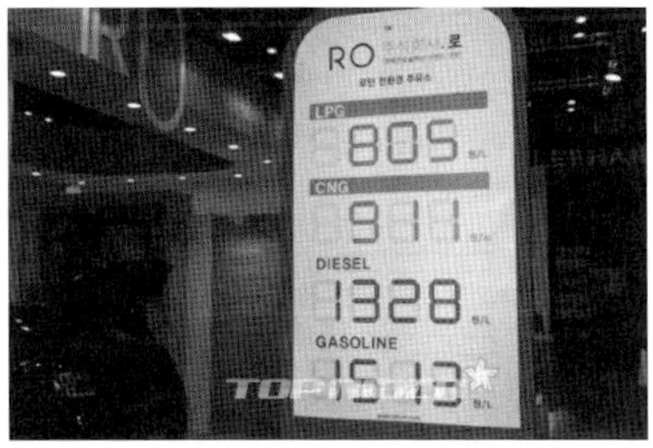

주식회사-로에서 개발한 LPG 직분사 방식은 흡기구에 LPG를 분사하는 기존방식과 달리 연소실에 고압의 액상 LPG를 직접 분사하는 방식으로 기존의 LPG 구조변경 방식처럼 인젝터를 추가로 실치하지 않고 순정의 인젝터를 사용하여 직분사 엔진의 강력한 출력과 연비를 LPG로 사용 가능하게 한 구조변경기술이다.

이러한 직접분사방식은 연료의 손실을 최소화하고 높은 압력으로 분사된 연료는 완전 연소를 통해 높은 출력을 낸다.

또한, 겸용 사용(Bi-Fuel) 방식을 채택하여 가솔린과 LPG를 동시에 사용을 가능케 했으며, 두 연료가 동일한 출력과 연비를 실현한 혁신 기술이기도 하다. 시스템 장착 후 추가적으로 발생하는 소모품 교체가 없어 별도의 관리가 필요하지 않다.

이러한 주식회사-로의 'LPG Direct System'은 가솔린 GDI 방식과 동일한 성능을 가지면서 친환경적이며 고출력, 고연비 실현이 가능한 4세대 LPG 기술의 자동차 시대가 열리게 되었다.

한편, 주식회사-로는 LPGDI 시스템 외에도 배기가스 저감효과와 연료비 절감 효과가 탁월한 기술인 CNG Blend System(디젤엔진 + CNG)과 CNG Hybrid System(가솔린 또는 LPG 엔진 + CNG) 및 LPG 자동차 트렁크 공간의 혁신을 가져다 주는 LPG 환형(도너츠형) 용기 교체시스템(TORO CYLINDER SYSTEM,LPG)을 개발해 국내 시판하고 있다.

주식회사 로는 대체연료솔루션의 브랜드, '로턴'을 런칭하고 모든 제품을 솔루션 형태로 제공한다. 작업의 표준화와 공통의 마케팅, 영업 전략은 고객들로 하여금 신뢰와 더불어 작업의 신속함과 안전성을 보장한다고 밝혔다.

출처: http://www.top-rider.com/news/articleView.html?idxno=19984

제2절 부스의 유형 · 위치 · 규모의 결정

지금부터 부스 디자인에 대해서 자세히 살펴보기로 하자. 즉, 전시회의 목적 설정과 전시회의 선택과정이 끝난 후에 수행되어야 할 업무는 참가할 전시회의 전시장에서 어떤 위치를 임대하고, 규모는 어느 정도로 할 것이며, 디자인은 어떻게 할 것인가를 결정해야 한다. 이와 같이 부스 디자인과 관련된 사항은 크게 부스의 유형 · 위치 · 규모의 결정과 부스 디자인의 방법으로 나누어 볼 수가 있다.

그러면 먼저 전시회에서 부스 디자인의 의의를 알아본 후 부스의 유형 · 위치 · 규모의 결정에 대해서 살펴보자.

1. 부스 디자인의 중요성

전시회에서 부스 디자인은 참가기업의 제품 및 서비스가 전시회 참관객들에게 제시되는 공간인 부스의 평면적 · 공간적 구조와 더불어 조명, 색채, 재질 등의 협의의 디자인적 요소를 포함한다. 부스 디자인은 수많은 부스 중에서도 자사의 부스에 대한 참관객의 흥미와 관심을 집중시켜 자사의 부스에 대해 기억시키는 데에 중요한 역할을 하게 된다.

또한 부스 디자인의 산물인 부스는 자체가 비인적 커뮤니케이션 기능을 수행하게 되며, 효과 측면에서 다른 정보전달매체와 비교할 수 있다. 인쇄매체는 시각, 라디오는 청각, 영화와 TV는 시청각으로 구속받는 데 비하여 전시 부스는 전 감각을 필요로 하고 있으며, 다른 정보전달매체와는 달리 일방적으로 메시지를 보내는 것이 아니라 대중을 현장에 직접 참여시켜 접촉함으로써 공간적 시각성이 갖는 효과를 경험하도록 하여 고도의 설득력을 가지는 특성이 있다. 따라서 전시회에서 기업의 마케팅목적을 효율적으로 달성하기 위하여 부스 디자인이 매우 중요하다.

특히 부스 장치비가 전체 전시회 예산에서 차지하는 비중이 매우 높기 때문에 부스 디자인을 어떻게 하느냐가 비용측면에서도 중요하다.

일반적으로 전시 담당자가 부스를 직접 설계하고 제작하는 것은 아니며, 사내외의 전문 디자이너에게 의뢰하지만 자사의 전시회 참가목적과 제품의 특성상 강조되어야할 점 등을 디자이너에게 명확하게 전달하려면 부스 디자인에 대한 기본적 이해가 필수적이다.

사례 7-2 Lucent Technologies Inc.의 비용절감형 부스디자인 성공사례

불황기가 닥치면 기업들은 전시회 참가 회수나 전시면적 비용 등을 줄여보려고 한다. Lucent사의 경우도 예외는 아니었다. 통신장비의 수요 감퇴에 따른 회사 경영의 어려움 때문에 직원 수를 ⅓가량 해고시킨 이 회사는 전시회 부스면적도 줄였다.

그리고 참가 전시회 수도 줄이되, Supercomm, CTIA Wireless, CeBIT, 3GSM World Congress 및 Asia Telecom 등과 같이 지역별로 비중 있는 유명 전시회 위주로 참가를 집중화하였다. 또한 비용을 더 줄이기 위해 전시회 참가 비용을 세밀히 검토한 결과 부스 장치에 들어가는 비용이 상당하다는 것을 알고 부스 장치는 잘 유지하면서 장치비 예산을 절감하는 방안을 찾게 되었다.

이 회사 전시 담당 직원들은 새로운 장치물 구입에 예산을 쓰지 않고 과거에 사용했던 부스 장치물을 끌어 모아 재활용하여 특색 있는 부스장치를 하는데 심혈을 기울였다. 그 결과 금년도 Supercomm 'Best Booth Award'를 수상할 만큼 훌륭한 부스장치를 할 수 있었다.

출처: 송성수, "박람회 참가 성공전략(2).", 무역일보, 2003.12.5.

2. 부스의 유형 · 위치 · 규모의 결정

전시회에서 부스는 참가업체와 전시품을 상징하는 명함과 같은 역할을 하므로 부스의 규모와 디자인 그리고 장치 면에서 업체가 차지하는 위상과 출품된 제품의 중요성, 전시회 참가목적 등과 조화를 이루어야 한다.

또한 부스의 위치와 규모의 결정에 있어서 다른 모든 전시회 관련활동과 마찬가지로 예산조건의 제약을 받는다. 즉, 전시회 주최자는 근본적으로 전시공간을 마련하여 공간을 다수의 기업에게 제공하는 성격을 갖고 있다. 따라서 전시장에서 부스 면적뿐만 아니라 부스의 위치에도 차등요율을 적용하기 때문에 참가기업이 어떤 위치 또는 규모를 선택하는가는 예산 등을 고려하여 신중하게 결정해야 한다.

1) 부스 위치의 결정

부스의 위치를 결정할 때에 우선적으로 고려해야 될 사항은 다음과 같다.

첫째, 주최자의 산업별·제품군별 위치배정이다. 전시회 주최자는 전시회 운영에 따르는 여러 가지 기술적인 문제, 예상되는 참관객의 수, 참관객의 전문성 정도 등을 고려해 산업별·제품군별로 각 전시참가업체들에게 부스위치를 배정한다.

둘째, 참관객의 동선과 통행량이다. 참관객의 통행량은 부스의 위치에 따라 많이 달라지므로 통행량을 고려하여 참관객의 동선을 결정해야 한다.

셋째, 자사가 선택하고자 하는 부스의 인접 부스이다. 가령, 인접 부스가 자사와 직접적인 경쟁관계에 있는 거대 기업의 대형 부스라면 근처 위치를 피하는 것이 좋으며, 비경쟁적 관계에 있으면서 자사 제품과 연관된 수요를 가지고 있는 기업의 거대 부스라면 오히려 근처 부스를 방문하는 다수의 참관객을 자사제품의 고객으로 확보할 수 있는 기회를 마련할 수 있다는 점에서 오히려 해당 위치를 선택할 필요가 있다.

넷째, 기술적 요인과 장치상의 제약점이다. 예컨대, 전시장 내의 높이와 이용 가능한 기둥 등이 있는가, 주최 측에 의해 설정된 규제사항은 어떤 것이 있는가, 전기와 수도 등의 공급을 필요로 할 때 이용 가능한 위치는 어느 곳인가, 무거운 기계류를 전시할 때 전시장이 하중을 견딜 수 있는가, 그리고 압축공기 등이 필요할 때 이를 확보할 수 있는가 등을 고려하여 부스위치를 결정해야 한다.

다섯째, 전시 참가업체의 수이다. 참가업체의 수에 따라 참관객의 이동량이 달라지기 때문에 부스의 위치선정에 영향을 미친다.

기타 부스위치를 결정할 때에 고려해야 할 사항은 다음과 같다.

- 전시회 주최자를 통해 부스위치 선정에 도움을 받도록 한다. 전시회 주최자는 전시장 내의 참관객의 동선을 잘 알고 있다.
- 막다른 지점을 피한다. 참관객은 되돌아가는 것을 싫어하기 때문이다.
- 음식코너 부근은 피한다. 음식코너 주위에는 긴 줄이 생기는데 자사 부스 진입 길목이 막힌다. 자사 품목이 일반인 모두를 대상으로 하는 잡화 제품이 아닌한 관계도 없는 참관객은 아무리 많아도 소용이 없다.
- 부스 중앙에 기둥이 없어야 한다. 전시장 평면도를 보면 이를 확인할 수가 있다.

• 바닥이 경사진 곳은 피한다.

그러나 부스의 위치에 대해 일반적인 의미에서 어떤 위치가 최적이라는 실증연구는 아직 없으며, 다만 전시장 입구 쪽에 가까운 위치가 좋거나 구석 위치가 참관객의 통행량이 적거나 하는 통설만이 있을 뿐이다. 또한 입구 쪽의 위치에 대해, 전시회 참관객들은 전시장 내부에 들어서서 내부의 환경에 심리적으로 익숙해질 때까지 만나게 되는 최초의 부스들은 그냥 지나치게 되어 입구 쪽의 위치가 오히려 좋지 않다는 반대 견해도 있다. 이와 같이 아직까지는 모든 경우에 해당되는 최적 위치에 대한 일반이론은 없다고 할 수가 있다.

사례 7-3 밀라노 엑스포 한국관, 전시부문 은상 수상

한국 전시의 예술성이 세계적으로 인정받았다.

문화체육관광부와 한국관광공사는 지난달 30일 '밀라노 엑스포 한국관'이 국제박람회기구가 주관하는 '2015 밀라노 엑스포 국가관' 평가에서 전시 부문 은상을 수상했다고 1일 밝혔다. 이어 같은날 미래 시대에 가장 큰 영향을 준 국가관에 주는 상인 '클래스 엑스포 파빌리온 헤리티지 어워즈 특별상'도 함께 수상했다.

이번 동시 수상은 지난 8월 세계 3대 디자인 중 하나로 불리는 '2015 레드닷 디자인상' 디자인 분야 본상 수상에 이은 두번째 쾌거다. 이는 밀라노 엑스포 한국관이 전시콘텐츠는 물론 미래 세대 기여도와 디자인 등 다양한 분야에서 명실공히 국제적인 인정을 받는 성과를 거뒀다는데 의의가 있다.

이번 '2015 밀라노 엑스포 국가관' 시상은 엑스포에 참가한 145개 국가관을 대상으로 엄격한 평가와 심사를 거쳐 '건축 및 조경', '전시디자인', '주제' 등 세 가지 분야별로 우수한 평가를 받은 국가관에 수여했다.

이날 수상 소식을 접한 소녀현 밀라노 엑스포 관장은 "'레드닷 디자인상'에 이어 이번 '국제박람회기구 전시상'과 '클래스 헤리티지 특별상'을 동시에 수상하게 된 것은 한국관이 예술성은 물론 미래 먹거리의 대안으로서의 '한식 가능성'을 현지인들에게 인정받았다는 데 큰 의의가 있다"고 의미를 부여했다.

한편, 전 세계 145개국이 참가하고 2000만 명 이상이 방문한 이번 밀라노 엑스포에서 한국관은 총 230만 명의 관람객을 유치했고, 한국관의 한식 주제 메뉴를 맛보기 위해 일일 1000여명의 관람객이 한식 레스토랑을 찾았다.

밀라노 엑스포 한국관 외관

밀라노 엑스포 한국관 내관 중 365개 옹기를 전시한 모습. 옹기의 윗부분을 스크린으로 활용한 미디어 쇼로서 한국의 사계와 음식의 발효를 형상화했다

출처: 이데일리, 2015년 11월 01일.

2) 부스 유형의 결정

먼저 부스의 크기와 규격에 대해서 알아보자. 국제적으로 많이 사용되고 있는 부스 하나의 규격과 크기는 가로3m×세로3m= 9㎡(약 2.7평)이다. 따라서 1부스= 9㎡(가로 3m×세로 3m)로 하여 표준적으로 사용하고 있다.

부스의 종류는 임대방식에 따라 독립 부스(raw space booth)와 기본 부스(shell stand booth)로 분류된다. 독립 부스는 바닥만 임대하는 것을 말하며, 빈 바닥 위에 참가업체에서 사용할 자리 표시만을 해놓은 상태를 말한다. 독립 부스는 부스설치는 참가업체가 개별적으로 설치해야 하므로 상대적으로 설치비가 많이 든다. 참가업체는 독립부스 공간에서는 모든 것을 자유롭게 사용할 수 있으며, 원하는 형태로 공간을 개조하여 사용할 수도 있다. 일반적으로 독립 부스는 주로 대기업과 협회·단체 등 대규모의 부스를 필요로 하는 경우에 사용하며, 중량품이나 부피가 큰 기계, 기구 등을 전시하는 경우에도 독립 부스를 많이 사용한다.

기본 부스는 전시회 주관사에서 조립식(3m×3m)으로 제공하는 것으로 비용은 상대적으로 저렴하나 독창적인 부스설치에는 한계가 있다. 기본 부스는 용어 그대로 기본적으로 전시회를 진행할 수 있도록 만든 기본 3벽면(알루미늄 샤시로 만든 조립부스), 상호간판, 바닥 카페트, 형광등 1개, 전기 소케트 1㎾ 1개, 안내 데스크 및 의자 각 1개 등만 제공된다.

부스의 유형에는 로우형(Row stand), 코너형(Corner stand), 블록형(Block stand), 엔드형(End stand), 실외형 부스 등이 있다. 구분은 부스의 개방 면과 위치에 따라 분류되는데, 로우형이 가장 임대료가 저렴하고 주위 4면이 모두 복도와 접해 있는 블록형이 가장 비싸다.

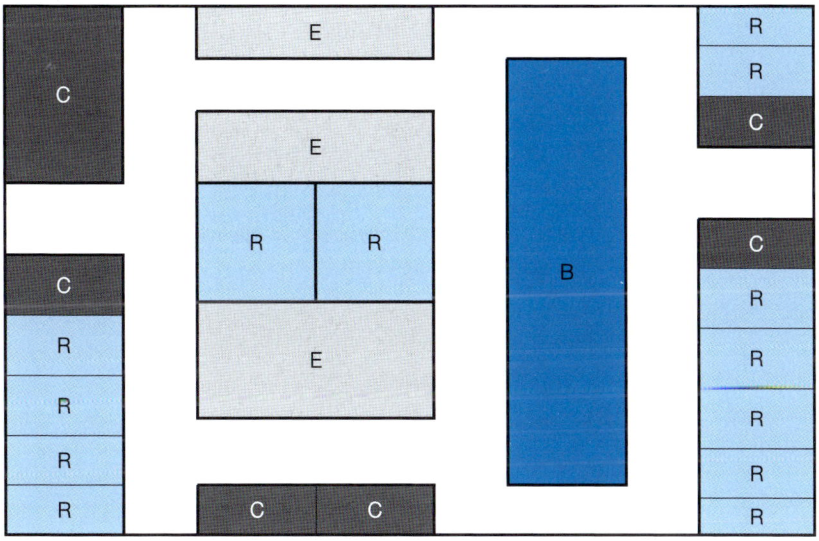

주 : R(로우형), C(코너형), B(블록형), E(엔드형).

[그림 7-2] 전시 부스의 유형

(1) 로우형 부스

통로 쪽을 행해 일렬로 향해 있으며 통로 쪽으로 오직 한 면만이 접해 있는 부스를 말하며, 임대료가 가장 저렴하다.

(2) 코너형 부스

코너에 위치한 부스로서 로우형과는 달리 통로 쪽에 두 면이 접해 있어 로우형보다 많은 수의 참관객을 접촉할 수 있는 장점이 있다.

(3) 엔드형 부스

3면이 통로에 접하고 있어서 로우형이나 코너형에 비해 훨씬 많은 수의 참관객을 접할 수 있으며, 효과적으로 활용하면 상당한 효과를 거둘 수 있다.

(4) 블록형 부스

블록형 부스는 주위 사면이 모두 통로와 접해 있을 뿐만 아니라 타 업체의 전시 부스와도 분리되어 있는 관계로 참관객의 주위를 가장 끌기 쉽다. 그러나 블록형 부스는 디자인과 장치에 상당한 주의를 기울여야 하며, 부스임차 및 부스장치에 많은 비용이 든다는 단점이 있다.

(5) 실외형 부스

실외형 부스는 건설장비와 중장비와 같이 부피가 매우 크거나 현장에서 시연을 하는 모습을 보여주고 싶을 때 옥외 전시장을 선택하게 된다. 일단 옥외를 전시장소로 선택했다면 상담이 이루어지는 장소에 대해서는 태양광선과 비를 피할 수 있는 별도의 시설을 설치해야 한다.

3) 부스 규모의 결정

부스의 크기는 전시회 참가목적, 예산, 임차가능면적, 상담 요원의 수에 따라 결정된다. 그러나 예산이 가장 중요한 요인이다. 많은 기업들은 무한정으로 전시회 예산을 집행할 수 없으며 장치비도 한정되어 있다. 부스 규모는 전시회 참가성과와 직접 관계된다. 부스 규모에 따라 상담건수가 제한될 수 있으므로 이에 대해 보다 자세히 살펴보기로 한다.

부스 크기는 업체의 전시회 참가 목적과 부스 안에서 근무할 상담 요원의 수에 따라 결정된다. 일반적으로 장치물은 전체 임차면적의 약 30%를 차지한다. 9㎡의 부스라면 2.7㎡가 장치면적이고 6.3㎡가 상담면적이다. 일반적으로 1인의 행동반경은 약 2.6㎡이다. 이 수치는 양팔을 기준으로 산출된다. 한쪽 팔의 길이를 0.91m로 볼 때의 원의 면적은 3.14 x (0.91 x0.91) = 2.6㎡이다. 9㎡의 부스에는 약 3명 정도의 인원을 수용할 수가 있다.

만약 3,000건의 참관객 접촉을 희망하는 경우 총 전시회 개장시간이 30시간이라면 시간당 100회의 접촉건수가 나온다. 1명의 상담요원이 1시간당 6회 접촉한다면 17명의 상담요원이 필요하다. 1명의 상담요원이 2.6㎡를 차지하고 있기 때문에 총 44.2㎡의 면적이 필요한 셈이다. 각 상담요원이 접촉하는 참관객을 감안하면 총 88.4㎡의 면적이 필요하다. 이 면적은 총 부스에서 차지하는 비중이 70%이기 때문에 나머지 30%인 장치면적을 감안하면 대략 115㎡의 부스크기가 필요하다. 따라서 총 30시간의 전시회에서 총 3,000건의 상담을 추진하려면 115㎡의 면적이 필요하다. 따라서 9㎡의 부스로 참가할 경우 3,000건의 상담건수 목표는 위와 같은 계산에 의하면 불가능하게 된다.

또한 임대 부스의 크기는 전시목적 외에도 전시할 제품의 성격, 연출하고자 하는 이미지, 비용, 기존전시물의 크기, 이용할 수 있는 공간 등의 변수에 영향을 받게 된다.

제3절 부스 디자인의 내용

부스의 공간 배분을 살펴본 후, 기타 여러 가지 부스 디자인을 할 때 고려해야 될 사항을 자세히 살펴보자.

1. 부스 공간의 배분

부스 공간은 다음의 3가지 요소에 의해 구성된다.

1) 전시품 전시 공간

전시될 제품의 수와 크기, 그리고 업체의 전시회 참가목적에 달려 있다. 전시에 필요한 공간에는 제품의 진열 공간과 안내 데스크(information boards)와 비디오 상영, 그리고 제품의 시연 및 휴게실을 위한 공간 등도 포함되어야 할 것이다.

2) 상담 공간

전시된 제품에 따라 상담을 위한 의자와 별도의 공간이 필요해 질 수도 있다. 그러나 단순한 품위용 시설물의 배치는 공간을 차지할 뿐만 아니라 비용부담만을 초래한다. 따라서 공간 배치는 그 필요성을 특별히 검토하여 배치하여야 하며, 때로는 홍보를 위한 공간(information stand)과 바(bar)와 배식 공간(catering area), 강의실(lecture room) 등도 필요하다.

3) 보조 공간

주방, 창고, 홍보물 비치 공간(brochure room), 휴대품 보관소(cloakroom) 등이 그 예이다. 또한 부스의 공간 배분은 전시회의 참가목적에 따라 다음과 같이 달라진다.

(1) 제품소개지향적인 목적으로 전시회에 참가하는 경우

기계 등 기술 집약적인 제품을 다루는 전시회일 경우에는 내방객들에게 그 제품의 기능을 설명하고 시범을 보이는 데 비중을 두게 마련이다. 이런 전시회에 참가하는 업체들은 제품의 전시 면적과 상담에 필요한 면적(혹은 기타 면적)의 비율을 6:4로 할애하는 것이 바람직스럽다.

(2) 홍보 지향적인 목적으로 전시회에 참가하는 경우

다양한 시청각 기자재(멀티비전, 슬라이드, 비디오) 등을 통한 제품소개가 더욱 큰 비중을 차지하게 마련이다. 따라서 제품의 전시만이 참가업체가 내방객들에게 자신의 제품을 소개할 수 있는 유일한 방법은 아니다. 시청각 기자재 등이 차지하는 면적과 기타 면적의 비율을 4:6 정도로 하는 것이 바람직스럽다.

(3) 상담 지향적인 목적으로 전시회에 참가하는 경우

내방객들과의 상담에 가장 큰 비중을 두게 된다. 내방객들은 대개 특정분야의 전문가들로서 이들 또한 역시 전시회를 통해 그 분야의 전문가들과의 토론 및 상담을 희망한다. 따라서 내방객들과의 상담이 무엇보다도 중시되며 상담을 위한 면적이 절대적인 비중을 차지하게 된다.

(4) 제품소개 및 홍보, 상담을 모두 목적으로 할 경우

위의 세 가지 목적이 혼합됐을 때 참가업체는 세 가지 목적들의 비중이 서로 균형을 이룰 수 있도록 전시 면적과 기타 면적의 비율을 조정해야 한다.

2. 부스디자인 시 기타 고려 사항

1) 동선

동선 문제는 어떠한 공간 내에서 이루어지는 사람들의 동작의 흐름에 관련된 사항이며, 동선 설계에는 먼지 기업의 입장에서 자사의 부스를 방문한 참관객들이 행하기를 바라는 행동을 파악하는 것이 요구된다. 즉, 예컨대 참관객으로부터 주문을 받고자하는 것이 주목적일 때와 참관객들의 교육이 주목적일 때와는 참관객의 행동패턴이 서로 다르게 계획되어야 하며, 이에 따른 동선이 계획되어야 한다. 또한 동선 계획에 있어서 자사의 부스를 방문할 참관객의 수가 어느 정도일 것인가에 대한 예측이 요구된다.

참관객들이 따르기를 바라는 행동패턴을 계획한다는 것은 결국 참관객들이 일정한 행동을 하도록 유도하는 것으로서 기업의 전시회 참가목적에 따라 좌우되는 것이며, 서로 다른 목적에는 서로 다른 동선 계획이 요구된다고 할 수가 있다. 또한 동선 계획은 결국 부스내부의 배치를 결정짓는 것이므로 제품을 단순히 진열할 것인가, 아니면 시연을 할 것인가 등의 전시방법에 따라 각각 요구되는 공간과의 연관성하에서 이루어져야 한다.

2) 부스 장치물

부스 장치물의 경우 신제품 소개 및 회사 기념일과 같은 특별한 경우 일회 사용을 위한 주문제작을 할 수도 있고 계속 전시회에서 이용하기 위해 내구적이며 운반과 조립이 용이하도록 제작하는 경우도 있다. 또한 장치물을 전시회에만 이용할 것인지 아니면 전시회 후 회사의 로비 등에 설치하여 재사용할 것인지 등을 감안해야 한다.

Miller(1999)에 의하면 부스 장치물에는 다음과 같은 것들이 있다.

- 테이블탑(tabletop): 이 장치물은 약 2m 크기의 선반유형으로 이 위에 전시품을 진열하도록 되어 있다. 설치 · 철거 · 운반이 용이하고 가격이 저렴하다.
- 휴대용 장치물(portable display): 소형이고 설치 · 철거 · 운반이 용이하다.
- 조립식 장치물(modular display): 장치구조물을 구성하는 각 요소들이 호환 가능토록 되어 있는 조립식 장치로서 장치의 크기와 배열을 최대한 조정할 수가 있다.
- 임차 장치물(rental display): 전시회 주최자로부터 임차조건으로 서비스 받은 장치물이다. 임차를 희망할 경우 전시회 주최자가 제공하는 매뉴얼에 제공 장치물 내역과 임차비용이 적혀 있으므로 체크 표시하여 주최자에게 제출하면 된다.
- 중고 장치물(used display): 예산 등을 감안하여 중고 장치물을 사용할 수도 있다.

3) 설치 자재

부스 설치 자재에는 부스와 관련된 모든 부품과 장치를 위해 전시기간 사용되었던 모든 것들이 포함될 뿐만 아니라 부스 설치 준비단계(전시품 포장재 등) 및 철거단계(운송)에서 사용된 자재도 이에 속한다.

부스를 설치하기 위해 어떤 자재를 사용하고 또 얼마나 다양한 자재를 사용할지는 참가목표 및 편성된 예산, 참가 빈도 등에 의해 결정된다.

4) 각종 비품

전시회에서는 전시회를 위한 비품들이 필요한데 이와 같은 비품들은 난잡해서는 안 되며, 색상과 질이 조화되어야 한다. 부스 내에 설치해야 될 비품에는 다음과 같은 것들이 있다.

- 안내 데스크

- 의자와 회의용 탁자
- 접대를 위한 바와 의자
- 찬장
- 각종 물품을 보관하는 보관함

전시장에서 개별업체에게 할당된 공간은 항상 비좁을 수밖에 없으므로 차지하는 공간도 절약하면서 다목적으로 사용될 수 있도록 개발된 비품을 선택·사용해야 한다.

5) 색상과 조명

부스의 조명은 전체 분위기를 좌우하므로 내방객들의 시선을 집중시키며 제품에 대한 선전효과를 증대시킬 수 있도록 해야 한다. 일반적으로 조명은 원근감을 주고, 전시품을 강조하며, 빛과 어둠을 적절하게 조화시키는 역할을 한다.

부스의 색상도 매우 중요하다. 색상을 적절하게 사용하여 부스를 디자인하는 경우 참관객들에게 회사의 인상을 강력하면서도 오랫동안 유지하게 할 수가 있다. 그리고 색상을 사용할 때는 문화, 종교, 윤리적인 면을 신중하게 생각해야 하며, 참관객과 전시장 근무요원들에 대한 색이 주는 심리적 영향도 고려해야 한다. 예컨대, 오렌지 레드색은 대다수의 사람들을 들뜨게 하고 충동적인 성향을 갖도록 유도한다. 반면 다크 블루는 차분한 효과를 낸다.

Tip 7-1 문화적 차이와 컬러

국가나 문화에 따라 색깔의 의미로 달라진다. 예컨대, 북미에서는 흰색이 순결함을 의미해서 결혼식의 혼례복으로 많이 사용되지만 일본에서는 흰색은 장례식에서 많이 사용된다. 미국이나 유럽에서는 검정색은 죽음(장례식)을 의미하나 일본·중국·한국에서는 검정색과 함께 백색이 같은 의미를 지니며, 남미에서는 보라색이 죽음을 의미한다. 이란인들은 청색을 좋지 않은 색으로 보나 세계 대부분의 국가에서는 청색은 남성적인 색으로 본다. 영국과 프랑스에서는 적색이 청색보다 더 남성적인 색으로 보며 미국에서는 핑크색이 가장 여성적인 색으로 믿는다.

이러한 미적 감각의 차이는 국제시장에서 판매하고자 하는 제품의 색채, 도안 및 포장, 광고 메시지 선정 등에 큰 영향을 미친다.

색깔의 문화적 차이를 이해하지 못하고 부스를 디자인하는 경우 사업하기에 적합한 장소라기보다는 참관객에게 불쾌감을 유발해서 몰아내는 경우도 있을 수가 있으므로 색깔의 선정에 신중을 기해야 한다.

6) 그래픽

부스 그래픽은 넓은 의미에서 회사 이름부터 회사로고, 참관객들이 스스로 정보를 얻을 수 있도록 준비된 것으로 부스에 사용되는 모든 문구를 말한다.

참가업체가 각종 정보를 컬러와 그래픽을 이용해 시각적인 형태로 나타내는 것은 부스 디자인의 일부이다. 전시장 내방객들은 전시장 내에서 일차적으로 접했을 때의 느낌, 사회적으로 일반화된 느낌, 개개인이 갖고 있는 느낌 등에 따라 행동이 좌우된다.

세심하면서도 우호적인 느낌을 갖도록 하는 것은 간략하면서도 세부사항이 기술된 책자 배포, 시각적인 제품소개, 사진과 슬라이드의 사용, 필름의 상영, 멀티비전 상영 등이다. 정보의 시각화는 그래픽 처리, 자막처리, 사진과 슬라이드 활용, 시청각기기 활용, 전시부스의 컬러 배치 등에 의해 결정된다. 그 외에 훌륭한 그래픽을 위해 주의할 점은 다음과 같다.

첫째, 회사로고를 너무 강조하지 말라. 그래픽의 핵심은 지나가는 사람에게 정보를 재빨리 전달하는 것이므로 회사로고를 너무 강조한 나머지는 전달하려는 메시지가 간과되어서는 안 된다.

둘째, 부스내외에 큰 글씨로 작성된 제품을 설명하는 문구는 어울리는 글자체와 간결하면서도 호소력과 행동을 유발할 수 있도록 작성하여 눈에 잘 띄는 곳에 부착하라.

셋째, 글자크기에 유의하라. 글자크기가 너무 작으면 사람들이 떨어진 거리에서 읽을 수가 없고 지나치게 글자가 크면 전달하려는 메시지가 묻혀버릴 수가 있다. 참고로 정상적인 시력을 가진 사람이 적절한 조명 아래에서 분명히 볼 수 있는 글자크기와 거리 간의 관계를 보면 다음의 〈표 7-1〉과 같다.

〈표 7-1〉 거리와 글자크기

거 리(미터)	글자 크기(밀리미터)
3.5	7.9
6.1	17.5
9.1	27.0
12.2	34.9
15.2	42.9
18.3	50.8
21.3	57.15
24.4	63.5
27.4	69.9
30.5	76.2

출처: B. Siskind(1997). p.75.

7) 시청각 기자재

영화, 비디오, 멀티비전, TV, 슬라이드 상영 등은 내방객들을 부스로 유인하는 유용한 수단임에 틀림이 없으며 보다 구체적인 정보들을 전달하는 데에 도움을 준다. 그러나 이들 매체가 내방객들과 참가업체간의 정보교류를 대신할 수는 없다. 특히 시청각 기자재의 소리 크기가 자사의 부스와 이웃한 타사의 부스에서의 대화에 지장을 주어서는 안 된다. 시청각 기자재는 기술적인 이유로 전시장 내에서 시연할 수 없는 제품이나 공정을 보여주는 데 국한하여 사용하는 것이 효과적이다. 전시장 내에서는 참관객들이 볼 것이 많기 때문에 지속적으로 비디오를 상연한다고 하더라도 참관객들을 극히 짧은 시간밖에 잡아둘 수 없음을 명심해야 한다.

8) 시연(demonstration)

전시회는 직접 고객을 상대로 시연을 통해 생생한 경험을 제공하는 기회를 제공하므로 시연을 적절하게 활용하는 것이 매우 중요하다.

CEIR의 자료를 인용한 Siskind(1997)에 따르면 어떤 전시회를 기억나게 하는 요인 중 가장 중요한 것은 부스의 크기와 제품에 대한 흥미, 생생한 시연이었으며, 이 중에서 부스의 크기는 예산제약 등으로 무한정 늘이는 데에 어려움이 있으므로 이것을 제외한 전시회를 기억나게 하는 요인들을 조사한 결과, 다음 〈표 7-2〉와 같았다.

〈표 7-2〉 부스크기를 제외한 전시회 기억 요인

요 소	비 율
제품에 대한 관심	39%
생생한 시연	25%
부스의 컬러와 디자인	14%
부스 스텝	10%
획득한 자료물	8%
회사의 지명도	4%

출처: B. Siskind(1997). p.77.

즉, 부스의 크기를 제외하고 전시회를 기억나게 하는 요인들 중에서 제품에 대한 관심이 39%로 가장 중요했으며, 다음으로 생생한 시연이 25%를 차지함으로써 부스 디자인에서 차지하는 시연을 중요성을 알 수가 있다.

사례 7-4 트랙터회사 국제종합기계의 전시회 성공사례

망해가던 한국 향토기업, 하노버 박람회서 2000만 불 '대박'

"메쎄가 아니었으면 저희 같은 향토 기업이 어떻게 2000만 불짜리 계약을 따내겠습니까?" 국내 농기계 생산 업체인 국제종합기계가 지난 12~16일 독일 하노버에서 열린 국제농기계박람회에서 2000만 달러 수출 계약을 체결했다. 국제종합기계는 5만2000여명이 살고 있는 충북 옥천군의 향토 기업이다. 직원을 400여 명 둔 이 회사 남영준(60) 대표는 "닷새 동안 열린 메세에서 연매출의 10분의 1 이상을 올릴 수 있었다"며 "먼 곳까지 날아와 부스를 차린 보람이 있었다"고 말했다.

1968년 설립돼 트랙터, 이앙기, 콤바인 등의 농기계를 주로 생산하는 국제종합기계는 2000년대 이후 농업인구와 농지 면적이 급격히 줄며 침체기를 걷기 시작했다. 2009년 이후 3년 동안 평균 150억 원 적자를 기록했고, 2011년에는 워크아웃에 들어갔다.

경영진이 돌파구로 삼은 것은 해외 진출이었다. 하지만 이미 시장을 지배하고 있는 미국, 일본의 농기계 생산 업체에 도전하기에는 인지도가 낮은 게 문제였다. 국제종합기계는 독일 하노버에서 열리는 세계 최대의 농기계 박람회인 하노버 애그리테크니카(Agritechnica)에 도전하기로 했다. 국제종합기계의 도전에 옥천군청과 충북테크노파크가 재정 지원을 했다.

국제종합기계의 '모험'은 성공했다. 독일, 프랑스, 슬로베니아, 이탈리아 업체들과 총 2000만 달러의 수출 계약을 체결한 것이다. 남 대표는 "세계시장의 판도를 읽기 위해서라도 반드시 참가해야 하는 행사를 끊임없이 만들어 내는 게 독일의 힘인 것 같다"고 말했다.

출처: 조선경제, 2012. 11. 20.

연습문제

1. 부스 디자인의 의의와 기본원리에 대해서 설명하시오.
2. 부스의 유형과 위치 및 규모의 결정방법에 대해서 설명하시오.
3. 디자인을 할 때 고려해야 할 사항들을 자세히 설명하시오.

주요 용어

- 독립 부스(raw space booth)/기본 부스(shell stand booth)
- 로우형 부스(Row stand)
- 코너형 부스(Corner stand)
- 블록형 부스(Block stand)
- 엔드형 부스(End stand)
- 실외형 부스
- 전시 디자인
- AIDA모델
- 보조 공간/상담 공간/진열 공간
- 테이블탑(tabletop)
- 휴대용 장치물(portable display)
- 조립식 장치물(modular display)
- 임차 장치물(rental display)
- 그래픽
- 시연

■■■ 참/고/문/헌

서민교, 김돈유, 「전시산업론」, 한올출판사, 2004.

신재기, 「전시산업론」, 한올출판사, 2004.

윤원석, "국제촉진수단으로서의 Trade Show에 관한 연구-참가의사결정과 성과평가를 중심으로-", 서울대학교 대학원 경영학 석사 학위논문, 1989.

주원영, "Trade Show의 전략적 의의와 효율적 활용방안에 관한 연구", 서울대학교 대학원 경영학 석사 학위논문, 1991.

한국무역협회 무역아카데미,「전시컨벤션전문가 양성과정(I)」, 2003.9.

한국무역협회,「전시마케팅성공가이드-해외 전시마케팅 성공기업의 숨은 노하우」, 2013. 2.

AUMA, Successful Participation in Trade Fairs: Tips for Exhibitors, www.auma-fairs.com, 2004.

B. Siskind, The Power of Exhibit Marketing, 4th Edition, International Training and Management Company, 1997.

KOTRA, 「해외박람회 참가요령」, 무공자료 00-07, 2000. 8.

L. A. Obringer, "How Trade Work", http://money.howstuffworks.com/trade-show.htm/printable

S. L. Morrow, The Art of the Show, IAEM Foundation, 1998.

S. Miller, How to Get the Most out of Trade Shows, 3rd edition, NTC Business Books, 1999.

Chapter

08 부스 요원의 선발과 교육

부스 디자인과 더불어 중요한 것이 부스 요원의 선발과 교육이다. 유능한 부스 요원을 선발하는 방법과 전시 전·후와 전시기간 중에 부스 요원의 능력을 극대화시킬 수 있도록 사전 교육 방법에 대하여 살펴본다.

도입 사례

서울모터쇼 '멋진 남성 모델'…"여심 저격한 자동차들"

이번 서울모터쇼에는 여자모델 만큼이나 많은 멋진 남성모델이 자리했다. 열정적인 여성 관람객들도 쉽게 만날 수 있었다.

특히 남성 모델이 눈에 띈 곳은 MINI 부스였다. MINI 5도어와 클럽맨, JCW까지 거의 전 차종에는 다양한 매력의 남성 모델이 포즈를 취했다.

MINI부스에서 만난 3인 3색의 남성 모델

MINI 관계자는 "일부러 남성 모델을 많이 배치하지는 않았지만 MINI 고객 절반이 여성 고객이라는 것은 사실"이라며 "작은 차뿐 아니라 클럽맨이나 컨트리맨 같은 큰 모델까지 여성들에게 인기가 좋다"고 강조했다.

MINI가 여성 운전자들에게 큰 호응을 얻는 이유는 깜찍한 디자인과 작은 차체로 인한 운전 편의성이다. 그러면서도 듬직하고 튼튼해서 믿을만한 차로 평가받는다. 그 중 클럽맨이나 컨트리맨은 패밀리 세단으로도 인기가 높다.

그 다음으로 여성 관람객 관심이 높았던 부스는 바로 르노삼성이다. 르노삼성은 SM3와 QM3 등으로 여성 소비자들에게 높은 지지를 얻는 브랜드다. 서울모터쇼에서도 부스에 도슨트를 배치하고 트위지 시승 프로그램을 제공하는 등 가족 단위 프로그램을 다양하게 마련했다.

캐딜락의 다니엘 헤니

캐딜락은 에스컬레이드를 발표하면서 다니엘 헤니를 홍보모델로 기용해 여성들에게 많은 관심을 받았다. 특히 국내 최초로 공개한 클리오가 여성 고객들의 마음을 사로잡았다. 클리오는 아담하면서도 강렬한 디자인으로 전 세계 누적 판매량이 1,300만 대에 달하는 스테디셀링카다. 심플하면서도 편리한 내부 인테리어도 여성 관람객들에게 큰 호응을 받았다.

캐딜락 에스컬레이드도 여성 관람객들에게 많은 관심을 받은 차 중 하나였다. 에스컬레이드는 전장만 5,697mm에 전폭이 2,045mm로 국내에서는 주차도 하기 어려울 만큼 큰 '남성형 차'다. 그럼에도 불구하고 캐딜락 부스에서는 에스컬레이드를 꼼꼼히 살펴보는 여성 관람객을 쉽게 만나볼 수 있었다.

여성 관람객은 "미국 영화나 드라마에서 자주 볼 수 있는 차라서 한 번쯤 직접 보고 싶었다"며 "기회가 된다면 꼭 한 번 직접 타보고 싶다"고 말했다.

이번 서울모터쇼에서는 MINI뿐 아니라 스팅어, G4렉스턴 등 다양한 차종에서 남자모델을 만나볼 수 있다.

인기 남자 배우인 다니엘 헤니가 에스컬레이드 홍보 모델로 기용된 것 역시 에스컬레이드가 여성들의 관심을 끄는 요인이었다. 최근 캐딜락이 '부티크 투어' 등 여성 고객을 위한 마케팅

전략을 준비한 것과도 맞물리는 요소다.

캐딜락 관계자는 "여성들의 관심을 끌기 위해서 다니엘헤니를 기용한 것은 아니지만, 시장에서 여성 고객 중요성이 높아지는 것은 분명한 사실"이라며 "부티크 투어를 비롯해 여성 고객을 위한 마케팅 전략을 세워 아직 10%대에 불과한 여성 고객 비중을 높이기 위해 노력하고 있다"고 말했다.

출처: 한스경제_한국스포츠경제(http://www.sporbiz.co.kr).

제1절 부스 요원의 선발과 구성

1. 부스 요원의 의의

전시회 참가성과를 극대화하기 위해서는 부스의 디자인뿐만 아니라 부스 요원을 신중하게 선발하여 동기부여를 하고 부스 요원을 적절히 훈련시키는 것이 필요하다. 동기부여가 된 자질이 우수한 요원을 부스에 배치할수록 좋은 결과가 나타나고 유망하고 새로운 거래선에 대한 접촉의 빈도도 높아지기 마련이다. 즉, 수많은 참관객들에게 해당 기업 또는 제품에 대한 어떤 인상과 기억을 심어주느냐는 것은 현장 부스 운영 요원의 능력과 태도에 따라 많은 영향을 받는다. 오늘날 마케팅 측면에서 전시회의 중요성을 인식한 많은 기업들이 매년 부스 제작과 부스 면적의 임차에 관련된 비용지출을 증가시키고 있다. 하지만 이러한 하드웨어에 투자된 막대한 지출이 부스 요원의 능력과 자질의 부족으로 인해 비효율적인 것이 될 수 있음을 인식하고 있다. 즉, 부스에 많은 비용을 투입하더라도 우수한 부스 요원이 없다면 전시회가 판매목적을 달성할 수가 없으며, 자사의 제품이나 서비스에 대한 좋은 이미지의 구축도 불가능한 것이다.

그렇다면, 부스 요원들이 효율적으로 업무를 수행하지 못하는 이유는 무엇일까?

첫째, 어떤 기업이 1년에 3~4회 또는 그 이상의 전시회에 참가할 경우라 하더라도 전시회 참가는 1년의 기간을 두고 볼 때 자주 있는 일이 아니므로 전시회 업무에 익숙한 직원을 찾아보기가 힘들다. 또한 부스에 선발된 직원의 입장에서는 전시회 개최지역을 담당하고 있는 직원이 아닌 경우, 전시회에서의 마케팅이 자신의 담당지역과 무관하게 이루어지는 경우가 대부분이므로 기업의 현재고객에 대해서만 판매노력을 집중하고 예상고객에 대한 판매를 소홀하게 처리하기 쉽다.

둘째, 선발된 직원은 또한 일반 방문 판매(field sale)와 전시회에서의 판매의 차이를 모르고 있기 때문이다. 일반 방문 판매의 경우 업무의 성격상 판매원 자신의 판단의 기초 하에 유망고객에 대한 개별적인 방문을 일상의 업무로 했지만 전시회의 경우 반대로 유망고객이 자신이 위치하고 있는 부스를 방문하게 된다는 점에서 근본적으로 차이가 있다.

셋째, 일반적으로 선발된 요원에 대한 체계적인 훈련이 부족하고 또한 이들을 훈련시킬 전문 인력이 부족하다. 따라서 대부분의 경우 체계적인 훈련보다는 단순히 다른 경험 있는 요원을 관찰함으로써 지식을 얻는 경우가 대부분이다.

2. 선발의 기준

부스에서의 세일즈 기법은 일반 소 · 도매상, 텔레마케팅, 또는 현장판매와는 많은 차이가 있다. 적지 않는 국내 기업의 해외전시회 부스현장에서는 인건비 절감 등의 이유로 단순히 일선 현장에서 세일즈 경험이 많거나 외국어를 좀 더 잘 구사한다는 이유로 부스 요원을 선발하는 경우가 많다.

부스 요원의 선발에 있어서 가장 중요한 것은 목표 참관객에 대한 정보이며, 이를 이용하여 목표 참관객의 요구에 가장 적합한 인력을 선발하는 것이 중요하며, 고려해야 될 사항은 다음과 같다.

1) 목표 참관객의 주된 관심 분야가 무엇인가?
2) 전시회가 열리는 장소가 어디인가?
3) 부스 요원에게 어떤 자질과 인성이 요구되는가?
4) 전문가나 기술 인력의 지원이 필요한가?

즉, 목표 참관객의 관련 산업과 구매결정상의 지위에 따라 주된 관심 분야를 예측할 수 있으며 해당 분야에 적합한 판매원을 선발해야 한다. 또한 국제적인 대규모 전시회라고 할지라도 개최 지역의 구매자들이 20% 이상을 차지하므로 해당 지역의 판매원을 부스 요원에 포함시킬 필요가 있다.

또한 선발 시에 중요한 또 다른 사항은 부스 요원은 개별 활동이 아니라 팀을 구성한다는 관점에서 선발되어져야 한다는 것이다. 즉 부스 요원들은 성별 · 연령별 · 인종별 · 기술적 자질별로 혼합된 하나의 팀을 만드는 것이 중요하다. 특히 최근에 여성의 구매의사결정에의 참여가 점차 증대되어가는 경향을 반영하여 오늘날 많은 기업들이 여성을 부스 요원으로 포함시키고 있다.

일반적으로 지적되고 있는 부스 요원의 추가적인 자질을 살펴보면 다음과 같다.

1) 상품에 대한 이론 및 실무에 관한 전문 지식을 갖추어야 한다.
2) 사람들과 어울리기를 좋아해야 한다.
3) 신뢰감을 줄 수 있으면서도 세련된 매너를 갖고 있어야 한다.
4) 의사표시를 분명히 할 수 있어야 한다.
5) 임기응변이 뛰어나 내방객들과의 상담과정에서 예기치 못한 상황이 발생하면 즉각적으로 대처할 수 있어야 한다.
6) 외국어에 능통해야 한다.
7) 외국에서 열린 전시회에 참가해본 경험이 있어야 한다.
8) 건강해야 하며 여행을 좋아해야 한다.

사례 8-1 **Philips Medical System Inc.의 부스 요원 선발 성공 사례**

이 회사는 전문적 경험을 갖춘 직원들에게 부스관리를 맡겨 전시회에서 성공을 거두었다. Philips Medical System사는 미국 의료기기 시장의 큰 부분을 점유하고 있으며 전시회 참가에도 매우 적극적인 기업이다.

당사는 미국 Critical Care Nurses협회가 주관하는 National Teaching & Critical Care Exhibition을 비롯한 여러 곳의 의료기기 전시회를 참가하고 있는데 무엇보다도 전시회에서 고객관리 강화와 브랜드 이미지 제고에 주력하고 있다.

당사는 의료기기 전시회의 가장 중요한 방문객이며, 제품 선정 시 큰 영향력을 행사하는 간호사들을 상대로 유대강화와 제품소개, 사용방법에 관한 교육 등에 정성을 쏟고 있다.

당사의 부스요원들은 의료기기를 잘 다룰 줄 아는 현직 또는 전직 간호사들로 구성되어 있어 방문객이 질문사항을 보다 전문적으로 신속히 처리할 수가 있어 주목을 끌고 있다. 그래서인지 전시회 참관객들에게는 Philips Medical System사가 모회사인 Royal Philips Electronics사의 자회사가 아닌 별도의 유수한 의료기기 전문메이커로서 이미 자리잡고 있다.

출처: 송성수, "박람회 참가 성공전략(2).", 무역일보, 2003.12.5.

3. 부스 요원의 구성과 인력의 조달

부스 근무요원은 전시회 참가목적이나 부스의 규모, 기업의 규모 등에 따라 다소 차이가 있지만 부스 근무요원들은 다음의 인원이 포함되어 있거나 기능을 할 수가 있어야 한다.

- 총괄책임자: 부스의 운영을 총괄하며, 상담과정에서 결정을 내려야 할 때 신속히 결정을 내릴 수 있는 권한을 가지고 있어야 한다.
- 부스 관리: 부스를 관리할 수 있는 요원
- 기술 담당: 제품의 내용을 기술적으로 잘 아는 요원
- 판매 담당: 제품의 판매 및 상담 전담요원
- 통역 요원
- 보도자료 배포 요원
- 내방객 안내 요원
- 고객방문 시 다과 및 각종 편의제공 요원

부스 요원의 충원은 주로 기업 내의 지역 판매원과 기술 인력을 중심으로 이루어지지만 외부 인력을 부스 요원으로 이용할 수가 있다. 즉 자사의 딜러에게 지원을 요청할 수가 있는데, 특히 이러한 경우에는 딜러가 자신의 핵심 고객과 사적인 접촉을 할 수 있으며, 딜러 자신은 모기업의 전시회에 부스 요원으로 선발되었다는 자부심을 가질 수가 있다. 또한 전시회 경험이 없는 신생 기업의 경우에는 자사의 직원이 아닌 전시 전문가를 고용할 수도 있다. 그리고 부스 운영과정에서 필요한 임시요원들은 전시장 현장에서 지원받을 수 있는데, 임시요원들은 주로 부스의 조립과 해체, 내방객들에 대한 다과와 각종 편의제공, 통역 등을 지원한다.

필요한 부스 요원 수를 결정하기 위해서는 자사의 부스를 방문할 것으로 예상되는 총참관객수를 전체 전시 시간으로 나누어서 시간당 방문객수를 추정하고, 산출된 값을 요원 1인당 1시간 동안에 접대할 수 있는 방문자수를 나누어 구하는 방법을 사용할 수가 있다. 여기서 판매원 1인당 1시간 동안에 접대할 수 있는 방문자수는 제품의 특성에 따라 상세한 설명이 필요한 기술적 제품인 경우에는 좀

더 작고, 일용품의 경우에는 좀 더 크지만 보통 15명/1시간 정도이다. 즉, 예컨대 총 40시간의 전시 시간에 자사의 부스를 방문할 것으로 예상되는 참관객의 수가 3,000명이라면 필요한 최소의 부스 요원은 5명(=3,000÷40÷15)이다.

이 방법으로 구한 인원수는 전시회가 개최되는 기간에 참관객이 일정비율로 자사의 부스를 방문한다는 가정 하에서 계산되었다. 그러나 전시회 첫째 날에는 더욱 많은 참관객이 방문한다는 것을 염두에 두고 전시회 주최자로부터 전시회 일자별로 예상참관객수에 대한 정보를 제공받아 산출된 부스 요원의 수를 조정하는 것도 필요하다.

제2절 동기부여와 훈련

1. 동기부여와 훈련되어야 할 내용

전시회 참가팀의 모든 요원들은 전시회 기간뿐만 아니라 전시회 전 · 후에도 최선을 다해야 하며, 부스 요원의 임무는 굉장히 고된 업무이므로 구체적인 훈련에 들어가기 전에 적절한 보상과 인센티브 제도를 통해 동기부여를 해야 한다. 즉, 전시회의 파견근무 자체가 능력을 인정한 것이며, 따라서 부스 요원의 선발은 하나의 영예임을 인식하도록 하는 것이 필요하다. 또한 이러한 내재적 보상 외에 부스에서 이루어진 판매계약에 대해 계약을 체결한 부스 요원에게 금전적인 보상을 병행하여 실시할 경우 부스 요원의 동기는 더욱 유발된다.

그렇다면, 부스 요원이 성공적으로 업무를 수행하기 위해서 기본적으로 알고 있어야 하는 사항은 무엇일까?

첫째, 부스 요원이 기업의 전시회 참가목적을 분명히 알수록, 각 개인의 업무가 명확히 정의될수록, 각 요원들은 성공적인 업무수행을 할 수 있으므로 이에 대한 교육이 필요하다. 전시회 참가팀 모두에게 자사가 이번 전시회 참가에서 얻고자 하는 것과 개별적인 업무와 책임이 무엇인지를 이해시킨다. 전시회에서 무엇을, 왜, 어떻게 해야 하는지를 알고 있어야 적극적인 업무수행이 가능해진다.

둘째, 자사의 부스 요원에게 부스맨십(boothmanship)을 갖도록 훈련시킬 필요가 있다. 부스맨십은 단순히 부스 요원이 해야 될 일과 하지 말아야 할 일을 아는 것 이상이며, 부스맨십은 부스 요원의 태도나 행동이 기업이미지를 구축하는 데에 핵심적인 요인임을 부스 요원들이 항상 인식하는 것을 의미한다.

셋째, 방문 판매와 전시회 판매의 차이를 인식시킬 필요가 있다. 방문 판매는 영업담당자가 고객을 방문하지만 전시회에서는 고객이 찾아온다. 방문 판매는 고객의 영역에서 상담을 진행하므로 영업담당자는 주위환경이 낯설고 고객을 기다리는 경우가 많다. 그러나 전시회에서는 자신의 영역에서 참관객을 맞이한다. 물론 전시장의 소음으로 주위가 산만해질 수도 있지만 자사부스를 자신의 의도대로 디자인하고 주위환경을 의도대로 계획할 수가 있다. 그리고 방문 판매는 영업담당자와 한명의 고객이 있지만, 전시장에서는 상담요원과 수많은 참관객들이 있다. 전시회는 일종의 슈퍼마켓과 같다고 할 수가 있다. 잠재 고객은 부스를 방문하여 제품 설명을 듣고 유사 제품과의 비교를 위해 타 업체의 부스를 방문한다. 그러므로 현장에서 각 참가업체 제품의 가격, 질, 품질보증 여부 등의 장·단점을 비교·파악할 수가 있으므로 자사제품이 다른 경쟁업체의 제품과의 비교우위가 무엇인지를 확실한 객관적 근거를 가지고 설명해야 설득력이 있다는 점을 인식해야 한다.

넷째, 시연의 중요성과 방법을 인식시켜야 한다. 전시회는 시연에 아주 적합한 장소이다. 특히 자사 제품이 컴퓨터나 기계류인 경우 방문 판매 시 시연은 불가능하다. 전시회에서는 시연과 판매를 병행할 수가 있으며, 시연을 통해서 참관객들에게 자사 제품의 특징을 정확히 이해시킬 필요가 있다.

기본적으로 부스 요원은 다음 사항에 대해서 알고 있어야 한다.

- 자사 제품이나 서비스의 범위
- 가격과 조건
- 경쟁과 경쟁자의 공급범위
- 목표 그룹
- 전시회 참관객의 프로필
- 주요 고객 및 이해관계자
- 참관객과의 정보를 기록하는 방법

- 부스 레이아웃과 근무시간표
- 전시회의 중요성
- 전시회의 위치와 전시회 장소

사례 8-2 **Lennox사의 부스 요원의 성공적인 훈련**

주택과 업무용건물의 환기·냉온방 설비 제조업체인 Lennox사는 인적 판매 외에 주로 National Home Builders Show(NHBS)에 참가를 통해 딜러와 주택업자들을 접촉하고 있었다. 그러나 이 쇼에 매년 참가하는 것은 아니므로 자사의 지리적 세분시장에 가장 적합한 전시회를 계속해서 탐색하고 있었다.

달라스에서 열린 NHBS '87에 참가한 Lennox사는 메시지의 초점을 광범위한 딜러망을 통해 행해지는 딜러와 건축업자에 대한 촉진프로그램을 전달하는 데에 두었으며, 이러한 목적을 효율적으로 달성하기 위하여 시카고에 위치한 전시회 전문업체인 Giltspur사와 계약을 체결하였다.

Lennox사와 계약을 맺은 Giltspur사는 딜러들로 하여금 건축업자에 대한 판매를 달성하는 데에 Lennox사의 촉진프로그램이 얼마나 유용하게 쓰일 수 있는가를 에어로빅 전문강사가 음악에 맞춰 에어로빅 시범을 보이면서 전달하는 방법을 고안하였으며, 이는 전시 중에 참관객의 시선을 집중시켜서 더욱 많은 수의 예상고객이 동사의 부스를 방문하도록 하기 위한 것이었다.

그러나 전시회의 성과를 높이기 위해서는 많은 예상고객이 자사의 부스를 방문하는 것만으로는 부족하며, 자사의 부스를 방문한 예상고객들로부터 양질의 판매리드를 확보하는 것이 더욱 중요하다고 판단한 Lennox사는 자사의 부스요원들이 Giltspur사의 독특한 훈련프로그램에 참가하도록 하였다.

"Showpower R"이라 불리우는 Giltspur사의 부스 요원 훈련프로그램은 부스 요원이 참관객을 용이주도하게 파악하는 기술에 초점을 둔 것으로 이 훈련에 참가한 부스 요원들은 우선 방문객이 소속 기업의 구매결정과정에서 어떠한 지위에 있는가를 신속하게 파악하는 훈련을 받았다. 이는 방문자의 욕구와 관련해서 제품 또는 서비스의 효익을 더욱 효과적으로 전달하는 데에 필요한 기술이며 훈련에는 방문자를 평가함으로써 최종적으로 양질의 판매리드를 가려내는 내용이 포함되어 있다.

전시회 개최 직전에 이런 훈련을 받은 Lennox사의 부스 요원들은 훈련과정에서 습득한 기술을 전시회 기간 중에 활용함으로써 동사는 NHBS '87의 참가를 통해 기대이상의 성과를 올릴 수 있었다.

출처: 주원영, "Trade Show의 전략적 의의와 효율적 활용방안에 관한 연구", 서울대학교 대학원 경영학 석사 학위논문, 1991. pp.107~108.

2. 훈련방법

전시회 훈련에 관한 특별 세미나, 출판물이나 비디오 등을 통해 특히 다음의 사항에 대해 훈련을 받아야 한다.

- 어떻게 참관객의 흥미를 유발시킬 것인가?
- 언제 그리고 어떻게 그들에게 접근할 것인가?
- 어떻게 이름이나 주소 등을 요구해서 기록할 것인가?
- 일반대중에 대해서 부스 요원들은 어떻게 행동해야 할 것인가?

훈련은 다음의 목적을 가지고 있다. 즉, 어떤 때라도 부스 요원은 참관객이 대화하기 위해서 접근하기가 쉬워야 하며, 신문을 읽거나 동료와 잡담을 하는 행동으로 참관객이 부스를 방문하는 것을 방해하는 행위는 금지되어야 한다.

부스 요원으로서 필요한 외모나 의상, 자세에 대해서 아는 것도 중요하다. 부스 요원이 유니폼을 입는 것은 참관객이 도움을 요청하기에 용이하다. 그리고 넥타이나 스카프와 같이 부스 요원을 쉽게 알아볼 수 있게 하는 액세서리도 필요하며, 적당한 크기의 명찰을 착용하는 것도 좋다.

참관객이 부스를 방문했을 때 둘러볼 충분한 시간 여유를 주어야 하며, 부스 요원은 그들이 무엇에 관심이 있는가를 관찰해야 한다.

참관객에게 환영인사를 하고 자신을 소개하고 전시품에 대해서 애기를 해야 한다. 이미 알고 있는 고객의 경우 즉시 이름을 부르면서 접근해야 한다.

대화를 하는 동안 지나친 주장이나 강요는 피해야 하며, 손님의 애기를 들을 필요가 있다. 그리고 적절한 질문을 이용해서 동기, 회사 내에서의 지위나 얼마나 빨리 구매결정을 내릴 것인가를 파악해야 한다.

대화의 마지막 부문에서는 가능하다면 차후 접촉, 예컨대 방문이나 견적을 보내는 약속 등을 해야 한다. 상담 종료 후 바로 참관객에 관한 자세한 정보를 적고 모든 요구 조건을 기록해야 한다.

제3절 부스총괄 책임자의 임명과 역할

내부적으로 부스 요원과 외부적으로 참관객을 위해 부스를 효율적으로 운영하기 위해서는 부스 매니저를 임명해야 한다. 부스 매니저는 다양한 성격의 사람들을 다룰 수 있는 능력이 있어야 한다.

부스 매니저는 다음과 같은 자격을 갖추고 있어야 한다.

- 전시회에 대한 경험을 소유할 것
- 결정을 할 수 있고 결정하는 것을 즐길 것
- 동기부여와 리더십이 있을 것
- 조직과 임기웅변의 재능이 있을 것
- 책임감이 있을 것
- 멋진 외모를 가질 것
- 확신이 있을 것
- 분명할 것
- 토론이나 교섭을 기꺼이 할 것
- 기본적인 기술적·경영적 지식을 가지고 있을 것
- 사람을 잘 기억할 것

그리고 부스 매니저의 임무는 다음과 같다.

- 전시회 시작 전 부스의 책임을 맡아야 한다.
- 각 개인에게 특정 임무를 부여
- 근무시간표를 작성하여 감독할 것
- 주요 고객을 환영할 것
- 고객 토론을 지원할 것
- 본사로 주요 메시지를 전달할 것

또한 불가피한 사정에 의해 자리를 비울 것을 대비해서 부매니저를 지정해야 한다.

사례 8-3 사이버 전시회

사이버 전시회란 '인터넷을 통하여 거래 상대방이 상품에 대한 정보를 얻고, 구매자(참관객)와 생산자(전시자) 간에 거래를 진행하는 전시회'를 말한다. 사이버전시회의 특징은 시간·공간적 제약이 없어서 연중무휴로 진행할 수 있으며, 전시회 참가에 따른 비용을 절감할 수가 있다.

대표적인 예로 국내의 라이브 엠 닷컴이 운영하는 멀티쇼(www.multi-show.com)를 들 수가 있다. 이 사이트는 지난 1년간 각종 국내 전시회에 참가한 8천개의 업체정보와 2천개의 동영상을 보유하고 있다. 이를 통해 전시회에 참가하지 않은 업체도 멀티쇼의 사이버 부스인 e-부스에 등록하면 사이버상에서 업체정보를 얻을 수 있다. 이러한 사이버 전시회는 자신이 참가하지 못한 전시회의 업체정보를 저렴한 비용으로 얻을 수 있다는 장점이 있다.

그렇다면, 이러한 사이버전시회가 기존의 전통적 전시회를 완전히 대체할 수 있을까?

1990년대 들어 인터넷의 등장으로 전시회 주최사마다 사이버 전시회를 유치하기 위해 치열한 경쟁을 벌였다. 그러나 전시 전문가들은 인터넷을 통한 사이버 전시회가 오프라인 전시회의 수요자와 공급자를 직접 대면해 상담하고, 이를 통해 정보를 상호 교류하는 기능을 완전히 대체할 수 없다고 주장하고 있다. 다만 사이버 전시회가 기존의 오프라인 전시회를 완전히 대체할 수는 없지만 IT기술의 발달로 오프라인 전시회와 연계를 통해 상호 보완적으로 시너지 효과를 창출할 수 있다는 주장이 설득력을 가지고 있다.

연습문제

1. 부스 요원의 중요성과 선발 기준에 대해서 설명하시오.
2. 부스 요원의 구성과 인력 조달에 대해서 설명하시오.
3. 부스 요원에 대한 동기부여 및 훈련에 대해서 설명하시오.
4. 부스 매니저의 임무와 역할에 대해서 자세히 설명하시오.

주요 용어

- 부스 요원
- 부스맨십(boothmanship)
- 방문 판매(field sale)
- 목표 오디언스(target audience)
- 부스 매니저
- 시연(demonstration)
- 동기부여

■■■ 참/고/문/헌

서민교 · 김돈유,「전시산업론」, 한올출판사, 2004.

신재기,「전시산업론」, 한올출판사, 2004.

윤원석,"국제촉진수단으로서의 Trade Show에 관한 연구-참가의사결정과 성과평가를 중심으로-", 서울대학교 대학원 경영학 석사 학위논문, 1989.

주원영,"Trade Show의 전략적 의의와 효율적 활용방안에 관한 연구", 서울대학교 대학원 경영학 석사 학위논문, 1991.

한국무역협회 무역아카데미,「전시컨벤션전문가 양성과정(I)」, 2003.9.

한국무역협회,「전시마케팅성공가이드-해외 전시마케팅 성공기업의 숨은 노하우」, 2013. 2.

한국전시산업진흥회, 보여주는 만큼 성공한다-2010 해외전시회 참가 성공사례집, 2011.2.

AUMA, Successful Participation in Trade Fairs: Tips for Exhibitors, www.auma-fairs.com, 2004

B. Siskind, *The Power of Exhibit Marketing*, 4th Edition, International Training and Management Company, 1997.

KOTRA,「해외박람회 참가요령」, 무공자료 00-07, 2000. 8.

L. A. Obringer, "How Trade Work", http://money.howstuffworks.com/trade-show.htm/printable

S. Miller, *How to Get the Most out of Trade Shows*, 3rd edition, NTC Business Books, 1999.

Chapter

09 전시회 참가 전 촉진활동

부스의 디자인과 부스 요원의 선발·교육과 더불어 중요한 것이 전시회 참가 전 촉진(pre-show promotion)활동이다. 먼저 일반적인 마케팅 촉진활동의 의의를 살펴본 후, 전시회 참가 전 촉진활동의 의의와 구체적인 방법들을 자세히 살펴본다.

도입 사례

엔바이오텍–사전 마케팅에 바이어 부스 방문

엔바이오텍은 국내 무역유관기관의 참가 권유와 정부지원을 계기로 해외전시회에 첫발을 내딛게 되었다. 물론 첫 전시회에서는 경험부족으로 큰 성과를 거두진 못했지만 전 세계 제품들을 직접 만나고, 바이어들과 얼굴을 마주보고 상담을 진행하면서 제품 디자인 혁신의 필요성을 깨달았다. 새로운 디자인의 제품을 완성시킨 후 2009년부터 전시회에 꾸준히 참가하여 선보이기 시작했다. 그 결과, 전 세계 대기업들과 OEM 계약 체결 및 미국시장 진출, 해외매출 3배 증가라는 성과를 거둘 수 있었다.

엔바이오텍은 동물, 식물, 곤충 등의 세포 배양 및 시료의 혼합에 쓰이는 기계인 세포 배양기와 진탕기를 주력 제품으로 생산하고 있다. 높은 브랜드 인지도로 시장을 선점하고 있는 독일과 미국의 대기업들에 맞서기 위해서는 낮은 가격과 유명 제품과 동등한 수준의 품질을 제공해야 했다. 동시에 실험 목적 및 환경에 따라 다른 다양한 욕구를 충족시켜 주어야 했다. 엔바이오텍은 이 모든 것을 해냈다. 특히 최근 출시된 신제품 Anicell은 바이오 시밀러 분야에 쓰이는 쉐이커를 장착한 인큐베이터로 기존 경쟁사 제품보다 배양조건과 용량은 더 높이고 가격은 더 낮추면서 독특한 디자인과 컨셉까지 더하여 전시회에서도 방문객을 끌어 모으는 '핫 아이템'으로 주목받았음은 물론 출시 1년 만에 미국, 영국, 네덜란드, 인도 시장에 진출하게 되었다.

■ 제품 특성에 맞는 전시회 선택해 꾸준히 참가

엔바이오텍은 2012년 유럽시장에 대한 수출을 크게 늘리는 성과를 냈다. 유럽의 경기악화 속에서도 수출을 늘릴 수 있었던 비결은 기존에 참가하고 있었던 전시회에 꾸준히 참석해 마케팅을 펼친 것이다. 제품이 특성과 잘 맞아 떨어지는 전시회를 선택하여 지속적으로 참가하여 제품과 회사의 신뢰도를 쌓았다.

엔바이오텍은 2011년 10월 독일에서 개최된 BIOTECHNICA에 전년대비 2배 확장된 부스 규모로 참가하기로 결정하였다. 이 전시회는 관련분야 전시회 중에서도 특히 바이오 사업 분야, 그중에서도 생명공학 및 세포 배양에 중점을 둔 전시회로 엔바이오텍의 제품 특성과 잘 맞았다. 적합한 바이어와 실제 사용자들을 한자리에서 만날 수 있는 절호의 기회였던 바이오테크니카에 4년 연속으로 참가하면서 바이어들에게 꾸준히 브랜드 인지도를 쌓았으며, 2011년도에는 부스 규모를 확대해 참가했던 것이다.

엔바이오텍은 제품이 장비라는 특성을 고려하여 바이어들에게 작동되는 모습을 보여주는 디스플레이에 최선을 다했다. 장비의 특징을 잘 보여줄 수 있도록 실제 실험에 쓰이는 소모품들을 이용하여 기계가 작동하는 모습을 확실히 보여줬으며, 특정 실험 분야의 연구원 및 바이어가 쉽게 제품의 용도를 알 수 있도록 기계 외부에 디자인을 삽입하거나 키워드 배너를 붙여 놓았다. 바이어의 시각에서 준비한 디스플레이와 성실한 현장 마케팅, 그리고 꾸준한 전시회 참가는 바이어들에게 긍정적인 인식을 심어주었고, 2012년 수출 실적은 유럽경제 위기에도 불구하고 증가하였다.

■ 철저한 사전 마케팅, 신규 거래선 발굴 한 몫

이러한 성과를 낼 수 있었던 또 다른 비결은 명확한 목표 아래 이루어진 철저한 사전 마케팅이다. 4년 연속 참가했던 독일 전시회를 준비하는 과정에서 여러 번 참가했음에도 출품 제품이 많고 고가의 신제품도 있어 기존 바이어 초청과 미 진출 국가의 유망 바이어 발굴 작업을 4달 전부터 철저하게 진행하였다. 유망 바이어 발굴을 위해 경쟁업체나 관련 제품을 취급하는 업체의 웹사이트에 게시된 디스트리뷰터(Distributor) 정보를 참고하여 초청장을 보냈고, B2B사이트를 통해서도 발굴하였다.

다른 전시회에서 만났으나 거래가 이루어지지 않았던 업체들에게도 미리 신제품의 특징을 사진과 함께 소개하여 제품에 대한 관심을 제고시켜 부스 방문을 유도하였다. 기존 바이어들에게는 신제품에 대한 상세한 설명을 주고 미리 시장조사를 하게 하였다. 그 결과, 전시장에서 샘플 제품 모두를 판매할 수 있었다. 또한 과거 동일 전시회에서 만났던 방문객들에게도 제품의 변화를 인지할 수 있게 만든 자료들과 과거의 상담내용을 토대로 접촉하여 관심을 갖도록 사전 작업을 하였고, 방문을 유도하는 등 사전 마케팅에 정성을 쏟았다. 당연히 부스를 찾는 바이어가 증가했으며, 한 업체와는 3년 만에 거래를 맺는 성과를 내기도 하였다.

한국무역협회의 지원으로 중국 베이징에서 열린 CISILE 2012에 참가했을 때는 기존 독점 디스트리뷰터와의 계약 해지로 인해 새로운 디스트리뷰터 발굴을 해야 했다. 이에 따라 기존 독점 디스트리뷰터의 담당자와 개인적으로 친분이 있는 직원들을 통해 경쟁사 정보를 얻어 그 경쟁사에게 연락하여 방문을 유도하는데 주력하였다. 다른 전시회에서 만났던 중국 바이어들에게도 엔바이오텍의 독점 계약 해지 상황을 알리고 거래를 재협의할 수 있음을 홍보했다.

■ 이메일 수백 통? 전시회 참가 한번이 훨씬 효과적

전시회는 "우리 회사와 같이 자체브랜드 제품을 해외 현지에 직접 홍보하고 영업해야 하는 중소기업에게는 큰 도움이 된다고 생각한다. 우리를 대신하여 현지 시장에서 영업 사원이 되어 줄 파트너를 찾아야 하는 중요한 작업을 인터넷이나 국가기관의 도움에만 의존할 수 없다. 그렇기 때문에 직접 가서 유망 바이어의 진면목을 보고 제품에 대해서도 하나하나 협의를 해 나가는 작업은 수백 통의 이메일보다 효과가 크고 거래 진전에 빠른 속도를 낸다. 엔바이오텍 관계자의 전시회 예찬은 이어졌다. 샘플을 쉽게 보낼 수 없는 기계를 취급하는 업체들의 경우에는 실제 제품을 보여줄 수 있는 전시회 참가가 어떤 마케팅 자료보다 더욱 큰 효과를 낼 수 있다는 것이다. 이 관계자는 이어 제품의 홍보효과뿐만 아니라 미개척 시장의 정보에 제한적일 수밖에 없는 중소기업에게 현지에 진출했거나 또는 진출 준비 중인 업체의 정보와 시장 동향을 짧은 시간에 대략적으로 파악하고 이를 통해 유망 바이어와의 협상 시 차별화된 점을 제시할 수 있는 최고의 기회라고 강조했다.

엔바이오텍은 지금까지 미국, 중동, 유럽, 아시아에서 참가해왔던 전시회에 지속적으로 참가하여 가능한 많은 바이어들에게 제품을 노출시키고 기존 및 잠재 바이어들과의 교류를 이어나가기 위해 노력할 계획이다. 또한 아직까지 규모가 작은 시장에는 기존 바이어들을 활용하여 간접 전시를 제안할 예정이다.

출처: 한국무역협회(2013). 전시마케팅성공가이드, p.38.

제1절 일반적 마케팅 촉진활동의 개념과 수단

아무리 전시회의 국제적 평판과 명성이 뛰어나고, 참관객이 수만 명에 달한다고 해도 현지에 가서 전시품을 진열한 후, 전시장에 찾아오는 불특정 다수의 참관객을 무작정 기다리기만 하면 되는 것이 결코 아니며, 전시주최자 단독으로 유력한 바이어들을 발굴하여 전시장을 방문하도록 유도하는 데에도 한계가 있다. 따라서 참가기업은 표적시장 고객(바이어)들의 구체적인 프로파일을 작성하고 그들로 하여금 자사의 전시부스를 방문할 수 있게 하는 동기를 부여한 후, 실제로 역량 있는 바이어들을 부스에서 만날 수 있는 다양한 전시회 사전 촉진활동을 전개해야 한다.

그러면 구체적인 전시회 사전 촉진활동을 살펴보기 전에 마케팅에서 일반적인 촉진활동의 의의와 내용을 먼저 살펴본다.

1. 마케팅 촉진활동의 개념

기업이 효과적인 마케팅을 수행한다는 것은 품질이 우수한 제품을 생산하여 적절한 가격에 소비자의 접근이 용이한 유통경로에 가져다 놓는 것 이상을 요구한다. 즉, 마케팅관리자는 자사의 제품이 타사의 제품보다 더 우수하다는 것을 실제 및 잠재고객에게 알려야 한다.

촉진 또는 마케팅 커뮤니케이션이란 기업의 제품이나 서비스를 소비자들이 구매하도록 유도할 목적으로 해당 제품이나 서비스의 성능에 대해서 실제 및 잠재고객을 대상으로 정보를 제공하거나 설득하는 마케팅노력의 일체를 말한다.

마케팅관리자는 표적 시장에 소구하기 위하여 제품, 가격, 유통, 촉진으로 구성된 마케팅믹스를 효율적으로 조합해야 한다. 또한 마케팅믹스의 하위 믹스 중의 하나인 촉진 믹스는 광고, 판매 촉진, 인적 판매, PR로 구성되어지며, 이들의 관계는 다음의 [그림 9-1]과 같다.

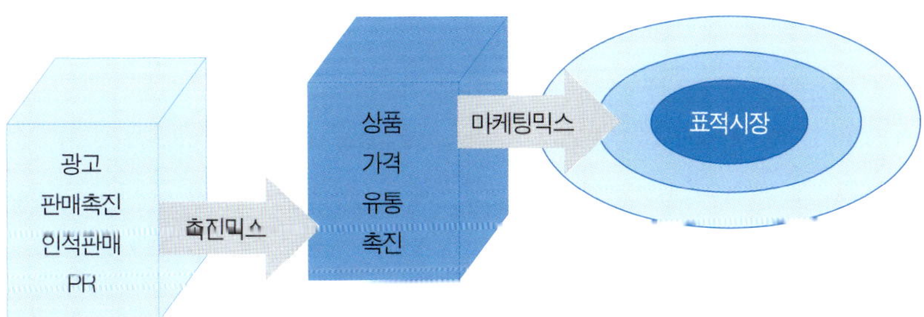

[그림 9-1] 마케팅믹스에서 촉진의 역할

2. 주요 촉진수단

마케팅관리자가 활용할 수 있는 촉진수단은 매우 다양하나 일반적으로 광고, 판매 촉진, 인적 판매, PR의 네 가지 요소로 구분될 수가 있다.

1) 광고

광고는 기업이 돈을 지불하고 제품, 서비스, 아이디어를 비인적 매체를 통해 널리 알리고 촉진하는 모든 형태의 커뮤니케이션 수단을 말하며, 광고의 주요매체에는 신문, TV, 우편, 라디오, 잡지, 옥외광고, 배너광고 등이 있다.

광고는 다수의 대중을 대상으로 짧은 시간에 접근할 수 있고 고객 1인당 비용도 비교적 저렴하다는 장점이 있다. 그러나 고객에게 전달할 수 있는 정보의 양이 제한되고 소구하는 고객 모두에게 동일한 문안이 제시되므로 고객에 따라 개별화할 수가 없다. 따라서 광고를 통해서 받는 정보는 고객 모두에게 정보의 양과 종류면에서 만족을 시킬 수 없을 가능성이 있다.

2) 판매 촉진

판매 촉진이란 기업이 제품이나 서비스의 판매를 증가시키기 위해 단기간에 중간상이나 최종 소비자를 대상으로 수행하는 광고, 인적 판매, PR 이외의 모든 촉진활동을 말한다. 주요한 소비자촉진수단으로는 견본(sample)의 제공, 쿠폰의 제공, 현금 반환(cash refund), 소액 할인(cents-off deals), 프리미엄 제공, 단골 고객에 대한 보상(patronage rewards), 구매 시점 진열 및 전시 등이 있다. 중간상 촉진수단에는 거래점 촉진(trade promotion), 광고 공제(advertising allowances), 진열 공제(display allowances), 전문 광고 품목의 제공 등이 있다. 판매 촉진은 비인적 수단이며, 가장 중요한 특징은 구매 시점에서 구매를 유도하기 위해 사용되며 단기적이고 직접적인 촉진수단이라는 점이다. 특히 구매 시점 촉진은 충동 구매를 유발하는 역할을 한다. 일반적으로 마케팅관리자들은 강하고 신속한 반응을 유도하기 위하여 판매 촉진을 사용한다. 그러나 판촉의 효과는 단기적이어서 장기적인 상표 애호도를 증진시키는 데에는 부적절하다.

3) PR

PR은 비인적 매체로 하여금 제품, 서비스, 기업 등을 뉴스나 논설의 형태로 다루게 함으로써 수요를 자극하는 것을 의미한다. PR의 특징은 다른 촉진수단과는 달리 기업이 비용을 부담하지 않고, 기업이 아닌 독립적인 제3자 입장인 신문, 방송에 의해 시행되므로 높은 신뢰성을 갖는다. 이러한 높은 신뢰도 때문에 촉진 효과가 매우 크나 기업이 통제하기가 곤란하다는 단점이 있다.

마케팅관리자는 PR을 과소평가하여 다른 촉진 믹스의 보조 수단으로 사용하기가 쉬우나 비용이 들지 않고 신뢰성이 높기 때문에 보다 높은 관심을 기울일 필요가 있다.

4) 인적 판매

인적 판매란 판매원이 고객을 직접 만나 대화를 통해 자사의 상품을 구매하도록 권유하는 활동을 의미한다. 즉, 인적 판매란 판매원을 매개로 하는 촉진수단을 의미한다. 인적 판매를 촉진수단으로 사용할 때에는 광고사용 방법과 정반대의 효과가 있다. 인적 판매는 촉진속도가 매우 느리고 고객 1인당 촉진비용이 고가이기 때문에 많은 대중을 상대로 하는 제품에는 적합지 않다. 그러나 고객에게 필요한 정보를 정확히 제공할 수가 있고 융통성이 있는 대응이 가능하므로 산업재 판촉이나 중간상 판촉에 적합하다. 또한 인적 판매는 구매과정상 일정 단계 이후, 특히 구매자의 선호, 확신 및 행동을 유발시키는 데에 가장 효과적인 수단이다. 그 이유는 인적 판매가 인적 대면, 유대관계 형성, 즉각적 반응 등의 특성이 있기 때문이다. 지금까지 설명한 여러 촉진수단들의 특징을 비교해보면 다음의 〈표 9-1〉과 같다.

〈표 9-1〉 촉진 믹스의 특징

구 분	범 위	비 용	장 점	단 점
광고	대 중	보 통	신속 메시지 통제 가능	효과측정의 어려움, 정보의 양이 제한
인적 판매	개별 고객	고 가	정보의 양과 질, 즉각적인 피드백	높은 비용, 느린 속도
판매 촉진	대 중	고 가	주의 집중, 즉시적 효과	모방이 쉬움
PR	대 중	무 료	신뢰도가 높음	통제가 곤란, 간접적 효과

출처: 채서일,「마케팅」, 학현사, 1993. p.502.

제2절 전시회 참가 전 촉진활동의 의의와 관리과정

1. 전시회 참가 전 촉진활동의 의의

전시회에서의 촉진활동을 단계별로 보면 사전 활동(pre-show promotion), 전시기간 중의 활동(at-show promotion), 사후 활동(post-show promotion)으로 구분할 수가 있다. 이중에서 전시기간 중의 활동과 사후 활동은 각각 제Ⅲ부와 제Ⅳ부에서 다루기로 하고 여기서는 전시회 사전 촉진활동을 중심으로 살펴보기로 한다.

전시회 촉진의 목적은 한마디로 자사의 부스에 대한 유망 고객의 방문가능성을 높이는 데에 있다. 단순히 전시회에 참가했다고 해서 유망 고객이 자사의 부스를 방문한다는 보장이 없으므로 목표고객을 선정하여 그들이 자사의 부스를 방문하도록 유도해야 한다. 즉, 촉진을 수행함으로써 더욱 많은 수의 유망 고객이 자사의 부스를 방문하도록 하여 더욱 많은 판매 계약을 성사시키고, 더욱 많은 판매리드를 확보하며 더욱 많은 사람들이 자사에 대해 우호적인 이미지를 갖도록 하는 것이 전시회 촉진의 주기능이다.

특히 전시전 촉진의 중요성이 강조되는 이유는, 더욱 많은 수의 참관객이 자사의 부스를 방문하도록 하기 위해서는 전시 그 자체에만 의존하지 말고 특히 자사의 핵심적인 유망 고객에게는 사전에 기업의 촉진활동이 이루어져야 하기 때문이다.

그런데 일반적으로 전시 전 촉진의 중요성은 참가할 전시회의 규모에 영향을 받는다. 일반적으로 많은 수의 기업이 참가하는 대규모 전시회의 경우 참관객들이 시간상의 제약으로 인해 전시회의 모든 부스를 방문하는 것이 사실상 불가능하기 때문에 전시회 참관을 계획을 수립할 때 계획에 자사부스의 방문을 포함시키도록 하기 위한 사전촉진의 중요성이 더욱 강조된다. 그러나 참가기업이 불과 20~30개 정도인 소형 전시회의 경우 대부분의 참관객이 모든 부스를 방문하는 것이 일반적이므로 적극적인 촉진활동의 중요성이 상대적으로 크지 않다고 할 수가 있다.

전시 전과 전시 중에 사용할 수 있는 구체적인 촉진수단에 대해 알아보기 전에 참관객들이 전시 전에 미리 어떤 기업의 부스를 방문할 것인지를 계획하는 데에 영향을 미치는 요인들과 방문을 계획하지 않았던 기업의 부스를 전시장에서 방문하게 되는 데에 영향을 미치는 요인들을 살펴보면 다음의 〈표 9-2〉와 같다.

표의 내용을 보면 전시회 촉진이 더욱 효과적인 경우는 전시 중 보다는 전시 전에 촉진을 수행했을 때이며, 전시 중에 비계획적인 방문을 유도하는 데에는 촉진의 효과보다는 전시 방법, 전시 디자인의 매력, 부스 위치 등의 전시 그 자체의 효과가 중요함을 알 수가 있다.

〈표 9-2〉 특정 기업의 부스방문에 영향을 미치는 요인

전 시 전(계획 방문)		전 시 중(비계획 방문)	
영 향 요 인	비중(%)	영 향 요 인	비중(%)
거래상의 의무감	25		
관습	23	제품의 시연	28
개인적인 초대	15	부스의 위치	23
업계관련 잡지 홍보	12	관계자의 추천	22
광고	9	부스의 매력	13
우편에 의한 초대	9	판매원의 권유	12
관계자의 추천	4	부스의 규모	2
기타	3		
합 계	100	합 계	100

출처: E. A. Chapman, Exhibit Marketing, NY, McGraw-Hill Book Co., 1987, p. 160.

또한 〈표 9-2〉에 따르면 전시 전 촉진활동을 통해서 기존 고객이나 유망 고객에게 언제 어디서 어떤 제품이나 서비스를 가지고 전시회를 하는지를 분명히 인식시키는 것이 매우 중요함을 알 수가 있다.

2. 전시회 참가 선 촉진 활동의 관리과정

일반적으로 마케팅 커뮤니케이션 또는 촉진 관리과정을 따라서 전시회 사전 촉진활동도 전개된다고 할 수가 있다. 즉, 마케팅 커뮤니케이션 관리과정은 표적고객의 확인 → 촉진목표 설정 → 메시지 결정 → 매체선정 → 예산 설정 → 촉진믹스의 결정 → 촉진효과의 측정 등으로 구성되는 데에 전시회 사전 촉진활동도 비슷한 과정을 따라서 전개된다고 할 수가 있다.

1) 표적 고객의 확인과 촉진 목표의 설정

전시회에 초대할 기존 고객이나 잠재유망 고객을 식별하는 과정으로서 기존의 고객 데이터나 전시회 주최자로부터 입수한 예년의 전시회 참관객 자료 등을 이용하여 표적 고객을 선정해야 한다. 그리고 표적 고객 중에서 적어도 몇 명을 전시회 사전 촉진활동에 의해 전시회 기간 중에 자사 부스로 유도할 것인지 구체적인 촉진 목표를 정한다.

2) 메시지 결정 및 매체 선정

커뮤니케이션의 대상과 목표를 확정하고 나면 다음 단계로 효과적인 메시지를 작성해야 한다. 메시지의 결정에는 메시지의 내용, 메시지의 구조, 메시지 양식 그리고 메시지의 원천 등을 결정해야 한다.

마케팅관리자가 선택할 수 있는 커뮤니케이션 경로에는 일반 대중을 상대로 하는 비인적 경로인 대중 매체와 방문, 모임, 전화 등을 통해 직접 고객과 접촉하는 인적 커뮤니케이션 경로의 두 가지가 있으므로 두 가지 커뮤니케이션 경로의 장·단점을 분석하여 자사의 커뮤니케이션 목표에 맞는 경로를 선택해야 한다.

3) 예산의 설정 및 촉진 믹스의 결정

다음으로 예산을 결정한 후, 광고 · 인적 판매 · 판매 촉진 · PR 등 각각의 촉진믹스 수단들이 갖고 있는 특성을 감안하여 적절한 촉진믹스를 선택해야 한다.

제3절 전시회 참가 전 촉진 활동의 방법

전시회 참가 전 촉진 활동의 방법에는 여러 가지가 있을 수가 있으며, 크게 전시 주최자에 의한 홍보, 참가업체의 촉진, 홍보와 PR 등으로 나눌 수가 있다.

1. 전시 주최자에 의한 홍보

전시 주최자는 가능한 많은 사람들을 전시회에 유치하기 위해 자료 제작, 참가안내 광고, 직접 우편(direct mail: DM) 및 텔레마케팅, 직접 방문 등의 방법을 사용한다.

첫째, 자료제작에는 행사 개요, 전년도 전시정보, 각종 신청서, 참가 규정 등을 포함한 브로슈어(brochure)나 전시회의 홍보를 위한 포스터(poster) 등을 제작·배포하여 전시회를 홍보한다.

〈표 9-3〉 참가업체 유치업무의 효과

구 분	인지 효과	업계 친밀도	회사 정보 입수	시간 절약	비용 절감	의사결정 효과
광 고	0	x	x	0	x	△
D M	△	x	x	0	0	x
텔레마케팅	0	△	△	0	0	△
업체 방문	0	0	0	x	x	0
해외전시 참가홍보	0	△	0	x	x	△
웹사이트 홍보	x	x	x	0	0	x
대상업체 설명회	0	△	x	△	△	△

출처: 한국무역협회, 「전시·컨벤션 전문가 과정」, 2002.

둘째, 행사홍보를 위해 기자 간담회 및 사업 설명회 등을 통해 대대적인 언론홍보를 수행한다. 이 방법이 국내에서는 선호되나 외국에서는 불특정 다수를 대상으로 하는 미디어 홍보를 중요시하지 않고 있다. 왜냐하면 일반적으로 대중매체에 의한 광고는 행사개최 홍보효과는 높지만 실질적인 참가업체 유치 효과가 낮기 때문이다.

셋째, 전문전시회의 가장 효과적인 마케팅 방법으로 인정받고 있는 것이 직접 우편과 텔레마케팅이다. 최근 인터넷의 발달로 이메일을 통한 DM도 비용 절감과 신속한 정보 제공으로 각광을 받고 있다.

마지막으로 업체를 직접 방문하여 참가업체를 유치하는 방법이 있으며, 비용이 많이 드는 단점이 있으나 전시회 성공을 결정하는 핵심 업체의 유치 등을 위해서는 필요한 방법이다.

그러나 전적으로 전시 주최자의 촉진활동에만 의존하는 데에는 다음과 같은 몇 가지 문제가 있으므로 유의해야 한다.

첫째, 전시 주최자는 예상 참관객의 수를 과장해서 발표하는 경향이 있다. 어떤 경우에는 유명 대도시 인구보다 더 많은 참관객의 수를 발표하기도 하지만 실제로 전시장에 가보면 한산한 경우가 많다. 예컨대, 만약 전시 주최자가 10만 명 이상의 참관객이 있을 것이라고 한다면 2~3만 명 정도가 실질 구매력이 있는 참관객이라고 생각하면 된다.

이러한 문제점을 방지하기 위한 방안으로 2003년부터 우리나라에서도 산업자원부의 위임으로 한국전시산업진흥회에서 무역전시회 인증 제도를 시행하고 있는데, 이것은 주최자가 발표하는 참관객 등에 대한 통계의 신뢰성 문제를 제3의 기관에서 인증 · 발표하는 제도이다.

둘째, 기본적으로 전시 주최자의 사전촉진활동의 목표와 참가업체의 사전촉진활동의 목표가 다르다. 즉, 전시 주최자는 가능한 한 많은 사람들을 전시회에 유치하는 것이 목표인데 비하여 참가업체의 목표는 그들의 질적 기준에 맞는 고객을 자사의 부스로 끌어 모으는 것이다. 따라서 전시 주최자는 총 참관객수를 보장하는 것이지 모든 참가업체에게 구매력 있는 참관객을 보장하는 것은 아니므로, 결국 전시 주최자의 도움도 필요하지만 적합한 고객을 자사의 부스로 유치하는 것은 참가업체의 몫이라고 할 수가 있다.

2. 참가업체의 촉진

1) 개별 초청: 직접 우편을 이용한 초청장 발송

유력 바이어 초청의 가장 효과적인 방법은 개별초청으로 직접 우편(Direct Mail: DM)을 이용하여 초청장을 발송하는 방법이다. 먼저 개별 직원의 고객 리스트, 회사차원의 고객 리스트 등을 이용하여 초청대상명단을 확보하여 다음의 〈표 9-4〉와 같은 양식의 리스트를 만든다.

〈표 9-4〉 전시 전 개별 초청 리스트 양식

성명 및 지위	회사명 및 주소	전화번호	약속 일시	확인 편지 발송

확보된 명단을 이용하여 전시회 개막 2~3개월 전부터 자사의 대표자나 해당부서의 책임자의 이름으로 개별 초청장을 발송한다. 편지 내용은 전시회 개요, 자사 소개 및 연락처, 부스 위치, 참관객에 대한 혜택 등으로 구분하여 간략하게 작성한다. 받는 사람이 인간적으로 대접받고 있음을 느끼게 해야 하며, 편지는 지나치게 부피가 크지 않게 하고 상품 카탈로그, 가격표 등은 동봉하지 않는다. 그리고 제품 소개 자료는 전시회를 위해 아껴둔다. 초청 편지를 발송한 후 약 1~2주 후에 편지, 2차 초청장, 전화 등으로 초청을 다시 확인한다. 홍보의 시기도 중요한데 전시회 개막 90일 전부터 시작하여 첫 번째 접촉은 90일 전, 두 번째는 40~50일 전, 세 번째 접촉은 10일 전에 하는 것이 유효하며, 90일 이전의 홍보활동은 효율성이 떨어진다. [그림 9-2]에서와 같이 시차를 두고 적어도 3회 정도 접촉하는 것이 호응도를 높이는 방법이 된다.

[그림 9-2] 단계별 홍보에 따른 호응도 변화

그들이 자사 부스를 방문하기로 한 약속을 확인하는 것에 만족해서는 안 되며, 구체적인 방문시간을 가능한 한 정하도록 한다. 이는 방문자로 하여금 방문에 대한 의무감을 더욱 느끼게 할 수 있기 때문이다.

사례 9-1 Johnson & Johnson사의 Orthopaedic Division 사례

Johnson & Johnson사는 미국정형외과의학회(American Academy of Orthopeadic Surgeons)와 병행하여 개최되는 전시회에 참가하기 전에 우선 접촉하고자 하는 정형외과의사들의 명단을 파악하였다. Johnson & Johnson사는 그들에게 자사의 부스를 방문하여 수술 후의 효과에 대해 수술 전의 환자들에게 보여줄 수 있는 여러 가지의 테이프 상영을 관람하도록 유도하는 개별적인 초청장을 발송하였다.

이 테이프의 내용은 의사가 환자를 교육하는 데에 유용한 도구로서 사용할 수 있는 것으로, 의사 개개인의 전공분야와 관심분야에 알맞게 개인적인 수준에서 상영이 이루어질 수 있도록 Johnson & Johnson사는 의사들이 자신에 관한 정보를 제공하는 조건으로 테이프의 상영을 관람할 수 있게 하였다.

아울러 전시 중 부스 일부에서는 테이프의 관람을 기다리는 의사들이 직접 인공이식조각을 수술모델에게 적용해볼 수 있는 시연을 병행하였다.

이와 같이 전시전의 개별 초대와 전시중의 시연을 병행한 Johnson & Johnson사는 총 관람객 6,500명의 정형외과의사 중 2,200명이 자사의 부스를 방문하였고, 530명이 테이프 상영을 관람함으로써 의학 분야의 전시회 중에서는 전례 없는 성공을 거둘 수가 있었다.

출처: 주원영, "Trade Show의 전략적 의의와 효율적 활용방안에 관한 연구", 서울대학교 대학원 석사학위논문, 1991. pp.106~107.

그리고 초청장에는 작은 기념품이나 선물을 동봉하면 좋다. 기념품이나 선물에는 흔히 이용하는 볼펜, 달력, 열쇠고리 등은 피하는 것이 좋다. 반면에 간단명료하게 자사의 전시회 참가를 설명하고 초청하는 내용을 담은 CD나 DVD를 이용하는 것도 좋은 방법이다. 사람들은 대개 우편물의 경우 대충 읽어본 후 버리지만 CD나 DVD는 버리는 경우는 잘 없기 때문이다. 기타 방법으로는 잡지에 자사의 전시회 참가광고를 낼 때 편집자에게 요청하여 광고 페이지를 추가적으로 인쇄하여 우편물로 발송하는 방법이 있다. 이런 방법은 광고 내용과 우편발송 내용이 동일하면 광고효과와 함께 비용절약 효과도 볼 수 있다.

Tip 9-1 전시 판촉물의 관리

전시회의 촉진활동의 하나로 전시 판촉물을 만드는 경우가 많다. 전시회에서의 판촉물은 주로 기업과 제품을 연상시킬 수 있는 것들을 많이 사용하는데, 흔히 사용되는 판촉물로는 목걸이용 볼펜이나 마우스 패드, CD 케이스, 필통, 명함꽂이 등 일상생활에서 지속적으로 사용가능한 것들이 주종을 이룬다. 전시품이 소비재일 경우에는 제품을 작은 용기에 포장하여 샘플로 만들어서 판촉물로 활용할 수도 있다. 그리고 당연히 판촉물에는 기업의 로고와 연락처를 꼭 기입해야만 한다.

판촉물의 수량에 대해서는 정확한 참관객의 숫자를 예측하기는 어렵지만 기존의 통계 추이와 전시회 사전 촉진활동을 근거로 해서 어느 정도 산출이 가능하며, 너무 많은 판촉물의 제작은 낭비 요인이 될 수도 있지만 판촉물의 부족으로 인해 고객에게 불만을 듣는 것보다는 더 낫기 때문에 여유 있게 제작하는 것이 좋다.

판촉물의 효과를 극대화하기 위해서는 전시장에서 관람객의 시선과 흥미를 끌기 위한 기업의 자체 이벤트와 함께 판촉물을 나누어 주는 방법이 좋다.

또한 우편물을 보낼 때에는 예산이 여유가 있는 경우 전시회와 자사부스에 대한 자세한 내용을 실은 초청 브로슈어(invitation brochures)나 무료입장권, 선물 교환권이나 경품 또는 게임에 참여할 수 있는 티켓 등을 동봉해서 배포할 수도 있으며, 접대 장소(hospitality suite)나 특별 브리핑으로의 초대 등도 포함될 수가 있다.

그리고 저렴한 비용으로 전시회에서 특정 업체의 참가를 알리고 참관객들의 관심을 끌 수 있는 좋은 방법으로 스티커의 이용이 있다. 전시회의 이름과 날짜, 로고뿐만 아니라 일정한 양식의 참가업체 이름과 전시부스의 위치를 알려주는 스티커를 당해 전시회에서 접촉하고자 하는 고객들에게 발송되는 모든 유인물에 부착하여 홍보하는 방법이다.

사례 9-2 CIPA-Manufacturing Co.의 사례

미국의 자동차거울생산업체인 CIPA는 1986년 APAA 쇼(Automotive Parts and Accessories Accociation Show)에의 참가를 기획하면서 많은 유망 고객이 자사의 부스를 방문하도록 하기 위한 촉진프로그램을 개발하였다

자사제품의 주요 유망 고객 중 100명에게 CIPA의 자사부스를 방문해 달라는 내용의 개별 초청장을 발송하였고, 동시에 가죽 표지의 업무용 일기를 우송하였다.

그리고 자사의 부스를 방문할 경우 업무용 일기와 하나의 조를 이루는 탁상용 업무일기

를 제공하겠다고 약속한 결과, 촉진대상인 100명 중 94명이 실제로 전시회중에 자사의 부스를 방문하여 고도의 집중된 유망 고객을 거의 모두 확보할 수가 있었다. 또한 이들 유망 고객의 50% 이상이 전시회에서 CIPA의 제품을 구매함으로써 전시회 참가를 성공으로 이끌 수 있었다.

출처: 주원영, "Trade Show의 전략적 의의와 효율적 활용방안에 관한 연구", 서울대학교 대학원 석사학위논문, 1991. pp.105~106.

2) 텔레마케팅

텔레마케팅은 개별 초청 다음으로 좋은 방법이다. 공략대상 수요층의 전화번호를 수집해 두고 전시회 개막 2개월 전부터 전화로 접촉하여 자사부스 방문 시간을 정하도록 한다. 이 방법은 국제전화의 사용으로 많은 비용이 소요될 수도 있지만 지사 또는 업무대행자가 현지 전시회 개최도시에 있으면 큰 비용이 소요되지 않는다. 전화통화는 다음과 같이 한다.

- 안녕하세요? ○○씨와 통화할 수 있습니까?
- 안녕하세요? ○○씨
- 저는 ○○회사의 ○○○입니다.
- ○○○ 개최되는 ○○○전시회에 참관하십니까?

〈참관하지 않을 경우〉

- 참관하시지 않는다니 유감이군요. ○○○전시회에서 뵙기를 기대했습니다만.
- 감사합니다. 참고로 저희 회사의 전시회 참가정보를 보내 드리겠습니다.

〈참관할 경우〉

- 잘 됐군요. 귀사의 현지 파견 직원을 저희 회사 부스에서 만나 뵙고 싶습니다.
- 월요일 아침 11:00나 화요일 14:00 중에 방문해 주실 수 있습니까?

〈상대방이 택일하면〉

- 그 시간에 기다리겠습니다. 방문내용에 대한 확인 편지를 보내 드리겠습니다.

• 감사합니다. ○○씨

〈상대방이 약속시간을 정하기를 희망하지 않을 경우〉

• 알겠습니다. 그렇다면 월요일 오전이나 화요일 오후는 어떻습니까?

〈상대방이 방문일자를 정하면〉

• 저희 회사 ○○씨가 전시장에서 귀사의 ○○씨를 뵐 수 있도록 약속내용을 전달해 두겠습니다.

〈방문을 거절하는 경우〉

• 유감이군요. 전시장에서 뵙기를 희망했습니다만. 필요하시다면 저희 회사 제품 자료를 보내드리도록 하겠습니다. 감사합니다.

3) 팩스나 이메일, 홈페이지 광고

팩스나 이메일을 이용하여 전시회 참가를 홍보할 수가 있다. 무엇보다도 이 방법들은 상대적으로 저렴한 비용으로 홍보할 수 있는 장점이 있다. 가능한 한 간단명료하게 내용을 작성할 필요가 있으며, 이메일의 경우 스팸 메일로 간주되어 효과가 적을 수도 있다.

최근에는 참가업체의 홈페이지 등을 통해서도 전시회 참가를 홍보할 수가 있다. 정보통신기술의 급속한 발전으로 현재 대부분의 전시회는 웹사이트를 가지고 있으며, 참관객들은 전시회 방문을 계획할 때 전시회에서의 시간을 효율적으로 사용하기 위해 웹사이트를 방문하는 경향이 점점 증가하고 있으므로 카탈로그나 디렉토리, 뉴스나 공지사항, 배너 광고, 하이퍼링크 등의 웹사이트 상의 모든 홍보수단을 이용해야 한다.

4) 신문과 잡지를 이용한 광고

전시회 개최 직전에 어떤 특정업체가 전시회에 참가하며, 회사의 부스에 대한 광고를 신문이나 잡지에 게재할 수가 있다. 특히 전시회를 맞아 발간하는 특집판 혹은 특집란에 그러한 광고를 많이 발견할 수가 있다. 하지만 비용이 많이 소요된다는 단점이 있으며, 광고는 한 번에 크게 내는 것보다 전시회 개최 수개월 전부터 작게 여러 번 나누어 내는 것이 효과적이다. 참관객들은 전시장을 방문하기 전에 모든 참관 일정을 수립하므로 참가업체는 충분한 여유를 두고 자사의 전시회 참가를 자주 홍보하여 참관객의 현지 일정에 자사부스 방문 일정이 포함되도록 한다.

5) 전시회 개최지에서의 현지 광고

전시회가 개최되는 현지의 매체(local media)를 이용하여 전시회가 개막하기 직전에 광고를 할 수가 있다. 그러나 이 경우 큰 효과를 기대하기는 어렵다. 왜냐하면 Trade Show Bureau의 조사에 의하면 미국 전시회의 경우 평균적으로 참관객의 64% 정도가 321km 이상 떨어진 지역에서 오기 때문이다. 일부 기업들은 호텔의 케이블TV를 통해 전시회 참가를 광고한다. 광고비는 저렴한 편이지만 참관객이 전시회 개최기간 중에 호텔에 있는 시간은 길지 않기 때문에 큰 효과는 없다는 문제점이 있다.

6) 참가업체 디렉토리 광고

참가업체의 이름과 부스 위치를 수록해 놓은 참가업체 디렉토리에 회사의 로고나 상표를 광고할 수 있다.

7) 보도 자료(press releases)를 이용한 홍보

보도 자료를 이용한 홍보는 매우 큰 효과가 있지만 간과되기 쉽다. 중소기업들은 보도 자료를 이용한 홍보가 그렇게 어려운 것이 아님에도 불구하고 시도조차 하지 않는 경우가 있다.

보도 자료의 목적은 보도가치가 있는 정보의 효과적인 전달에 있다. 보도 내용은 신상품 개발 또는 제품 개선, 산업의 획기적인 발전 등을 다룬다. 보도 자료를 작성할 때 주의할 점은 광고로 인식되지 않도록 하는 것이며, 보통은 다음과 같이 작성한다.

첫 번째 단락에는 6하원칙에 따라 자사의 전시회 참가내용을 기술한다. 그리고 자사제품의 장점, 효과 등을 적는다. 보도 자료의 맨 위에 제목과 보도 희망 날짜를 적으며, 마지막에는 추가정보가 필요한 기자를 위해 자사 담당자와 연락처를 적는다. 필요한 경우에는 사진을 보내는 수도 있다. 그리고 분량은 지나치게 많지 않게 하는 것이 중요하며 보통은 1페이지가 적당하다. 보도 자료의 경우 잡지는 발간 3개월 전, 신문은 2주 전에 보내는 것이 좋으며, 다 게재되지는 않더라도 한두 개 신문에만 실려도 적은 비용으로 아주 효과적으로 자사의 전시회 참가를 홍보하게 된다.

사례 9-3 Kaypro Co.의 사례

> 미국의 정보통신회사인 Kaypro사는 1985년 봄에 Georgia World Congress Center에서 개최된 Comdex Show에 참가하여 자사의 신제품을 소개하는 데에 부스는 기존의 것을 사용하였으나 전시장 내에 자사의 서비스 차량을 추가적으로 전시하여 동사가 딜러에 대한 서비스와 훈련을 강조하고 있음을 나타내었다. 또한 전시장 옥외에도 이러한 서비스 차량을 배치하였다.
>
> 이와 아울러 전시회 개막일에는 Kaypro사의 전면 광고와 동사에 대한 긍정적인 기사를 담은 신문인 USA Today지를 시내의 모든 호텔에 배포하였다. 또한 이 신문을 자사의 부스에서 전시회 기간 동안에 계속하여 제공하였으며 참관객들은 이러한 촉진에 긍정적인 반응을 보였다.
>
> 그 결과 딜러들로부터 4,000개에 달하는 판매리드를 확보하였으며, 3,500달러에서부터 15,000달러에 이르는 70개의 판매 계약을 전시장에서 체결할 수가 있었다.
>
> 출처: 주원영, "Trade Show의 전략적 의의와 효율적 활용방안에 관한 연구", 서울대학교 대학원 석사학위논문, 1991, p.106.

이렇게 작성된 보도 자료는 각 언론사의 담당자에게 전화를 걸어 보도 자료를 보내고자 하니 참고해 달라고 부탁을 한 후 팩스나 이메일을 이용하여 전송하고, 전송이 끝난 후에는 다시 전송이 완료되었는지를 확인하여야 한다. 마지막으로 언론보도에 대한 최종평가를 하게 되며, 지금까지 설명한 언론보도 자료의 관리 절차를 살펴보면 다음의 [그림 9-3]과 같다.

[그림 9-3] 언론 보도의 관리 절차

출처: 신재기,「전시산업론」, 한올출판사, 2004. p.275.

8) 기타

기타 다음의 여러 광고방법들이 있지만 보통은 몇 가지 이유에서 추천받지 못하고 있다.

(1) 광고판(billboards)

일부 기업들은 자사의 부스 위치를 알리기 위해 전시장 인근에 대형 광고판을 설치하기도 한다. 이 방법은 단지 브랜드 홍보의 효과만 있을 뿐이다. 광고판을 볼 수 있는 사람은 그 위치를 지나는 사람뿐이며 자사의 목표 고객이 광고판을 볼 수 있는 것은 아니므로 광고판의 크기에 관계없이 이 방법에 비용을 지출하는 것은 바람직하지 않다.

(2) 방문자 가이드(visitor's guides)

도시의 어디에서 무슨 행사가 있는지의 정보를 담은 전시회 개최 도시의 방문객을 위한 안내 자료에 광고를 게재하는 방법도 있다. 그러나 이 자료에 자사의 참가광고를 내는 것은 너무 늦다. 내방객이 해당도시에 도착한 후에나 볼 수 있기 때문이다. 참가업체는 내방객이 전시장에 내방하기 전에 그들의 일정에 자사부스 방문 일정이 포함되도록 해야 한다.

사례 9-4 배낭 버클 세계 1위 우진플라스틱 백남일 사장의 전시회

해외 전시회서 눈길 끄니 수출 확 뚫리네요, 전시회를 활용하면 세일즈맨이 따로 필요 없어요.

전 세계 230여 개 브랜드의 배낭 버클을 만들어 내는 백남일 우진플라스틱 사장(73)은 1년에 18차례, 지금까지 480여 번 비행기를 탔다. 협력업체를 방문하고 계약 담판을 짓기 위해 비행기를 타야 했지만 백 사장은 전 세계 곳곳에서 열리는 아웃도어 전시회 참가를 위해서라면 시간과 돈을 아끼지 않고 외국으로 날아갔다.

전 세계 배낭 제조업체의 버클 물량 70% 이상을 공급하여 '버클 할아버지'라는 별명으로 알려진 백 사장은 사실 전시회 마케팅 전문가이다. '버클 할아버지'라는 별명도 독일 프리드리히샤펜과 미국 솔트레이크 시티의 아웃도어 전시회에 10년 넘게 드나들면서 얻었다.

백 사장에게도 전시회가 뭔지 모르던 시절이 있었다. 13년 전 회사가 어려워지자 무작정 미국의 내셔날 몰딩 조지프 엔셔 사장을 찾아가 담판을 지었던 백 사장은 그로부터 전시회 노하우도 물려받았다고 했다.

그때부터 우진플라스틱은 매년 4~5차례 해외전시회에 출품하기 시작해 지금까지 40여 차례 해외 전시회에 참가했다. 전시회가 끝나면 매번 여기저기 업체에서 신규계약이 쏟아졌다.

본격적인 전시회 참가에 앞서 먼저 백 사장은 7~8차례 우진의 제품을 내놓지 않고 참관을 하며 전시회에 참가하는 다른 업체의 동향을 파악했다. 그는 전시회에 참가할 다른 업체들에게도 "우선 전시회에 해외 바이어가 얼마나 오는지, 전시회 효과는 얼마나 큰 지부터 파악하라"며 "아무 전시회나 참여했다 돈만 버리는 수도 있다"고 조언했다. 이왕 전시회에 출품하려면 그 분야에서 최고 수준의 전시회에 참여하라는 것이다.

백 사장은 또 전시회에 만족스러운 결과를 얻으려면 우선 현지 세일즈 전문가를 이용해야 한다고 조언했다. "그 지역의 이른바 세일즈 브로커를 고용하면 부스를 찾는 현지 업체들과의 상담, 거래하기가 한결 수월해요. 전시회 부스를 방문하는 업체 관계자들은 회사 대표로 참여하는 사람들이기 때문에 그 사람들에게 상품을 완벽하게 설명해 이해시키는 것이 중요하죠."

백 사장은 유럽 등에 진출했다 실패한 국내 몇몇 대기업의 경우 영어·프랑스어도 제대로 되지 않는 직원들을 멀뚱히 부스에 세워두는 등 전시회를 제대로 활용하지 못했기 때문이라고 꼬집었다. 그는 "현지 세일즈 전문가들에게 쓰는 비용을 아끼지 말라"며 "우진의 경우 본사 직원을 6명 정도 파견하지만 전시회마다 9명 정도의 현지 세일즈 전문가들 도움을 받는다"고 말했다.

백 사장은 전시회를 참관하는 상대 업체 대표자들도 부스를 찾으면 신뢰할 수 있는 지역전문 담당자를 찾는다고 했다. 전시회에 앞서 하루나 이틀 정도 세일즈 전문가들에게 교육을 하며 상품을 이해시키는 과정은 필수적이다.

백 사장은 무엇보다도 사전준비가 중요하다고 강조한다. 그는 "해외 전시회에 참가할 경우 KOTRA 등 국내 기관의 도움을 받을 수 있지만 전시회를 하는 방법은 별도로 공부해야 한다"며 "KOTRA는 자금 지원 등 전시회까지 길을 안내하는 것일 뿐"이라고 말했다.

출처: 매일경제, 2007. 3. 8.

연습문제

1. 일반적 마케팅에서 촉진활동의 의의와 주요 촉진 수단 등을 설명하시오.
2. 전시회 사전 촉진활동의 의의를 설명한 후, 관리과정을 설명하시오.
3. 전시회 사전 촉진활동의 주요 방법을 자세히 설명하시오.

주요 용어

- 전시회 사전 촉진활동(pre-show promotion)
- 전시중 촉진활동(at the show promotion)
- 전시후 촉진활동(post-show promotion)
- 광고
- 판매 촉진
- 인적 판매
- PR
- 참가안내 광고
- 직접 우편(direct mail: DM)
- 텔레마케팅
- 직접 방문
- 브로슈어(brochure)
- 포스터(poster)
- 개별 초청
- 이메일 홍보
- 광고판(billboards)
- 방문자 가이드(visitor's guides)
- 보도 자료(press releases)

▪▪▪ 참/고/문/헌

서민교, 김돈유, 「전시마케팅」, 한올출판사, 2004.

신재기, 「전시산업론」, 한올출판사, 2004.

주원영, "Trade Show의 전략적 의의와 효율적 활용방안에 관한 연구", 서울대학교 대학원 경영학 석사 학위논문, 1991.

채서일, 「마케팅」, 학현사, 1993.

한국무역협회, 「전시마케팅성공가이드-해외 전시마케팅 성공기업의 숨은 노하우」, 2013. 2.

한국무역협회,「전시·컨벤션 전문가 과정」, 2002.

AUMA, *Successful Participation in Trade Fairs: Tips for Exhibitors*, www.auma-fairs.com, 2004.

B. Siskind, *The Power of Exhibit Marketing*, 4th Edition, International Training and Management Company, 1997.

E. A. Chapman, *Exhibit Marketing*, NY, McGraw-Hill Book Co., 1987.

KOTRA,「해외박람회 참가요령」, 무공자료 00-07, 2000. 8.

03 PART

전시전략의 실행 (on-site marketing 전략)

들어가기 전에

제3부에서는 전시회가 개최되는 현장에서의 부스의 직접 설치와 관리, 그리고 전시장에서의 여러 촉진 활동과 고객 관리에 대해서 살펴본다.

Chapter 10 전시회 최종 준비 및 부스의 설치

전시회가 개최되기 직전에 부스 요원들이 전시장에 도착하여 검토해야 될 전시회 최종 준비 사항을 살펴본 후, 부스의 설치와 관련된 사항들을 살펴본다.

도입 사례

2019년 밀라노 HOST 전시회 참관기

격년 개최하는 세계 최대 상업용(호텔, 식당 등) 주방용품 전시회
주방용품 분야 최대 전시회로 카페 및 커피, 전문 주방용품, 식기류의 3개 카테고리로 구성

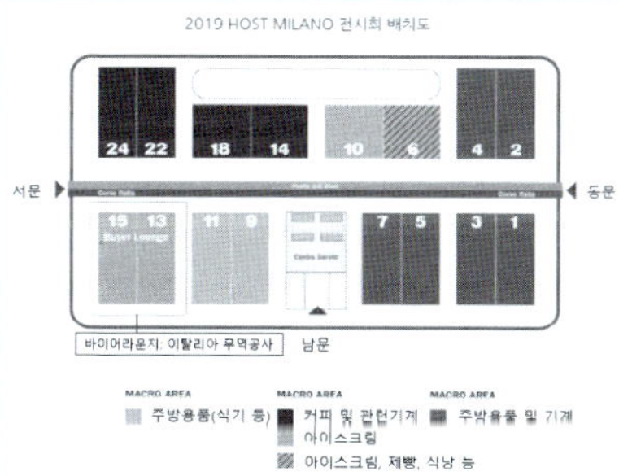

■ 전시회 현황 및 특징

○ 개최연혁 및 주요 특징

- 77년 첫 개최해 41회째를 맞은 HOST MILANO 전시회는 세계 최대 상업용(호텔, 식당, 카페) 주방용품 및 기계 관련 전시회로 주방용품 및 카페, 고급 식기 관련 세계적인 기업과 대형유통망이 한자리에 모이는 업계에서 매우 중요한 전시회
- 전체 섹션은 주방용품(테이블웨어, 식기류), 식품관련 주방기기(기계 및 용품), 카페(커피 및 커피머신)으로 구분돼 있으며 커피 관련 전시관이 4개홀을 구성할 정도로 카페 및 커피 분야에서도 명성이 높고 별도의 국가관을 운영하지 않음.

- 금년도 전시 참가업체는 총 2,249개사이며 그중 주방용품에서 명성이 높은 이탈리아 기업이 1,360개사, 그 외 55개국에서 889개사가 참가했으며 사전 등록 바이어 및 대형유통망 1,500개사와 18만7000명 참관객이 전시장을 방문함.

행사명	Equipment Coffee and Food 41st International Hospitality Exhibition (HOST MILANO 2019)
개최기간	2019년 10월 18~22일
개최장소	Fiere Milano(주소: Strada Statale Sempione, 28, 20017 Rho MI)
전시품목	호텔 및 식당, 카페용 주방용품 및 기기, 식기, 커피, 침구, 인테리어 등
규모	131,611㎡, 2,249개사 전시기업 참가
주최기관	Fiera Milano S.p.A.
공식 홈페이지	http://host.fieramilano.it

■ 전시회 이모저모

○ 식당, 호텔, 카페에 필요한 주방용품과 관련 제품이 한자리에 모이는 종합전시회

- 일반 소비자용 가전을 제외한 상업용 주방기기 및 관련 제품이 한자리에 모이는 자리로 냉장고, 식기세척기, 조리기계, 호텔용 인테리어, 고급 식기 등 연관 산업의 기계 및 부품과 각종 집기 등이 총 망라된 전시회로 관련 분야 세계 유통망이 대부분 참여
- 관련 분야에서 매우 중요한 전시회로 분류되며, 주방용품을 취급하는 대형 유통망 및 제조사는 대부분 참여하고 있으며 세계 각지에서 대형 주방용품 바이어가 참여해 식당이나 카페, 호텔에 필요한 모든 제품을 한자리에서 보고 상담이 가능

전시회 주요 출품 제품 사진

출처: https://news.kotra.or.kr/user/globalBbs/kotranews

제1절 전시회 개막 직전의 업무

참가업체의 부스 요원이 현지에 도착하여 전시회 개최 직전까지 수행하는 업무를 살펴본다. 부스 요원들은 현장에 2~3일 전에 여유 있게 도착하여 자체적으로 만든 전시회 참가 매뉴얼을 참조하여 참가 업무가 당초 계획대로 진행되고 있는지를 확인한다. 전시장으로 떠나기 전에 전시품 운송업체에 연락을 하여 전시품의 현지도착을 확인하며, 현지에서 추가적으로 필요한 물품이 있는지를 송장과 패킹 리스트를 보면서 확인한다. 그리고 전시 주최자의 매뉴얼, 각종 서비스 신청서, 신용카드, 현지화폐 등이 준비되었는지를 확인한다.

전시장에 도착하여 발송 전시품이 제대로 도착했는지를 확인한 후, 신청한 테이블, 카페트, 의자, 전기, 전화 등의 서비스 신청이 제대로 신청되었는지를 확인한다. 인부들이 부스장치를 하는 동안 체크 리스트를 들고 전시장을 둘러보면서 식당, 경비 사무소, 주최자 사무소, 소화기, 공중전화 등의 위치를 알아두고 참가업체 등록 데스크에서 참가업체 배지와 안내 자료를 받는다. 공사업체와 전시품과 장치물을 점검하고 전시품을 진열한다. 부스 장치의 설치 및 전시품의 진열이 끝난 후 부스를 청소하며 최종점검을 한다. 한 가지 유의할 점은 중요한 전시품은 임차한 안전 보관함에 넣어두는 것이 좋다.

숙소로 돌아와 저녁식사 후 부스 매니저를 중심으로 최종 브리핑을 한 후 충분한 수면을 취하여 전시회 개막을 대비한다.

지금까지 살펴본 전시회 개막 직전의 업무 중에서 주의해야 될 다음의 몇 가지 사항에 대해서 보다 자세히 살펴본다.

1. 부스 요원의 조기 현지 도착 및 부스 설치

경비를 절감하기 위해 전시회 개막 직전에 현장에 부스 요원들이 도착하는 경우가 있지만 이것은 대단히 위험한 일이다. 부스 요원은 적어도 이틀 전에 현지에 도착하여 하루 전까지는 부스 설치를 마치는 것이 좋다. 현지에서의 돌발 사태나 현지에서의 계획수정에 대한 대비뿐만 아니라 전시회 상담업무는 대단히 힘든 일이기 때문에 개막전날의 휴식을 위해서도 여유 있게 현장에 도착하는 것이 좋다. 그리고 전시 주최자가 허용하는 장치 첫날에 장치가 완료되는 것이 좋다. 왜냐하면 불필요한 혼잡이나 부스 설치의 지연과 같은 문제를 피할 수 있기 때문이다.

전시회는 짧은 기간 중에 집중적으로 많은 사람들을 만나야 하기 때문에 부스 요원들은 정신적으로나 육체적으로 매우 힘이 든다. 하루 전에 전시장에 도착해서 관련 업무를 처리하고 휴식도 없이 상담에 임해서는 전시회 참가의 충분한 효과를 얻을 수가 없다.

2. 참가업체 매뉴얼의 휴대와 확인

전시회에 참가하는 모든 부스 요원들은 스탭 매뉴얼의 휴대는 물론 내용을 모두 숙지해야 하며 업무의 추진상황을 수시로 확인해야 한다. 매뉴얼에 전시회 참가와 관련된 모든 사항을 체계적으로 정리해 둠으로써 현재 담당자의 업무추진을 용이하게 하고 다른 사람이 업무를 맡더라도 일관성 있게 업무를 추진할 수가 있다. 한 가지 주의할 점은 매뉴얼은 사외비이므로 특히 전시장에서 외부인에게 유출되지 않도록 유의해야 한다는 것이다. 일반적으로 부스 요원의 매뉴얼은 다음 사항을 고려하여 만든다.

〈표 10-1〉 부스 요원 매뉴얼의 구성 항목과 내용

항 목	주 요 내 용
계획	• 참가 목적 및 전시회 개요 • 업무추진 일정 • 항목별 세부 예산 • 참가팀의 회의 내용
운송	• B/L(bill of lading) 사본 • 국내 운송회사 담당자의 연락처 • 현지 운송사 담당자 및 연락처 • 전시품 운반 경로, 전시품 도착확인 방법
전시품과 부스 연출	• 전시품 및 장치물 내역 • 그래픽(사인물) • 부스 최종완성도

	• 수정 사항 발생 시의 처리 방법 • 전시품, 장치물 반입 일정 • 장치물 철거 계획
서비스 신청	• 인력고용, 전기, 전화, 청소, 임차물 등 전시회 주최자에게 제출한 각종 서비스 신청서 사본
광고 및 판촉	• 사전 홍보 및 판촉 내용 • 바이어 초청장 내용 및 발송 리스트
상담추진	• 상담 목표 및 계획 • 제품 정보 • 내방객 중 실질 구매자 검정 방법 • 판매 상담건(sales leads)의 처리 방법 • 상담 요원들 간의 일일 회의 결과 • 고객 정보
판매상담 양식	• 상담 양식
상담요원의 목표	• 상담 요원별 목표 • 상담 요원의 일정 및 개인별 업무분장 • 세미나 등 전시회 부대행사 참석 내용 • 상담 요원에 대한 교육 훈련내용 • 상담 요원 숙소와 연락처
전시장과 부스위치	• 전시장 전체 도면 • 자사부스 위치 도면 • 전시장 내의 시설 및 연락처 • 전시장에서 외부로의 연락 방법
기타	• 전시회 개최국에 대한 국가 정보 • 자사 품목의 현지 시장 동향 및 경제 정보

출처: KOTRA, 「해외박람회 참가요령」, 무공자료 00-07, 2000. 8. pp.41~42.

3. 각종 서비스의 조기 신청

경우에 따라서는 조기 신청에 대해서 비용을 선납해야 되는 경우가 있지만, 각종 전시회 서비스업체에게 조기에 서비스를 신청하는 것이 좋다. 참가업체 부스 요원이 전시장에 도착한 후에 서비스 신청을 하는 경우 서비스를 받기까지 너무 많은 시간이 소요된다. 서비스를 조기 신청 시 어떤 경우에는 부스 요원이 전시장에 도착하자마자 전화, 카페트, 전기 등의 설치가 완료되는 경우가 있다.

4. 신용카드, 여행자 수표, 현지 화폐의 휴대

현지 화폐 또는 여행자 수표를 휴대하고 전 세계적으로 통용되는 신용카드를 소지한다. 신용카드는 비자와 마스터 카드를 모두 휴대하는 것이 좋다. 지역에 따라서는 특정 카드 사용이 불가한 경우도 있기 때문이다.

Tip 10-1 전시회 성공 결정 요소로서의 전시품

참가기업의 전시회 참가 성공을 결정짓는 세 가지 요인은 부스, 부스상담 요원, 제품 및 서비스 등이며, 이 중에서 제품 및 서비스와 관련된 요인들은 다음과 같다.

1. 부스상담 요원의 제품 지식

생각보다 많은 참관객들은 부스상담 요원들이 제품에 대한 지식이 부족하다는 점에 불만을 가지고 있으므로 부스상담 요원은 자사 제품이나 서비스에 대한 정확한 지식을 가져어야 한다.

2. 전시품의 시연

전시회에서 참관객의 이해를 돕기 위해서 전시품의 시연이 매우 중요하다. 어떤 경우에는 부스상담 요원이 전시품 작동방법을 모르는 경우도 있다. 참관객에게 역효과가 있는 것은 당연하다. 자신도 모르면서 다른 사람을 이해시키는 불가능하다. 시연을 잘 하기 위해서는 사전에 충분히 연습을 해야 하며, 전시품이 잘 작동되는지를 수시로 확인해야 한다.

3. 경쟁사 제품에 대한 지식

참관객은 참가업체 제품에 대한 비교 쇼핑이 가능하다. 상담 요원이 참관객에게 자사 전시품의 우수성을 주장하면 그들은 전시장을 둘러보면서 이 주장을 쉽게 확인할 수가 있다. 따라서 참가업체는 타사 제품과의 장·단점을 충분히 인식하고 있어야 한다. 그들은 어떤 신제품을 전시하고 있는가, 장·단점은 무엇인가, 판매 조건은 어떠한가, 고객의 주문에 얼마나 빨리 응하는가, 자사 제품의 단점을 극복할 방법은 무엇인가 등에 대한 내용을 파악한 후에 참관객과의 상담에 활용해야 한다.

4. 자사 제품에 대한 열정

상담 요원이 자사 제품에 대한 열정을 가지고 상담에 응하면 참관객도 적극적으로 응하게 된다. 상담 요원이 피곤하고 지겨운 표정으로 자사 전시품의 단점을 옹호한다든지 하면 참관객은 전시품에 관심을 보이지 않는다.

출처: S. Miller, How to Get the Most Out of Trade Shows, 3rd Edition, NTC Business Books, 1999. pp.89~91.

5. 전시회 개막 전날 밤의 최종 점검 회의

전시회 개막 전날 밤에 부스 요원들은 최종적으로 부스에서의 업무와 절차에 대한 다음 사항에 대해서 지시를 받아야 한다.

- 외부 인력을 포함한 팀 구성원의 소개
- 전시회에 관한 정보
- 전시회 참가 목적에 대한 정보
- 전시회 동안의 특별 이벤트
- 중요한 서류에 대한 설명
- 참관객 상담기록양식에 관한 설명
- 고객접대 방법에 대한 지시
- 언론관계자 접대 방법
- 근무 당번(duty roster)
- 행동 원칙(code of behavior)

Tip 10-2 훌륭히 조직·관리되는 전시팀?

훌륭히 조직·관리되는 전시팀은 다음 사항을 실행하고 있다.

- 부스가 늘 깨끗하고 잘 정돈되어 있다.
- 홍보물이나 판촉물을 받기 위해 참관객이 줄을 서는 병목현상이 없다.
- 부스에서 모든 기술설비들이 제대로 작동한다.
- 부스에서의 절차와 시간이 잘 지켜진다.
- 부스에서의 분위기가 늘 온화하고 부드럽다.
- 부스 매니저는 항상 스탭들이 어디에 있는지를 파악하고 있다.
- 고객과의 대화는 잘 기록되고 분석되어져야 한다.

출처: AUMA, Successful Participation in Trade Fairs: Tips for Exhibitors, www.auma-fairs.com, 2004, p.82.

제2절 부스의 설치

전시회 개막 직전의 부스 요원의 임무 중에서 특히 부스의 장치업무가 중요하므로 자세히 살펴보기로 하자.

1. 부스의 설치

부스를 설치하고 제품을 진열하는 것이 매우 중요하므로 매우 세심하게 이를 감독할 필요가 있다.

전시회 개막 전날까지 부스를 설치하고 모든 준비를 완료해야만 숙소에서 충분히 휴식을 취한 후 상쾌한 기분으로 개막 날 아침에 관람객을 맞이할 수가 있다. 따라서 가능한 한 조기에 부스를 설치하고 설치과정을 감독해야 한다. 전시회 개최 1~2일 전의 전시장은 혼돈상태이다. 사람들이 사방에서 목재 가공, 판넬, 전화, 조명 등을 설치하느라고 바쁘게 움직이고 지게차들이 박스를 싣고 통로를 오가는 등 정신이 없다. 이와 같이 비록 설치시간은 짧더라도 굉장히 혼잡하므로 정해진 시간에 설치를 완료하기 위해서는 철저한 준비가 필요하다.

부스의 장치는 크게 전시회 안내책자에 나와 있는 공식 전시장치업체에게 의뢰하거나 직접 장치, 독립된 전시장치업체에게 의뢰하는 방법 등이 있으며, 방법을 결정하기 전에 전시 주최자에게 특별한 규정이 없는지를 확인해야 한다. 예컨대, 어떤 전시회의 경우 비조합원에 의한 장치가 금지된 경우가 있으므로 이를 무시한다면 부스의 설치가 지연될 수밖에 없다.

만약 전시장치업체에게 설치 업무를 위임했다 하더라도 꼼꼼하게 진행 상황을 확인할 필요가 있으며, 만약 예상치 못했던 문제가 발생하면 전시 주최자 측과 협의를 해야 한다. 또한 부스의 설치를 감독하면서 경쟁 기업의 부스를 관찰할 필요가 있다. 왜냐하면 경쟁 기업의 전시회 계획을 아는 것이 부스 요원들에게 브리핑을 할 때에 도움이 되기 때문이다.

마지막으로 예상치 못한 사태가 발생하더라도 침착성을 유지해야 한다. 가장 흔히 일어나는 일은 스케줄에 따라 일이 진행되지 못하고 지연되는 것이다. 이 경우에도 문제에 대한 명확한 대화를 통해 필요한 부문을 잘 설명한다면 해결이 될 것이다.

2. 전시장으로 전시품 반입 및 진열

부스의 설치가 끝나면 전시할 제품들을 전시장으로 반입한 후, 이를 진열대 위에 진열해야 한다. 제품을 전시장에 반입하고자 할 때에는 통상적으로 전시 주최자에게 반입신고서를 제출해야 한다. 이때에는 양식에 맞추어 항목을 기입하여 확인을 받은 후 반입하면 된다.

제품의 진열은 계획했던 대로 관람객들이 편안하게 그리고 쉽게 볼 수 있으면서도 때에 따라서는 시연 또는 실습을 할 수 있도록 진열하여야 한다.

부스 요원들은 자사의 전시품과 장치물을 부스설계도에 따라 배치를 완료한 후 빈 박스는 반송을 위해 별도의 장소에 보관한다.

3. 최종 점검

부스의 설치와 제품의 진열이 끝나게 되면 사무용품과 같은 물품에 대한 준비를 해야 하며 아울러 총 점검을 해야 한다. 사무용품은 볼펜과 노트, 테이프와 풀, 칼, 가위와 같은 문방구류, 테이블 천, 기타 디스플레이 물품, 출입증 등이며, 참관객 대상으로 준비해야 할 것은 회사 홍보물과 판촉물, 명함 그리고 명함을 받을 수 있는 명함함과 방명록 등이다. 이와 같은 물품들을 점검하기 위해서는 다음의 〈표 10-2〉와 같은 전시회 Tool Kit 체크리스트가 필요하다.

이러한 준비가 끝나게 되면 전시품이 완전한가에 대한 점검과 전기설비, 통신설비의 점검, 통로 및 부스 내부의 청소와 점검, 인력배치 점검 등 총 점검을 하게 된다.

총 점검은 점검목록을 만들어서 1개씩 체크해 보는 것이 좋은데 이렇게 해야만 부분별로 점검이 누락되는 것을 방지할 수 있으며 나중에라도 점검에 대한 확인이 용이하기 때문이다.

〈표 10-2〉 전시회 Tool Kit 체크리스트

품 목	포함여부	비 용	비 고
포장용 테이프	□		
가위	□		
밴드	□		
1회용 구급약	□		
펜	□		
메모장	□		
형광펜	□		
스테이플러	□		
스테이플러 제거기	□		
상담 일지	□		
일회용 사진기	□		
주요 스텝 명함	□		
종이 클립	□		
고무 밴드	□		
손톱깎이	□		
바느질 도구	□		
드라이버	□		
연락 사무실 전화번호 및 주소	□		
반송용 선적 서류	□		
반송 선적용 라벨	□		
여분의 전선 및 콘센트	□		
화장지	□		
유리 세척제	□		
헝겊 및 종이 타올	□		
기타	□		

출처: L. A. Obringer, "How Trade Shows Work", http://money.howstuffworks.com/trade-show.htm/printabe.

사례 10-1 독일의 전시산업 성공 사례와 일본의 실패 사례

1. 독일의 전시산업 성공 사례

1) 정부의 적극적인 육성정책

- 독일 전시산업은 수 백 년에 걸친 전통과 역사적 발전과정을 배경으로 발전하여 왔으며, 이면에는 정부의 적극적이고도 꾸준한 육성정책이 자리 잡고 있음.
- 독일 전역에 산재하고 있는 전시장 등 방대한 전시관련 SOC시설은 독일정부가 100여년에

걸쳐 건설한 것임. 독일 정부는 또한 도심 곳곳에 전시장 안내소 및 도로 표지판을 설치하여 외국인이라 하더라도 시내 어디서나 전시장을 쉽게 찾을 수 있게 하였으며 전시회 입장권의 교통 수단화로 버스, 지하철 이용도 가능케 하였음.

- 이밖에 각종 금융세제를 지원하고 있고 유명 전시회가 개최되거나 전시 관련 국제행사가 개최되면 대통령 또는 정부 각료가 참석하여 정부의 기대와 관심을 표시함.

2) 전시 주최자들의 조직력

- 수백 년 간의 전시 주최경험을 배경으로 현대적인 전시산업 운영 체계를 접목하여 세계에서 가장 조직적으로 전시회를 개최하고 있음.
- AUMA를 중심으로 전시 주최자들의 이해 상충부분을 조정하고 있으며, 지역별 전시회 개최 안배, 인근국과의 전시회 개최 공동 협조, 참가업체 유치, 전시면적 배치, 홍보 활동 등 기획부분은 물론 전시회장 관리 운영에 이르기까지 조직적인 업무처리 체계를 확립하고 있음.

3) 적극적인 홍부 전략

- 세계 곳곳에 설치된 독일상공회의소, Messe Frankfrut, Messe Muenchen 등 주요 전시 주최자들의 지사를 통해 독일 전시회를 홍보하고 있으며, 한국어를 포함하여 8개 언어로 된 홍보 브로슈어를 연간 200만부이상 발간하여 외국에 배포하고 있음. 이밖에 해외 홍보용 CD-ROM, 캘린더 등을 제작 배포하고 있음.

4) 인근국과의 협조 체제

- 독일 전시주최자들은 품목에 따라서는 인근국인 프랑스나 이태리 등과 동일 품목을 순년제로 돌아가면서 전시회를 개최하여 EU 국가간 경쟁을 피하고 방문 바이어를 확대시킬 수 있는 협조 관계를 유지하고 있음.

  예) EMO : 밀라노, 하노버, 파리에서 순회 격년 개최. 세계 2대 식품전시회인 퀼른 식품전시회와 파리 식품전시회를 순년제로 개최.

5) 지리적인 이점

- 독일은 지리적으로 서유럽과 동유럽의 중심에 위치하여 동·서유럽을 연결하는 지리적인 요충지대에 있고 이를 길 활용하고 있음.

2. 일본의 전시산업 부진 사례

1) 전시장 시설의 과다 건설 및 전시장간 경쟁 심화

- 일본 국내에서 현재 운영 중인 총 전시장 및 컨벤션 시설 수는 53개에 달하며 추가 건설 예정인 곳도 다수 있음.
- 주요도시별로 보면 동경 19개, 오사카 8개, 요코하마 4개가 있으며 이들 시설들은 정해진 수요를 놓고 출혈경쟁을 하고 있는 실정임.
- 일본 내에서 연간 개최되는 전시회 횟수는 540회로 전시회 개최횟수 자체는 상당한 수

준이나 국제적인 수준의 대형 전시회가 적은 편이며 50% 이상이 동경근교에 집중 되어 있음.

2) 국가차원의 전시산업 육성 전략 미흡

- 일본의 경우 전시장 건립 시 국고(중앙정부)에서 직접적으로 예산을 지원하는 경우는 없으며, 지방자치단체 자체의 재원 또는 자치단체 및 해당 지역의 기업이 공동으로 출자하여 건립하고 있는 실정으로 국가차원의 전시산업 육성을 위해 계획에 의거 건립되기보다는 지방자치체가 경쟁적으로 건립하는 경향이 있음.
- 아울러, 중앙정부의 경우 지역 형평성 및 정치적 차원의 문제점을 고려, 관리시설에 대한 세금우대 정도의 지원에 머물고 있으며, 직접적인 지원책은 마련하지 않고 있음. 또한 중앙정부 차원에서의 정책입안 및 예산지원에 관한 관할부서가 없는 관계로 정부 차원의 정책방향이 발표되지 않고 있어 전시산업육성 비전을 구축해야한다는 요구의 소리가 높음.

3) 전시회의 국제화 미흡 및 90년대 이후 경기 침체 영향

- 일본의 경우 현재 가동 중인 주요전시장의 대부분이 80년대 이후 집중 건설되었으며 구미의 전시산업 선진국에 비해 전시산업 역사 자체가 매우 짧은 실정임.
  - 주요전시장 설립연도: 마쿠하리메세(1989년), 동경빅사이트(1996년), 인텍스오스카(1985년)
- 일본보다 뒤늦게 전시산업 육성을 시작한 싱가포르가 외국전시주최자를 적극 유치한 반면 일본은 국내전시주최자 중심으로 발전을 도모해 나감으로써 결과적으로 전시산업의 국제화에 뒤지는 결과를 보이게 됨.
- 또한 90년대에 접어들면서 소위 버블붕괴에 따른 장기적 경기침체 및 내수 시장의 축소로 국제 규모의 전시회 유치 및 전시회 신규 개발에 장애가 발생한 것으로 평가됨.

출처: 송성수, 「21세기 떠오르는 전시산업」, 가을동화, 2003. pp.443~447.

연습문제

1. 전시회 개막 직전에 부스 요원들이 해야 될 주요 업무와 고려 사항에 대해서 자세히 설명하시오.
2. 부스상담 요원의 매뉴얼에는 어떤 내용이 반드시 포함되어져야 하는가?
3. 전시부스의 설치 업무에 대해서 설명하시오.

주요 용어

- 부스 요원의 매뉴얼
- 전시회 Tool Kit 체크리스트
- 전시서비스업체
- 전시품 반입
- 전시 주최자 매뉴얼
- 제품 시연(product demonstration)
- 행동 원칙(code of behavior)
- 근무 당번(duty roster)

■ ■ ■ 참/고/문/헌

신재기, 「전시산업론」, 한올출판사, 2004.

AUMA, *Successful Participation in Trade Fairs: Tips for Exhibitors*, www.auma-fairs.com. 2004.

B. Siskind, *The Power of Exhibit Marketing*, Fourth Edition, International Trainning and Management Company, 1997.

E. A. Chapman, *Exhibit Marketing*, NY, McGraw-Hill Book Co., 1987.

KOTRA, 「해외박람회 참가요령」, 무공자료 00-07, 2000. 8.

L. A. Obringer, "How Trade Shows Work", http://money.howstuffworks.com/trade-show.htm/printabe.

S. I. Jurisevic, *Exhibitions and Trade Shows*, Prentice Hall, 2002.

S. Miller, *How to Get the Most Out of Trade Shows*, 3rd Edition, NTC Busines Books, 1999.

Chapter 11

전시 중 촉진 활동과 고객상담관리

본장에서는 먼저 전시장과 전시부스에서의 다양한 촉진활동에 대해서 살펴본 후, 자사의 부스를 방문한 참관객들을 어떻게 상담하고 관리할 것인가를 살펴본다. 마지막으로 부스에서의 고객접대와 정보수집 등 기타 활동에 대해서 살펴본다.

도입 사례

비앤비컴퍼니: 상담사진으로 이어가는 인연

"전시회장에서 상담한 바이어는 사실 전시회가 끝난 뒤 일주일이면 어느 부스의 누구와 상담했는지를 잊어버리는 경우가 다반사입니다. 이런 경우를 대비해 관심 있는 바이어에게는 상담해 주셔서 고맙다는 인사와 함께 잊지 않겠다면서 사진 촬영을 제안하면 바이어들이 무척 좋아합니다." 비앤비컴퍼니 전시 담당자는 해외 전시회에 참가해 거둔 성공 노하우에 대해 '바이어 사진'이라며 이같이 말했다.

전시회는 사전 준비는 물론 개최 기간 중 실제 활동 못지않게 사후 관리가 중요하다. 자기 돈을 써서 물건을 사야 하는 바이어는 가격 · 품질과 더불어 이 제품이 자신의 시장에서 팔릴지를 놓고 고민을 한다. 물건을 팔아야 하는 수출기업은 인내심을 갖고 바이어들이 결심할 때까지 기다려주고, 꾸준히 대화를 시도해야 한다. 또 거래에 실패하였다고 관계를 끝내지 말고 지속적으로 인연을 이어가야 한다.

비앤비컴퍼니는 바이어와 함께 찍은 사진을 좀 더 크게 확대해서 액자에 넣어 선물로 증정한다고 한다. 예상치 못한 정성이 담긴 선물을 받은 바이어들은 곧바로 비앤비컴퍼니의 팬이 된다고 한다.

100만 불 수출의 탑, 비결은 전시회

1988년 12월에 설립된 비앤비컴퍼니는 비비트레이딩이라는 개인사업자로 시작하였다. 사업

아이템은 치간 칫솔브러시였다. 일본 바이어가 브러시 10만 개 중 1개라도 불량이 나오면 사유서를 제출하라고 할 정도로 까다로운 기준을 요구한 탓에 어려움이 많았다. 3개월여 만에 바이어로부터 합격 판정을 받아 공급 계약을 체결하였다. 회사 전 직원이 자동화기기 3대로 제품 납기일을 맞추기 위해 공장에서 밤을 지새우면서 품질에서는 최고 수준을 유지하면서 납기를 지킨다는 점을 각인시켜 나갔다.

자신감이 생긴 비앤비컴퍼니는 3년 후 완제품 생산에 도전하였다. 브러시 관련 시장의 성장성이 클 것이라는 전망에 내린 결정이었다. 치간 칫솔 브러시 이외에도 다양한 아이템을 개발해 나갔는데, 마스카라 브러시가 제품군 중 하나였다.

마스카라 브러시 샘플을 국내업체에 보냈는데, 오히려 일본 업체로부터 연락이 왔다. 국내업체에 보낸 샘플이 괜찮다며 일본 업체들에게까지 전달되었던 것이다. 마침 일본에서 열리는 전시회에 참가했는데, 전시회에서 비앤비컴퍼니를 찾아다니던 일본업체 관계자들과 우연히 만나 자리에서 수출 계약을 성사시켰다.

전시회에서 예상치 못한 성과를 얻은 비앤비컴퍼니는 이후 일본에서 열리는 전시회에 매년 참가하고 있다. 또한 거래를 하는 일본 바이어 수도 5개 업체로 늘어나 이들은 통해 전체 생산물량의 60~70%를 일본으로 수출하고 있다.

비앤비컴퍼니는 국제표준화기구, 미국식품의약국, 유럽연합으로부터 각각 ISO, FDA, CE 인증을 획득했으며, 국내에서는 이노비즈, 벤처 기업, 수출유망 중소기업 등 다양한 인증을 모두 취득했다. 품질요구수준이 높은 일본으로의 수출경력 덕분이었다.

전시회 참가를 결정한 후 개막 전 3~4개월 전부터 바이어들에게 전시회 참가 소식과 전시품, 부스 방문을 희망한다는 내용을 담은 초청장을 지속적으로 반복해서 이메일로 보냈다. 바이어들의 일정도 있는 만큼 전시회 참가 소식을 되도록 빨리 보내는 것이 좋다. 방문을 하겠다는 답변을 한 바이어들은 무슨 일이 있어도 꼭 전시회에 모습을 나타냈다. 무역 거래에 있어 약속은 생명과도 같기 때문에 바이어들도 셀러들과의 만남을 위해 만반의 준비를 한다.

여러 명과 상담시간이 중복되지 않고, 또한 현장에서 우연히 상담을 요청하는 예상치 못한 바이어들을 고려해 일정을 조율하는 것도 쉽지 않은 일이다. 바이어들에게 제공할 샘플도 단순히 방문을 기념해 증정하는 선물이 아니다. 회사를 보여줄 수 있는 주력 제품을 정성들여 준비하여 제공해야 한다. 바이어는 샘플로 거래 여부를 결정한다. 전시회가 끝난 뒤 바이어가 샘플을 추가로 요청할 때가 있다. 이는 현지로 돌아간 바이어들이 거래선들과 시장성을 알아보기 위한 시범 판매를 목적으로 요구하는 것인데, 대부분의 바이어들은 샘플 구입 비용을 지불하고 한다. 하지만 셀러의 입장에서 비용부담이 크지 않는 금액 또는 수량이라면 기꺼이 무료로 증정하는 것도 나쁘지 않다.

사후관리에 공들이며 참고 기다리고

전시회 부스에서의 상담은 웃고 즐기는 가운데서도 구매를 결정해야 하는 바이어와 판매를 관철시켜야 하는 셀러간 긴장감이 극도로 달하는 시간이다. 여기서 어느 한쪽이 조급함을 보이면 협상의 주도권은 상대방에게 넘어가거나 깨어지게 마련이다. 참고 기다리는 자세가 미덕이다.

비앤비컴퍼니는 관계자는 "바이어는 좋다. 주문하겠다면 현장에서는 좋은 분위기로 말하고 돌아가지만 실상 돌아와서 메일을 보내면 전혀 응답이 없는 경우가 있고, 1~2년이 지난 후에 우리 제품을 사겠다고 하는 바이어도 있기 때문에 항상 직원들에게는 유대 관계를 자주 가질 것을 지시한다"고 말했다. 인사 메시지를 자주 보내거나 신제품이 나오면 샘플을 보내는 등 접촉을 지속하다 보면 타이밍이 맞아 우리와 거래를 할 수 있기 때문이라는 설명이 뒤따랐다.

비앤비 컴퍼니 박미숙 회장

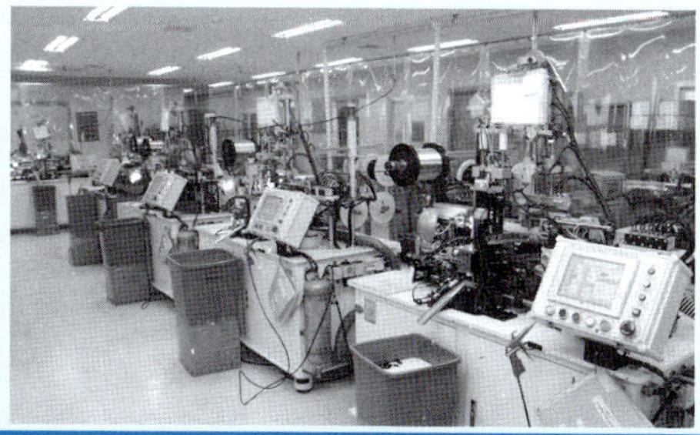
마스카라 브러시 생산 공정

출처: 한국무역협회(2013). 전시마케팅 성공가이드, p.67.

제1절 전시회에서의 촉진활동(at the show promotion)

전시회 사전 촉진활동과 더불어 전시회에서의 촉진활동도 매우 중요하다. 전시장에서, 그리고 부스에서 다양한 촉진활동을 할 수가 있다. 이런 촉진활동들이 모두 자사의 전시회에 적합한 것은 아니지만, 전시회 참가목적에 맞게 잘 계획·조정된 촉진활동이 전시회 성공을 위해서 매우 중요하다는 점을 아무리 강조해도 지나치지 않는다.

그러면, 전시회에서의 촉진활동을 크게 전시장 안팎에서의 촉진활동과 부스에서의 촉진활동으로 나누어 살펴보기로 하자.

1. 전시장에서의 촉진활동

1) 전시회 안내 책자(the show guide)

전시회를 방문하면 모든 참관객은 전시회 안내책자를 얻을 수 있는데, 이것은 광고를 위한 훌륭한 수단이 될 수가 있다. 보통 이 책자에는 비용의 부담 없이 참가업체와 전시품들의 목록을 게재할 수 있다. 그리고 유료 광고도 게재할 수가 있는데 이 경우에는 미리 주최자에게 신청을 해야 한다.

2) 프레스룸

대부분의 전시회에서는 언론 관계자를 위해서 프레스룸을 운영한다. 프레스룸에는 참가 기업들의 언론용 소책자(press kit)를 비치하는데, 자사의 프레스 키트를 잘 만들어 비치한다면 홍보에 많은 도움이 될 수가 있다.

3) 세미나 및 컨퍼런스

전시 주최자는 좋은 세미나 프로그램을 이용하여 참관객을 유치하고 한다. 참가기업은 세미나에 참가하여 자사의 제품이나 기술 및 다양한 적용성을 보임으로써 세미나 후에 많은 참관객을 자사의 부스로 불러 모을 수가 있다. 만약 세미나에 참가하기로 한다면, 참가 기업은 충분한 시간을 가지고 철저히 준비를 해야 한다.

4) 신제품 전시

전시 주최자는 흥미를 끄는 제품이나 신제품을 별도로 전시하기도 하며, 때로는 최우수 전시상을 시상하기도 한다. 이 경우 주최자는 통행량이 많은 곳에 전시를 하기 때문에 참관객의 많은 관심을 불러 모을 수가 있으므로, 만약 이런 기회가 있다면 적극 활용해야 한다.

5) 광고판(billboards)

전시장 건물 바깥쪽에 위치한 주차장이나 전시회 홀로 향하는 접근로 혹은 복도 등과 같이 많은 관람객들이 지나다니는 공간에 설치된 광고판을 이용하여 광고를 할 수가 있다.

6) 현장 접대와 접견실(hospitality suites)

전시장 현장에서 가벼운 스낵 류, 음료수, 포도주 등을 접대할 수가 있으며, 접대의 정도는 전시회의 형태나 다른 참가기업들의 관행에 따라 달라질 수가 있다. 특히, 처음 참가하는 기업은 적절한 준비를 위해 미리 상황을 파악할 필요가 있다.

그리고 대규모 기업의 경우 호텔이나 컨퍼런스 룸의 접견실을 예약하여 식음료를 준비하여 업계의 주요 인사를 포함한 초대 손님을 접대하는 경우가 많으며, 꼭 필요한 사람이 참석하도록 하는 것이 중요하다.

중소기업의 경우 별도의 접견실을 예약하는 것은 비용이 너무 부담이 되므로, 꼭 접대할 필요가 있는 고객은 저녁식사를 하면서 일대일로 사업관계를 강화시킬 수 있다.

접견실을 설치하기 전에 전시 주최자와 상의할 필요가 있다. 왜냐하면 어떤 전시회의 경우 전시시간 동안에는 접견실의 이용을 금지하기 때문이다.

접견실에서는 고객이나 잠재유망 고객이 허심탄회하게 자사의 제품이나 서비스에 대해서 얘기를 나눌 수 있는 분위기를 만드는 것이 중요하며, 고객들의 질문에 대답할 수 있는 제품 정보를 잘 아는 직원들이 배치되어야 한다.

접대를 위해서는 다음 사항을 고려해야 한다.

- 시설 임대
- 식음료 주문
- 호스트 서비스 스케줄
- 식장의 장식이나 배치
- 초청 연사 초대
- 손님 운송

- 초대장이나 티켓의 배포
- 선물 구입

7) 행사 후원(event sponsorship)

전시회 기간 중에 열리는 개막식 리셉션, 커피 브레이크, 세미나 등을 후원함으로써 홍보를 할 수가 있다. 전시회 개막전에 어떤 후원할 수 있는 행사가 있는지를 전시 주최자에게 문의해야 한다.

8) 기타

그 외에도 손님들을 초대하기 위한 캐릭터의 배포, 통로를 왕래하는 로봇, 전시회 일간 간행물(show dailies)에의 광고, 공식 호텔에서의 자료배포 등의 촉진방법이 있다. 대부분의 전시회에는 이런 활동을 포괄하는 규정을 가지고 있기 때문에 이런 종류의 촉진활동을 계획할 때에는 전시 주최자와 미리 협의할 필요가 있다.

2. 부스에서의 촉진활동

일단 자사의 부스를 확인한 참관객을 잠시 동안이라도 자사의 부스에 머물도록 하는 촉진활동이 필요하다.

1) 답례품 및 판촉물(premiums or give-outs)

참관객들이 자사를 기억할 수 있도록 하는 펜, 편지 오프너(letter opener) 등의 판촉물을 준비할 필요가 있으며, 이를 위해서는 다음 사항을 고려해야 한다.

- 회사명이나 전화번호 등을 판촉물에 새겨야 한다.
- 판촉물은 어느 정도 자사의 제품과 관련이 있어야 한다. 예컨대, 자동차 딜러의 경우 차 열쇠고리를 준비한다. 만약 적절한 것이 없다면, 펜이나 포장 레벨에 간단한 판매메시지를 부착한다.

- 모든 사람이 갖고 갈 수 있도록 쌓아두지 마라. 참관객의 눈에는 판촉물이 가치가 없게 보일 수 있기 때문이다. "우리 부스를 방문해주셔서 감사합니다. 새로운 고객으로서 저희들의 감사표시로 이것을 받아 주시기 바랍니다"라고 말하면서 자사 제품에 관심이 있는 참관객에만 나누어 주어야 한다. 이렇게 함으로써 고객들이 선물에 감사함을 느끼게 되어 좀 더 오래 해당 회사를 기억하게 한다.

사례 11-1 좋은 판촉물이란?

유용하면서도 자사제품과 관련이 있는 판촉물을 찾기는 쉽지 않다. 또한 새롭고도 좋은 판촉물이 있다고 하더라도 다른 회사가 금방 모방해 버리므로 끊임없이 참신한 판촉물을 기획해야 한다.

예를 들어 자사의 로고나 판매슬로건이 인쇄된 플라스틱 가방을 나누어 주어 주목을 받은 경우가 있었다. 그러나 불행히도 금방 다른 회사들이 모방하는 바람에 가치가 급속히 하락하게 되있다.

좋은 판촉물의 사례로서 자사의 로고와 이름이 새겨진 큰 환경친화적인 쇼핑백을 나누어 주는 경우가 있었다. 대부분의 다른 회사의 부스들에서는 자그마한 백들을 많이 나누어 주기 때문에 들고 다니기에 불편하다. 이 때 "당신이 모든 정보를 쉽게 옮기도록 도와 드리겠습니다"라고 말하면서 자사의 큰 쇼핑백에 손님이 가지고 있던 작은 백들을 담아준다면, 큰 쇼핑백은 좋은 판촉물이 될 수 있을 것이다.

출처: B. SisKind, The Power of Exhibit marketing, ITMC, 1997. pp.126~127.

Tip 11-1 판촉물의 선택 기준

판촉물은 전시장 내에서 쉽게 눈에 띄고 받은 사람이 배포한 회사를 기억하도록 하는 것이 중요하다. 판촉물을 선택할 때에는 다음 사항을 참고하여 선택한다.

▷ **판촉물의 개별화:** 판촉물에 자사의 로고뿐만 아니라 받는 사람이 이름을 써 넣으면 받는 사람은 자신이 인간적으로 대접받고 있음을 느낀다. 값싼 판촉물이라도 자신의 이름이 써여 있으면 쉽게 버리지 못한다.

▷ **정성이 있는 판촉물:** 어느 회사는 중장비 제품을 생산하는 회사의 사장에게 배포하기 위해 스위스 군용 칼을 준비하였다. 물론 가격이 비싸지 않지만 받는 사람들로 하여금 정성이 있는 선물로 받아 들여졌다.

▷ **판촉물의 차별화:** 티셔츠, 모자, 컵, 자켓 등을 판촉물로 준비한 업체가 있었다. 자켓은

배포물량이 한정되어 모든 사람에게 나누어 주지 못하였다. 자켓을 받은 사람들은 크게 대접 받은 느낌을 얻었다. 배포 판촉물에 한정을 둠으로써 중요한 내방바이어의 관심을 끌 수 있다.

▷ **의미 있는 판촉물:** 유명한 화가가 자사를 위해 그린 그림을 배포하는 방법과 같이 내방객이 쉽게 알 수 있는 유명인이 관련된 판촉물을 배포하면 효과를 거둘 수 있다. 자사가 국제대회나 기관 등에서 인정받은 것을 기념하는 판촉물을 제작 배포하는 방법도 있다.

▷ **발상의 전환:** 의료 전시회에서 어느 회사는 자사를 방문하는 소아과 의사에게 큰 곰 인형을 나누어 주었는데 총 초청객의 93% 이상으로부터 좋은 반응을 얻었다고 한다. 곰 인형을 받기 위해 길게 줄을 늘어선 의사들을 생각해 보라.

▷ **실용적인 물건:** 사람들은 판촉물에 기능이 있으면 버리지 않는다. 우리나라의 어느 보험회사는 구두 광택용 스폰지가 들어 있는 소형제품을 나누어 주기도 한다.

출처: KOTRA, 「해외박람회 참가요령」, 2000, pp.69~70.

2) 시연과 샘플

참관객은 제품이나 서비스를 오감을 이용하여 보고, 듣고, 느끼고, 맛보고, 냄새 맡기 위하여 전시회에 방문함으로 전시회에서의 시연(demonstration)은 매우 중요하다. 그리고 시연이 끝난 후 샘플을 나누어 주는 것이 매우 효과적이다.

전시장에서 직접 시연을 할 수가 없는 경우에는 비디오 등 멀티미디어를 이용할 수가 있다.

3) 각종 인쇄물

명세서, 카탈로그, 브로슈어, 가격 리스트 등 각종 인쇄물을 이용하여 촉진활동을 할 수가 있다. 그러나 판촉물처럼 모든 사람에게 나누어 주지 말고 자사의 제품에 관심이 있는 참관객에게만 나누어 주어야 한다.

Tip 11-2 전시회 인쇄물 배포 방법

1. 인쇄된 자료를 부스 입구 테이블이나 진열장 위에 쌓아 두지 마라.

인쇄물을 부스의 통로 쪽 입구에 쌓아두면 관람객들을 부스 쪽으로 유도할 수는 있지만 무작위로 브로슈어를 가져가는 관람객들을 통제할 수 없게 된다. 이런 경우 대부분의 관람객들은 부스 안으로 들어오거나 질문을 하지 않고, 그냥 브로슈어만 집어 들고 지나가 버릴 확률이 높다. 이런 문제를 해결하기 위해서는 테이블 위에 브로슈어 몇 부만 펼쳐놓고 '부스 전시용 브로슈어' 혹은 '무료 브로슈어는 문의 바람'과 같은 안내 문구만 써놓는다. 그래서 정말 브로슈어를 필요로 하는 관람객에게만 브로슈어를 제공하고 상담할 기회를 갖는 것이 좋다.

2. 반드시 배포하되 신중하게 하라.

어떤 관람객들은 그들의 의사결정에 참고하기 위해 브로슈어 확보에 비중을 두고서 부스를 방문하기 때문에 브로슈어를 얻을 수 없으면 불만을 토로하기 때문에 반드시 배포할 필요가 있다. 그러나 이 경우에도 배포 시점이 중요하다. 부스 요원이 대화를 시작하는 초기에 브로슈어를 배포하면 관람객이 브로슈어를 읽느라고 오히려 상담과정을 산만하게 만들어 버릴 수 있으므로 관람객과의 대화나 상담을 종료하는 시점에서 브로슈어를 건네주는 것이 바람직하다.

3. 대화를 종료하기 위한 수단으로 인쇄물을 사용하라.

관람객이 일시에 많이 몰려 전시회 부스 현장이 혼잡할 때 이미 상담을 마친 관람객과 대화를 마무리하지 못하면 새로운 잠재 고객과 접촉 또는 상담할 수 있는 기회를 상실하게 될 수가 있다. 이런 경우 자연스럽게 대화를 종료하기 위해서 인사말과 더불어 사사 제품을 소개하는 브로슈어 등을 건네주면 된다.

4. 전시회 폐막 후 후속조치의 한 가지 방법으로 인쇄물을 신속히 발송하라.

전시회 폐막 후 확보된 리드의 사후 관리가 매우 중요한데 이 때 전시회에 사용한 각종 인쇄물을 부스 방문에 대한 감사의 뜻을 전하는 편지와 동봉하여 보내는 것이 중요하다.

출처: 김용관, 「기업과 전시회마케팅」, 백산출판사, 2007, p.256.

4) 특별 이벤트

어떤 전시회에서는 패션쇼나 스테이지 쇼(stage show), 시연 등의 형태로 특별 이벤트를 실시하는 경우가 있는데, 이 경우 이러한 특별 이벤트에 참가함으로써 자사의 부스나 제품에 참관객의 관심을 끌어 모을 수가 있다.

5) 유명인사 초청(celebrities)

영화배우, 운동선수, 정치인, 업계 대표, 지역 거물인사 등 유명인사들을 초대하여 자서전에 사인을 하다든지, 연설하게 함으로써 자사의 부스에 관중을 모을 수가 있으며, 저명인사의 언론과의 인터뷰 등을 통해 자사의 제품이나 이름이 언급되도록 함으로써 큰 홍보효과를 거둘 수가 있다.

6) 모델

만약 필요하다면 매력적인 모델도 전시에 긍정적인 효과를 미칠 수 있다. 그러나 단순히 제품이나 서비스에 관련이 없이 일회성으로 모델을 이용할 경우 큰 효과가 없다.

7) 경품 또는 콘테스트(contests)

자사의 전시회 참가 목적에 적합하고, 경품에 관한 규정에 위반되지 않는다면, 경품을 제공할 수도 있다. 예컨대 부스에 설치된 박스에 참관객의 명함을 모아 두었다가 추첨을 통해서 상품을 나누어 줄 수도 있다. 예컨대 레저스포츠 또는 관광 분야의 전시회의 경우 축제적인 분위기 속에서 관람객들이 게임이나 콘테스트에 보다 적극적으로 참여하는 경우가 많다. 따라서 이 경우 현장 프로모션의 초점도 그러한 분위기를 적극적으로 활용하기 위해 경품이나 콘테스트를 실시하는 경우가 많다.

8) 상호촉진(cross-promotion)

다른 참가업체와 상호촉진을 할 수도 있다. 만약 다른 참가업체의 제품과 자사의 제품이 보완재라면, 각자의 샘플을 동시에 전시함으로써 비용을 들이지 않고 효과적으로 촉진활동을 할 수가 있다. 예컨대, 컴퓨터용 가구회사와 컴퓨터 회사간에 교차촉진을 할 수가 있으며, 가구회사가 자사의 가구위에 컴퓨터 시스템을 올려놓고 전시를 하면서 컴퓨터 제품은 ○○부스의 A사의 제품이라고 홍보하는 경우이다.

9) PR회사의 이용

자체 관련부서가 있는 대규모 회사의 경우 직접 자체인력을 활용하여 PR활동을 전개한다. 그러나 전문 인력이 없는 중소기업의 경우 전문 PR회사를 이용하여 PR을 할 수도 있다.

사례 11-2 **Ariens사의 전시회에서의 이벤트 활용 성공 사례**

Lawnmower 생산업체인 Ariens 사는 전시회 참가 시 장비시연이나 부스구성, 전시회에서의 홍보활동 및 이벤트를 적절히 활용할 줄 아는 마케팅 활동 등 전시회를 잘 활용하여 성공을 거두고 있는 업체로 손꼽힌다.

당사는 금년도 상반기 전시회 개막전날 밤 주요 고객들을 초청하여 바바리안 스타일 밴드와 맥주가 어울러져 흥을 돋우는 독일 Oktoberfest 스타일의 이벤트를 개최했는데, 이 이벤트는 새로 출시된 자사 Lawnmower 신제품의 Preview행사이기도 했다.

이 회사 마케팅 담당 간부의 말로는 이왕에 제품 소개행사를 할 바에는 딱딱한 분위기에서 하는 것보다는 고객들이 즐거워하는 분위기에서 하는 것이 상담에 더 효과적이라는 것이다. 또 이 회사는 바이어들을 대상으로 간단한 선물이나 자선쇼 티켓을 매 시간마다 부스에서 나누어 주었는데 이것이 별 것이 아닌 것 같지만 바이어들을 즐겁게 해주면서 이 회사 부스를 자주 찾게 해주는 촉진제가 되었다는 것이다. 그 결과 당사는 이 전시회에서 처음 참가할 때 부스규모가 400s/f로 아주 작은 규모였으나 지금은 5,400s/f로 참가업체 중 가장 큰 규모로 확대되었다.

출처: 송싱수, "박람회 참가 성공전략(3).-미 주요 기업 사례분석", 무역일보, 2003. 12.22.

제2절 고객 상담 관리

전시회에서의 고객 상담은 크게 참관객과의 첫 대면(engagement), 참관객 평가(qualification), 설명(presentation), 마무리(closing) 등 네 단계로 나누어 진행된다. 즉, 참관객과 우호적이고 가벼운 대화로 상담을 시작한 후, 빠른 시간 내에 짧은 질문으로 참관객이 양질의 유망고객인지를 평가한다. 그리고 만약 양질의 유망고객이라면 제품이나 서비스에 대해 설명을 하게 되고 전시회 후에 개별접촉이 가능하도록 약속을 하면서 상담을 마무리하게 된다. 그러면 단계별로 보다 자세하게 살펴보자.

1. 참관객과의 첫 대면

참관객과의 첫 대면에서 주의할 점은 다음과 같다.

첫째, 소심함을 극복하고 적극적으로 고객에게 접근할 필요가 있다. 전시회에서 부스 요원이 고객을 기다리기 보다는 적극적으로 먼저 참관객에게 접근하는 자세가 필요하다. 그러나 지나치게 강압적으로 보여서는 안 되며, 편안하면서도 효과적으로 접근하는 것이 필요하다.

둘째, 효과적인 첫마디(effective openers)가 중요하다. 처음에는 사업에 대한 대화보다는 전시회에 대한 느낌 등 가벼운 화제로 대화를 시작하는 것이 효과적이라는 의견도 있지만 참관객의 욕구가 무엇인가를 파악한 후 그 욕구에 대한 질문을 바로 시작하는 것이 더 바람직하다는 의견도 있다.

셋째, 관련이 없는 질문이나 단답형의 질문은 피해야 한다. 효과적인 첫마디는 참관객의 걸음을 멈추게 해서 대화를 계속되게 한다. 비즈니스와 관련이 없거나 참관객이 한마디로 대답을 한 후 계속 걸어가게 만드는 단답형 질문은 피해야 한다.

참관객과 효과적으로 대면하는 방법은 상황에 따라 달라질 수 있으며, 다음의 세 가지 경우가 있다.

첫째, 참관객이 제품이나 부스에 흥미를 갖고 접근하는 경우이다. 이 경우에는 시간을 낭비하지 말고 사업과 관련된 첫마디를 던지는 것이 좋다.

둘째, 부스 요원 자신이 직접 시연을 하고 있는 경우이거나 다른 요원이 시연을 하는 경우이다. 자신이 직접 시연을 하는 경우 시연을 하면서 평균 이상의 관심을 보이는 참관객을 주목하였다가 시연이 끝난 후, 참관객으로 하여금 직접 오감을 이용하여 시연을 느끼도록 만든 후 자연스럽게 제품과 관련된 얘기를 꺼내면 된다. 후자의 경우에도 참관객의 태도 등을 감안하여 많은 관심을 보이는 참관객에게 자연스럽게 시연의 어떤 부분이 관심이 있는지를 얘기를 시작하면 된다.

셋째, 아무도 부스에 들리지 않을 경우이다. 이 경우에도 지친 표정을 짓거나 다른 동료와 잡담을 나누지 말고 부스 모서리에 서서 자연스레 참관객과 눈 맞춤을 한 후 "전시회에서 무엇을 찾으십니까?"와 같은 가벼운 질문으로 첫마디를 던지는 것이 좋다.

Tip 11-3 **관람객의 발걸음을 막는 부스 요원들의 무의식적 행동**

1. 부스 요원 두 명이 짝지어 서 있기

우선 방문객들이 부스 안으로 들어서려다 담당자들이 두 명씩 짝지어 서 있는 것을 목격하면, 어떤 사적 이야기를 나눈다고 생각하면서 끼워들면 결례가 될 것이라고 생각하고 그냥 부스를 지나간다.

2. 여러 명이 모여 서 있기

부스 요원들이 여러 명이 부스 안쪽에 서 있으면 요원들이 회의를 하는 것 같은 느낌을 주게 되며, 만일 관람객이 부스 안으로 들어서면 여러 명이 한꺼번에 상담할 수도 있다는 생각에 심리적으로 불편함을 준다.

3. 통로 쪽으로 등을 보이고 있기

부스 내에서 장비나 집기 등을 손보거나 작업을 하는 경우에도 가급적 통로 쪽으로 등을 보이지 않는 것이 좋다. 무관심하다거나 냉대하는 듯한 인상을 주기 때문이다.

4. 어슬렁거리거나 또는 경비하듯 서 있기

혹시 자사 부스 통로 안쪽으로 관람객이 붐비지 않는다고 하더라도 마치 먹이를 찾으러 다니듯 어슬렁거리며 걸어 다니지 않도록 해야 한다. 그리고 부스 내부의 진열장 앞뒤를 경호하듯이 서 있지도 말도록 한다.

5. 자사 임직원 접대하기

때로는 전시회 현장을 둘러보고자 자사 부스를 방문한 본사 임직원들을 맞이하느라고 관람객 응대가 뒷전이 되지 말아야 한다. 관람객들은 누가 누군지 구별할 수 없기 때문에 부스 담당자와의 접촉이 불가능하다고 판단하여 지나쳐 버리게 된다.

출처: 김용관, 「기업과 전시회마케팅」, 백산출판사, 2007. p.272.

2. 참관객 평가

참관객에게 효과적인 첫마디를 던져서 주의를 끈 다음에는 간단한 질문으로 짧은 시간 내에 참관객을 평가해야 한다. 전혀 자사의 제품이나 서비스에 관심이 없는 참관객을 내상으로 시산을 낭비해서는 안 된다. 따라서 참관객에 대한 평가가 이루어지기 전에 제품에 대한 설명이나 토론을 해서는 안 된다.

Tip 11-4 내방객 그룹의 분류

전시회 기간 부스를 내방한 참관객은 중요한 바이어, 일반 바이어, 신규 바이어, 경쟁 업체 담당자, 일반인 등 수많은 참관객이 방문한다. 사후관리를 보다 철저하게 하기 위해 기준을 두어 그룹별로 분류할 필요가 있다.

등급	분류기준
S	현지계약 주문/대기업 구매 바이어
A-1	샘플주문 바이어
A-2	관심이 많고 오더 가능성 있는 바이어
B	일반 바이어
C	정부/단체 등 종사자
D	일반인

출처: 한국무역협회(2013). 전시마케팅 성공가이드, p.87.

일반적으로 참관객을 평가하는 데에 있어 부스 요원들은 참관객에 관한 다음 여섯 가지의 정보, 즉 구매결정권(authority), 구매량(capability), 구매 시기(time), 구매자(identity), 장애물(obstacles), 제품필요성 및 용도(need) 등을 이용하게 된다. 이러한 참관객 평가요소를 각 글자의 앞머리를 따서 'ACTION'라고 부른다.

〈표 11-1〉 고객 평가 기준(ACTION)

Authority	권한	구매의사 결정권, 구매의사 결정과정
Capability	능력	구매예산, 구매량
Time Frame	시기	구매의 시급성, 구매 예정시기
Identity	신원	이름, 직책, 직위 등
Obstacles	장애요인	구매 관련 문제 파악
Needs	필요성	제품에 관한 용도 또는 필요성

첫째, 참관객의 구매결정권이 어느 정도인지를 파악하는 것이 중요하다. 유망고객이 의사결정권자인지 아니면 의사결정에 영향을 미칠 수 있는 사람인지를 파악하고 그 회사에서 의사결정이 어떻게 이루어지는지를 파악해야 한다.

둘째, 구매량에 관한 정보이다. 구매 예산이나 회사 규모, 고용자수, 회사의 연혁 등에 대한 질문을 통해서 구매량이 어느 정도인지를 파악해야 한다.

셋째, 구매 시기에 대한 정보이다. 간단한 질문을 통해서 구매 시기를 파악해야 한다. 금액뿐만 아니라 구매 시기도 판매리드의 우선 순위를 정하는 데에 중요하다. 예컨대, 전시회 직후 구매를 원한다면 전시회 후 가장 먼저 접촉해야 한다. 만약 접촉하지 못한다면 경쟁사에게 판매기회를 빼앗길 것이다.

넷째, 유망 고객에 대한 정보를 알아야 한다. 고객의 이름 등 상대방에 관한 정보를 알아야 한다. 단순한 명함의 교환이나 메모 등으로는 고객에 대한 정보를 기록하는 데에 문제가 많으므로 전시 후 사후관리를 위해서도 대화를 나누면서 다음의 [그림 11-1] 같은 고객 상담카드를 작성하는 것이 필요하다. 그리고 대화를 나누면서 상담카드를 적는 것이 어색하다면 양해를 구하는 것도 좋은 방법이다.

다섯째, 유망 고객이 자사와 거래를 하는 데에 있어서 존재하는 장애물에 관한 정보를 알아야 한다. 경쟁 회사와의 오랜 거래 관계, 정치적 거래 금지나 지역적 제한 등 유망 고객이 자사와 실질적인 거래를 수행하는 것을 방해하는 장애물이 무엇인지를 파악해야 한다. 장애물을 일찍 발견할수록 전시회나 전시 후 사후관리에 있어서 귀중한 시간을 낭비하지 않게 해준다.

여섯째, 고객의 제품 필요성과 용도가 무엇인지를 파악해야 한다.

(앞면)

상담 일지

전시회명 및 전시기간		일 시		상담요원	

1. 내방객 및 소속 회사
   - ○ 성명:
     (구매력 유무: 유, 무) (구매력 등급: ①, ②, ③)
   - ○ 회사명: ○ 담당부서:
   - ○ 직위: ○ 주소:
   - ○ 연락처
     Tel.:
     Fax:
     E-mail:

2. 상담 품목
   - ○ 관심 품목 ① ② ③ ④
   - ○ 사용 용도
   - ○ 구매 예산
   - ○ 구매 시기

○ 내방객 이외의 구매영향력자
- 성명:
- 직책

(뒷면)

3. 내방객의 요청 내용

○ 추가상담 요청:
(일시: / / /)
○ 제품소개 자료 요청:
(일시: / / /)
○ 샘플 요청:
(일시: / / /)

○ 내방객 언급 내용

○ 내방객에 대한 상담요원 개인적 언급사항(특기사항)

4. 사후처리

○ 사후처리 담당자:
○ 사후처리 내용
- 제품소개자료 발송 (일시: / / /)

- 개별접촉 내용 (일시: / / /)

- 기 타 (일시: / / /)

○ 판매 실적
- 품 목:
- 판매액:

[그림 11-1] 상담처리 양식(Show Lead Form)

출처: KOTRA, 「해외박람회 참가요령」, 무공자료 00-07, 2000. 8. pp.49~50.

Tip 11-5 **자세를 보고 고객을 읽어라!**

고객의 자세를 보고 고객을 읽어야 한다.

- ▶ 손바닥 문지르기: 긍정적인 신호이며, 대개 열정·기대·약간의 걱정이 담긴 표현이다. 상담에 대비한다.
- ▶ 얼굴 만지기: 상대방이 말한 것을 곰곰이 생각하거나 전시품이 자사의 시스템에 어떻게 맞출 것인가를 생각한다는 의미이다. 상담요원의 가장 좋은 행동은 내방객의 다음 행동을 조용히 기다리는 것이다.
- ▶ 의자에 앉아서 팔 깍지끼기(steepling): 이 자세는 가장 강력한 잠재의식적 제스처 중의 하나이다. 힘, 지식, 자신감을 나타낸다. 이 자세의 사람은 자신이 무엇을 원하는지를 알고 상담요원이 정확한 정보를 주고 있다는 것을 안다. 만약 이 자세로 얼굴을 만지고 있다면 이는 자사 제품에 흥미가 있다는 표시이다.
- ▶ 팔짱끼기: 고전적인 자기 방어 제스처이다. 이 모습의 사람은 "나를 내버려 두세요"라고 말하는 것으로서 고객을 편안하게 만들지 못했다는 얘기다. 이 경우 제품설명을 늦추고 고객을 안심시키는 것이 선행되어야 한다. 그리고 팔짱이 풀리면 상담을 위한 다음 단계로 진행한다.
- ▶ 주먹 꽉 쥐기: 팔짱을 낀 고객을 대하듯이 고객의 흥미를 다시 얻을 수 있는 전략을 사용해야 한다.
- ▶ 나리를 꼰 자세: 이 경우도 팔짱낀 자세와 마찬가지로 방어적 자세이므로 팔짱낀 자세의 고객을 다루는 것과 똑같이 대하면 된다. 그리고 이것은 고객이 전시장에서 하루 종일 머물렀기 때문에 피곤하다는 표시이므로 이런 상태의 고객의 관심을 끌기 위해서는 더 많은 노력이 필요하다.
- ▶ 갑작스런 제스처의 변경: 주의해서 보아야할 사항은 갑작스런 제스처의 변경이다. 예컨대 만약 호의적이고 솔직하게 대화를 하다가 갑자기 팔짱을 낀다면 설명이나 시연에 무엇인가가 있다는 얘기다. 이 경우 즉시 설명이나 시연을 중단하고 어떤 문제점이 있는지를 확인해야 한다. 만약 이 제스처의 변화를 모르고 계속 설명 또는 시연을 한다면 유망고객을 잃을 수 있다.

출처: S. Miller, How to Get the Most Out of Trade Shows, 3rd Edition, NTC Business Books, 1990, pp.118~120.

마지막으로 위의 여섯 가지 질문을 통해 유망 고객의 구매결정권의 수준, 구매량, 구매 시기, 구매자의 신상 정보, 거래 시 장애물, 제품 필요성 및 용도 등을 파악한 후 다음 단계의 결정을 해야 한다. 즉, 만약 유망 고객이 양질로 판정된다면 즉시 제품이나 서비스에 대한 설명으로 넘어가야 한다. 반면에 그렇지 않은 것으로 판단이 되면 즉시 대화를 종결하고 상담을 마무리해야 한다.

Tip 11-6 해외 전시회 참가와 상담 문화

해외 전시회에 참가하기 위해서는 현지의 상담 문화에 대해서 알아야 하는데, 그 중에서 주의할 몇 가지를 살펴보자.

1. 비즈니스 에티켓

전시회에서 명함을 교환하는 경우가 많다. 북미의 경우 유망·잠재고객의 명함을 받아서 뒷면에 정보를 적는 경우가 많다. 그러나 동양의 경우 명함을 굉장히 소중하게 여기므로 본인 앞에서 명함의 뒷면에 글을 적는 것은 무례한 행동으로 보일 수 있다.

악수의 경우도 남자 참관객에게 악수를 청하는 것은 별로 문제가 없으나 여자 참관객을 맞이할 때는 악수를 하는 데에 신중해야 하며 현지의 관습이 허용될 때에만 악수를 해야 한다. 중동의 경우 방에서나 사무실에서 자주 악수를 하며 그것도 오랫동안 악수하는 경우가 많다. 심지어 악수 후에도 대화 도중 손을 서로 잡고 있는 경우도 많으므로 이런 관습을 이해할 필요가 있다.

2. 브로슈어의 사용

브로슈어는 회사의 연장(extension)이라고 할 수 있으므로 해외전시회에 참가할 때에는 영어뿐만 아니라 현지어로 만들어져야 한다. 특히 남미의 경우 대부분의 나라가 스페인어를 사용하지만 브라질의 경우 포르투갈어를 사용한다는 사실을 잊지 말아야 한다.

3. 사람 간의 간격

상담을 위한 거리는 사람마다 문화마다 차이가 난다. 어떤 사람은 너무 가까이에서 대화를 하면 불편해 하며, 반면에 너무 거리가 떨어져도 곤란하다. 남미에서는 가까이서 대화하는 것이 좋으며, 동양의 경우 남자와 여자가 만났을 때 서로 머리를 숙여서 인사를 하기 때문에 충분한 거리를 확보하는 것이 필요하다.

4. 선물주기

선물을 주는 것은 민감한 문제이기 때문에 현지의 관습이나 법을 알고 신중하게 대응해야 한다. 남미의 경우는 선물을 주는 경우가 거의 없으며 식사를 초대하는 경우가 많다. 동양의 경우 정성스레 포장을 한 선물을 하는 경우가 많지만 중국의 경우 바이어가 공무원일 경우 선물을 받는 것이 법으로 금지되어 있다는 것을 알아야 한다.

출처: B. Siskind, The Power of Exhibit Marketing, 4th Edition, International Training and Management Company, 1997. pp.149~162.

3. 설명

전시회 참가목적, 제품 메시지, 다른 경쟁제품에 대한 경쟁적 우위 등을 생각하면서 자사 제품이나 서비스의 편익을 효과적으로 설명해야 한다. 한 가지 유의할 점은 제한된 시간 범위 내에서 보통은 약 5분 정도에 설명을 해야 한다는 점이다.

설명은 크게 서두, 본뮤, 마무리 부분으로 나뉜다. 먼저 서두에서는 참관객에게 무엇을 설명하려고 하는가를 상기시킨 후에 본문에서는 자사 제품이나 서비스의 장점이나 특징의 설명, 그것을 뒷받침해 줄 수 있는 증거 제시, 고객의 이의제기의 해결 등의 내용을 설명한다. 마지막으로 고객의 요구나 자사 제품이나 서비스의 특징 및 장점을 다시 강조하면서 고객과의 거래를 간곡히 희망하는 내용으로 고객이 좋은 감정을 유지하도록 설명을 마무리한다.

4. 마무리

참관객이 양질로 평가되어 제품에 대한 설명을 했든지 아니면 구매력이 없는 것으로 판정이 되었던지 간에 효과적으로 상담을 마무리하고 다음 잠재유망고객에게 상담하기 위해 준비해야 한다.

마무리에서는 다시 고객의 요구와 자사제품이 어떻게 그 요구를 충족시킬 수 있는지를 강조하면서 사후관리를 위한 구체적인 약속을 잡는 것이 중요하며 감사의 인사를 한 후 악수를 하고 헤어지게 된다. 보다 구체적인 약속을 할수록 판매의 가능성이 높아진다는 점을 인식해야 한다.

Tip 11-7 **부스 요원의 전시회에서 해야 할 일과 하지 말아야 할 일**

1. 해야 할 일(Do's of exhibiting)

- 자사의 제품과 서비스에 대해서 알아라.
  전시회가 열리기 전에 자신이 판매할 제품과 서비스에 대해서 충분히 알자.
- 정직해라.
  질문에 대한 대답을 모르면 고객을 속이려 하지 말고 대신에 전시회 끝난 후에 알려주겠다고 약속해라.
- 전시장을 알자.
  화장실, 공중전화 박스, 출입구, 식당 등의 방향을 알고 고객을 도울 수 있어야 한다.
- 복장을 단정히 하라.
  장소에 적합한 외모나 복장은 당신의 전문가 정신을 반영한다.
- 확신을 가져라.
  확신은 철저한 준비에서 나온다.
- 당신의 부스를 깔끔하고 매력적으로 유지하라.
  부스는 개막 때처럼 깔끔하게 보이도록 해라.
- 모든 참관객을 공평하게 대접해라.

2. 하지 말아야 할 일(Don'ts of exhibiting)

- 담배를 피우지 말라.
  담배 냄새를 싫어하는 사람이 많다는 것을 기억하라.
- 앉지 마라.
  의자는 참관객을 위한 것이다. 늘 서서 참관객을 맞이하라.
- 마시지 말라.
  특히 술을 마시지 말라.
- 동료와 얘기하지 말라.
  동료와 계속 얘기한다면 고객을 무시하는 것이다.
- 부스를 떠나지 말라.
- 초대받지 않는 한 다른 부스로 가지마라.
- 경쟁사를 헐뜯지 마라.
  경쟁사에 대해서 부정적인 이야기를 하지마라. 사람들은 사실을 원하지 당신의 의견을 원하지 않다.

출처: B. Siskind, The Power of Exhibit Marketing, 4th Edition, International Training and Management Company, 1997. pp.181~182.

제3절 고객 접대 및 정보 수집

1. 고객 접대

고객 접대는 소규모 부스에서도 중요하다. 주류와 음료수가 제공될 수 있으며, 과자와 스낵 류가 제공된다면 신선도가 높으면서도 식욕을 불러일으킬 수 있는 와인, 소시지, 햄 등을 곁들이는 것이 좋다.

전시 문화가 매우 발달한 독일에서는 전시장 내에서 이루어지는 손님접대를 위한 음식 접대 수준이 높으며, 사용되는 주방용기들은 일반적으로 일회용이 아닌 일반용이 많이 사용된다. 용기를 선택 시 잘 파손되지 않으면서도 외관이 수려하고 세척도 용이한 제품을 선택하는 것이 좋다.

독일전시협회(AUMA)가 일회용 주방용기와 일반용 주방용기 간에 환경에 미치는 영향을 조사한 바에 따르면 참가업체들이 만약 일반용 주방 용기를 사용할 때는 다음 사항을 주의해야 한다고 주장하고 있다.

- 주방 용기는 먼 거리로 운반하는 것은 피하는 것이 좋다.
- 주방 용기를 위생적으로 관리하기 위해 식기세척기 등이 근접해 있어야 한다.
- 에너지 절약용 식기세척기를 이용해야 한다.
- 인산염이나 염소가 없는 세척제를 사용해야 한다.
- 전시회 기간 중에 식탁용구의 20% 이상이 파손될 수 있음을 고려해야 한다.

  그리고 일회용 주방 용기를 사용할 때의 고려사항은 다음과 같다.
- 편리하게 분리·수거해 버릴 수 있는 소재로 만들어진 것으로 선택한다.
- 관리하기 쉽도록 소재별로 혹은 사이즈별로 분류해 두는 것이 좋다.
- 일회용 식탁용구는 편리함만이 절대적으로 중시되는 상황에서만 유용하다.

2. 정보 수집

부스 요원들은 참관객들과 상담을 할 뿐만 아니라 동시에 시장조사업무도 함께 수행할 수가 있다. 제품, 부스의 위치와 디자인, 경쟁업체들의 활동 등에 관한 정보는 매우 유용하다. 전시장을 돌아다니는 것만으로도 부스 요원에게 동기부여를 할 수 있으며 추가적인 교육을 실시하는 효과도 볼 수 있다.

전시장 내에서 쉽게 입수할 수 있는 다음과 같은 각종 자료들은 용도별로 엄선해 평가되어야 한다.

- 전시회 홍보 카탈로그
- 전시회 기간 중 열리는 각종 행사와 관련된 홍보물
- 세미나 일정
- 전문지가 해당전시회 개막에 맞추어 발행하는 각종 특집판들
- 경쟁업체들의 제품 홍보물 및 언론사에게 배포하는 발표자료
- 전시 주최자 측이 전시기간 중에 실시하는 설문지

3. 네트워크 구축

부스 요원은 전시회 기간의 모든 시간을 부스에서 보내지는 않을 것이다. 그렇다면 어떻게 하면 부스를 벗어나서 보내는 시간을 최대한 활용할 것인가? 이 시간을 이용하여 네트워크 구축 활동을 하는 것이 필요하다.

첫째, 전시회 기간 중 세미나 또는 컨퍼런스도 동시에 열리기 때문에 이들 행사에 참가하여 정보도 수집하고 다른 참가자들과 네트워킹할 수가 있다.

둘째, 하루 일과가 끝난 후 기존고객이나 잠재 고객 또는 피트너와 커피타임이나 식사를 하면서 네트워크를 구축할 수도 있다.

Tip 11-8 상담 요원의 자세

내방객들에게 호감 있는 인상을 심어주기 위해서 취해야할 자세는 다음과 같다.

1. 자세

부스에서 내방객을 기다릴 때는 항상 서있는 자세를 취해야 하며, 양다리의 간격을 양 어깨넓이 만큼으로 하고 몸의 무게를 양다리에 균등하게 준다. 양손은 자연스럽게 늘여 놓거나 열중쉬어 자세를 취한다. 이 자세는 내방객에게 개방적으로 보이고 상담에 응할 수 있다는 느낌

을 준다. 몸의 무게를 한쪽 다리에 번갈아가며 놓거나 발목을 꼬는 자세는 좋지 않다. 내방객에게 불안하고 방어적이라는 느낌을 준다. 힘든 전시회 일정으로 오후가 되면 자세가 흐트러지기가 쉽다. 그러나 높은 구매력을 지닌 바이어가 언제 방문할지 모르므로 항상 준비하고 있어야 한다. 피로를 덜기 위한 한 가지 좋은 방법은 부드러운 신발을 신는 것이다. 전시회 참가를 앞두고 새 신발을 신지 않도록 한다. 부스 내의 카펫 밑에 부드러운 패드를 까는 것도 좋은 방법이다. 내방객들도 걸을 때 부드러운 느낌을 받아 부스에 오래 머물 수가 있다.

2. 악수

악수는 매우 중요하다. 상담 요원이 땀에 젖은 손으로 힘없이 악수를 하면 내방객은 상담 요원을 쉬운 상대로 생각한다. 땀이 많이 나면 손을 자주 씻고 주머니에 손을 넣거나 주먹을 쥐지 않도록 한다. 상담 요원이 먼저 악수를 청하지 않고 일찍 악수를 끝내지 말아야 한다. 상대방을 잘 알지 못하면 두 손으로 악수하지 않는다. 사람들은 초면에 두 손으로 악수하는 것을 정치가형 악수로 생각한다.

상담 요원은 내방객과 처음 악수할 때 자신의 몸 쪽으로 상대방을 약간 당긴다. 이는 따뜻하고 거부감이 없음을 보이는 것으로 상대방이 거부하는 듯해도 관계없다. 그러나 이 방법은 여자 상담 요원에게는 추천할 만한 것은 아니다. 남자 내방객에게는 유혹으로 받아드릴 수가 있다. 여자의 경우는 손이 작기 때문에 손을 펴고 약하다는 느낌을 갖지 않도록 악수를 한다.

3. 팔과 손

내방객의 방문을 기다리는 동안 양손은 가지런히 내려놓는다. 열중쉬어 자세도 좋다. 팔짱을 끼거나 주머니에 손을 넣어 내방객에게 방어적이라는 느낌을 주지 않도록 한다. 내방객의 말을 듣고 있을 때에는 손을 꽉 쥐지 말고 상대방이 볼 수 있는 위치에 놓는다. 이는 "당신은 나를 믿을 수 있다."라는 의미를 전달한다. 상담의 처음 1분이 성공을 좌우하므로 상대방을 편안하게 하고 자신을 신뢰할 수 있도록 하면 상담의 마무리 단계로 빨리 갈 수가 있다.

4. 시선

상담 요원은 내방객의 눈을 똑바로 쳐다보면서 상담해야 한다. 전시장에는 눈을 돌릴 만한 것이 많다. 많은 사람들은 대화 중에 시선을 고정시키기 위해 상대방의 코 밑이나 이마의 중앙에 시선을 두라고 한다. 그러나 가식적인 눈 맞춤은 상담에 역효과만 낸다. 사람들은 상대방이 자신의 눈을 보고 있는지 여부를 바로 감지한다. 대개 사람들은 상대방의 눈을 볼 때에는 한쪽씩 번갈아 본다. 상대방의 코끝이나 이마를 보고 있으면 시선이 고정되어 내방객은 즉시 무언가 잘못되고 있다는 것을 감지한다. 내방객과의 거리가 1.2m내에서 서로 얼굴을 마주보고 있는 상황에서는 더욱 그러하다.

출처: S. Miller, How to Get the Most Out of Trade Shows, 3rd Edition, NTC Business Books, 1999. pp.121-124.

연습문제

1. 전시장 안팎에서의 촉진활동에 대해서 설명하시오.
2. 부스에서의 촉진활동에 대해서 설명하시오.
3. 고객상담관리를 참관객과의 첫 대면(engagement), 참관객 평가(qualification), 설명(presentation), 마무리(closing) 등 네 단계로 나누어 자세히 설명하시오.

주요 용어

- 전시회 안내 책자(the show guide)
- 전시중 촉진활동(at the show promotion)
- 프레스 룸
- 세미나
- 이벤트 후원(event sponsorship)
- 판촉물(premiums)
- 부스에서의 촉진활동(at the booth promotion)
- 유명 인사(celebrities)
- 상호 촉진(cross-promotion)
- 참관객과의 첫 대면(engagement)
- 참관객 평가(qualification)
- 설명(presentation)
- 마무리(closing)
- ACTION
- 광고판(billboards)

■ ■ ■ 참/고/문/헌

김용관, 「기업과 전시회마케팅」, 백산출판사, 2007.

서민교, 김돈유, 「전시마케팅」, 한올출판사, 2004.

신재기, 「전시산업론」, 한올출판사, 2004.

한국무역협회, 「전시마케팅성공가이드-해외 전시마케팅 성공기업의 숨은 노하우」, 2013. 2.

AUMA, *Successful Participation in Trade Fairs: Tips for Exhibitors*, www.auma-fairs.com. 2004.

B. Siskind, *The Power of Exhibit Marketing*, 4th Edition, International Training and Management Company, 1997.

E. A. Chapman, *Exhibit Marketing*, NY, McGraw-Hill Book Co., 1987.

KOTRA, 「해외박람회 참가요령」, 무공자료 00-07, 2000. 8.

S. I. Jurisevic, *Exhibitions and Trade Shows*, Prentice Hall, 2002.

S. Miller, *How to Get the Most Out of Trade Shows*, 3rd Edition, NTC Business Books, 1999.

04 PART

전시전략의 평가 (post-show marketing전략)

CHAPTER 12 전시회 사후관리

들어가기 전에

4부에서는 전시회가 끝난 후의 사후관리에 관한 내용을 살펴본다.

Chapter

12 전시회 사후관리

전시회가 끝난 후 부스를 철거하여 본사로 운송해야 하며, 무엇보다도 중요한 것은 전시회 중에 얻은 판매리드를 사후 관리하여 실질적인 판매로 연결하는 것이다. 이에 대한 자세한 내용을 살펴본 후, 전시회 성과의 평가와 보고서 작성에 대해서 살펴본다.

도입 사례

SIMTOS 2018 참가업체를 위한 전시회 참가 준비 가이드: 전시회 참가 후 사후관리

어떤 일이든 결과가 좋아야 과정도 인정받는 법이다. 전시기간 중에 바이어와 건실하게 상담을 하였다하더라도 사후관리(Follow-up)가 미비하면, 전시회 참가 성과는 부진하게 된다. 전시회가 끝났다는 것은 본격적인 마케팅 활동의 시작을 의미한다. 전시회에서 잠재 고객 정보를 많이 확보했더라도 실질적인 거래는 전시회 종료 후인 사후에 일어난다. 최소 6개월에서 1년 이상 장기적인 관점에서 효과적인 사후관리가 필요하다.

방문한 모든 참관객에게 감사 편지부터

전시회 출장에서 돌아와 가장 먼저 해야 할 일은 부스에 방문한 모든 참관객에게 서면이나 e-mail로 감사편지를 보내는 일이다. 고객은 작은 배려에 감동하고 마음을 움직이므로, 전시회 폐막일 기준으로 2주 이내에 자사의 부스에 방문한 것에 대해 감사의 말과 앞으로 거래를 희망한다는 내용의 감사편지를 발송하는 것이 좋다.

상담 중 약속한 것은 기한 내에 처리하자

전시회 기간 중 상담 과정에서 추후 처리해 주기로 한 사항들은 상담 일지를 통해 점검해야 한다. 약속한 사항이 있다는 것은 거래 성사 가능성이 매우 높다는 증거이므로 샘플 발송, 가격 협상, 거래 조건 협의, 제품 사양 변경 가능에 대한 답변 등 담당자를 명확하게 배정하고 신속하게 처리하여 바이어를 놓치지 않도록 해야 한다.

부스에 방문하지 않은 사전 초청 중요 고객에게도 전시회 참가 결과를 알려라

방문하지 않았지만 중요한 고객에게는 전시회 참가 결과 자료를 포함한 편지를 발송하고 유선 및 서면으로 연락을 취해야 한다. 특히 전시한 신제품 정보 및 참가활동 소식을 전함으로써 당신의 회사가 초청한 바이어 및 고객을 얼마나 중요하게 생각하는지를 보여줄 수 있다.

또한 초청한 바이어의 방문 여부를 확인하고 전시회 참가 결과 내용을 정리해서 보내주는 등 세심하게 고객 관리를 하는 업체라는 것을 보여줌으로써 미래의 고객과 신뢰를 쌓을 수 있다. 이번 전시회에 방문하지 않았지만 다음 해 또는 다른 전시회에서 만날 수 있음을 잊지 말아야 한다. 전시회는 일회성 이벤트가 아님을 기억하고 초청했던 바이어 및 중요 고객은 방문 여부와 상관없이 지속적인 관리가 필요하다.

상담 바이어 정보를 관리해야 한다.

전시회 개최 전 작성된 유치 대상 바이어 명단, 전시회 개최기간 중 참관객 분류 기준으로 작성된 상담 일지 및 부스 상담직원의 메모, 카드 리더기를 통해 입수한 정보 등 모든 참관객 정보를 종합해 바이어 명단을 정리하고 지속적으로 관리해야 한다. 그러면 상담 바이어에 따라 중요도를 분류하고 그 분류에 따라 적절한 대응을 할 수 있게 될 것이다. 또한 향후 전시회 참가 준비 시 유치 대상 바이어 명단 작성 시에도 유용하게 활용할 수 있을 것이다.

전시회 참가 성과 분석 및 평가는 반드시

대부분의 전시회 참가업체는 전시회 참가 후 참가 성과에 대해 분석 및 평가를 소홀히 하는 경우가 많다. 하지만 여러 전시회를 참가하는 기업이라면 전시회별로 성과를 분석하여 참가 성과가 높은 전시회 중심으로 향후 참가 계획을 수립할 수 있다. 때문에 전시회 참가 성과 분석 및 평가는 반드시 시행해야 하는 필수적인 활동임을 잊지 말아야 한다. 전시회 참가 성과 분석 및 평가를 실시해야 하는 주된 이유는 투자 타당성을 제시하기 때문이다. 그리고 참가한 전시회가 적합한 전시회인지 확인할 수 있어 결과적으로 해외시장 개척 및 수출 계약 체결의 가능성을 높여준다. 또한 참가 성과를 분석함에 따라 전시회 개최 전·중·후 활동이 적절했는지, 미흡한 사항은 없는지 파악할 수 있게 되고, 그것을 통해 지속적으로 활동을 개선하여 효과적인 업무 수행이 가능하다. 마지막으로 구체적인 목표를 공유하고 평가하게 되면, 담당 직원에게 동기유발 요소가 되어 적극적인 활동을 독려할 수 있게 된다. 전시회 참가 성과 분석 및 평가를 어렵게 생각하는 참가업체가 많을 것이다. 특히 어떻게 분석해야 하는지에 대해 어려움을 느낄 것이다. 전시회 참가 성과 분석 및 평가는 목표 달성 여부를 점검하고, 문제점과 미흡한 것을 찾는 과정이라 생각하면 된다. KOTRA(www.kotra.or.kr) 홈페이지 등에 나와 있는 적합한 전시회 선정을 위한 전시회 비교·분석과 전시회 참가 세부목표 측정 기준 등의 자료를 활용해 각 기업의 양식에 맞게 수정해 활용하면 보다 쉽게 접근할 수 있을 것이다.

출처: http://c.simtos.org/user/kor_index_main.jsp.

제1절 전시회 사후관리(follow-up)의 의의

전시회의 사후관리는 크게 부스 구조물의 해체·포장·운송과 전시품의 포장·운송 등 물류 관리적 활동과 전시회에서 확보된 판매리드의 사후관리와 성과의 평가 및 보고서의 작성 등의 활동으로 나누어 볼 수가 있다. 물류적 활동은 부스 구조물이 보수의 시간적 여유 없이 또 다른 전시회에 설치되기 위해 이동될 필요가 있을 때에는 특히 중요하다. 그러나 이러한 활동은 시간계획을 근간으로 하는 기술적인 절차에 대한 관리에 지나지 않으므로 여기에서는 논의에서 제외하고 주로 후자를 중심으로 사후관리를 살펴보기로 한다.

많은 업체들이 전시회 참가계획을 세우면서 전시회가 끝난 후의 사후관리에 대한 중요성을 인식하지 못해 효과를 극대화하지 못하고 있다. 만약 전시회에서 수천의 리드를 수집했다하더라도 사후관리가 이루어지지 않으면, 수개월동안의 전시회를 계획하고 전시회에서 참가해서 리드를 평가·수집한 노력들은 헛된 수고가 될 수 있다. 특히, 사후관리에서는 시간이 중요하다. 예컨대, 만약 전시회가 끝난 후 바로 구매가 이루어질 수 있는 양질의 리드도 즉가적인 사후관리가 되지 않으면 아마 고객은 경쟁회사로 구매선을 돌려버릴 것이다. 전시회에서 이루어진 새로운 고객들과의 만남은 단지 시작에 불과한 것이다. 발굴된 신규 거래선으로부터 거래가 성사될 때까지는 여러 차례의 접촉이 이루어지는 것이 보통인 만큼 접촉이 계속 이어질 수 있도록 세심한 배려와 관리가 필요하다. 철저한 전시회 사후관리만이 전시회 참가단계에서 목적했던 여러 가지 목표를 달성시켜 줄 것이다.

또한 전시회의 성과 평가 및 보고서의 작성도 차기 전시회 참가의 여부와 앞으로의 개선점을 찾는 근거를 만든다는 점에서 매우 중요하므로 이에 대한 철저한 준비와 배려가 필요하다. 전시회의 효과는 시간적으로 지연되어 나타나는 것이 일반적이므로 다른 커뮤니케이션 프로그램이나 마케팅믹스의 효과와 전시회의 효과를 분리하는 것이 어렵다. 따라서 많은 기업의 최고경영자나 마케팅관리자들은 전시회의 효율성을 정확하게 측정할 수 없기 때문에 전시회에의 투자 및 지출에 대해 의문을 제기하는 경우가 많다. 그러므로 전시회의 효율성을 다른 촉진 수단의 그것과 비교하여 최적의 촉진믹스를 구성하는 데에 사용할 기초자료를 마련함과 동시에 여러 전시회의 효율성을 비교하여 개선점을 발견하고, 차후의 전시회 참가 시 더욱 효율적인 전시회를 만들기 위한 기초자료를 마련하기 위해서도 전시회 참가 시 성과평가가 필수적이다.

제2절 사후관리 실시

참관객에 대한 사후관리는 참관객이 부스를 방문했을 때에 받아두었던 상담일지 등의 리드를 기초로 참관객이 속한 지역의 판매원으로 하여금 방문을 하도록 하거나 최소한 전화나 우편으로 자사의 부스를 방문해 주었음에 감사함을 표하여 즉각적인 판매가 아니더라도 장래의 거래를 위한 이미지 수립에 도움이 되도록 하는 등의 활동을 의미한다. 이때 고려해야 될 사항은 다음과 같다.

첫째, 전시 후 사후관리의 중요성을 인식해야 한다. 전시 전에는 유망 고객의 방문을 유도하기 위한 촉진활동이 중요했다면 전시 후에는 부스를 방문했던 유망 고객에 대한 사후 서비스와 사후관리가 중요하다는 점을 인식해야 한다.

둘째, 양질의 리드를 창출하기 위해 적절한 리드 작성양식과 필요한 정보를 놓치지 않고 기록할 수 있도록 부스 요원의 교육과 훈련이 필요하다. 부스 요원은 전시회에서 자사 부스가 양질의 리드를 수집할 수 있는 효과적인 공간이라는 것을 인식해야 한다. 전시회에서는 자발적으로 찾아온 참관객들이 자신의 정보 전달 및 전시품에 대한 적극적인 관심을 표하기 때문에 교육과 훈련이 잘된 부스 요원이라면 양질의 리드를 창출할 수가 있다. 아울러 체계적인 리드 기록양식 등을 개발하여 준비해야 한다. 왜냐하면 사후관리를 위해서는 참관객에 관한 가능한 한 많은 정보가 필요하기 때문에 미리 준비된 규격화된 자사의 리드 기록 양식(상담일지)에 참관객의 회사명, 부서, 지위, 주소, 연락처로부터 관심제품, 사용용도, 현재 사용제품, 구매 시기, 구매 책정예산, 구매결정에 영향을 미치는 구매영향자의 인적사항에 이르기까지의 포괄적인 정보를 확보해야 하기 때문이다.

셋째, 전시 전에 미리 전시 후 즉시 역할을 할 수 있게 리드 사후관리시스템 실행 계획을 세워야 한다. 예컨대, 미리 전시 전에 리드 수집 방법을 디자인하고 사후관리에 필요한 편지양식을 준비해야 한다.

넷째, 리드 사후관리는 전시 후 즉각적으로 이루어져야 한다. 시간적으로 볼 때 참관객의 72%가 평균적으로 자신이 방문했던 부스에 대해 4~8주 후에까지는 기억을 하고 있지만 이 기간이 넘어서면 기억이 급속히 감퇴되는 것이 일반적이다. 따라서 전시회 리드의 사후관리도 전시회가 끝난 후 신속하게 진행되어야 효과적이다. 즉, 전시회 기간 중에 접수된 문의에 대한 응답은 참관객의 관심이 소멸되기 전에 전시 후 곧바로 이루어져야 하며, 추가적인 정보나 자료의 요청을 받은 것이 있다면 이것 역시 지체 없이 회신되어야 한다. 또한 자사에 추가적인 자료를 요청했던 참관객이 비교구매를 위해 경쟁사에도 같은 요청을 했다면 더욱더 신속한 회신이 필요하다.

전시 후 사후관리는 크게 다음의 두 단계로 이루어진다.

첫 번째 단계는 참관객과의 상담기록의 분석과 그룹별 분류이다. 먼저 전시회 참가를 통해 접촉을 기대했던 실제 자사의 부스를 방문한 참관객을 상담기록을 토대로 구매력에 따라 1, 2, 3등급으로 등급을 부여한다. 1등급은 매우 긴급하고 즉각적인 사후처리가 필요한 상담 건이며, 2등급은 전화 등의 개별접촉을 통해 구매력을 확인한 후 세부제품 소개 자료를 송부한다. 3등급은 일단 자사의 우편 목록에 기재만 해두고 추후 관심을 보일 경우 2등급으로 조정하여 관리한다. 이와 같은 등급시스템은 업체의 전시회 참가목표를 정하는 데에 도움이 된다. 예를 들면 특정 전시회 참가를 통해 1등급 상담 건수 몇 개, 2등급 상담 건수 몇 개 등으로 구체적인 목표를 세울 수 있다.

또한 언론인의 경우도 자사의 부스를 방문했던 언론인들과 전시장에 모습을 드러내지 않은 언론인으로 나누어 별도로 리스트를 정리한다.

두 번째 단계에서는 그룹별 분류에 따라 DM, 텔레마케팅, 직접 방문판매 등을 통하여 후속조치를 취해야 한다.

먼저 전시 기간 중 전시부스를 방문한 기존 및 잠재성 있는 1, 2등급의 고객을 중심으로 다음의 후속조치를 취해야 한다.

- 방문해준 것에 대한 감사의 편지 발송
- 송부해주기로 약속한 안내 서류나 가격 조건을 설명하는 서류의 발송
- 참관객들과의 상담기록에서 발견되는 특정 주제에 관한 토론에 대한 입장정리 및 해결방안 마련
- 상담이 지속되어야할 참관객과의 사전 약속 및 담당자 선정

3등급 참관객의 경우 방문해 준 것에 대한 감사와 앞으로의 거래 희망 등을 내용으로 하는 편지를 발송한다.

전시회에 초대했으나 모습을 드러내지 않은 기존 고객 및 신규 고객이 될 수 있는 잠재성 있는 고객들에 대해서는 다음의 후속조치를 취한다.

- 전시 기간 중 진행했던 프로그램과 전시된 제품들이 기존 제품들에 비해 진보됐거나 개선된 사항들을 기록한 서류의 송부
- 전화나 편지를 통하여 접촉을 계속할 수 있는 기회의 조성

또한 전시 기간 중 자사의 부스를 방문한 언론인들에게도 다음의 후속조치를 취해야 한다.

- 방문해 준 것에 대한 감사의 편지 발송
- 전시회 참가결과에 대한 보고서와 언론발표용 사진을 동봉해 발송

마지막으로 전시장에 모습을 드러내지 않은 언론인들에게도 자사의 홍보를 위해서 다음의 조치를 취해야 한다.

- 전시 기간 중 배포한 모든 보도 자료를 모은 보도자료 세트의 송부
- 전시회 참가결과에 대한 보고서와 언론 발표용 사진을 동봉해 발송

제3절 성과평가 및 보고서의 작성

전시회의 성과평가는 주관적 지표와 객관적 지표 등을 이용하여 전시 후 결과보고(post-show debriefing) → 참가목표와 비교한 즉각적인 결과분석 → 참가목표와 비교한 최종 비용편익분석(cost-benefit analysis) → 최종보고서의 작성 등의 순서로 일반적으로 진행된다.

1. 전시 후 결과보고(post-show debriefing)

전시회가 종료된 후 바로 결과보고를 하는 것이 좋으며, 어떤 회사들의 경우 특별한 평가보고서 양식을 준비해 두었다가 부스 요원들로 하여금 즉시 작성하게 한다. 다른 회사들의 경우 부스 요원들의 미팅을 통해 토론과 다음 전시회를 위한 권고 사항 등을 작성하기도 한다. 어떤 방법을 선택하든지 간에 부스 요원들의 기억이나 느낌이 생생할 때 전시회에 대한 결과검토가 이루어져야 한다.

사례 12-1 **Combustion Engineering사의 성과평가 사례**

뉴욕의 로체스터에 위치한 제어계측기기 생산업체인 Combustion Engineering사는 계측기분야의 주 공급 회사가 되기 위하여 1982~1984년의 기간 동안에 걸쳐 현재의 Taylor Instrument, Jamesbury, Invalco, Process Analytics의 4개 사업부를 매입하였다.

1985년 10월 필라델피아에서 개최된 미국계측기학회쇼(ISA Show: Instrument Scoiety of America Show)에 위의 4개 사업부에서 생산하는 계측기와 분배제어시스템·밸브·공정분석기·감지기 등을 전시하였으며, ISA에 처음 참가하는 동사는 면적이 5,400ft(180ft x 30ft)인 부스를 설치했다. ISA 쇼는 4일간에 걸쳐 개최되었으며 총 28개사가 출품하였다.

ISA 쇼에 처음 참가하기 때문에 이 쇼가 자사에 대해 가지는 장기적·전략적 가치를 평가하기 위해 참관객들이 이 전시회 때문에 계측기류를 구입하는지, 즉 이 전시회에 시간과 자

원을 투자할 가치가 있는지를 알아보기 위해 다음과 같은 내용의 참관객 조사를 통한 성과평가를 실시하기로 하였다.

① 참관객들이 어떤 제품을 구매하고 싶어 하는지, 자사의 제품진열이 그들의 기대와 일치했는지를 평가

② ISA 참관객이 자사가 촉진대상으로 하고 있는 유형의 그룹인지를 평가

③ ISA 참관객의 자사제품에 대한 인지도 측정

이 전시회 평가를 위해 달라스에 위치한 마케팅조사회사인 B.R. Blackmarr & Associates 사와 계약을 맺고 조사를 대행토록 하였으며 이 회사는 조사를 위해 다음과 같은 내용의 3단계에 걸친 전화 인터뷰를 실시하였다.

1단계의 전화 인터뷰는 Combustion Engineering사의 주된 기존 고객과 유망 고객인 178개 기업 중에서 109개 기업이 대상이 되었으며 조사 시기는 쇼 개막 직전으로서, 다음과 같은 내용을 묻는 개별 인터뷰로 이루어졌다.

① ISA 쇼를 참관할 계획이 있는지, 있다면 참관 목적이 무엇인가?

② 이전의 ISA 쇼를 참관한 경험이 있는가?

③ 1년 동안 통틀어 어떤 전시회를 몇 번 정도 참관하였는가?

④ 기업의 구매 조직에서 참관객은 어떤 역할을 하고 있는가?

⑤ 구매를 계획하고 있는 제품은 어떤 것인가?

⑥ 그 제품들에 실제로 구매자금을 할당하였는가?

⑦ ISA 쇼에 참관할 경우 어떤 회사의 부스를 방문할 예정인가?(제시형 질문)

⑧ 전시회에 참관할 때 어떤 특별 행사(예: 기술토론회, 사회적 행사 등)에 참가하는가?

⑨ 어떤 업계관련 잡지를 구독하는가?

이상과 같은 전화 인터뷰 결과는 다음과 같았다.

① 109명의 조사대상 중 82%가 ISA 쇼를 참관할 계획이었다

② 69%가 General Engineer 또는 Insrument Engineer였다.

③ 89%가 1년 중 단 하나의 쇼만 참관한다면 ISA 쇼를 선택하겠다고 응답하였다.

그리고 다음과 같은 인터뷰결과를 기초로 전시회 계획을 수립하였다.

① 75%가 동사가 출품한 제품군에 관심을 가지고 있었다. 따라서 1986년의 ISA 쇼에 참가할 때에는 1985년보다 50%가 증가한 많은 제품을 전시하기로 결정하였다.

② 참관을 예정하고 있는 사람들의 구매계획이 대단히 높았다. 따라서 많은 사람들에게 자사제품의 전반적인 메시지를 전달하는 것보다 1:1의 시연이 더욱 중요한 역할을 할 것으로 판단하여 1985년에 부스 내에 설치하였던 40석 규모의 극장과 고객들을 위한 라운지 등의 구조를 없애기로 하였다.

2단계의 전화인터뷰는 1단계의 조사 대상이었던 109명 중에서 60명만이 조사대상이 되었

으며, 조사 시기는 쇼 참관 직후였다. 조사내용은 부스의 유효성을 측정하는 것이었으며 조사결과, 10%의 응답자는 동사의 부스가 제품이해에 가장 큰 도움이 되었다고 하였다. 또한 부스 요원에 대해서는 제품의 종류에 따라 50~67%의 응답자가 매우 만족스러웠다고 응답하였으며, 구매계획을 가지고 있었던 응답자 중의 82%는 부스 요원과의 대화, 시연참가경험 때문에 쇼 참관 이후 그들의 구매계획을 더욱 구체화했다고 응답하였다. 그리고 조사대상의 20%는 전혀 구매계획이 없었으나 쇼 참관 이후 이들 중 $\frac{3}{4}$이 구매를 계획하게 되었다고 응답하여 부스 유효성과 참관객의 구매계획 측면에서의 성과가 만족스러운 수준이었다.

3단계의 전화인터뷰는 쇼 폐막 5개월 후인 1986년 3월에 이루어졌으며, 2단계 전화인터뷰와 동일한 조사 대상 중 94%가 동사의 부스를 기억하고 있었으며, 1985년의 ISA 쇼에 참가했던 28개 기업의 부스 중에서 가장 높은 기억성을 나타낸 것이다. 또한 응답자의 33%가 ISA 쇼에서 동사의 부스가 가장 훌륭하였다고 응답하였다.

이상과 같은 3단계의 조사결과, 1986년에도 ISA 쇼에 계속하여 참가하기로 결정하였으며, 1986년의 전시에는 부스 요원을 통한 개인적인 접촉을 강화하는 데에 중점을 두기로 하였다.

출처: 주원영, "Trade Show의 전략적 의의와 효율적인 활용방안에 관한 연구", 서울대학교 대학원 석사학위논문, 1991. pp.108~111.

자사 부스 요원들뿐만 아니라 전시 주최자, 고객이나 다른 참가업체들로부터도 가치 있는 피드백을 받을 수 있다.

Tip 12-1 전시 주최자의 설문 조사 및 활용

전시회 주최자들은 전시회 마감 전에 참가업체 및 참관객들을 대상으로 설문 조사를 실시하는데 독일 전시회의 경우를 예로 들어서 살펴보자.

설문지는 독일에서 개최되는 전시회의 경우 AUMA 산하의 독일전시회 통계작성회사(FKM)가 규정한 표준절차에 따라 작성되어 분석 후 FKM 리포트와 AUMA 리포트에 수록된다. 참가업체들의 관점에서 한 설문조사의 결과는 모든 참가업체들과 관련 당사자들이 참고할 수 있도록 다음과 같은 사항이 포함되어 있다.

- 전시회 참가에 대한 만족 여부
- 판매 및 주문 규모
- 전시회 후속 비즈니스의 예상
- 새로운 거래선과의 접촉 여부 및 정도
- 외국 참관객의 수
- 향후 사업전망의 평가
- 목표고객 그룹과의 접촉 여부 및 정도
- 차기 전시회 참가 유무

전문 내방객(specialist trade visitor)들에 대한 설문내용은 국적, 직업, 산업부문, 기업의 규모, 직책과 결정권한 여부, 방문 기간, 전시회 참관회수 등에 관한 것이다. 일반 내방객(private visitor)들을 대상으로 한 조사 내용은 성별, 출신지역, 연령, 직업, 실제 소득 규모, 가족 수, 구입 및 주문제품, 상담희망 품목 등에 대한 것이다.
이러한 분석결과는 참가여부를 검토 중인 업체들에게 목표고객층이 누구이며, 전시부스의 설치 및 진열방법을 결정하는 데 주로 활용된다.

출처: 이지석,「전시컨벤션 기획론」, 도서출판 두남, 2003. p.132.

조사 방법으로는 전화, 설문 조사, 전시회를 평가하기 위한 대표그룹의 식사 초대, 독립적인 연구조사기관 등을 이용할 수 있으며, 설문 조사에는 일반적으로 다음의 사항이 반드시 포함되어야 한다.

① 전시 전 활동(pre-show activities)

- 전시회 계획
- 전시 전 촉진활동
- 부스 요원의 훈련
- 참가 목표의 토론
- 여행 일정관리
- 전시장으로의 반입(move-in)

② 전시회에서의 활동(at the show activities)

- 부스 요원과 스케줄 및 기술적 지원
- 부스의 질
- 경쟁사와의 비교
- 시연과 진열의 품질
- 부스 요원의 지식과 질문에 대한 대답 능력
- 부스 요원의 태도
- 회사 목표의 성취정도
- 배포 자료 및 기타자료

• 사인물과 그래픽

• 조명, 카펫, 부스의 위치

• 부스 접근성

• 트래픽과 참관객의 질

• 등록과 사후관리 시스템

• 다른 특이사항

• 비고객의 활동

• 해체와 반출

③ 전시 후 활동(post-show activities)

• 부스의 반송과 보관

• 리드 사후관리

• 통계 자료의 신뢰도와 정확성

• 차기 전시회를 위한 계획

• 전체적 전시회에서 받은 인상과 권고사항

2. 즉각적인 결과분석(analysis of immediate results)

전시 후 즉각적인 결과를 분석해서 전시회 참가목표와 비교해야 한다. 예컨대, 만약 가장 중요한 참가목적이 판매라면 판매액을 계산해야 하며, 모든 후속조치들도 주문이 지체 없이 해결되는 것에 초점이 맞추어져야 한다. 그리고 리드수집이 주목적이라면 수집된 리드수를 계산하고 사후관리 절차에 따라 리드가 확실한 주문으로 전환될 수 있도록 노력해야 한다. 여기서 유의할 점은 전시회 참가 목적이 무엇이든지 간에 전시회 참가 전에 설정한 목표와 현재의 결과를 비교해야 된다는 점이다.

즉각적인 결과분석을 위한 통계자료를 준비할 때는 다음의 범주로 리드를 분류하여 범주별로 분류된 리드수와 참가 목적을 비교해야 한다.

• 배포 자료 및 카탈로그 요구자

• 기술적 지원 요구자
• 즉각적인 바이어
• 중기 바이어(medium-term buyer)
• 장기 바이어(long-term buyer)

3. 최종 비용편익분석(cost-benefit analysis)

자사제품의 판매 사이클에 따라서 다르겠지만 전시회 폐막 후 수주 또는 수개월 후에 최종 전시회 참가의 비용편익분석(cost-benefit analysis)을 해야 한다. 이때 다양한 평가지표들이 제시될 수 있는데, 일반적으로 제시되는 성과평가 지표는 다음과 같다.

① 쇼 리드를 종결짓는 데 필요한 판매 방문(sales call)의 수
② 전시회에서 각 리드를 획득하는데 투입된 비용
③ 전시회의 결과로 이루어지는 각 판매의 비용

이와 같은 지표를 사용하여 전시회 참가 목적과의 비교와 더불어 일반적인 판매활동과 비교해서 전시회의 비용도 비교할 필요가 있다. 이를 위해서 판매를 달성하기 위해 필요한 일반적 판매 방문(sales calls)의 수, DM이나 광고 등 다른 촉진수단을 통해서 세일즈 리드를 얻기 위한 비용, 전시회 참가외의 활동의 결과로서 만들어지는 각 판매비용 등을 조사하여 전시회 참가의 비용 및 편익과 비교·분석할 필요도 있다.

4. 최종 보고서(final report)의 작성 및 제출

최고경영자나 임원진을 대상으로 참가성과에 대한 설명력을 높이고, 참가성과에 대한 확신을 갖게 하며, 향후 보다 적극적인 전시회 참가지원을 유도할 뿐만 아니라 미래의 전시회에 대한 계획, 참가목적의 설정, 참가 전시회의 선정 등의

참고자료를 제시하기 위해 최종 보고서를 작성해야 한다. 특히 최고 경영자들이 전시회의 마케팅 수단으로의 가치에 대한 이해부족, 다른 경영 활동과제가 더 중요하다는 고정관념, 전시회 참가에 따른 성과를 제고하기 위해 필요한 예산과 지원의 규모에 대한 이해 부족 등의 이유로 전시회에 무관심하거나 부정적인 태도를 가지는 경우가 많기 때문에 최종 보고서의 작성 및 제출은 중요하다.

최종 보고서에서는 반드시 다음의 내용이 평가되어야 한다.

- 자사 전시의 강점과 약점에 초점을 맞추어 고객, 부스 요원 등 자사 전시에 대한 총체적 반응과 추가적인 교육훈련의 필요, 전시회에 대한 새로운 접근법 등에 대한 권고사항
- 예산과 실제 비용과의 비교
- 회사의 참가 목표나 개인적 목표와 실제결과와의 비교

그리고 일반적인 보고서의 양식은 〈표 12-1〉과 같다. 보고서의 작성방법은 간단명료하게 작성하되, 성과설명은 가급적 수치화해서 그래프나 차트를 적극 사용하는 것이 좋으며, 작성된 보고서는 다른 사람들과 미리 충분한 사전 검토 후 제출하는 것이 바람직하다.

〈표 12-1〉 최종 보고서 양식

1. 전시회 개최 현황

전시회명					
개최 기간			개최 장소		
참가업체	개국	명	참관객	개국	명
목표 고객 수			잠재 고객 수		

2. 전시회 참가 현황

부스 참가규모	부스
투입 인력규모	명
참가 비용	원

3. 전시회 참가활동 현황

사전 활동(광고, 홍보, 우편 발송, 이메일, 주요인사 초청 등)
현장 활동(부스 내 활동, 홍보물, 기념품 배포 등)
사후관리 활동(요청 자료 제공, 사후 연락, 사후 미팅 등)
기타 현황(경쟁사 활동, 부스 위치 문제 등)

4. 전시회 참가 성과

1) 참가 목표 대비 참가 성과 달성 현황		
참가 목표		참가 성과
①		
②		
③		
④		
⑤		
작성 예		
2) 주요 참가 성과(실적)		
해외 바이어 발굴성과	바이어발굴건 수	
현장 상담 성과	총상담건 수	
	유효상담건 수	
	총 상담금액	
현장 계약 성과	현장계약건 수	
	현장계약금액	
사후 계약 성과	사후 계약건 수	

	사후 계약 금액	
총 계약 성과	총 계약건 수	
	총 계약 금액	
특이 사항		

3) 이번 전시회 참가 성과에 대해 전반적인 만족도는								
	매우 불만족	불만족	약간 불만족	보통	약간 만족	만족	매우 만족	

4) 이 전시회에 다시 참가할 의향이 있는가?	예	아니오
5) 이 전시회 참가를 다른 업체에게 추천할 만 한가?	예	아니오

5. 전시회 평가

평가항목	전혀 그렇지 않다	그렇지 않다	약간 그렇지 않다	보통이다	약간 그렇다	그렇다	매우 그렇다
1) 전시회 판매 환경							
세일즈 리드를 창출하는 데 좋은 기회를 제공하였다.							
현상 계약을 발굴하는 데 좋은 기회를 제공하였다.							
해외 바이어를 발굴하는 데 좋은 기회를 제공하였다.							
기업 및 제품을 홍보하는 데 좋은 기회를 제공하였다.							
시장정보를 수집하는 데 좋은 기회를 제공하였다.							
2) 전시품목 적합도							
전시회 품목 구성은 우리 회사 제품과 적합도가 높았다.							
전시회 참관은 우리 회사 제품과 적합도가 높았다.							
3) 전시회 참관객(고객)							
우리 회사 고객으로 유지할만한 참관객이 많았다.							
우리 회사 제품에 관심 있는 참관객이 많았다.							
전시회 참관객의 잠재 구매력 수준이 높았다.							
전시회 참관객의 구매 결정 권한이 높았다.							
4) 전시회 참가업체(경쟁사)							
다른 참가업체와 매우 경쟁적인							

환경이 조성되었다.							
우수한 기업이 다수 참가하였다.							
문제점 및 개선 사항 등							
총평							

6. 평가자

성명		부서/직위	
전화번호		e-mail	

출처: 산업통상자원부 · KOTRA · 한국전시산업진흥회(2016). 해외전시회 참가 매뉴얼. p.116-119.

사례 12-2 미국의 전문전시기획사(CEM)제도

○ 자격증 개요

▸ CEM(Certified in Exposition Management)은 미국 민간 전시협회인 IAEM(International Association for Exposition Management)에서 1975년에 만들어서 1989년부터 본격적으로 보급된 자격증으로서 전시 · 컨벤션 산업 내 CMP(Certified Meeting Planner)와 더불어 세계적인 공신력이 부여된 전문자격증으로 인지되고 있으며, 2003년말 현재 세계적으로 300여 명의 CEM 활동 중이다.

○ 운영 목적

▸ 미국 대학 학부과정에 전시산업학과 전무, 다양한 학문적 배경을 가진 전시산업 종사자 육성을 위한 재교육 차원의 프로그램을 제공

▸ 전시산업 종사자들의 지속적인 교육 및 정보교류

▸ 세계적인 공인자격증을 두어 전시전문가로서 인지될 수 있는 기능 마련

○ CEM 제도의 개정

▸ 기존의 자격요건이 까다로워 CEM 획득이 어렵고 이에 따라 국제적인 인증제도로 발전시키기에는 한계에 도달하여 2002년부터 개정하게 되었음.

▸ 기존의 경력 중심의 Point 획득제를 폐지, IAEM에서 제공하는 교과과정 수강후 시험 통과 시 자격 부여

기존 Activity Points제	2002년 개정안
① 최소 250점 이상의 Points 획득 (총회활동, 전시경력 등 종합평가) - 전시산업에 대한 공헌도 여부 - 각종 세미나 및 프로그램 참석여부	① Points제 폐지 ② CEM 시험 통과(총 9과목) - 3년 이내 수강이 종료, 시험 통과 - CEM 취득 후 매년 2개의 Advanced

- 저널 및 논문 발간 여부 - 지속적인 교과목 수강 ② CEM 시험 통과(총 9과목)	Level 과목을 추가 수강, 자격 유지

○ CEM 교과과정

▸ 3년 이상의 전시산업 경력자 대상으로 전시회 현장실무 및 참가업체와 참관객 유치 관련 마케팅이 주요 내용으로 구성

▸ 교과과정이 전시산업에서 일정기간 경력을 쌓은 사람들을 대상으로 작성되어 있어 이론의 내용을 최소화하고, 토론을 유도할 수 있는 문제제시 방식의 교육 형태임.

과 목	교 과 내 용
필수과목(7)	1. Project Management 2. Site Selection 3. Floor Plans & Layouts 4. Attendance Promotion 5. Service Contracts 6. Event Operation 7. Exhibit Space Sales
선택 과목(2) (5개중 2개 선택 수강)	1. Show Development 2. Developing an Exhibitor Prospects 3. Developing RFP(request for proposal) & Outsourcing 4. Housing and Transportation 5. Basic Conference and Meeting Planning
Advanced Level Courses (CEMs only)	1. Business of Running Your Business 2. Security and Crisis Prevention 3. Registration 4. Understanding Adult Learning

출처: (주)코엑스, 「전시전문기획사(CEM) 제도 운영 추진 방안」, 2003.12.

연습문제

1. 전시회 폐막 후 사후관리의 중요성과 그 내용을 설명하시오.
2. 판매리드의 follow-up의 중요성과 방법을 설명하시오.
3. 전시회 성과평가의 절차에 대해서 설명하시오.
4. 전시회 평가 시 직면할 수 있는 애로점이 무엇인가? 그리고 그것을 해결할 수 있는 방법은 무엇인가?

주요 용어

- 판매리드 사후관리
- 전시 후 결과보고(post-show debriefing)
- 전시품 반입(move-in)
- 전시품 반출(move-out)
- 비용편익분석(cost-benefit analysis)
- 최종 보고서(final report)
- 전시회 성과 평가지표
- 리드 사후관리 시스템

■■■ 참/고/문/헌

산업통상자원부, KOTRA, 한국전시산업진흥회(2016). 해외전시회 참가 매뉴얼. p.116-119.

신선영, "해외전시회 참가업체의 성과평가에 관한 연구", 한림대학교 국제학대학원 석사학위논문, 2002.

윤원석, "국제촉진수단으로서의 Trade Show에 관한 연구- 참가의사결정과정과 성과평가를 중심으로-", 서울대학교 석사학위논문, 1989.

이지석, 「전시컨벤션 기획론」, 도서출판 두남, 2003.

주원영, "Trade Show의 전략적 의의와 효율적인 활용방안에 관한 연구", 서울대학교 대학원 석사학위논문, 1991.

한국무역협회, 「전시마케팅성공가이드-해외 전시마케팅 성공기업의 숨은 노하우」, 2013. 2.

AUMA, *Successful Participation in Trade Fairs: Tips for Exhibitors*, www.auma-fairs.com. 2004.

B. Siskind, *The Power of Exhibit Marketing*, 4th Edition, International Training and Management Company, 1997.

E. A. Chapman, *Exhibit Marketing*, NY, McGraw-Hill Book Co., 1987.

KOTRA,「해외박람회 참가요령」, 무공자료 00-07, 2000. 8.

L. A. Obringer, "How Trade Shows Work", http://money.howstuffworks.com/trade-show.htm/printabe.

S. I. Jurisevic, *Exhibitions and Trade Shows*, Prentice Hall, 2002.

S. Miller, *How to Get the Most Out of Trade Shows*, 3rd Edition, NTC Business Books, 1999.

05 PART

참관객의 전시회 활용전략

CHAPTER 13 참관객의 전시회 활용전략

들어가기 전에

기업들은 때로는 참관객(바이어)로서 전시회에 참가할 수가 있으므로 참관객의 전시회 활용전략에 대해 살펴본다. 또한 참가기업으로서 성과를 내기 위해서는 전시회에 참가하는 참관객의 행동을 이해할 필요가 있다는 점에서도 의의가 있다.

Chapter

13 참관객의 전시회 활용전략

본 장에서는 참관객의 전시회 활용전략에 대해 알아본다. 그리고 마지막으로 지금까지 살펴본 참가업체 또는 참관객으로서 전시회 활용전략의 핵심을 정리한다.

도입 사례

▪ 각국에서 열리는 관련 업종 전문 전시회를 먼저 참관할 것

해외 시장에서 판로개척을 하려는 기업에게 전시회는 유용한 오프라인 마케팅 툴 중 하나다. 하지만 해외든 국내든 전시회 참가를 위해서는 많은 비용이 들어가므로, 효과적인 전략을 세워야 비용대비 많은 성과를 얻을 수 있다.

우리나라의 경우 5000만 인구로 시장이 작고, 섬나라와 같은 교통조건이어서 세계적인 전시회가 많이 열리지 않는다. 그러나 미국 · 유럽 · 중국 등에서 열리는 전시회는, 우리나라에서 열리는 전시회와는 비교가 안 될 정도로 방대한 규모로 진행된다.

세계에서 가장 넓은 면적의 전시장인 독일의 Messe Hannover는 46만6100㎡ 면적을 자랑한다. 중국에서 가장 큰 전시장의 면적도 33만8000㎡다. 서울 삼성동의 코엑스, 우리나라에서 가장 많은 전시회가 열리는 장소지만, 면적은 3만6736㎡에 불과하다.

국내에서 열리는 전시회의 경우 '한국전시주최자협회' 홈페이지에 들어가면, 향후 2년간의 전시 계획과 업종 · 규모 · 참가기업 등을 확인할 수 있다. 이 중에서 세계적 규모의 전시회를 찾아가야 외국인 바이어를 만날 수 있다.

해외 전시회 정보는 '세계전시산업협회(UFI)' 홈페이지에서 확인 할 수 있다. 자신의 업종과 관련된 전시회를 검색하고 관련 정보를 얻을 수 있다.

해외 전시회에 참관할 경우 경쟁업체 부스에 가서 카탈로그를 받고 경쟁사의 유통가격을 반드시 조사해야 한다. 또 전시회의 디렉터리를 잘 챙겨오면 향후 거래선을 만들 수 있는 기본 자료가 될 수 있다.

■ 사전조사와 준비 없는 전시회 참가, 비용과 기회 모두 잃는 것

충분한 사전조사와 준비 없는 섣부른 참가는 비용과 기회를 모두 잃는 길이다. 사전답사를 하지 않으면 경쟁업체의 부스를 볼 수 없고 벤치마킹할 기회도 얻을 수 없다. 또 참가하고자 하는 전시회가 우리 회사에 적합한 전시회인지 정확히 알 수 없다. 전시회 참관을 할 때는 무분별하게 돌아다닐 것이 아니라, 경쟁사가 어떻게 전시회를 준비해 참가하는지를 보고 타산지석으로 삼아야 한다.

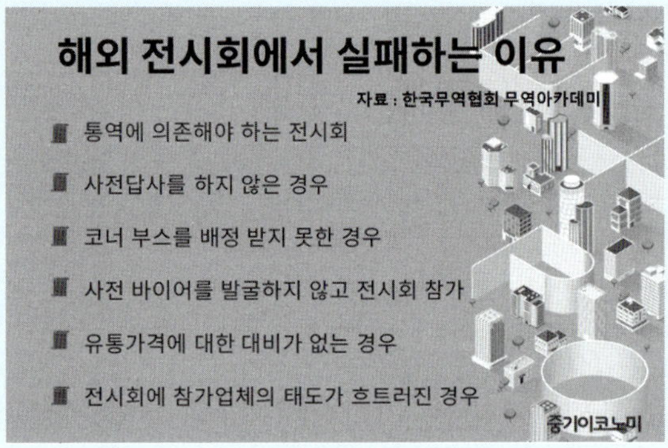

사전에 바이어를 발굴하고 전시회에 참가하는 것도 중요하다. 전시회가 열리는 국가의 코트라 해외무역관에 연락하면 해당 전시회에 대한 디렉터리나 정보를 구할 수 있다. 디렉터리에는 수많은 회사정보와 홈페이지가 나온다. 이것 자체가 시장조사가 될 수 있고, 우리회사 제품을 구매해줄 기업도 찾을 수도 있다.

■ 추가요금 내더라도 교차로 코너 부스 배정 받을 것

전시회 부스를 배정받을 때는 교차로 코너 위치가 가장 좋다. 전시회에 따라서 추가요금을 받는 경우가 있지만, 추가요금을 지불하더라도 반드시 코너 부스를 배정받아야 많은 사람들의 주목을 끌 수 있다.

주요 전시회들을 참관하고 출품하고 싶은 전시회를 선정했다면, 전시회 참가 전 사전준비를 철저히 해야 한다. 참가자가 영어를 못해 통역에 의존해야 하는 상황이라면 전시회는 실패할 수밖에 없다. 대표 또는 적어도 수출을 담당하는 직원의 현지어 사용은 필수다. 자신의 기업을 잘 아는 대표나 담당직원 만이 진심과 열정을 가지고 바이어에게 소개하고 질문에 답할 수 있기 때문이다. 통역을 써야 할 상황이라면, 사전에 회사와 제품에 대한 충분한 교육과 함께 마케팅 방향을 충분히 숙지시켜야 한다.

유통가격도 중요하다. 자사가 출시한 제품개발에 대한 노력과 보상만을 강조해선 곤란하다. 회사의 이익만 앞세워 현실성 없는 소비자가격을 내세우는 것은 아닌지 점검해 봐야 한다. 국제운송비 · 수입관세 및 세금을 모두 포함한 가격이 경쟁업체의 공급가격보다 낮아야 한다.

제품·카탈로그 · 명함을 준비할 때도 정성이 필요하다. 제품이 눈에 띄도록 디스플레이에 신경 써야 한다. 카탈로그를 룩북 수준으로 제작하거나, 다른 형태로 재사용할 수 있도록 하는 등 차마 버리지 못하는 카탈로그를 준비해야 한다는 게 최 강사의 견해다. 영어로 된 명함은 필수다. 같은 명함이라도 시각적으로 예쁜 명함이 관심을 받을 수 있다.

출처: 중기이코노미. 2019년 11월 22일.

제1절 참관객의 전시회 활용전략의 의의

전시회는 전시회 주최자, 참가업체, 참관객, 전시서비스업체, 전시장 운영자 등으로 구성된다. 기업들은 전시회에 참가업체로서 직접 부스를 설치하여 전시회를 활용하는 방법이 있으며, 그 외에도 참관객으로서도 전시회를 활용할 수가 있으므로 이에 대한 이해가 필요하다. 기업이 참관객으로서 전시회를 활용하는 동기는 크게 다음의 세 가지로 나누어 볼 수가 있다.

첫째, 순수 참관객, 즉 바이어의 입장에서 시장동향이나 정보 파악 및 제품구매를 위해서 전시회에 참관하는 경우이다.

기업들은 순수 참관객 입장에서 전시회에 참관하는 동기는 다음과 같다.

- 최근 시장동향 파악
- 신제품 개발동향 / 신규디자인 트렌드 파악
- 경쟁사 제품 정보 입수
- 업계 관계자들과의 Networking
- 박람회 부대행사(세미나) 참가
- 제품구매

〈표 13-1〉 구매 정보를 얻는 가장 유용한 수단

마케팅 수단	비율(%)
전시회	91
관련 잡지기사	86
친구나 업계 관련자	83
디렉토리나 카탈로그	72
제조업체의 대리인	69
잡지에서의 광고	66
현장 방문(on-site visits)	64
회의나 세미나	59
사용자 그룹(user groups)	41
기업 내 구매 부서	40
외부 컨설턴트	39
소매/판매 스탭	23
신문	22
기타	2

출처: CEIR, Power of Exhibitions I, 1993.

앞에서도 살펴본 바와 같이 참관객들은 전시회를 통해 구매정보를 수집하고 실지로 전시회에서 제품을 구매하고 있다. 참관객을 대상으로 조사한 결과 구매결정을 할 때 정보를 얻는 유용한 수단으로써 조사대상의 91%가 전시회를 꼽고 있어서 전시회가 구매결정에 결정적 영향을 미침을 알 수가 있다.

둘째, 참가업체의 연장선상에서 부스를 설치하지 않고도 바이어와의 상담을 목적으로 전시회에 참관하는 경우이다. 해외 전시회에 독자적인 부스를 설치하여 직접 참가하는 것이 가장 효율적인 마케팅 방법이겠지만 부스를 설치하지 않고도 전시회에 참관하여 전시회를 활용하여 상담을 할 수가 있다. 즉, 전시회 참가는 자사 부스에 제품을 출품하고 상담 직원을 파견하여 적극적으로 활동하는 경우이고 전시회 참관은 전시회를 단순 참관하면서 바이어와의 상담을 추진하는 방법이라고 할 수가 있다.

물론 마케팅효과 면에서는 전시회 참가가 참관보다 단연 유리하겠지만 전시회 참가는 많은 비용과 준비기간이 소요되지만 전시회 참관은 여행경비 등 최소한의 비용으로 쉽게 전시회를 활용한다는 이점이 있다.

셋째, 차기 전시회 참가여부를 평가하기 위해서 전시회에 참관하는 경우이다. 필요한 경우 '백문이 불여일견'이라고 참가할 전시회를 분석하기 위해 직접 참관객으로서 참관하여 전시회를 분석·평가하는 것이 좋다.

제2절 참관객의 전시회 활용전략

전시회에 참관하는 동기가 어느 것이든지 효율적으로 전시회를 활용하기 위해서는 다음에 유의해야 한다.

1. 전시회 참관의 구체적인 목표 설정

아무런 목표나 생각 없이 막연히 박람회를 참관하는 것은 효과적인 방법이 아니며 시간과 경비만 쓰는 결과가 될 수 있다.

전시회 참관 목표 설정

- 최근 시장동향 파악
- 신제품 개발동향 / 신규디자인 트렌드 파악
- 경쟁사 제품 정보 입수
- 바이어와의 상담 추진
- 업계 관계자들과의 Networking
- 전시회 부대행사(세미나) 참가
- 차기 전시회 참가 검토
- 제품 구매

전시회 참관 목표를 한두 가지로 한정하여 거기에만 집중해서 활동할 수도 있고 여러 가지 목표를 가지고 활동할 수도 있다. 사전에 목표를 세우게 되면 거기에 맞게 참관준비도 하게 되고 나중에 보다 알찬 참관 활동도 할 수 있게 된다.

2. 참관대상 전시회의 선정

참관 목표를 어디에 두느냐에 따라 참관대상 전시회가 달라질 수 있다. 최근 시장동향이나 신제품 트렌드를 파악해 보기 위해서는 해당 대부분이 참가하는 유명 전시회 참관이 바람직하고 해당지역에 대한 거래상담 만을 목적으로 할 경우에는 규모는 작더라도 해당 지역의 거래유망 전시회를 참관하는 것이 바람직하다. 또 향후 참가를 검토하고 있는 경우에는 참가예정 전시회를 사전에 참관해 봄으로써 참가 타당성을 직접 점검해 보는 것이 필요하다.

참관대상 전시회

- 유명 전시회
- 거래 유망 전시회
- 참관 시 도움이 될 수 있는 전시회
- 향후 참가 검토 전시회

3. 참관을 위해 사전 준비할 사항

단순한 박람회 참관이지만 사전에 충분한 준비가 없으면 소기의 성과를 거두기가 어렵다.

> **참관을 위한 사전 준비 사항**
>
> - 전시회 주최자에 참가 사전등록
> - 세미나 등 전시회 부대행사 참가 신청
> - 숙소/항공권 예약
> - 전시회 개최관련 정보입수(브로슈어, Press release, 박람회 디렉토리 등)
> - 바이어들과의 미팅 약속

참관계획이 확정되면 먼저 사전에 참관등록을 해 두어야 한다. 사전에 참관등록을 해 두면 전시회장 입구에서의 등록 수속시간을 줄일 수 있고 전시회 주최자로부터 사전에 전시회 관련 정보도 받아 볼 수 있다.

참관 사전등록은 전시회 주최자의 사이트에 들어가서 신청하면 된다. 또 전시회 기간 중 각종 기술세미나가 잇달아 개최되므로 사전에 세미나 일정을 입수하여 신청해 두어야 하는데 중요한 세미나는 참가인원의 제한이나 신청기한이 정해져 있다.

숙소나 항공편도 미리 예약해 두는 것이 좋다. 유명 전시회의 경우 충분한 시간을 두고 미리 예약해 두지 않으면 숙소나 항공편 좌석을 확보하지 못하는 경우도 생긴다. 프랑크푸르트나 싱가포르, 홍콩 같은 국제도시라 하더라도 유명 전시회가 개최되는 시기에는 호텔 방값을 두 배 이상 부르는 경우도 많다. 유럽의 중소도시에서 개최되는 유명 전시회의 경우 호텔이 많지 않기 때문에 민박을 많이 이용하게 되는데 민박도 사전에 예약하지 않으면 구하지 못하는 경우도 생긴다.

전시회 개최 관련 정보는 전시회 주최자에게 요청하거나 전시회 사이트에 들어가면 참가업체나 출품품목 추세 등 전반적인 사항을 미리 파악해 볼 수 있다. 전시회 기간 중 바이어 등광이 미팅을 계획하고 있을 경우에는 사전에 바이어들과 약속해 두지 않으면 안 된다. 전시회 기간 중에는 바이어들도 대부분 미팅 약속이 잡혀 있기 때문이다.

사람들이 전시회를 참관하는 주요한 목적 중 하나는 기존에 거래하고 있는 바이어와는 전시회라는 기회에 한 번 만나서 기존 거래관계를 보다 긴밀히 하는 한편 신규 바이어를 발굴해서 새로운 거래관계를 만들어 보는 것이다.

따라서 기존 바이어들과는 사전에 연락을 해서 전시회 기간 중 미팅 약속을 하는 것은 물론이고 전시회를 방문할 만한 새로운 바이어들을 찾아내 이들과 상담 약속을 하는 것이 필요하다.

Tip 13-1 전시회 참관을 위한 3단계 접근법

전시회 방문 경험이 많지 않는 참관객 입장에서는 전시회 현장에서 자신이 추구하는 방문 목적에 부합하는 참가업체의 부스를 선별하기 위해 다음과 같이 3단계 접근방법을 활용하는 것이 바람직하다.

1. 개막 전부터 방문하고자 계획했던 특정 업체의 부스나 혹은 제품설명서를 수집하고 싶은 부스들을 주목하여 관찰하면서 전시장 홀 전체를 가급적 빠르게 둘러보라. 만일 브로셔 혹은 기타 제품설명서 등을 중간에 집어 들게 되면 대부분 해당 부스 요원에게 이끌려 계획에 없던 시간을 소비하게 된다.
2. 앞 단계에서 흥미를 유발시켰던 부스들을 다시 방문해서 제품설명서 등 필요한 자료를 수집한다. 단, 아직까지는 해당 부스 요원들과 대화를 시작하지는 말아야 한다.
3. 수집된 제품설명서 등의 자료를 꼼꼼히 살펴보고, 그 중에서도 특히 자신의 방문목적에 맞거나 흥미를 유발하는 정도에 따라 우선순위를 정한 후 해당 공급업체를 찾아가 대화를 시작하라.

이러한 3단계 접근방법을 통해서 전시회 부스 모두를 둘러 본 후, 자신의 흥미를 유발시킨 공급업체들과 시간을 효율적으로 쓸 수 있을 것이다. 기타 유의할 점은 다음과 같다.

1. 복장과 신발은 되도록 편안한 차림을 하되 바이어로서 전문성을 잃지 않도록 품위를 유지해야 한다.
2. 전시회 주최자가 금지한 사항인지 여부를 확인하고 가급적 디지털 카메라를 이용하여 필요한 정보를 시각적 자료로 확보하는 것이 바람직하다.
3. 제품설명서와 같은 자료 수집을 위해 가방이나 백은 가볍고 질긴 것으로 선택한다.
4. 전시장 내부는 공기가 혼탁하고 소음이 심한 경우가 많으므로 전시회장 안팎에서 주기적으로 휴식을 취함으로써 피곤을 덜고 집중력을 유지하도록 한다.

전시회는 참가업체와 방문객 양쪽 모두에게 판매 또는 구매기회를 제공해 주는 이상적인 공간이다. 전시회가 개막되기 전에 체계적으로 수립된 사전 계획은 참가업체나 바이어 모두에게 전시회 참가에 따른 성과를 제고시킬 수 있는 중요한 역할을 해준다는 점을 잊지 말아야 한다.

출처: 김용관,「기업과 전시회마케팅」, 백산출판사, 2007. p.75.

4. 효율적인 전시회 참관 방법

하노버 CeBIT과 같이 큰 박람회에 가 보면 규모에 질려서 "어디서부터 보아야 하지"하는 생각이 들 때가 많다. 그렇다고 아무 전시장부터 생각 없이 둘러볼 수는 없다. 유명 전시회에 따라서는 좀 더 자세히 보려면 며칠을 가져도 모자라는 경우도 있다. 규모가 큰 유명 전시회의 경우 참관을 잘 하려면 요령이 필요하다.

전시장에 도착하면 먼저 전시장 입구 등록대에서 참관 등록을 한 후 등록대 주변의 인포메이션 데스크에서 전시회 전체 위치 도면(Floor Plan 또는 Floor Map)과 전시회 디렉토리(Official Catalogue 또는 Show Directory)를 입수한다. 전시회 디렉토리는 무료로 주는 박람회도 있으나 유명 박람회의 경우 대부분 유료이다.

전시회 전체 위치도면을 보면 각 Hall별로 참가업체 위치가 알파벳 순서로 나와 있어 찾고 싶은 업체를 쉽게 찾을 수 있다. 전시회 디렉토리에는 참가업체 명단과 출품품목이 품목이나 분야별로 나와 있다. 전시회 전체 위치 도면과 디렉토리에서 방문해 보고 싶은 업체를 일일이 체크해 본다. 그런 관심업체들을 염두에 두면서 전시장 각 Hall을 둘러보는 가운데 전시회 전체 분위기나 어떤 곳에 무슨 전시품이 나와 있는지 눈여겨본다.

전시회 전체에 대한 대략적인 파악이 끝났다는 생각이 들면 관심을 가졌던 업체 부스들을 중심으로 전시품을 세밀히 둘러보면서 관심사항에 대해서는 그 부스 상담 요원에게 물어도 보고 메모도 하면서 카탈로그 등 자료도 수집한다.

전시장은 가능한 여러 번 둘러보는 것이 좋다. 관심 있는 업체나 앞으로 도움이 될 만한 업체 부스를 하나도 놓치지 않고 볼 수 있고 특징적인 전시품이나 참가업체 상담 요원과의 대화 내용 등도 기억에 잘 남게 되기 때문이다.

전시회 참관이 끝나고 나면 중요한 것, 특징적인 것, 참고가 될 만한 것에 대해서는 잘 메모해 두어 나중에 참고가 되도록 한다.

5. 박람회 참관 중에 할 수 있는 마케팅 활동

그러면 전시회를 참관하는 기회를 활용하여 어떻게 마케팅할 것인가를 살펴본다. 참관은 전시회장 내에 베이스로 삼을 독자적인 부스가 없기 때문에 마케팅 활동을 한다는 것이 때로는 막연하게 느껴질 수도 있다.

■ 바이어와 상담기회를 갖도록 노력한다

전시회에 자사 부스가 없다고 해서 바이어들과 상담기회를 가질 수 없는 것은 아니다. 유명 전시회일수록 관련업계 바이어들이 대거 집결하게 되므로 이들을 대상으로 적극적인 상담 활동을 하게 되면 참가하는 것 못지않은 거래성과를 올릴 수 있다.

전시회 기간 중 상담을 하기 위해서는 전시회 개최 전에 충분한 시일을 두고 상담약속을 하는 것은 물론이다. 현지 상공회의소나 KOTRA무역관 등을 통해 바이어에 대한 정보를 입수해서 참관가능성이 있는 바이어들에게 연락해 보는 노력이 필요하다.

또한 독자적인 부스가 없기 때문에 바이어와의 미팅에 불편이 있겠지만 전시회장 내에 있는 비즈니스센터나 Service Area, 호텔 등 서로 편리한 장소를 상담 장소로 활용할 수 있다.

■ 잘 알고 있는 업체 부스를 활용하여 출품한다

전시회에 참가하는 업체 중 평소 잘 알고 지내는 업체가 있을 경우 업체의 협조를 얻어 샘플을 부스 일부에 전시하는 서브 전시자(Sub-exhibitor)로 참가하는 것도 좋은 방법이다. 품목이 중복되거나 경쟁관계에 있지 않을 경우 해당 업체만 허락해 주면 샘플을 출품할 수 있으며, 경비 분담을 요구하는 경우 경비를 분담하여 적극적으로 부스를 활용하는 것도 좋은 방법이다.

그러나 이러한 방법은 해당 업체가 단독으로 참가할 경우에만 해당되는 것이며 공동관에서는 금지되는 사항이기 때문에 바람직하지 않다.

■ 참가업체와도 상담을 시도한다

전시회에 참가한 업체들이 곧 바이어인 경우도 있다. 참가업체가 생산업체일 수도 있지만 Distributor나 바이어인 경우도 많기 때문에 의외로 참가업체와 상담이 이루어지는 경우도 많다.

참가업체가 출품한 제품 중 자기제품과 같은 품목이 있는지를 한 번 파악하고 나서 그 품목을 출품한 참가업체가 Distributor나 바이어인 경우 품질과 가격 등을 한번 살펴본 후 자사제품이 경쟁력이 있다고 판단될 경우 그 참가업체와 공급 가능성을 한 번 타진해 볼 수 있다.

참가업체들은 자기 제품을 팔러 나온 사람들이지만 자기제품보다 공급조건이 좋으면 역으로 구매할 수도 있기 때문이다.

■ 최신 시장정보를 입수한다

독자적인 부스를 가지고 전시회에 참가하는 경우 부스 운영 때문에 부스에 발이 묶이는 경우가 많지만 참관의 경우는 박람회장에서 자유롭게 활동할 수 있는 이점도 있다. 특히 유명 전시회의 경우는 하루에 전시장을 다 둘러보기가 힘들 정도로 규모가 크므로 여유를 가지고 시장조사를 하는 데는 참관기회가 오히려 편리하다고 할 수 있다.

유명 전시회는 해당 산업계가 대부분 참가하고 또한 일 년 중 주요한 거래가 전시회 기간 중 이루어지기 때문에 하루 이틀 사이에 전반적인 시장동향과 신제품 및 경쟁사 정보를 파악하는 데는 전시회만큼 좋은 장소가 없다.

■ 좋은 세미나가 있으면 참석한다.

전시회 기간 중 전시 상담 활동과 병행하여 각종 기술 세미나, 워크숍, 포럼 등 새로운 기술을 소개하고 참가자들을 교육시키기 위한 세미나 개최가 증가하고 있는 추세이다. 유명 전시회일수록 세미나 내용이 다양하고 수준이 높아 이러한 세미나 때문에 전시회에 참가하는 사람들도 상당한 비중을 차지하고 있다.

이러한 세미나 참가를 통해 최신 기술정보, 전문가의 연구 성과, 제품 트렌드에 관한 정보를 입수할 수 있으며, 세미나에 참석한 업계 주요 인사나 전문가들과 Networking해 두면 나중에 많은 도움이 될 수 있을 것이다.

■ 차기 전시회 참가 시를 대비한다

유명 전시회라 하더라도 박람회에 한 번도 가 본적이 없어 불안한 상태에서 많은 비용을 들여 부스를 꾸미고 참가하는 것보다는 우선 참관해 보는 것이 보다 안전하고 경제적인 방법이다.

박람회의 성격과 전시품 출품 동향, 바이어들의 취향, 경쟁업체 동향, 박람회 분위기 등을 참관기회에 잘 파악해 두면 향후 박람회 참가 시에는 보다 성공적으로 참가할 수가 있다. 또 참관 기회에 박람회 주최자와 직접 만나 차기 박람회 부스 배정 시 협조를 요청할 수도 있고 부스장치나 각종 서비스 신청에 관한 사항도 미리 알아봄으로써 효과적으로 준비할 수가 있다.

■ 해외 전시회 참관단을 이용한다

해외 유명 전시회인 경우 해외 전시회 주최자 서울 사무소 또는 국내 여행사에서 참관단을 모집하는데 이런 기회를 활용하는 것도 좋은 방법이다.

그러나 단체 활동이므로 활동이 다소 자유스럽지 않은 불편도 있지만 해외 전시회 주최자 서울사무소나 여행사에서 전시회 참관에 따른 기본적인 준비를 대행해 주므로 편리한 점도 많다.

제3절 기업의 성공적인 전시회 활용전략의 핵심

지금까지 배운 내용을 중심으로 성공적인 전시회 활용전략의 핵심을 요약해 보면 다음과 같다.

- 전시회는 21세기 글로벌 무역전쟁터, 즉 정글이다. 철저히 마케팅적 관점에서 접근해야 생존할 수 있다.

- 먼저 전시회의 마케팅 관점에서의 전략적 의의를 파악하라!
- 전시회 참가준비, 경험보다 시스템에 의존하라!
- 확실한 전시회 참가목적을 정하라!
- 전시회 참가목적에 맞는 전시회를 선정하라!
- 경쟁력 있는 전시품을 준비하라!
- 좋은 위치의 부스 확보와 독창적인 전시부스 설치가 필요하다.
- 철저한 사전 촉진활동(Pre-show promotion)이 중요하다. '뿌린 대로 거둔다!'
- 현장에서의 상담관리가 중요하다.
- 상담결과에 대한 철저한 Follow-up관리를 하라!
- 참관객으로서도 전시회를 적극 활용하라!

연습문제

1. 기업들이 참관객으로서 전시회를 활용하는 세 가지 동기에 대해 설명하시오.
2. 참관객의 전시회 활용전략에 대해 설명하시오.
3. 지금까지 배운 참가기업 또는 참관객으로서 효율적인 전시회 활용전략의 핵심을 설명하시오.

주요 용어

- 참관객
- 참가업체
- 전시회 참관 전략
- 전시회 참관 3단계 접근법

■ ■ ■ 참/고/문/헌

김용관, 「기업과 전시회마케팅」, 백산출판사, 2007.

송성수, 「박람회가 1등기업을 만든다」, 박영사, 2006.

최장우, 「해외전시마케팅」, 교우사, 2016.

한국무역협회, 「전시마케팅성공가이드-해외 전시마케팅 성공기업의 숨은 노하우」, 2013. 2.

부록 Appendix

Appendix 01 전시산업 관련법규

Appendix 02 전시회 관련 주요 사이트

Appendix 03 전시산업 용어집

Appendix

01 전시산업 관련법규

전시산업발전법[법률 제13861호, 2016.1.27., 일부개정]

제1장 총칙

제1조(목적) 이 법은 전시산업의 경쟁력을 강화하고 그 발전을 도모하여 무역진흥과 국민경제의 발전에 이바지함을 목적으로 한다.

제2조(정의) 이 법에서 사용하는 용어의 뜻은 다음과 같다.

1. "전시산업"이란 전시시설을 건립·운영하거나 전시회 및 전시회부대행사를 기획·개최·운영하고 이와 관련된 물품 및 장치를 제작·설치하거나 전시공간의 설계·디자인과 이와 관련된 공사를 수행하거나 전시회와 관련된 용역 등을 제공하는 산업을 말한다.
2. "전시회"란 무역상담과 상품 및 서비스의 판매·홍보를 위하여 개최하는 상설 또는 비상설의 견본상품박람회, 무역상담회, 박람회 등으로서 대통령령으로 정하는 종류와 규모에 해당하는 것을 말한다.
3. "전시회부대행사"란 전시회와 관련된 홍보 및 판매촉진을 위하여 개최되는 설명회, 시연회, 국제회의 및 부대행사 등을 말한다.
4. "전시시설"이란 전시회 및 전시회부대행사의 개최에 필요한 시설과 관련 부대시설로서 대통령령으로 정하는 종류와 규모에 해당하는 것을 말한다.
5. "전시사업자"란 전시산업과 관련된 경제활동을 영위하는 자로서 다음 각 목에서 규정하는 자를 말한다.
   가. 전시시설사업자: 전시시설을 건립하거나 운영하는 사업자
   나. 전시주최사업자: 전시회 및 전시회부대행사를 기획·개최 및 운영하는 사업자
   다. 전시디자인설치사업자: 전시회와 관련된 물품 및 장치를 제작·설치하거나 전시공간의 설계·디자인과 이와 관련된 공사를 수행하는 사업자

라. 전시서비스사업자: 전시회와 관련된 용역 등을 제공하는 사업자

6. "사이버전시회"란 인터넷 등 정보통신망을 활용하여 사이버 공간에서 개최하는 전시회로서 산업통상자원부령으로 정하는 조건에 해당하는 것을 말한다.

제2장 전시산업 발전계획

제3조(전시산업 발전계획의 수립) ① 산업통상자원부장관은 전시산업의 발전을 위하여 다음 각 호의 사항이 포함되는 전시산업 발전계획을 수립・시행하여야 한다.

1. 전시산업 발전 기본 방향
2. 전시산업 시장규모 및 현황
3. 전시산업의 국내외 여건 및 전망
4. 전시시설의 수급에 관한 사항
5. 국제수준의 무역전시회 육성
6. 지역전략산업과 연계한 전시회 활성화 방안
7. 전시산업 기반구축을 위한 사항
8. 그 밖에 전시산업 발전을 위하여 필요한 사항

② 산업통상자원부장관은 전시산업 발전계획을 수립 또는 변경하려는 때에는 제5조에 따른 전시산업발전협의회의 협의절차를 거쳐야 한다.

③ 산업통상자원부장관은 관계 중앙행정기관의 장과 협의하여 전시산업 발전계획에 따라 전시산업 발전을 위한 사업(이하 "전시산업 발전사업"이라 한다)을 실시하고 이를 위하여 필요한 제도와 기준을 정할 수 있다.

④ 전시산업 발전계획의 수립 및 시행 등에 필요한 사항은 대통령령으로 정한다.

제4조(전시산업 발전사업 주관기관) ① 산업통상자원부장관은 전시산업 발전사업을 효율적으로 추진하기 위하여 다음 각 호의 기관・법인 또는 단체를 전시산업 발전사업 주관기관(이하 "주관기관"이라 한다)으로 선정할 수 있다.

1. 특별시, 광역시, 특별자치시, 도, 특별자치도
2. 시, 군, 자치구
3. 「고등교육법」에 따른 대학, 산업대학, 전문대학
4. 「대한무역투자진흥공사법」에 따라 설립된 대한무역투자진흥공사
5. 「중소기업진흥에 관한 법률」에 따라 설립된 중소기업진흥공단
6. 「중소기업협동조합법」에 따라 설립된 중소기업중앙회
7. 삭제
8. 그 밖에 대통령령으로 정하는 법인 또는 단체

② 산업통상자원부장관은 주관기관이 거짓이나 그 밖의 부정한 방법으로 주관기관

으로 선정된 때에는 그 선정을 취소하여야 한다.

③ 산업통상자원부장관은 주관기관이 전시산업 발전사업을 추진하는 데 사용되는 비용의 전부 또는 일부를 예산의 범위에서 지원할 수 있다.

④ 제1항 및 제2항에 따른 주관기관의 선정 및 취소와 제3항에 따른 지원금의 교부, 사용 및 관리에 관하여 필요한 사항은 대통령령으로 정한다.

제5조(전시산업발전협의회 설치ㆍ운영) ① 전시산업의 발전에 관한 다음 각 호의 사항을 관계 중앙행정기관 등과 협의하기 위하여 산업통상자원부장관 소속으로 전시산업발전협의회(이하 이 조에서 "협의회"라 한다)를 둔다.

1. 제3조에 따른 전시산업 발전계획
2. 제11조에 따른 전시시설 건립(증설을 포함한다. 이하 같다)계획
3. 전시산업 경쟁력 제고를 위하여 필요한 사항
4. 그 밖에 산업통상자원부장관이 필요하다고 인정하여 부의하는 사항

② 삭제

③ 협의회의 효율적 운영을 위하여 관련 전문가로 구성된 자문단을 운영할 수 있다.

④ 협의회와 자문단의 구성ㆍ운영 등에 필요한 사항은 대통령령으로 정한다.

제6조(전시산업의 시장현황조사 및 수요조사) ① 산업통상자원부장관은 제3조에 따른 전시산업발전계획의 수립과 중ㆍ장기 전시시설 확충을 위하여 필요한 때에는 전시산업에 관한 시장현황조사 및 수요조사를 실시할 수 있다.

② 산업통상자원부장관은 제1항에 따른 시장현황조사 및 수요조사를 실시함에 있어서 필요한 자료를 관계 행정기관, 지방자치단체에 요청할 수 있다. 이 경우 요청을 받은 관계 행정기관 등은 특별한 사유가 없는 한 이에 응하여야 한다.

제3장 삭제

제7조 삭제

제8조 삭제

제9조 삭제

제10조 삭제

제4장 전시산업 기반의 조성

제11조(전시시설의 건립) ① 주관기관이 국비 또는 지방비가 소요되는 전시시설을 건립하려는 경우에는 다음 각 호의 사항이 포함된 전시시설 건립계획에 대하여 대통

령령으로 정하는 바에 따라 산업통상자원부장관과 미리 협의하여야 한다.

1. 전시시설 건립의 타당성
2. 전시시설 건립에 사용되는 시설·인력 및 재원대책
3. 전시시설 운영 및 활용 계획
4. 숙박시설 등 부대시설 건립 계획
5. 그 밖에 전시시설과 관련하여 산업통상자원부장관이 필요하다고 인정한 사항

② 산업통상자원부장관은 제1항에 따른 전시시설 건립계획에 대하여 전시시설의 국제경쟁력, 전시회 및 전시회부대행사의 수급, 지역경제 발전에 대한 기여도, 지역균형 발전 등을 고려하여 조정할 수 있다.

③ 산업통상자원부장관은 전시시설이 「국제회의산업 육성에 관한 법률」 제2조제3호에 따른 국제회의시설을 포함하는 경우 제2항에 따른 전시시설 건립계획에 대한 조정 시 문화체육관광부장관과 미리 협의하여야 한다.

제12조(전시산업 전문인력의 양성) ① 정부는 전시산업 전문인력의 효율적인 양성을 위한 방안을 강구하여야 한다.

② 산업통상자원부장관은 전시산업 전문인력의 양성을 위하여 주관기관으로 하여금 다음 각 호의 사업을 실시하게 할 수 있다.

1. 전시산업 전문인력의 양성을 위한 교육 및 훈련의 실시
2. 전시산업 전문인력의 효율적인 양성을 위한 교육과정의 개발 및 운영
3. 그 밖에 전시산업 전문인력의 교육 및 훈련과 관련하여 필요한 사업으로서 산업통상자원부장관이 정하는 사업

제13조(전시산업정보의 유통촉진 및 관리) ① 산업통상자원부장관은 전시산업정보의 원활한 공급 및 유통을 촉진하기 위하여 필요한 시책을 강구하여야 한다.

② 산업통상자원부장관은 전시산업정보의 공급, 활용 및 유통을 촉진하기 위하여 주관기관으로 하여금 다음 각 호의 사업을 실시하게 할 수 있다.

1. 전시산업정보·통계의 기준 정립, 수집 및 분석
2. 전시산업정보의 가공 및 유통
3. 전시산업정보망의 구축 및 운영
4. 그 밖에 전시산업정보의 유통촉진을 위하여 필요한 사업으로서 산업통상자원부장관이 정하는 사업

③ 삭제

제14조 삭제

제15조(사이버전시회 기반 구축) ① 산업통상자원부장관은 사이버전시회의 기반을 구축하기 위하여 필요한 시책을 강구하여야 한다.

② 산업통상자원부장관은 사이버전시회의 기반을 구축하기 위하여 주관기관으로 하여금 다음 각 호의 사업을 실시하게 할 수 있다.

1. 인터넷 등 정보통신망을 활용한 사이버전시회의 개최
2. 사이버전시회의 개최를 위한 관리체제의 개발 및 운영
3. 그 밖에 사이버전시회의 기반을 구축하기 위하여 필요하다고 인정하는 사업으로서 산업통상자원부장관이 정하는 사업

③ 산업통상자원부장관은 사이버전시회를 개최·주관하거나 이에 참여하는 기관에 대하여 필요한 지원을 할 수 있다.

제16조(국제협력의 촉진) ① 산업통상자원부장관은 전시산업의 발전 및 국제경쟁력 제고를 위하여 국제협력을 촉진하기 위한 시책을 강구하여야 한다.

② 산업통상자원부장관은 국제협력을 촉진하기 위하여 주관기관으로 하여금 다음 각 호의 사업을 실시하게 할 수 있다.

1. 전시산업 관련 국제협력을 위한 조사 및 연구
2. 전시산업 전문인력 및 전시산업정보의 국제교류
3. 전시회·전시회부대행사의 유치 및 해외 전시 관련 기관과의 협력활동
4. 그 밖에 전시산업의 국제협력을 촉진하기 위하여 필요한 사업으로서 산업통상자원부장관이 정하는 사업

제17조(전시회의 국제화·대형화·전문화 등) ① 산업통상자원부장관은 전시회의 국제화·대형화·전문화를 통하여 국제경쟁력을 갖춘 전시회를 육성하기 위한 시책을 강구하여야 한다.

② 산업통상자원부장관은 해외 참가업체 및 참관객의 유치촉진을 통하여 전시회가 활성화될 수 있도록 지원하여야 한다.

③ 산업통상자원부장관은 전시회가 지역전략산업과 연계되어 활성화될 수 있도록 지원하여야 한다.

제18조(전시산업의 표준화) ① 산업통상자원부장관은 전시산업의 효율적 육성을 위하여 전시산업의 표준화를 위한 시책을 강구하여야 한다.

② 산업통상자원부장관은 전시산업의 표준화를 위하여 필요한 기준 및 제도를 정할 수 있다.

③ 산업통상자원부장관은 전시산업의 표준화를 위하여 주관기관으로 하여금 다음 각 호의 사업을 실시하게 할 수 있다.

1. 전시회 관련 업무 및 절차의 표준 제정을 위한 연구
2. 전시사업자간 계약 기준의 설정(이 경우 「독점규제 및 공정거래에 관한 법률」 제19조제1항 및 제26조제1항을 준수한다)

3. 그 밖에 전시산업의 표준화를 위하여 필요한 사업으로서 산업통상자원부장관이 정하는 사업

제19조(전시회 관련 입찰의 특례) 산업통상자원부장관은 전시산업의 육성과 건전한 경쟁구조 정착을 위하여 전시회와 관련된 기획, 설계, 제작 및 설치 등의 입찰과 관련하여서는 별도의 절차와 기준을 정하여 이를 고시할 수 있다.

제20조(신규 유망전시회 발굴) ① 산업통상자원부장관은 전시산업의 발전 및 국제경쟁력 제고를 위하여 신규 유망전시회를 발굴하고 이를 지원하여야 한다.

② 산업통상자원부장관은 신규 유망전시회의 발굴과 지원을 위하여 주관기관으로 하여금 다음 각 호의 사업을 실시하게 할 수 있다.

1. 전시회 기획 및 설계·디자인 공모전
2. 신규 유망전시회 선정 및 이에 대한 지원 사업
3. 그 밖에 신규 유망전시회의 발굴을 위하여 필요한 사업으로서 산업통상자원부장관이 정하는 사업

제5장 전시산업 지원

제21조(전시산업의 지원) ① 산업통상자원부장관은 전시산업의 발전을 위하여 예산의 범위에서 다음 각 호의 사업을 지원할 수 있다.

1. 제6조에 따른 전시산업 시장현황조사 및 수요조사
2. 제11조부터 제20조까지에 따른 전시산업 기반조성 사업
3. 국내 전시회 및 전시회부대행사 개최
4. 해외 전시회 참가 사업
5. 그 밖에 산업통상자원부장관이 필요하다고 인정하는 사업

② 산업통상자원부장관은 제1항에 따라 지원을 받은 자가 거짓이나 그 밖의 부정한 방법으로 지원을 받거나 지원받은 사업목적으로 지원금을 사용하지 아니한 경우에는 그 지원 상당액을 환수하여야 한다.

③ 제1항 및 제2항에 따른 지원 및 지원 환수 등에 필요한 사항은 대통령령으로 정한다.

④ 산업통상자원부장관은 전시산업의 발전과 효율성 제고를 위하여 제1항에 따라 지원되는 전시회 중 유사한 전시회에 대하여 이를 통합 또는 조정할 수 있다.

⑤ 산업통상자원부장관은 해외마케팅 활성화와 효율성 제고를 위하여 해외마케팅 지원전략을 수립하고, 이에 따라 제1항제4호의 해외전시회 참가 지원 유형 및 기준 등을 관계 기관과 협의하여 별도로 정하여 고시할 수 있다.

⑥ 산업통상자원부장관은 제5항의 해외마케팅 지원전략에 따라 해외마케팅 성과

제고를 위하여 필요한 경우 관계 기관과 협의하여 해외 전시회 지원 사업을 조정할 수 있다.

제22조(전시회 평가제도 운영) ① 산업통상자원부장관은 제21조에 따라 지원되는 국내 전시회 개최 및 해외 전시회 참가에 대한 평가 제도를 운영할 수 있다.

② 산업통상자원부장관은 제21조제1항에 따른 국내 전시회 개최 및 해외 전시회 참가 지원시 제1항에 따른 평가 결과를 반영하여야 한다.

③ 제1항 및 제2항에 따른 평가의 방법 및 절차 등 평가제도의 운영에 필요한 사항은 대통령령으로 정한다.

제23조(세제지원 등) ① 정부는 전시산업의 발전 및 활성화를 위하여 「조세특례제한법」, 「지방세특례제한법」, 그 밖의 조세 관련 법률로 정하는 바에 따라 전시사업자에 대하여 조세감면 등 필요한 조치를 할 수 있다.

② 정부는 전시산업의 발전을 위하여 대통령령으로 정하는 바에 따라 전시사업자에 대하여 금융 및 행정상 지원 등 필요한 지원조치를 할 수 있다.

제24조(부담금 등의 감면) 전시시설을 설치·운영하는 자에 대하여는 관련 법률로 정하는 바에 따라 다음 각 호의 부담금 등을 감면할 수 있다.

1. 「산지관리법」 제19조에 따른 대체산림자원조성비
2. 「농지법」 제38조에 따른 농지보전부담금
3. 「초지법」 제23조제6항에 따른 대체초지조성비

제25조 삭제

제6장 보칙

제26조(국·공유재산의 임대 및 매각) ① 국가 또는 지방자치단체는 전시시설의 효율적인 조성·운영을 위하여 필요하다고 인정하는 경우 제4조제1항제4호부터 제6호까지의 자와 제8호의 법인 또는 단체 중 대통령령으로 정하는 자에 대하여 「국유재산법」 또는 「공유재산 및 물품 관리법」에도 불구하고 수의계약에 의하여 국유재산 또는 공유재산을 사용·수익허가 또는 대부(이하 "임대"라 한다)하거나 매각할 수 있다.

② 제1항에 따라 국유 또는 공유의 토지나 건물을 임대하는 경우의 임대기간은 「국유재산법」 또는 「공유재산 및 물품 관리법」에도 불구하고 20년의 범위 이내로 할 수 있으며, 이를 연장할 수 있다.

③ 제1항에 따라 국유 또는 공유의 토지를 임대하는 경우에는 「국유재산법」 또는 「공유재산 및 물품 관리법」에도 불구하고 그 토지 위에 건물이나 그 밖의 영구시설물을 축조하게 할 수 있다. 이 경우 제2항에 따른 임대기간이 종료되는 때에 이를

국가 또는 지방자치단체에 기부하거나 원상으로 회복하여 반환하는 조건으로 토지를 임대할 수 있다.

④ 주관기관은 제3항에 따라 국유지 또는 공유지에 건물이나 그 밖의 영구시설물을 축조한 경우에는 해당 시설을 담보로 제공하거나 매각할 수 없다.

제27조(전시시설 건축시 허가 등의 의제) ① 전시시설에 대하여「건축법」제11조에 따른 건축허가를 받거나 같은 법 제14조에 따른 건축신고를 함에 있어서 시장, 군수 또는 구청장이 제4항에 따라 다른 행정기관의 장과 협의한 사항에 대하여는 같은 법 제11조제5항 각 호의 사항 외에 다음 각 호의 허가·인가·승인·동의 또는 신고(이하 "허가 등"이라 한다)에 관하여 허가 등을 받은 것으로 본다.

1.「하수도법」제24조에 따른 시설 또는 공작물 설치의 허가
2.「수도법」제52조에 따른 전용상수도 설치의 인가
3.「소방시설 설치·유지 및 안전관리에 관한 법률」제7조제1항에 따른 건축허가의 동의
4.「폐기물관리법」제29조제2항에 따른 폐기물처리시설 설치의 승인 또는 신고

② 전시시설에 대하여 시장, 군수 또는 구청장이「건축법」제22조에 따른 건축물의 사용승인을 함에 있어서 시장, 군수 또는 구청장이 제4항에 따라 다른 행정기관의 장과 협의한 사항에 대하여는 같은 법 제22조제4항 각 호의 사항 외에 다음 각 호의 검사 또는 신고(이하 "검사 등"이라 한다)에 관하여 검사 등을 받은 것으로 본다.

1.「수도법」제53조에 따라 준용되는 전용상수도의 수질검사 등
2.「소방시설공사업법」제14조에 따른 소방시설의 완공검사
3.「폐기물관리법」제29조제4항에 따른 폐기물처리시설의 사용개시 신고

③ 허가등 및 검사등의 의제를 받으려는 자는 해당 전시시설의 건축허가신청 및 건축신고와 사용승인신청을 하는 때에 해당 법령이 정하는 관련 서류를 함께 제출하여야 한다.

④ 시장, 군수 또는 구청장이「건축법」제11조제1항 및 같은 법 제14조제1항에 따른 건축허가·건축신고 및 같은 법 제22조제1항에 따른 사용승인을 함에 있어서 제1항 및 제2항에 해당하는 사항이 다른 행정기관의 권한에 속하는 경우에는 그 행정기관의 장과 협의하여야 한다. 이 경우 협의를 요청받은 행정기관의 장은 요청받은 날부터 15일 이내에 의견을 제출하여야 한다.

제28조(위임과 위탁) ① 산업통상자원부장관은 제6조, 제12조, 제13조, 제15조부터 제18조까지 및 제20조부터 제22조까지의 규정에 따른 권한 또는 업무의 일부를 대

통령령으로 정하는 바에 따라 관계 행정기관의 장, 관련 법인 또는 단체에 위임 또는 위탁할 수 있다.

② 산업통상자원부장관은 제1항에 따라 업무를 위탁받은 법인 또는 단체에 대하여 예산의 범위에서 필요한 경비를 보조할 수 있다.

제7장 삭제

제29조 삭제

부칙

이 법은 공포 후 6개월이 경과한 날부터 시행한다.

전시산업발전법 시행령[대통령령 제28521호, 2017.12.29.,타법개정]

제1조(목적) 이 영은 「전시산업발전법」에서 위임된 사항과 그 시행에 필요한 사항을 정함을 목적으로 한다.

제2조(전시회의 종류와 규모) 「전시산업발전법」(이하 "법"이라 하다) 제2조제2호에서 "대통령령으로 정하는 종류와 규모에 해당하는 것"이란 다음 각 호의 어느 하나에 해당하는 것을 말한다.

1. 「국제박람회에 관한 협약」에 따라 박람회 국제사무국 총회에 등록하거나 박람회 국제사무국 총회에서 승인한 박람회
2. 다음 각 목의 어느 하나에 해당되는 상설 또는 비상설 전시회
   가. 옥내와 옥외 전시면적이 2천 제곱미터 이상일 것
   나. 100명 이상의 외국인 구매자가 참가등록할 것
3. 그 밖에 상설 또는 비상설 전시회로서 다음 각 목의 어느 하나에 해당하는 요건을 갖춘 전시회 중 법 제2조제5호나목에 따른 전시주최사업자의 신청에 의하여 산업통상자원부장관이 전시산업 발전을 위하여 필요하다고 인정하는 전시회
   가. 옥내와 옥외 전시면적이 1천 제곱미터 이상일 것
   나. 10개 이상의 전시부스를 갖출 것

제3조(전시시설의 종류와 규모) 법 제2조제4호에서 "대통령령으로 정하는 종류와 규모에 해당하는 것"이란 다음 각 호의 어느 하나에 해당하는 것을 말한다.

1. 전시회 개최에 필요한 시설: 전시회를 개최하기 위한 면적 2천 제곱미터 이상의 시설(옥내와 옥외 시설을 모두 포함한다)
2. 전시회부대행사의 개최에 필요한 시설: 전시회부대행사를 개최하기 위한 연회장, 공연시설, 상담회장 및 설명회장 등
3. 관련 부대시설: 제1호 및 제2호의 시설에 부수되는 숙박, 식품접객, 판매, 휴식 등을 위한 편의시설(전시회가 개최되는 전시장 내에서 한시적으로 운영되는 편의시설을 포함한다)

제4조(전시산업 발전계획의 수립 및 시행) ① 산업통상자원부장관은 법 제3조제1항에 따라 5년마다 전시산업 발전계획(이하 "발전계획"이라 한다)을 수립·시행하여야 한다.

② 산업통상자원부장관은 발전계획을 수립하기 위하여 필요하다고 인정하는 경우에는 관계 중앙행정기관의 장에게 협조를 요청하거나, 법 제4조제1항에 따른 전시산업 발전사업 주관기관(이하 "주관기관"이라 한다)의 의견을 들을 수 있다.

제5조(전시산업 발전사업 주관기관) 법 제4조제1항제8호에서 "그 밖에 대통령령으로

정하는 법인 또는 단체"란 다음 각 호의 법인 또는 단체를 말한다.

1. 「민법」 제32조에 따라 산업통상자원부장관의 허가를 받아 설립된 한국무역협회(이하 "한국무역협회"라 한다)
2. 「민법」 제32조에 따라 산업통상자원부장관의 허가를 받아 설립된 한국전시산업진흥회(이하 "한국전시산업진흥회"라 한다)
3. 삭제
4. 산업통상자원부장관이 직접 또는 관계 행정기관의 장의 요청에 따라 전시산업의 전문화를 위하여 필요하다고 인정하는 법인 또는 단체

제6조(주관기관의 선정절차 등) ① 법 제4조제1항에 따라 주관기관으로 선정되려는 기관·법인 또는 단체는 산업통상자원부령으로 정하는 신청서에 다음 각 호의 서류를 첨부하여 산업통상자원부장관에게 신청하여야 한다.

1. 전시산업의 발전을 위한 사업(이하 "전시산업발전사업"이라 한다)에 관한 계획(이하 "사업계획"이라 한다)
2. 전시산업발전사업에 관한 실적(이하 "사업실적"이라 한다)
3. 재원조달능력 및 전문인력 보유 현황 등 사업수행능력을 증명할 수 있는 자료(제2호에 따른 사업실적을 제출하지 아니하는 경우로 한정한다)

② 제1항에 따른 신청을 받은 산업통상자원부장관은 주관기관으로 선정되려는 자가 제출한 사업계획 및 사업실적(제1항제3호에 따른 자료를 제출하는 경우에는 해당 자료를 말한다)을 검토하여 주관기관의 선정 여부를 결정하고, 그 결과를 해당 신청 기관·법인 또는 단체에 통보하여야 한다.

③ 산업통상자원부장관이 법 제4조제2항에 따라 주관기관의 선정을 취소한 때에는 이를 해당 기관·법인 또는 단체에 통보하여야 한다.

제7조(지원금의 교부절차 등) ① 법 제4조제3항에 따라 지원금을 교부받으려는 주관기관은 산업통상자원부령이 정하는 신청서에 사업계획서를 첨부하여 산업통상자원부장관에게 신청하여야 한다.

② 제1항에 따른 신청을 받은 산업통상자원부장관은 주관기관이 제출한 사업계획서를 검토하여 지원금의 교부 여부를 결정하고, 그 결과를 해당 주관기관에 통보하여야 한다.

제8조(지원금의 사용·관리) ① 법 제4조제3항에 따라 지원금을 받은 주관기관은 그 지원금에 대하여 별도의 계정(計定)을 설정하여 관리하여야 한다.

② 제1항에 따른 지원금은 전시산업 발전사업 외의 용도로는 사용할 수 없다.

③ 주관기관은 제1항에 따른 지원금의 사용실적을 매년 1회 산업통상자원부장관이 정하여 고시하는 바에 따라 산업통상자원부장관에게 보고하여야 한다.

④ 삭제

제9조(전시산업발전협의회의 구성·운영) ① 법 제5조에 따른 전시산업발전협의회(이하 "협의회"라 한다)의 위원장은 산업통상자원부의 고위공무원단 소속 공무원 중 산업통상자원부장관이 임명하고, 위원은 다음 각 호에 해당하는 사람 중 산업통상자원부장관이 임명하는 사람으로 한다.

1. 관계 중앙행정기관의 고위공무원단에 속하는 공무원 중 해당 기관의 장이 추천하는 사람
2. 특별시·광역시·특별자치시·도 및 특별자치도의 부시장 및 부지사 중 해당 시·도지사가 추천하는 사람

② 삭제

③ 협의회의 사무를 처리하기 위하여 협의회에 간사 1명을 두되, 간사는 산업통상자원부 소속 공무원 중에서 위원장이 지명하는 자로 한다.

④ 협의회의 회의는 위원장이 소집하고, 재적위원 과반수의 출석과 출석위원 과반수의 찬성으로 의결한다.

⑤ 제1항부터 제4항까지에서 규정한 사항 외에 협의회 운영에 필요한 사항은 협의회의 의결을 거쳐 위원장이 정한다.

제10조(자문단의 운영) ① 법 제5조제3항에 따른 자문단(이하 이 조에서 "자문단"이라 한다)의 관련 전문가는 협의회의 회의에 부칠 안건의 전문적·기술적 사항에 대한 자문에 응한다.

② 협의회는 자문단의 관련 전문가를 회의에 참석하게 하여 그 의견을 들을 수 있다.

제11조 삭제

제12조(전시시설 건립계획의 사전협의) 산업통상자원부장관은 법 제11조제1항에 따라 주관기관이 전시시설 건립계획에 대하여 협의를 요청한 경우에는 협의회에 상정하여 이를 협의하도록 하고, 그 협의 결과를 바탕으로 90일 이내에 협의를 마쳐야 한다. 다만, 관계 기관과의 이견 등으로 부득이한 경우 협의기간을 30일간 연장할 수 있다.

제13조 삭제

제14조(전시산업의 지원 등) ① 산업통상자원부장관은 법 제21조제1항에 따라 전시산업의 발전을 위하여 지원할 경우에는 전시산업 지원을 위한 계획(이하 "지원계획"이라 한다)을 수립하여 공고하여야 한다.

② 산업통상자원부장관은 지원계획에 따라 지원을 받으려는 자의 사업수행능력, 사업계획 및 사업실적 등을 검토하여 지원 여부 및 지원 범위를 결정한다.

③ 제2항에 따라 지원을 받은 자는 지원금에 대하여 별도의 계정(計定)을 설정하여 관리하여야 하고, 사용실적을 매년 1회 산업통상자원부장관이 정하여 고시하는 바에 따라 산업통상자원부장관에게 보고하여야 한다.

④ 산업통상자원부장관은 법 제21조제2항에 따라 환수를 하는 경우에는 국세징수의 예에 따른다.

⑤ 제1항부터 제4항까지에서 규정한 사항 외에 전시산업의 지원 및 지원 환수 등에 필요한 세부적인 사항은 산업통상자원부장관이 정하여 고시한다.

제15조(전시회 평가기준 등) ① 삭제

② 산업통상자원부장관은 법 제22조제1항에 따라 평가제도를 운영하는 경우 목표 달성도, 고객만족도 등을 종합하여 산출한 종합지수에 따라 평가한다.

③ 전시회 평가를 위한 종합지수의 세부 기준, 평가 절차 및 방법 등에 관한 세부적인 사항은 산업통상자원부장관이 정하여 고시한다.

제16조(금융 및 행정상 지원) 정부는 법 제23조제2항에 따라 다음 각 호의 사항에 대하여 금융 및 그 밖의 행정상 필요한 지원조치를 할 수 있다.

1. 전시산업 관련 시설의 조성
2. 전시산업 관련 정보화 사업
3. 전시전문인력의 양성
4. 전시회의 국제화 및 국제협력
5. 전시산업의 표준화 및 유망전시회 발굴 등 전시산업의 발전을 위하여 지원이 필요하다고 인정하여 산업통상자원부장관이 고시하는 사항

제17조 삭제

제18조(국·공유지 임대 및 매각) ①법 제26조제1항에서 "제8호의 법인 또는 단체 중 대통령령으로 정하는 자"란 다음 각 호의 어느 하나에 해당하는 법인 또는 단체를 말한다.

1. 한국무역협회
2. 한국전시산업진흥회
3. 법 제11조에 따른 전시시설 건립계획에 따라 전시시설을 건립하려 하거나 건립하여 운영하고 있는 주관기관(제5조제4호에 따른 법인 또는 단체 중 주관기관으로 선정된 경우를 말한다)

②「국유재산법」 제2조제11호에 따른 중앙관서의 장등이 법 제26조제1항에 따라 수의계약에 의하여 제1항제3호에 따른 주관기관에 국유재산을 사용·수익허가 또는 대부하거나 매각하려는 경우에는「국유재산법」 제2조제10호에 따른 총괄청과 미리 협의하여야 한다.

제19조(업무의 위탁) ① 산업통상자원부장관은 법 제28조제1항에 따라 법 제6조에 따른 전시산업의 시장현황조사 및 수요조사에 관한 업무를 다음 각 호의 어느 하나에 해당하는 기관ㆍ법인 또는 단체에 위탁할 수 있다.

1. 한국전시산업진흥회
2. 「대한무역투자진흥공사법」에 따라 설립된 대한무역투자진흥공사(이하 "대한무역투자진흥공사"라 한다)
3. 「정부출연연구기관 등의 설립ㆍ운영 및 육성에 관한 법률」에 따라 설립된 한국개발연구원, 산업연구원 및 대외경제정책연구원
4. 그 밖에 전시산업 시장현황조사 및 수요조사에 전문성이 있다고 인정되는 기관ㆍ법인 또는 단체 중에서 산업통상자원부장관이 지정하여 고시하는 기관ㆍ법인 또는 단체

② 삭제

③ 산업통상자원부장관은 법 제28조제1항에 따라 법 제12조에 따른 전시산업 전문인력의 양성에 관한 업무를 다음 각 호의 법인 또는 단체에 위탁할 수 있다.

1. 한국무역협히
2. 한국전시산업진흥회
3. 대한무역투자진흥공사

④ 산업통상자원부장관은 법 제28조제1항에 따라 법 제13조에 따른 전시산업 정보의 수집, 분석 및 가공 등 전시산업 정보의 유통촉진 및 관리에 관한 업무를 다음 각 호의 법인 또는 단체에 위탁할 수 있다.

1. 한국무역협회
2. 한국전시산업진흥회
3. 대한무역투자진흥공사

⑤ 산업통상자원부장관은 법 제28조제1항에 따라 법 제22조에 따른 전시회에 대한 평가 업무를 다음 각 호의 법인 또는 단체에 위탁할 수 있다.

1. 한국무역협회
2. 한국전시산업진흥회
3. 대한무역투자진흥공사

⑥ 산업통상자원부장관은 법 제28조제1항에 따라 법 제18조에 따른 전시산업의 표준화를 위한 업무를 다음 각 호의 법인 또는 단체에 위탁할 수 있다.

1. 한국무역협회
2. 한국전시산업진흥회
3. 대한무역투자진흥공사

4. 삭제

제19조의2 삭제

제20조 삭제

부칙

제1조(시행일) 이 영은 공포한 날부터 시행한다. 〈단서 생략〉

제2조 생략

전시산업발전법시행규칙[산업통상자원부령 제151호, 일부개정]

제1조(목적) 이 규칙은 「전시산업발전법」 및 같은 법 시행령에서 위임된 사항과 그 시행에 필요한 사항을 규정함을 목적으로 한다.

제2조(사이버전시회) 「전시산업발전법」(이하 "법"이라 한다) 제2조제6호에서 "산업통상자원부령으로 정하는 조건"이란 다음 각 호의 조건을 말한다.

1. 법 제2조제5호에 따른 전시사업자가 운영할 것
2. 전시품목이 10개 이상일 것
3. 다른 제품과 비교할 수 있는 전시 견본상품의 형상이 있을 것
4. 무역상담과 상품 및 서비스의 판매·홍보를 위하여 개최될 것
5. 쌍방향 실시간 대화가 가능한 화상통신시스템을 갖추고 있을 것
6. 대금결제시스템을 갖추고 있을 것

제3조(전시산업 발전사업 주관기관 선정 신청서) 「전시산업발전법 시행령」(이하 "영"이라 한다) 제6조제1항에 따른 주관기관 선정 신청서는 별지 제1호 서식에 따른다.

제4조(지원금 교부신청서) 영 제7조제1항에 따른 지원금 교부신청서는 별지 제2호 서식에 따른다.

제5조 삭제

제6조 삭제

제7조 삭제

제8조 삭제

부칙

이 규칙은 2015년 8월 4일부터 시행한다.

Appendix

02 전시회 관련 주요 사이트

1. 전시회 정보 데이터베이스(Exhibition Databases)

Expodatabase	http://www.expodatabase.com
Expodabc	http://www.expoabc.com
Expopromoter	http://www.expopromoter.com
Bvents	http://www.bvents.com
AUMA	http://www.auma.de
Biztradeshows	http://www.biztradeshows.com
TSNN	http://www.tsnn.com
Eventseye	http://www.eventseye.com
Expofairs	http://www.expofairs.com

2. 전시산업 연구기관(Organization for Exhibition Research)

Asia	BSG	http://www.expodatabase.com
Germany	University of Cologne	http://www.expoabc.com
Italy	Cermes	http://www.expopromoter.com
USA	CEIR	http://www.bvents.com
USA	GPJ	http://www.auma.de
Russia	R&C	http://www.biztradeshows.com

3. 주요국 전시산업 협회(National Association related with the Exhibition Industry)

Hong Kong SAR	HKECIA	http://www.expodatabase.com
Sigapore	SACEOS	http://www.expoabc.com
Taipei	MEET TAIWAN	http://www.expopromoter.com
South Africa	EXSA	http://www.bvents.com
France	FSCEF	http://www.auma.de
Germany	AUMA	http://www.biztradeshows.com
Great Britain	AEO	http://www.tsnn.com
Italy	AEFI	http://www.eventseye.com
Canada	CAEM	http://www.expofairs.com
		http://www.canadian-fairs.ca
Mexico	AMPROFEC	http://www.amprofec.org.mx
USA	SISO	http://www.siso.org/TSEA http://www.siso.org
Brazil	UBRAFE	http://www.ubrafe.com.br
South America	AFIDA	http://www.afida.org

4. 전시산업 유관단체(International Assoication related with the Exhibition Industry)

AIPC	http://www.aipc.org
BIE	http://www.bie-paris.org
CEFA	http://www.cefa.biz
CENTREX	http://www.centrexstat.org
IAEE	http://www.iaee.com
IELA	http://www.iela.org

Appendix

03 전시산업 용어집

구분	번호	영문	국문	설명
〈A〉	1	Additional cost	추가 비용	보통 주최자가 제공하는 기본부스 Package를 사용하는 업체들은 기본부수/바닥카펫/일정한 양의 전기/조명/기본가구(테이블, 의자) 등을 제공받지만, 추가로 비품을 임차하거나 별도의 서비스(도우미, 청소, 보안, 추가전기, 마케팅 서비스)를 받을 경우 추가비용을 내야한다.
	2	Admission Fee	입장료	입장료는 일반적인 무역전시회에서는 주최측 입장에서 큰 수익원이 아니지만, 일반인 참관객들을 대상으로 하는 Public Show(웨딩쇼, 교육전 등) Organizer 측 입장에서는 큰 수익원이 된다. 무역전시회가 발달한 유럽이나 미국에서는 입장료를 매우 높게 책정하여 (20유로-50유로), 비즈니스맨이 아닌 일반 참관객들의 출입을 막는 수단으로 사용하기도 한다.
	3	Admission Ticket	입장권	최근에는 Off-Line상의 입장권 구입대신, 온라인 사전등록을 통한 E-ticket의 활용이 늘어나는 추세이다.
	4	Advertising space	광고란	전시주최자는 참가업체리스트를 담은 디렉토리에 광고지면을 판매하거나, 전시장 내의 광고공간(배너, 포스터 부착장소)을 판매하여 부가수익을 올리기도 한다.
	5	Air com-pressor	공기 압축기	기계를 작동하기 위한 실린더 등의 작동을 위해서는 공기압력이 필요한 경우가 많다. 드릴링머신, Host 등도 작동을 위해서는 공기압력이 필요하기 때문에, 관련제품의 시운전을 위해서는 주최측에 압축공기를 사전에 신청해 놓아야 한다.
	6	Aisle	통로	전시장은 부스와 부스사이에 관람객이 불편 없이 돌아다닐 수 있도록 통로가 확보되어있다. 통로의 넓이는 보통 3m이지만, 전시회의 사정에 따라 다소 줄이거나 늘리는 수가 있다. 특히 우리공사의 상품전은 기본부스의 높이가 높기 때문에 기본통로의 넓이가 4m 이상이며, 메인통로의 넓이는 6m에 달하기도 한다. 통상적인 통로 넓이가 3m인 이유는, 국내의 많은 전시장에 급배수나 전기 압축공기를 배급하는 설비가 전시장 바닥에 3m 간격으로 설치되어 있기 때문이다.

	7	Application Form	출품 신청서	참가신청서 내용에는 회사에 대한 소개를 비롯하여 출품하고자 하는 물품의 이름과 수량, 기타 사용하거나 신청해야 할 내용들이 있다. 또 이 참가 신청서 뒷면에는 반드시 계약조건이 있으므로 이들을 꼼꼼하게 읽어본 후 신청해야 한다.
	8	Arch	아치	아치는 전시장입구에 세워져 전시회를 알리는 대표적인 홍보물이다. 제작과 설치에 많은 비용이 소요된다.
	9	Area exhibit	전시면적	참가업체에 할당, 배정된 플로어 공간. 이 공간에 장비와 전시품을 배열한다.
	10	Attendance	관람, 참가	전시회에 직접 출품하지 않고, 관람(구경)만 하려는 경우에 사용되는 단어이다. 전시참가(Participation)와 반대되는 단어이다.
	11	Attendance promotion	참관객 유치	과거에는 참가업체 유치가 전시주최자의 주요 관심사였다면 최근에는 참관객 유치(구매영향력이 있는)에도 관심이 모아지고 있다.
	12	Attendants	참관객	참관객은 구매자, 거래자, 연구가, 수집가, 그리고 일반 관람객 등으로 구분할 수 있다. 전시회의 종류에 따라 참관객을 구분지어 입장 시키는 경우도 있다.
	13	Auditing	(인증을 위한) 감사	만약 전시주최자가 UFI(세계전시협회)인증 또는 AKEI(한국전시산업협회)인증 등을 받기 위해서는, 자사보유 전시회 관련 데이터(참가업체 수, 참관객 수, 해외참가업체/참관객 비율 등)가 정확하다는 것을 증명해야 한다. 이러한 증명을 위해서 보통 전시주최자들은 제3자(보통 Pricewaterscoopers 등의 회계법인)에게 감사를 받는다.
	14	Award ceremony	시상식	전시참가업체 중 혁신적인 제품이나 언론에 어필할만한 제품을 출품한 참가업체들을 대상으로 전시주최자가 시상식을 열어서 상을 주는 일이 계속 늘어나고 있다. 이는 주최자 입장에게는 언론홍보효과가 크기 때문에 이익이고, 참가업체 입장에게는 전문품목 전시주최자로부터 상을 받아서 홍보효과가 있기 때문에 이익이 된다. 아마도 스위스 제네바 발명품 박람회 '은상'을 탄 제품이다라는 등의 광고 문구를 본 적이 있을 것 이다.
〈B〉	15	Backdrop	배경막	무대, 연사 테이블 또는 전시 부스 후면에 있는 휘장, 커튼 또는 패널, 기념사진을 찍을 때 유용하다.
	16	Balance sheet	대차 대조표	일정 시점에서 재무상태를 보여주는 명세표
	17	Banner	베너	배너는 전시회를 알리는 데 중요한 홍보물이다. 종류도 다양하여 대형, 중형, 소형에서부터 시작하여 건물 외벽과 실내에 부착하여 홍보하는 것과 깃봉에 달아 홍보하는 것들이 있다.
	18	Attendants List	참관객 리스트	참가사가 사전 홍보 시 사용하는 전년도 참관객 리스트
	19	Bazzar	바자회	Fancy Fair라고도 하며 판매와 홍보를 겸하고 있으나 주로 판매쪽에 목적을 두고 개최되는 전시회이다. 우리나라에서는 바자회로 통하고 있다. 시장의 기능에 전시회 개념을 포함한 방식으로 프랑스에서 유행하는 전시회의 형태이다.
	20	Block stand	독립부스	아일랜드 부스(Island Booth)와 동일한 용어로, 4면 오픈 독립부스를 뜻한다.

	21	Bonded Area	보세설영 구역	보세설영구역이란 해외에서 들어오는 전시품에 대한 까다로운 반입절차를 생략, 무환 통관으로 전시장에 들여와 전시회를 할 수 있게 만들어 놓은 허가 받은 곳이다. 세계 대부분의 전시장은 1년 내내 보세 구역으로 지정되어 있으나, 국내에는 각 주최자들이 필요에 따라 직접 보세설영 신청을 하고 있다.
	22	Booth exhibit	전시부스	계약을 체결한 전시참가업체에게 할당되는 전시장소, 독립부스(RawBooth 또는 RawSpace), 기본부스(PackageBooth 또는 packingStand)로 나누고 있다. 보통 3m×3m(㎡)가 기본단위이다(유럽의경우는 4m×3m=12㎡, 미국의 경우, 10ft×10ft=100s/f). 보통 파이프와 패널로 구성된다.
	23	Branching	브랜칭	전시회에 초대될 가능성이 있는 잠재적 참관객 리스트를 형성하는데 사용되는 과정
	24	Briefing	설명회	설명회 종류에는 전시회를 개최하기 전에 사전 설명회와 전시회 준비 설명회, 그리고 전시회 철거 설명회 등 세 단계로 나눌 수 있다. 이들 설명회에는 그때 그때마다 상황과 목적을 달리하여 진행해야 한다.
	25	Brochure	브로슈어	브로슈어
	26	Buyer	바이어	전시회 참관객의 한 종류, 'Attendee' 또한 자주 쓰이는 용어이다.
〈C〉	27	Call for presentations (Call for papers)	제안요청 (논문 요청)	협회 또는 주최조직이 컨벤션 및 교육프로그램과 함께 제공되는 적절한 발표 주제를 요청 또는 선별할 때 사용하는 공식적인 방법
	28	Cash flow statement	현금 흐름표	현금흐름표
	29	Catalogue	(전시회 홍보용) 카탈로그	전시회에서 사용하는 카탈로그는 보통 4면에서 6면까지 인쇄하여 사용되는 것이 일반적. 내용은 전시회의 개최 목적에서부터 출품에 필요한 정보와 출품료까지 상세히 언급하고 있는데, 인쇄하여 각 출품예상업체나 단체, 개인들에게 보내진다.
	30	Catering	식음료 서비스	캐이터링은 식음료 서비스를 뜻하며, KINTEX와 COEX 모두 조선호텔에 캐이터링 서비스를 의뢰하고 있다. 해외의 경우 싱가폴의 Suntec전시장이나, 홍콩 HKCEC의 경우 자체적으로 캐이터링 서비스를 제공하여 수익을 올리고 있다.
	31	Certificate of insurance	보험 증서	보험증서
	32	Cleaner	청소원	청소원
	33	Cloakroom	휴대폰 보관소	휴대폰 보관소
	34	Closing deadline	마감 시한	전시참가업체는 전시주최자에 대해 전시회 참고 또는 서비스 신청을 마감신청에 맞추어 진행해야 한다.
	35	Co-location	동시 개최	같은 일시, 장소에 별개의 두 전시회를 주최하는 것.

36	Co-Organizer	주관사	주관사란, 주최자가 있지만 사정이 있어 직접 P.O.M(planning/Organizing/Management)을 하지 못할 경우, 그 업무를 대행하는 기업이나 단체를 말한다. 정부의 기관이나 단체가 주최자가 되어 개최하는 전시회에서 흔히 나타내는 형태이다.
37	Combined show	특별한 번역단어 없음	전문 비즈니스맨을 상대로 하는 B2B전시회(플라스틱 전시회)와 일반 참관객들을 대상으로 하는 B2C전시회(육아 박람회 등)의 혼합된 형태로, 전문 비즈니스 상담과 일반인의 출입이 병행된다. Combined show의 대표적인 예는 모터쇼이다. 모터쇼에서는 자동차 부품 전문기업들도 참가하여 B2B상담을 하지만, 일반인들이 방문하여 여러 가지 차량을 구경하는 B2C의 성격도 가지고 있다.
38	Complimentary ticket	초대권 (무료 입장권)	초대권은 주최 측이 전시회와 관련된 Opinion Leader나, 구매력이 있는 바이어들 등 주요인사를 대상으로 발송한다.
39	Comprehensive convention center	종합 컨벤션 센터	한 건물 내에서 회의와 전시를 주최하도록 고안된 공공 회합시설.
40	Comprehensive general liability insurance	종합 일반 책임 보험	예를 들어 전시장 내에서 전선에 걸려 넘어지는 등의 일반 책임조항으로 명시된 조항을 포괄하는 보험 형태
41	Compressed Air	압축 공기	전문전시장은 전기, 전화, 수도, 가스 등 모든 시설이 구비되어 있지만 전시장에 따라서는 전기, 전화만 사용가능하고 기태 시설물은 전문업체에 의뢰하여 시설하거나, 사용자가 직접 설치하여 사용하는 경우가 있다. 따라서 압축공기를 사용해야 될 경우에는 사전에 주최자와 협의하여 사용유무를 확인한 다음 사용, 출품 신청을 해야 한다.
42	Conference	회의, 학회	회의, 학회
43	Conference Room	회의실	전시회에서 일어나는 소규모의 회의 등을 개최할 수 있는 장소로서 대개의 경우 세미나실로도 많이 이용되고 있다.
44	Consumer Show		일반 대중에게 공개된 전시회의 한 형태, 보통 최종 소비자에 의해 직접 이용되는 상품과 서비스를 전시한다.
45	Construction deadline	공사 마감일	공사 마감일
46	Construction material	공사 자재	공사자재
47	Contract Conditions	계약서	전시회에 출품하는 업체에서는 참가 신청서(Application Form) 제출과 동시에 자동적으로 전시회 참가에 대한 계약이 성립된다. 이때 서로가 이행해야 할 조항들이 계약서에 포함된다.
48	Contractor	계약자	협력업체들을 의미, 이들은 각종 공사업체에서부터 인력공급 업체까지 다양하다. 미국에서는 GSC(General Service Contractor)라고 하여 장치, 운송, 기타 서비스를 한꺼번에 제공하는 회사들이 있다(대표적인 기업이 Freeman과 GSC이다)

	49	Convention Center	컨벤션 센터	컨벤션센터란 전시회, 국제회의, 이벤트, 학술대회 등을 동시 다발적으로 개최할 수 있는 시설을 갖추어 놓은 장소를 말한다.
	50	Corner booth	코너부스	부스 두 면이 복도와 접해있는 전시부스
	51	Craft	공예	전시산업에서는 보통 데코레이션 공사를 의미한다.
	52	Craftsman	현장부스 설치 인력	전시장에서 부스를 설치하는 인력들을 통상 craftsman이라고 부른다.
	53	Customer House	세관	세관
	54	Cut-off-date		호텔 룸 계약 시 그룹 요율로 예약한 룸 블로킹에 대한 계약 최종(마감)일. 30일 이전이 보통이다.
〈D〉	55	Decoration	장식	보통 독립부스에 많이 실시하고 있으며, 장식은 제품과 환경에 따라 맞게 꾸며야 한다.
	56	Delivery	배달	초대장의 전달, 전시품의 반입 등 Delivery라는 용어가 곧잘 사용되고 있다. 전시회 운영 중에 전체의 스케줄에 맞추어 각종인쇄물의 배달과 발송에 대한 스케줄을 종합해서 생각할 필요가 있다. 특히 국제전시회의 경우 프로모션에 이용되는 인쇄물을 외국에서 작성해 그것을 한국에 보내거나 한국에서 외국에 보내는 수가 있기 때문에 시간에 여유를 갖고 배달 스케줄을 짜두지 않으면 운영전체에 지장이 생기는 수가 있다.
	57	Directory	가이드북 명부	참가제품, 출정사의 소개에서부터 전시회의 구경거리, 업계의 전망에 이르기까지의 정보를 게재한 안내책으로 회기 중 유로 또는 무료로 배포된다. 외국에서 행해지는 전시회의 경우 가이드북 또한 광고매체라 생각하고 참가기업에 한하지 않고 참가사 이외의 유력 기업의 광고가 다수 게재되고 있다.
	58	Dismandtling	철거 작업	철거방법은 나라마다 다르다. 중국의 경우는 수송업자 1개사를 지정업자로 선정해 전시장 내의 철거작업의 독점권을 주기 때문에 한국에서 친한 업자에게 일을 맡기려 해도 마음대로 되지 않는 경우가 많다. 또 미국에서는 노동조합(Union)이 강력하기 때문에, 주최자와 노조와의 계약이 성립되지 않으면 화물의 반출입은 대단히 어렵다. 한국에서는 참가업체가 자유로이 업자를 선택할 수 있는 전시회가 많다.
	59	Drainage	배수, 하수	전시품 중에는 실연(實演)을 위해 물을 사용하는 것이 있기도 하고 그때그때 출전사의 요망에 따라 주최자는 지정업자를 통해서 급배수관의 설치공사를 한다. 물의 급배수에 관해서는 반드시 사전에 사용량 및 급배수 위치를 구체적으로 명기한 출전조항을 제출하도록 하고 그것을 신청수리로 간주한다.
	60	Drayage	운반	도착장소에서 전시장까지의 전시품 운송수단, 포크리프트 등이 대표적인 운송수단이다.
	61	Drayage company	운반 회사	모든 전시품 인수/보관 및 전시개시 하루 또는 이틀 전 운송을 담당하는 회사.
	62	Duration of the fair	전시회 기간	무역전시회는 보통 3-5일간 개최된다. Public show는 흔히 주말을 끼고 개최한다.

	63	Electric Charge	전기요금	전기요금
〈E〉	64	Electric outlet	전기 콘센트	전시품이 전기를 필요로 하는 경우에는 전시공간까지의 전기배선과 콘센트의 설치가 필요하다. 그러기 위해서는 전기의 사용량을 미리 측정하고 전시품의 전시 공간 내 배치를 확인한 후에 콘센트의 설치 장소를 지정한다. 이러한 요망은 출전요항을 통해 사전에 신청을 받는다.
	65	Emergency exit	비상 출입구	전시장에는 비상출입구가 당연히 설치되어 있어야 하며, 화재 시 탈출공간을 위해 보통 전시장 내벽에 1m가량의 공간을 두고 부스를 설치한다.
	66	Endorser	후원자	모든 전시회는 관련정부기관, 공업회, 협회, 매스컴 등 많은 협력이 불가결하다. 이러한 협력단체는 후원자(단체), 협찬자(단체)의 형태로 각종전시회 프로모션용 인쇄물을 통해서 광범위하게 세계에 소개되어진다. 한국에서 행해지는 전시회에 외국의 수많은 조직이 후원하고 있다면 그 전시회는 국제전시회로 봐도 좋겠다.
	67	Entrance	입구	전시장 입구
	68	Entrance ticket	입장권	입장권
	69	Entrance ticket voucher	입장 바우처	보통 전시참가업체가 자사의 바이어를 전시회에 초청할 때 무료입장권을 같이 끼워서 보내는 것을 말하며, 여기에 경품추첨권이나 음료 제공권 등을 같이 넣기도 한다.
	70	Event	이벤트	이벤트란 어떤 목적을 달성하기 위하여 특정한 연출을 일으키는 행위를 말한다. 전시회에서는 부대행사를 뜻하는 의미로 사용되고 있다.
	71	Event terms and conditions	이벤트 규칙	이벤트 개최, 조직 시 필요한 규칙 및 조건을 말한다.
	72	Exhaust	배기가스, 배기관	배기관
	73	Exhibit hall	전시회장	개최지라는 의미에서는 venue 또는 exposite, fairground 등의 용어가 사용되지만 실제로 제품이 전시되어 있는 관이라는 것으로 exhibit hall이라는 표현이 사용된다.
	74	Exhibition	(산업) 전시회	초기 유럽지역에서는 미술이나, 예술분야에 주로 사용해오다가 전문전시회가 발전하기 시작할 무렵부터 전문 전시회의 통칭으로도 사용되고 있다.
	75	Exhibition Center	전문 전시장	전시장이란 국제적인 시설과 운영 시스템을 갖춘 전문 전시장과 소규모의 전시회나 이벤트 등을 개최할 수 있는 전시장으로 나눌 수 있다. 이 경우에는 전문 전시회를 언제든지 개최할 수 있는 전천후 전시장을 말한다.
	76	Exhibition committee	전시 위원회	전시회를 개최하기 위한 조직위원회를 뜻한다.

	77	Exhibition Schedule	전문 전시장	전시장이란 국제적인 시설과 운영 시스템을 갖춘 전문 전시장과 소규모의 전시회나 이벤트 등을 개최할 수 있는 전시장으로 나눌 수 있다. 이 경우에는 전문 전시회를 언제든지 개최할 수 있는 전천후 전시장을 말한다.
	78	Exhibitor	참가사	전시회는 주최자(Organizer), 참가업체(Exhibitor), 참관객(Attendee) 등 삼자가 공통의 목적을 갖고 있어야 가능하게 된다.
	79	Exhibitor card	참가 업체 배지	보통 목걸이 형태나 태그 형태로 제작하여 참가업체임을 알리는 표식
	80	Exhibitor reception	참가업체 리셉션	보통 전시회 개최 첫날에 참가업체를 위한 리셉션을 개최하는 경우가 있는데, 이는 참가업체 간 네트워킹을 활성화하는 데 유리하다.
	81	Exhibitor survey	참가 업체 대상 설문 조사	전시주최자가 참가업체들을 대상으로 전시회에 대한 만족도나 건의사항을 받기 위한 조사를 뜻한다.
	82	Exit	출구	출구
	84	Exposition (EXPO)	전시회	요새는 구분 없이 전시회에 EXPO라는 단어를 많이 붙이지만, 원래 상하이 엑스포처럼 World Fair를 뜻하는 세계박람회에 많이 쓰이는 용어이다.
〈F〉	85	Fair	전시회	전문 전시회인 경우에도 가끔씩은 사용은 하고 있으나 주로 Trade Fair(무역 전시회)로 사용하고 있다. 원래는 '시장'을 뜻하는 라틴어에서 유래되었다.
	86	Fair construction	전시 공사	전시공사
	87	Fair construction company	전시장 시공 업체	전시장 시공업체
	88	Fairground	전시장	전시장
	89	Fair safety regulation	화재 시 안전규칙	화재 시에 대비한 비상통로, 내화성 건축자재 사용 등에 대한 안전규칙이 모든 전시장에 존재한다.
	90	Floor covering		전시장 바닥 커버링은 보통 파이텍스라 불리는 저렴한 가격의 얇은 카펫과, 비싼 카펫으로 구분한다.
	91	Floor Plan	전시장 도면	전시장 도면에는 참가업체들의 부스 위치와 각종 편의시설물의 위치를 정확히 표시해야 한다. 특히 휴게소, 화장실, 출입문 또는 장애물 등을 정확하게 표시하여 참가업체들이 부스를 선택하는 데 참고가 되도록 해야 한다.
	92	Floor weight capacity	바닥 하중 용량	각 전시장의 s/m당 견딜 수 있는 하중에 차이가 있다. COEX는 s/m당 견딜 수 있는 하중이 1.5톤에 불과한 반면, KINTEX는 5톤에 달하여 중장비 등의 전시가 자유롭다.
	93	Flyer	작은 안내편람	이것은 안내편람과 같은 것으로, 우편으로 보낼 수 있도록 소책자로 만들어진다.
	94	Forwarding agency	운송 업체	운송 업체
	95	Four-sided open stand	4면 오픈 부스	부스 네 면이 복도와 접해있는 전시부스. 아일랜드 부스, Block Stand와 동일어이다.

	96	Freight	화물 수송	전시장으로 전시품의 진출입 등 전시회에는 화물의 수송이 반드시 필요하다. 그 때문에 신뢰할 수 있는 수송 업자를 지정업자로서 선택하는 것이 대단히 중요하다. 특히 국제전의 경우는 외국제품의 반입에 관한 연락을 자주하게 되므로, 해외에 사무소와 대리점을 갖고 있는 수송 업자를 선정하는 것이 중요하다.
	97	Freight Dock	화물 출입구	보통 사람이 걷는 보도와 분리되어, 화물 자동차가 자유롭게 출입할 수 있도록 되어 있다.
	98	Freight elevator	화물 승강기	전시장이 복층이거나 지하에 있을 경우 화물 승강기가 반드시 필요하다.
〈G〉	99	Grid plan	격자상 평면계획	격자무늬 위에 평면도를 그린 것을 말한다.
	100	Gross exhibition area		실 전시면적(Net Exhibition Area)와는 달리 통로 등 공용면적을 포함한 전시면적, 실 전시면적의 약 2배 정도라고 보면 된다.
	101	Gross occupied exhibition area		Gross exhibition area와 동일
〈H〉	102	Hall lighting	전시장 조명	전시장 조명
	103	Hall Manager	전시장 매니저	홀 매니저
	104	Hall planning	부스 배치도	부스배치도의 다른 용어이다.
	105	Hanging board	현판	현판이란 육교와 교각, 건물 등에 붙이거나 매달아서 홍보 효과를 내는 것이다. 주로 합판에 페인트를 칠하여 사용하고 있다. 특히 우리나라와 같이 육교와 다리가 많은 나라에서 많이 이용하고 있으며 홍보효과도 대단히 높다.
	106	Helper	도우미	도우미
	107	Hostess	호스티스 (여성 진행자)	여성 진행자
	108	Hydrant	소화전	소화전
〈I〉	109	Information Center	안내소	전시회에 관련된 모든 안내를 맡아 도와주는 곳으로서, 이곳에서는 편의시설 이용은 물론 여행, 관광, 숙박문제 등도 안내해 주어야 한다.
	110	Information Desk	안내대	위의 Information Center와는 약간 다르다. 출입구 앞이나 참가업체의 각 부스 앞에 책상과 의자를 놓아 안내원이 상주하여 안내를 맡고 있는 곳을 말한다

	111	In-hall expense	전시장 내 소요 경비	전시참가에 있어서는 여러 가지 비용이 들기 때문에 예산을 확실하게 계산해 여유 있게 짜야 한다. 부스 대여비, 데코레이션, 경비, 인력고용, 사무관리비 등 모두 다 중요한 것이기 때문에 기획단계에서 예산을 잡아보는 등 구체적으로 검토해 수지의 기록을 확실하게 해 두는 것이 중요하다.
	112	Insurance	보험	전시장 소유자는 전시장의 파괴, 화재에 대비해 전시장 전체에 보험을 걸고 있는 곳이 많지만 주최자로서도 전시전시장 사용기단 중에 사용 전시관에 보험을 걸어 두는 편이 좋다. 국내의 전시회 주최자는 별로 보험을 이용하지 않은 채 전시회를 주최하고 있는 경우가 많지만 무역쇼의 경우는 고가인 제품과 기계, 최첨단기술과 신제품이 수많이 전시장에 전시되어 있는 경우를 생각해 보더라도 전시전시장에 대해서는 반드시 보험에 들기를 권유한다. 출전사도 각 사별로 중요한 제품과 기계에 수송 기간 중의 파손, 손실을 포함해서 보험에 드는 것이 바람직하다. 또한 수입업자, 전기공사업자, 수도공사 등 각 업자도 만전을 기하기 위해서는 각자 보험에 가입해 두면 좋은 것 이다. 보험가입의 목적은 제품과 기계의 파손, 손실뿐만 아니라 신체상의 상처에도 적용되어야 한다.
	113	Interpreter	통역사	통역사
	114	Invitation	초대장	무역전시회는 특정분야의 전문가를 구매자로서 전시장에 불러들이기 때문에 필요한 사람에게 무료 초대장을 배포한다. 이것은 특정의 목표 층을 확실히 전시장에 유치하기 위해 관계자 이외의 일반객의 입장을 거절하는 의미를 갖고 있는 경우도 있다.
〈J〉	115	Janitorial	청소	전시회가 며칠 계속되는 경우 반입기간 중을 포함해 매일 각 전시공간 내와 전시장 전체의 정리, 청소가 필요하다. 전시참가 요항에는 청소에 관한 설명이 실려 있겠지만 주최자는 청소회사 1개사를 지정업자로 선정해 전시장 전체의 청소를 대행시킨다. 정밀기계를 출품하는 경우에는 기계에 천을 씌워 두어 먼지를 막지 않으면 기계의 세밀한 조정이 원활히 되지 않을 수도 있기 때문에 특히 주의를 요한다.
〈L〉	116	Lay Out	전시장 도면	Floor Plan과 동시에 사용되고 있다.
	117	Lift	승강기	승강기
	118	Lighting	조명	조명
	119	Lounge	라운지, 휴게소	매스컴을 위해서는 프레스 라운지, 참가업체들의 휴식과 비즈니스를 위한 라운지, 휴게소 등이 있다.
〈M〉	120	Meeting point	미팅 포인트	전시장이 클 경우 홀 앞 로비 등에 미팅 포인트를 만들어서 사람들이 편리하게 만날 수 있도록 하고 있다.
	121	Messe	메세 (전시회, 전시장)	라틴어 '미사'에서 유래한 독일어로, 천주교 미사가 있는 날에 장이 서던 곗에서 유래한다. 현재는 전시회, 전시장 등의 의미로 사용하고 있다.

	122	Move-in	반입	미국의 전시전시장의 대부분은 반입구가 많이 있고 또한 조합지정업자가 반입작업에 관계하기 때문에 주최자가 반입작업에 참견할 여지가 없다. 한국의 경우는 각 참가업체 자사의 차를 사용하거나 각사 지정업자에 의한 화물 반입을 하기 때문에 동시에 각사의 트럭으로 전시장 주변의 토로가 혼란해진다. 각 참가사에 정리권을 나누어 주거나 반입일과 반입구를 지정하는 등 교통정리를 해 원활하게 반입 작업을 진행시키는 것도 주최자의 중요한 역할이다. 즉 반출은 move-out으로 불리고 있다.
	123	Narrator Model	나레이터 모델	나레이터 모델
〈N〉	124	Net occupied exhibition area	실사용 면적	주최업체가 각 참가업체에게 임대한 실 바닥면적을 의미하며, 통로 등의 공용공간은 제외된다.
	125	Newcomer	신입자, 신규참가	신규참가업체
	126	News release	보도자료	전시회의 기획발표, 도중의 경과보고, 종료 후의 결과보고와 다음회의 예정발표 등 연간을 통해서 전시회 주최자 또는 홍보대행사가 항상 대외적으로 보도자료를 배포하고 뉴스를 알려준다.
	127	Niche Fair(Event Show, Marcket Show)		틈새 흥행성 전시회로서 우리나라에서 최근에 많이 개최되고 있다. 주로 판매와 흥행을 원칙으로 하며 관심을 유발시킬 목적으로 개최된다. 판매행사나 정보제공의 기회를 마련하는 전시회로서 짧은 시간 내에 계획하여 단기간에 끝나며 성공할 경우에는 지역을 옮겨가면서 개최하고 그렇지 못할 경우에는 일회성으로 끝나버리는 단발성 행사이다.
〈O〉	128	One-sided Open stand	한 면 오픈 부스	부스 한 면이 복도와 접해 있는 전시부스
	129	Opening ceremony	개회식	흔히 전시회에서는 개회식을 하는 경우가 많지만 미국이나 유럽에서는 개회식이 열리지 않는 곳도 많다. 식전에서는 주최자 및 내빈의 연설과 테이프 절단이 행해지지만 개장 시각을 엄수하기 위해 연설이 길지 않도록 배려한다. 개장 후 내빈에게 전시회의 소개를 겸해서 Line-Tour를 하는 경우가 많다.
	130	Opening time	개막 시간	개막시간은 보통 10:00-18:00 정도이나, 남미에서는 늦게 시작해 20:00가량에 끝날 때도 많다.
	131	Option	옵션, 선택	전시회에 사용되는 옵션이라는 말은 참가업체가 전시공간을 임대할 때 공간 외에 전시공간 장식과 색상, 의자 등의 비품을 선택하는 것으로 참가업체의 예산과 참가방침 등에 따라 자유롭게 선택이 가능하다. 해외의 전시회에서는 국가에 따라서 장식이 어느 정도 제한 되어 있는 곳도 있고 사전에 결정된 패턴 중에서 하나를 선택하도록 되어있는 곳도 있다.
	132	Orderform	주문서	전시회에서는 전시 공간 내의 비품준비와 가설전화의 설치, 전기, 수도, 압축 공기의 공급 등 모두 사전에 주문서에 기입해서 접수한다. 주문서의 형식이 불충분하면 전시회 당일의 혼란으로 연결될 우려가 있으므로 내용을 잘 검토해서 정확한 출전요항을 만들 필요가 있다.

	133	Organizer	전시회 주최자	본래 organizer는 조직한다는 의미이고 전시회에서는 반드시 그것을 조직하는 주최하는 주최자가 존재한다. 주최자는 전시회의 기획 운영의 전책임자이고 금전관리의 업무까지 담당한다. 주최자는 전시회의 주지와 목적에 따라 각국 정부기관, 공업회, 사기업에서 하기도 하고 개인이 주최자가 될 수도 있다.
	134	Organizer Room	주최자 사무실	전시회가 개최될 동안에 주최자는 항상 전시장 내에서 업무를 진행해야 한다. 이때 사용하는 임시 사무실을 주최자 사무실이라고 한다.
〈P〉	135	Package	장치물	Package는 Package Booth의 개념으로서 전시회에 출품하는 업체에서 전시품만 가져오면 전시회를 할 수 있도록 주최자 측에서 제공하는 일종의 집 형태를 말한다. 패키지에는 보통 조립식으로 집을 만들 수 있는 자재가 있고 조명시설과 회사명칭, 바닥 카펫 등을 기본적으로 제공하고 있다.
	136	Panel	패널	홍보를 위하여 벽에 붙여 놓은 것을 말하기도 하고, 벽과 벽 사이를 막아두는 자재로 사용하는 것을 말하기도 한다.
	137	Participation	참가	기업체에서 전시회에 직접 참가하는 것을 '전시참가'또는 '출품'한다고 한다.
	138	Participation Fee	참가비	전시회에 참가하기 위해 참가업체는 참가비를 지불해야 한다. 보통 참가비는 ㎡당의 가격으로 명시되거나 부스 당 가격으로 표시되어 있다.
	139	Partition	칸막이	기본 부스를 만들거나 전시장내에 세미나장, 휴게소 등을 만들 때 사용하는 자재를 말한다. 이때 작업하는 것을 칸막이 공사라고 한다.
	140	Passenger elevator	승객 승강기	Freight Elevator의 반대임
	141	Pavilion	공동 전시관	조합이나 단체 또는 국가별로 군(群)을 이루어 전시회에 출품할 때 그 단체들의 특징을 살리기 위하여 공동관을 만드는데 이것을 Pavilion이라고 한다. 공동관을 만드는 이유는 국가나 단체의 이미지를 상승시키고, 거래나 홍보 등을 공동으로 함으로써 부수적인 성과를 올릴 수 있기 때문이며 전시회에 지출되는 모든 경비를 절감할 수 있다는 장점이 있기 때문이다.
	142	Placard	플래 카드	플래카드는 육교와 교각, 길가나 도로변 등에 부착하여 홍보하는 것으로 천에 인쇄하여 만든다.
	143	Power consumption	전력 소모량	참가업체들은 전력소모량을 주최측에 정확히 알릴 필요가 있다. 그렇지 않으면, 건물이 공급 할 수 있는 전력 양에 비해 전시 수요가 많아 정전이 발생할 수 있다.
	144	Press center	프레스 센터	프레스 센터
	145	Press conference	기자회견	기자회견
	146	Promotional gift	기념품	기념품

	147	Property Pass	반출증	전시장은 보세구역으로서 뿐만 아니라 도난과 사고방지를 위하여 전시회가 끝나고 전시품을 반출시킬 때, 반출할 물품에 대해서는 철저한 조사를 하고 있다. 따라서 각 참가업체는 전시회가 끝나기 직전에 주최자측에서 나누어 주는 반출증 양식에 전시품명과 수량 그리고 기타 사항들을 상세히 적은 후 화물 출구나 일반 출구에 있는 경비원이나 관리원에게 용지를 제출하여 허가를 받은 후 반출해야 한다.
	148	Protocol	의전	의전
	149	Public Show		일반대중을 대상으로 하는 소비재 전시회이다. 전문 무역 전시회와 대비된다.
〈Q〉	150	Questionnaire	앙케이트	설문서
	151	Reception	리셉션, 환영만찬	리셉션
	152	Rental Fee	참가비	보통 Participation Fee라고 하는데, 이와 같이 사용하는 경우도 있다.
	153	Registration Card	입장 등록 가드	전시회를 관람하기 위해서는 전시장 입구에 배치된 등록카드를 작성하여 입구의 안내원에게 제출해야 한다. 등록카드란에는 주최자가 필요로 하는 모든 사항을 기록하도록 권하고 있다. 이것은 등록카드에 작성해 놓은 내용으로 전시회의 모든 것을 집계하여 다음번의 자료로 활용하기 위한 것이다. 그러나 관람객들이 작성하는데 불편하거나 많은 시간을 소요하지 않도록 만들어야 할 것이다.
	154	Reserved area		
	155	Row stand		1면 오픈 부스
〈S〉	156	Sales Promotion	참가 업체 유치	전시회의 성패는 참가업체들의 많고 적음에 좌우된다. 따라서 참가업체를 많이 유치하기 위해서는 치밀한 계획과 효과 높은 홍보, 정확한 유치 계획을 마련해야 한다. 참가업체 유치에는 전화와 컴퓨터를 이용한 통신과 우편, 그리고 방문이 있다.
	157	Sample Fair	견본시	전문전시회로서 상설 전시회의 의미가 강하다. 독일과 일본에서 사용하는 특유의 전시회 용어로서 제품만을 전시하여 거래나 상담을 한다는 뜻을 가지고 있다. 전시회 탄생 초기에 상설 전시회가 시조가 되었다는 뜻으로 생각할 수 있는데 지금은 Exhibition으로 많이 사용하고 있다.
	158	Security	경비	경비
	159	Seminar Room	세미나실	전시회와 박람회에서 일어나는 세미나를 운영할 수 있게 시설을 만들어 놓은 곳으로서 세미나뿐만 아니라 회의와 학술대회 등으로 사용되고 있다.
	160	Service Center		전시장 내에서의 서비스 센터란 전시회에 출품한 참가업체와 관람객들의 편의를 돕기 위하여 사무용품들을 이용할 수 있게 만들어 놓은 곳이다. 이곳에서는 팩스, 통신, 복사, 환전까지도 이용할 수 있게 만들어 놓고 있다.
	161	Session	회기	전시회의 부대행사로 실시하는 세미나, 학술회의 등을 단계별로 묶어서 운영할 때 이를 Session이라고 한다.

	162	Shell Scheme	기본 조립 부스	기로 3m×3m, 합계 9㎡의 형태에서 벗어나 12㎡또는 6㎡등 불특정한 경우의 부스형태를 가리키는 경우도 있다. 그리고 일반부스에 간단한 자재를 사용하여 Package Booth와 같이 만든 경우도 있다.
	163	Shipment	전시품 선적	해외에서 전시회에 출품하는 경우에는 대개 1,2개월 전에 전시품을 수송해야 한다. 따라서 전시장은 보세구역으로 설정되어 있어야 하며, 전시품의 수취인 란에는 반드시 ○○전시회라는 표시를 해두어 도착에 차질을 빚지 않게 해야 한다.
	164	Show	전시회	흥행성 전시회나 이벤트를 겸비한 전시회인 경우에 많이 사용되고 있는 용어이다. 쇼도 역시 이벤트와 기타 부대행사를 많이 포함하고 있는데 소비재나 생활용품 등의 전시회에 사용하고 있다.
	165	Shuttle Bus	셔틀버스 (관람객 이용 차량)	셔틀버스
	166	Sign	사인, 신호	사인
	167	Signage	신호체계	사인물
	168	SIgnboard	사인 보드	주최자는 전시장 내에서 일어나는 모든 사항들을 알려야 하는데 이때 사용하는 것이 "사인보드"이다. 알림 게시판과도 같은 것이다.
	169	Site plan	전시장 배치도	전시장 배치도
	170	Snack Bar	휴게소	
	171	Sponsor	협찬(사)	협찬이란 특정한 어떤 전시히의 개최 취지에 동의하여 성공적인 전시회의 만들기 위해 지원하는 활동을 말하는데 협찬사는 단체와 개인 누구나 가능하다. 물질적, 정신적, 육체적 지원을 모두 말하지만 대개의 경우 물질적인 형태가 많다.
	172	Staff	스태프	스태프
	173	Stand construction	부스 시공	부스 시공
	174	Stand dismantling	부스 철거	부스 철거
	175	Stand number	부스 번호	부스 번호
	176	Stand Planning	부스 설립 계획	부스 설립 계획
	177	Stand position	부스위치	부스위치
	178	Stand rental	부스임차	부스임차
	179	Stand size	부스 사이즈	보통 3m×3m(9㎡)가 기본 단위이다. 10ft×10ft = 100s/f
	180	Stand wall system		

	181	State Fair		미국 전역에서 개최되고 있는 흥행성 전시회를 말한다. 시장의 기능과 전시회의 개념을 도입한 병행된 전시회이다. 주로 봄과 여름에 많이 개최하고 있으며 각종 재미있는 행사를 더불어 개최하지만 목적은 판매이다.
	182	Storage room	저장실, 비품실	보통 창고라 부른다.
	183	Storeroom	저장실, 비품실	보통 창고라 부른다.
	184	Supervisory board	감독 이사회	감독 이사회
	185	Supervisory committee	관리 위원회	관리위원회
	186	Supplying Water	급수	급수
	187	Supporter	후원(사)	후원도 협찬과 동일한 의미를 가지고 있다. 전시회의 개최 취지에 찬성하여 전시회를 성공적으로 이끌기 위하여 정신적, 행정적으로 지지하여 돕는다는 뜻이다. 그러나 현재 우리나라의 경우에는 거의 명분상으로만 사용하고 있다.
〈T〉	188	Telephone Contact Promotion	전화 유치	전화와 유선상으로 참가업체들을 유치하는 것을 말한다. 참가업체 유치 초기 단계에서 주로 사용하는 방법이다.
	189	Three-sided open stand	3면 오픈 부스	부스 세면이 복도와 접해있는 전시 부스
	190	Ticket office	티켓 부스	티켓 판매 부스
	191	Trade association	무역협회	
	192	Trade buyer	전문 무역 바이어	전문 무역바이어
	193	Trade fair	무역 전시회	무역 전시회
	194	Trade visitor	바이어	바이어
〈V〉	195	Ventilation	통풍, 배기	통풍, 배기
	196	Venue		위치를 가리킬 때 주로 사용되며 어느 전시장이라는 구체적인 경우의 전시장을 말한다.
	197	VIP Room	귀빈 대기실	귀빈 대기실은 전시회를 개최할 때 테이프 커팅(Tape Cutting)을 하기 위하여 온 인사들이 대기하는 곳이다. 귀빈들이 대기하는 동안 전시회에 관련된 정보나 자료를 제공하거나, 간단한 다과나 음료 등도 제공 가능한 공간이면 좋다.
	198	Visiting Promotion	방문 유치	방문 유치는 해당 산업에서 상위기업 내에 속하는 중요업체나 전화유치 도중 방문이 필요하다고 생각되는 기업을 직접 방문하여 전시회에 대해 설명하고 유치하는 방법을 말한다.
	199	Visitor	관람객	Attendee와 동일하게 참관객이라는 의미로 쓴다.

	200	Visitor reception	참관객 접수	참관객 접수 및 안내장소
	201	Visitor registration	참관객 등록	참관객 등록
〈W〉	202	Warehouse	창고	대형 물류창고 (Storage room 과 대비)

출처: KOTRA·AKEI 조사.

찾/아/보/기

저/자/약/력

서민교

- 고려대학교 경영학 박사
- 현) 대구대학교 무역학과 교수, 경상대학장
    한국국제경영학회 회장
    EXCO 사외이사 · 한국국제경영학회 회장
- 한국인터넷전자상거래학회 · 한국국제경영관리학회 · 한국산업경영학회 회장 및 산업자원부 전시산업 민간합동 T/F 위원 역임
- 한국경영학회 제1회 우수경영학자상 및 한국산업경영학회 · 한국국제경영학회 · 한국인터넷전자상거래학회 · 한국지식정보연합학회에서 우수연구상 수상
- 2007~2017년 대구대학교 우수연구상 및 2014년 Best Teaching Professor상 수상
- 「전시마케팅」(공저), 「글로벌경영」(공저), 「글로벌마케팅」(공저) 및 "중소수출기업의 무역전시회 참가성과 만족도 결정요인에 관한 연구"(2008) 등 다수

이지석

- 영남대학교 경제학 박사
- 현) 세명대학교 글로벌경영학부 교수
  전) 경상북도 국제통상과 전문위원
- 한국국제경영관리학회 부회장 및 한국소비자원 CCM 평가위원
- 「전시컨벤션기획론」 및 "퍼스의 기호학 관점에서 EXPO 전시부스의 연구"(2014) 등 다수

안현영

- 대구대학교 관광경영학 박사
- 현) 문화이음 다강 대표
    경북대학교 생태관광전공 강사
- 대한관광경영학회 편집 위원 & 경상북도관광공사 심사위원
- 「여행사경영론」(공저) 및 "관광전공자의 관광공적개발원조 교육과 자기주도적 경력태도에 관한 연구"(2017) 등 다수

전시마케팅

초판발행 2019년 12월 25일 **1판 1쇄 인쇄** | 2019년 12월 31일 **1판 1쇄 발행**

지은이 서민교 이지석 안현영
펴낸이 최용구 | **펴낸곳** 도서출판 **이프레스**
주소 (04316) 서울시 용산구 원효로 89길 19 (원효로1가)
전화 02) 537-1720(영업부), 537-1721(편집부), 537-1711(팩스)
이메일 epress01@naver.com | **홈페이지** www.cpress01.com
등록 2009년 12월 10일 제16-2710호
기획마케팅 최용구 장만동 송대용 최충구 | **책임편집** 석기은 황가여 | **표지** SDY

ISBN 979-11-87570-29-5 93320
정가 22,000원

"이 저서는 2019학년도 대구대학교 학술연구비 지원에 의한 연구결과임"